PRÉCIS DE CULTURE JURIDIQUE

PRÉCIS DE CULTURE JURIDIQUE

Sous la direction de

François-Xavier Lucas

Professeur à l'École de droit de la Sorbonne
(Université Paris 1)

Thierry Revet

Professeur à l'École de droit de la Sorbonne
(Université Paris 1)

LGDJ une marque de Lextenso

Dans la même collection

Boris Bernabé, Élise Wolton, Michael Poyet, *La note de synthèse*, 6e éd., 2017.

Romain Boffa, *Droit civil*, 2017.

Henri Oberdorff, Jacques Robert, *Libertés fondamentales et droits de l'homme, Recueil de textes français et internationaux*, 15e éd., 2017.

Thierry Revet, François-Xavier Lucas (dir.), *Précis de culture juridique*, 2017.

70, rue du Gouverneur Général Éboué
92131 Issy-les-Moulineaux Cedex
ISBN : 978-2-275-05627-2

» SOMMAIRE

Listes des auteurs

Mathias Audit, *Professeur à l'École de droit de la Sorbonne (Université Paris 1)*

Bernard Beignier, *Professeur des Universités, doyen honoraire de la Faculté de Toulouse 1 Capitole*

Jean-Sylvestre Bergé, *Professeur à l'Université de Lyon, membre de l'Institut universitaire de France*

Xavier Bioy, *Professeur agrégé de droit à l'Université Toulouse 1 Capitole*

Philippe Blachèr, *Professeur à l'Université de Lyon (Jean Moulin), Directeur de l'équipe de droit public (EA 666)*

Pierre Bonin, *Professeur d'histoire du droit à l'École de droit de la Sorbonne (Université Paris 1)*

Pierre Brunet, *Professeur de droit public à l'École de droit de la Sorbonne (Université Paris 1)*

Nicolas Dissaux, *Professeur à l'Université Lille 2, Rédacteur en chef de la revue Droit & Littérature*

Emmanuel Dreyer, *Professeur à l'École de droit de la Sorbonne (Université Paris 1)*

William Dross, *Professeur à l'Université Jean Moulin Lyon 3*

Philippe Dupichot, *Professeur à l'École de droit de la Sorbonne (Université Paris 1)*

Xavier Dupré de Boulois, *Professeur à l'École de droit de la Sorbonne (Université Paris 1)*

Muriel Fabre-Magnan, *Professeur à l'École de droit de la Sorbonne (Université Paris 1)*

Yves-Marie Laithier, *Professeur à l'École de droit de la Sorbonne (Université Paris 1)*

Grégoire Loiseau, *Professeur à l'École de droit de la Sorbonne (Université Paris 1)*

Thierry Le Bars, *Professeur de droit privé, ancien doyen de la Faculté de droit de l'Université de Caen Basse-Normandie*

Anne-Marie Le Pourhiet, *Professeur de droit public à l'Université Rennes 1*

François-Xavier Lucas, *Professeur à l'École de droit de la Sorbonne (Université Paris 1)*

Denis Mazeaud, *Professeur à l'Université Panthéon-Assas (Paris II)*

Étienne Pataut, *Professeur à l'École de droit de la Sorbonne (Université Paris 1) – IRJS*

Laurent PFISTER, *Professeur agrégé des facultés de droit à l'Université Panthéon-Assas (Paris II)*

Marc PICHARD, *Professeur à l'Université Paris-Nanterre*

Louis-Frédéric PIGNARRE, *Professeur à la Faculté de Droit et de Science politique de Montpellier*

Jean-Emmanuel RAY, *Professeur à l'École de droit de la Sorbonne (Université Paris 1)*

Jean-François RENUCCI, *Professeur à l'Université Côte d'Azur, Faculté de Droit, CERDP*

Thierry REVET, *Professeur à l'École de droit de la Sorbonne (Université Paris 1)*

Jean-Christophe SAINT-PAU, *Professeur à l'Université de Bordeaux, Doyen de la faculté de droit et science politique*

Jean-Baptiste SEUBE, *Doyen honoraire de la Faculté de droit et d'économie de La Réunion*

Carbon DE SEZE, *Avocat à la Cour*

David SOLDINI, *Maître de conférences à l'École de droit de la Sorbonne (Université Paris 1), Directeur des études de l'Institut d'études judiciaires « Jean Domat »*

Yves STRICKLER, *Professeur à l'Université Côte d'Azur, Faculté de droit et science politique de Nice, CERDP*

Nicolas WAREMBOURG, *Professeur agrégé des facultés de droit à l'École de droit de la Sorbonne (Université Paris 1)*

» AVANT-PROPOS

Peut-on sérieusement assigner à un précis l'ambition de ramasser en quelques pages la substance de la culture que les juristes ont en commun et qui pour cette raison peut être dite générale ? La culture générale, serait-elle juridique, se prête mal à la synthèse et l'idée de la mettre en fiches ne convainc pas d'emblée. Si la question se pose, la meilleure réponse à y apporter est celle qu'ont faite les trente auteurs de ce *Précis*, qui, ayant mis leur enthousiasme et leur plume au service de cette œuvre collective, ont dissipé toute hésitation sur la légitimité de l'entreprise.

Pour autant, ce livre ne prétend pas répondre à la question de savoir ce qu'est la culture juridique. Plus exactement, il n'apporte pas *la* réponse à cette question délicate mais *une* réponse. Une réponse éditoriale précisément, formulée en écho à une inquiétude, née chez les candidats à l'examen d'accès à la profession d'avocat, rénové par un décret et un arrêté en date du 17 octobre 2016. La réforme de cet examen a considérablement simplifié les épreuves d'admission, n'en laissant subsister que deux, l'une de langue, l'autre dite de grand oral, un grand oral dont la durée est portée à quarante-cinq minutes, dont le coefficient passe de 3 à 4 et dont l'objet est modifié puisque, s'il porte toujours sur un sujet relatif à la protection des libertés et des droits fondamentaux, il doit désormais permettre d'apprécier les connaissances du candidat, sa culture juridique, son aptitude à l'argumentation et à l'expression orale, là où jusqu'à présent le sujet relatif à la protection des libertés et des droits fondamentaux ne visait qu'à apprécier l'aptitude à l'argumentation et à l'expression orale du candidat. Le programme de cette épreuve de grand oral est fixé par l'annexe de l'arrêté, lequel annonce quatre thèmes : la culture juridique générale, l'origine et les sources des libertés et droits fondamentaux, le régime juridique des libertés et droits fondamentaux, les principales libertés et les principaux droits fondamentaux.

Cette réforme est convaincante. Elle donne de la profondeur à un grand oral qui, limité à une discussion portant sur les libertés et droits fondamentaux, manquait trop souvent de consistance, quand il ne virait pas aux discussions de comptoir. En permettant au jury de s'assurer des connaissances du candidat, les auteurs de la réforme ont fait œuvre utile et rehaussé l'intérêt de cette épreuve fondamentale. C'est d'autant plus vrai que ce ne sont pas n'importe quelles connaissances qu'il s'agit d'apprécier. Ce ne sont pas celles qui, étant spécialisées et dictées par l'actualité, sont vouées à l'obsolescence, mais celles qui constituent les fondations de l'édification d'un savoir, sans lesquelles on n'est pas armé pour pratiquer le droit et accéder à une carrière d'avocat.

Il n'en demeure pas moins qu'en redessinant le programme de ce grand oral, le nouveau régime de l'examen d'accès au barreau a fait naître une certaine perplexité tant chez les candidats que chez les examinateurs qui auront à sonder l'étendue de leur culture juridique. Car, autant il est aisé d'identifier les limites de matières connues donnant lieu à des enseignements bien identifiés dans les facultés de droit, autant il est délicat de préciser les contours de la culture générale, ne serait-elle que juridique, la difficulté étant rendue plus aiguë par le silence conservé à cet égard par les rédacteurs de l'arrêté fixant le programme de l'examen. Là où chacune des matières d'admissibilité et même la notion de droits fondamentaux, mise au programme de l'admission, sont décrites par l'annexe de l'arrêté, les textes restent désespérément muets lorsqu'il s'agit de délimiter le domaine de cette culture générale sur laquelle les candidats vont désormais être interrogés.

Ce livre a eu pour ambition de tracer les frontières du nouvel examen et de dessiner le contenu de cette épreuve rénovée dont les textes n'ont pas précisé les contours. Le confort des candidats y trouvera son compte. L'équité aussi puisqu'il n'est pas pire violence faite à un candidat que de le soumettre à la question – c'est alors de torture dont il s'agit – sur un sujet présentant un lien incertain avec le programme de l'examen. Or, le risque existe, avec cette culture générale aux confins infinis et mystérieux, de voir un examinateur peu lucide – ou désireux de signaler sa science de spécialiste – amener un malheureux candidat sur un terrain inconnu du plus grand nombre. Ce serait évidemment dénaturer l'épreuve que de permettre aux membres du jury d'en définir le contenu à leur guise et d'imaginer qu'ils pourront faire porter leurs questions sur n'importe sujet qu'ils jugeraient bon d'aborder. Ce n'est pas la culture de l'examinateur qui a été portée au programme de l'examen mais LA culture juridique que les juristes ont en commun... d'où l'épithète « générale », opportunément ajoutée par l'annexe de l'arrêté, qui prend ici tout son sens.

Évidemment, l'exercice de délimitation est délicat, périlleux même, en ce qu'il s'expose à la critique. L'arpentage du champ de la connaissance juridique en révèle la si considérable immensité que le bornage s'avère délicat et son résultat voué à décevoir. Les choix qui ont pu être ici réalisés peuvent être contestés. Certains procèdent d'arbitrages douloureux, imposés par le volume de ce précis, d'autres ont été dictés par la tyrannie d'un calendrier éditorial extrêmement contraignant qui n'a pas permis d'explorer toutes les voies qui devaient l'être. La deuxième édition de ce manuel y pourvoira... L'ambition de ce précis a été de faire traiter par les meilleurs auteurs ces thèmes qui nous sont apparus constituer le socle de la connaissance juridique et les fondations que tout juriste doit s'approprier s'il entend faire du droit sa profession. Ces belles contributions constituent un *vade-mecum* dont les jurys et les candidats ne vont pas tarder à mesurer l'utilité. Évidemment, son utilisation ne dispense pas d'approfondir tel ou tel point essentiel en consultant un bon manuel d'introduction au droit.

L'agrégation des développements qui forment ce manuel fait prendre conscience de ce qu'il existe bien une culture juridique générale, laquelle, contrairement à ce qu'affirme une boutade triviale, n'est pas ce qui reste quand on a tout oublié... C'est même tout le contraire puisqu'il faut y voir ce qu'il ne nous est pas permis d'oublier. Pour l'homme de loi, il existe un fonds de connaissances qu'il doit maîtriser quelles que soient sa spécialité et la profession qu'il exerce. Peut-on se dire juriste si l'on n'est pas capable d'expliquer le principe de non-rétroactivité de la loi, la théorie du patrimoine, la construction de l'abus de droit, si l'on ne sait pas ce qu'est la loi, comment elle se forge et à quels contrôles de conformité elle se trouve assujettie ? Est-on juriste si l'on n'a pas une connaissance minimum de la façon dont se réalisent les droits, qu'il s'agisse de connaître les principes fondamentaux qui gouvernent la preuve, l'instance ou encore l'organisation juridictionnelle ? Appartient-on à la famille des praticiens du droit si l'on n'a pas quelque idée des grandes créations jurisprudentielles et doctrinales qui ont jalonné l'édification de notre droit positif, si l'on ne vibre pas à l'évocation de quelque *disputatio* fameuse ou tout simplement de quelque époque glorieuse ayant vu naître nos codes ? Poser ces questions c'est y répondre et il va de soi que l'on ne peut exercer cet art exigeant qu'est le droit, particulièrement s'il s'agit de le faire en portant la belle robe de l'avocat, sans être muni de ce viatique, ramassé dans ces quelques pages. Il s'agit maintenant pour les candidats de vérifier qu'ils ont la maîtrise de ces connaissances essentielles, ce qu'ils feront en usant sans modération de ce livre voué à devenir le bréviaire de leur été de révisions.

Puisse ce *Précis* rappeler à tous ceux que l'extrême technicisation, la bureaucratisation hystérique et le cloisonnement toujours plus poussé du droit – ou de ce qui se prétend en être – ont fait oublier que non seulement le droit est avant tout un art, mais que, comme tous les arts, il n'est, fondamentalement, qu'un phénomène culturel, autrement dit ce par quoi les sociétés humaines se constituent comme telles et qui leur donne toute leur singularité.

François-Xavier LUCAS
Professeur à l'École de droit de la Sorbonne (Université Paris 1)

Thierry REVET
Professeur à l'École de droit de la Sorbonne (Université Paris 1)

PARTIE 1

Le socle commun d'une culture juridique générale

TITRE 1

Le système juridique

Le droit français

Section 1

L'ARTICULATION DES SOURCES

§ 1 – L'ORDONNANCEMENT DES SOURCES

Bernard Beignier
Professeur des universités, Doyen honoraire de la Faculté de droit de Toulouse 1 Capitole, Recteur de l'Académie d'Aix-Marseille et Recteur de la région académique Provence-Alpes-Côte-d'Azur

Dans les sociétés modernes, le droit n'émane plus, en principe, que de l'État. Encore faut-il s'interroger sur la permanence, voire dans certains domaines l'extension, d'un « droit sans l'État » pour reprendre le titre d'un livre connu[1]. Ainsi le droit du travail est, à la fois, un droit très impératif et étatique mais aussi un droit de « négociation » et de « convention »[2] : en pratique les conventions collectives conclues avec les syndicats représentatifs sont capitales. Au-delà, on peut s'interroger que les modes (la mode ?) de « régulation » qui semble prévaloir dans certains milieux économiques. Réguler ce n'est pas régler. Car le droit étatique suppose une obéissance parfaite de tous les citoyens de par la doctrine du contrat social qui fonde la citoyenneté. Le positivisme établit un lien consubstantiel entre le droit et l'État. Celui qui a donné une véritable théorie à cette vue des choses est le juriste autrichien Hans Kelsen.

§ 1 – Le droit de l'État

Le droit de l'État. – La doctrine positiviste s'est développée conjointement avec la construction de l'État moderne. Il y a à cela une raison fort simple. L'État moderne, en particulier en France, est un État centralisé. Or pour opérer ce rassemblement, il a nécessairement fallu ne reconnaître qu'une seule autorité législatrice. Le positivisme est donc le fils de l'absolutisme des XVIIe et XVIIIe siècles : un roi, une loi[3]. Par ailleurs, cet

---

1. COHEN-TANUGI L., *Le droit sans l'État*, 2e éd., 2007, Quadrige.
2. TEYSSIÉ B., « L'aménagement conventionnel de la norme légale », JCP E, 2004. Une très belle thèse sur ce thème : JEANSEN E., *Articulation des sources du droit, essai sur le droit du travail*, Paris II, novembre 2007.
3. COSANDEY F. et DESCIMON R., *L'absolutisme en France*, 2002, Points, Le Seuil.

État moderne est un État nécessairement laïque. On a, en France, le sentiment que la laïcité est une idée neuve, ne datant guère que de la loi de 1905. Il n'en est rien. L'État laïque fut en gestation en France depuis au moins Philippe le Bel.

La conjonction de ces deux principes : unité de la source législatrice et indépendance de celle-ci envers toute référence spirituelle, ne pouvait qu'aboutir à sacraliser la loi. Il y eut donc une logique française qui conduisit à remplacer l'amour du roi par le culte de la loi.

Le positivisme a donc une source *politique* et une source *philosophique*.

L'État centralisé, c'est l'État qui a le monopole de la loi ; le monopole de la loi entraîne une vision unitaire du droit : seule la loi de l'État engendre le droit.

Reste à s'interroger. N'y aurait-il pas d'autres pouvoirs, que le législateur ou le juge, pour édicter des règles ? La réponse ne souffre guère d'incertitudes : l'État ne dispose plus, dans le monde contemporain, du monopole du droit. Comme l'écrit M. Yann Aguila (conseiller d'État) : « Nos systèmes juridiques sont aujourd'hui marqués par le pluralisme des sources du droit, le foisonnement de normes diverses, locales, européennes ou internationales, d'ordre technique ou professionnel. À la belle image kelsienne de la pyramide des normes ordonnée autour d'une norme fondamentale, ultime et unique source de juridicité, et obéissant à un principe hiérarchique, succède celle du "réseau de normes", proposée par François Ost et Michel Van de Kerckove. Selon la formule de ces derniers, on passe d'un "droit de Jupiter", délivré du haut du Mont Sinaï au "droit d'Hermès", souple, marqué par la pluralité des sources juridiques [...]. L'État est ainsi concurrencé par d'autres producteurs de droit. »[4].

C'est ici toute l'importante question de la « régulation »[5]. C'est aussi toute la question de la « densification normative »[6], phénomène récemment apparu illustrant l'accroissement du « volume normatif » et non plus seulement celui du « volume législatif » comme dans le phénomène d'inflation législative.

Philosophiquement, le positivisme fut érigé en système, principalement par Hegel dans ses fameux *Principes de la philosophie du droit* (1821). Pour lui, les choses partent d'un postulat : « Ce qui est droit en soi est posé dans son existence objective, c'est-à-dire déterminé par la pensée pour la conscience et connu comme ce qui est le droit et a validité, à savoir la loi ; et le droit est en somme droit positif grâce à cette détermination » (§ 211). Le droit ne peut exister hors de la loi : la loi est la source du droit.

---

4. Aguila Y., « Un nouvel État ? », *Mélanges Étienne Fatôme*, Dalloz, 2011, p. 1 s. ; Braibant G., « L'avenir de l'État », *Études Dupuis*, 1997, LGDJ, p. 39 s. ; Chevallier J., *L'État postmoderne*, 3e éd., 2008, LGDJ, Droit et Société ; Auby J.B., *La globalisation, le droit et l'État*, 2e éd., 2010, LGDJ, Systèmes.
5. Frison-Roche M.A., *Les 100 mots de la régulation*, 2011, PUF, Que sais-je ?
6. V. Thibierge C., « La densification normative. Découverte d'un processus », D. 2014, p. 834. La « densification normative » est un « processus de montée en puissance de la normativité, par lequel les normes juridiques prennent forme et force, gagnant en extension et en volume, enserrant conduites et pratiques dans un maillage de plus en plus dense ». (Thibierge C., art. préc. p. 834). La densification normative rend compte, comme le phénomène d'inflation législative qu'elle englobe, de l'évolution de la normativité en droit. En quelques mots simples : l'inflation législative c'est « toujours plus de loi », la densification normative c'est « toujours plus de normes juridiques ». Mais ce processus va plus loin et ne s'arrête pas à la création de la norme juridique et du droit. Il est un processus plus global à l'œuvre dans toute la société. De ce fait, la règle juridique peut subir la concurrence d'autres normes, ce qui relativise le droit « dans la fonction de régir la vie économique et sociale » (Thibierge C., art. préc. p. 841). Helleringer G., « L'empire grandissant des clauses contractuelles : une densification normative ? », *in* Thibierge C. (dir.), *La densification normative*, 2009, Bruylant-LGDJ, 693.

Sur le terrain de la pensée proprement juridique, le positivisme régna en maître au long du XIXe siècle, du moins en France, pour des raisons diverses. Premièrement parce que l'enseignement des facultés de droit rétablies par Napoléon (bien éloignées de leurs devancières) ignore délibérément tout enseignement de droit naturel ou de philosophie du droit. Le droit français, c'est celui des cinq codes napoléoniens. Deuxièmement parce que l'enseignement, par souci d'indépendance envers l'Église, souhaite tenir à distance tout débat faisant appel à une métaphysique.

L'un des meilleurs représentants de ce courant fut le grand juriste Carré de Malberg dans sa *Contribution à la théorie générale de l'État*. Le livre, publié au lendemain de la Grande Guerre, doit être tenu pour le résultat d'un siècle de positivisme de plus en plus marqué. Que lit-on[7] ? « Qu'en raison comme en justice, au point de vue de l'opportunité politique comme au point de vue de l'utilité sociale, la loi ne puisse se ramener exclusivement à la volonté arbitraire du législateur, qu'au-dessus de cette volonté actuelle il puisse se concevoir et il existe effectivement des vérités ou des règles permanentes dont on puisse affirmer qu'aucune prescription législative positive ne devrait méconnaître la supériorité transcendante, c'est ce qui n'est pas contestable. Mais, ce qui demeure éminemment contestable, c'est la possibilité de concilier l'inviolabilité de ces règles supérieures avec le fait positif de la puissance de l'État d'une part, et d'autre part avec un second fait, encore plus grave, celui de la nécessité sociale d'une telle puissance. Les auteurs, qui ont essayé de contribuer à cette conciliation, ne paraissent pas avoir obtenu jusqu'à présent de résultats juridiques ayant une valeur appréciable. Quelque effort que l'on tente, en effet, pour faire, dans la question du fondement du caractère impératif de la loi, la part du respect dû à ces préceptes supérieurs, on se heurtera toujours à l'obstacle insurmontable qui résulte de ce que, sur le terrain de la science du droit, on ne peut, sans compromettre à la fois tout l'ordre juridique et tout principe d'organisation étatique, ni dénier à l'autorité législative établie par la Constitution le pouvoir de discerner et de formuler les règles qui, à raison de leur valeur intrinsèque et idéale, méritent d'être érigées en lois positives, ni davantage dénier à ces décisions positives du législateur une valeur impérative, qui d'ailleurs ne peut être mise en doute, étant donné la puissance coercitive de l'État ».

Ce texte, d'une grande clarté de concept et d'écriture, résume parfaitement le lien entre la conception philosophique et politique du positivisme. On comprend aussi parfaitement que la République se veut l'héritière directe du roi absolu.

§ 2 – L'œuvre de Kelsen et la pyramide

Kelsen : le Descartes du droit. – Mais, troisième nom important à connaître, celui qui fera d'une idée un système, ce fut Hans Kelsen[8], juriste autrichien (1881-1973) dans un ouvrage dense intitulé *Théorie pure du droit*[9].

Kelsen part[10] d'une donnée : « La connaissance juridique a pour objet les normes qui ont le caractère de normes juridiques et confèrent à certains faits le caractère d'actes de droit (ou d'actes contre le droit). En effet, le droit, qui forme l'objet de cette connaissance, est un

---

7. T. I., p. 207.
8. BAUME S., *Kelsen, plaider la démocratie*, 2007, Michalon, Le Bien Commun.
9. Le livre ne sera vraiment connu en France qu'en 1962 par la traduction qu'en fit alors Ch. Eisenmann (1962, Paris, Dalloz).
10. *Ibid.*, p. 6.

ordre ou règlement normatif de l'action humaine, c'est-à-dire un système de normes qui règlent la conduite d'êtres humains. Le mot *norme* exprime l'idée que quelque chose doit être ou se produire, en particulier qu'un homme doit se conduire d'une certaine façon. ». Le droit est donc un ensemble de normes obligatoires et contraignantes.

Comment édicter ces normes ? Kelsen élabore, alors[11], sa très célèbre « pyramide » qui se traduit par la théorie de la *hiérarchie des normes*. On doit connaître ce passage, célèbre entre tous : « Pour exprimer la relation en question, on peut utiliser l'image spatiale de la hiérarchie, du rapport supérioritésubordination : la norme qui règle la création est la norme supérieure, la norme créée conformément à ses dispositions est la norme inférieure. L'ordre juridique n'est pas un système de normes juridiques placées toutes au même rang, mais un édifice à plusieurs étages superposés, une pyramide ou hiérarchie formée (pour ainsi dire) d'un certain nombre d'étages ou couches de normes juridiques. Son unité résulte de la connexion entre éléments qui découle du fait que la validité d'une norme qui est créée conformément à une autre norme repose sur celle-ci ; qu'à son tour, la création a été aussi réglée par d'autres, qui constituent à leur tour le fondement de sa validité ; et cette démarche régressive débouche finalement sur la norme fondamentale – norme supposée. La norme fondamentale hypothétique – en ce sens est par conséquent le fondement de validité suprême, qui fonde et scelle l'unité de système de création[12] ». Il importe de souligner un principe de Kelsen, fondement de toute la doctrine positiviste : « on a déjà évoqué à maintes reprises cette particularité que présente le droit de régler lui-même sa propre création ». Le droit est le pélican de la mythologie : il s'engendre lui-même. Le droit est, paradoxalement, la source du droit.

Ce système est relativement aisé à décrire[13]. Pour ce qui est du droit français, partons du bas de la pyramide. Un arrêté doit être conforme à un décret, lui-même conforme à une loi et la loi régulière au regard de la constitution.

Il est utile de bien connaître cette structure que l'on peut présenter de la manière suivante :

Premièrement :

- Assises de la Constitution (Déclaration des droits de l'homme de 1789 + Préambule de la Constitution de 1946 + Principes fondamentaux reconnus par les lois de la République)
- Constitution du 4 octobre 1958
- Traités internationaux (Const., art. 55)

Deuxièmement :

- Lois organiques (Const., art. 46)
- Lois ordinaires (Const., art. 34)
- Ordonnances (Const., art. 38)

Troisièmement :

- Décrets du président de la République (pris en conseil des ministres, art. 37)

---

11. *Ibid.*, p. 299.
12. *Ibid. eod. loc.*
13. Magnon X., *Théorie(s) du droit*, 2008, Ellipses, p. 71 s. « l'ordre juridique ».

- Décrets autonomes du Premier ministre (Const., art. 37)
- Décrets d'application du Premier ministre (Const., art. 21)

Quatrièmement :

- Arrêtés ministériels
- Arrêtés préfectoraux (ou d'un président de conseil général)
- Arrêtés municipaux (pris par un maire)

Cinquièmement :

- Circulaires d'application (mais n'ont pas de valeur contraignante)
- Réponses ministérielles (simple avis d'un ministre)
- Rescrits de certaines juridictions (simples interprétations de textes nouveaux)

Critiques. – Quelle critique apporter à la théorie de Kelsen ? Elle est une excellente et pertinente démonstration du *processus* d'élaboration des *normes* du droit écrit. Kelsen fait une analyse de compétence des autorités et introduit la théorie de Montesquieu des contre-pouvoirs au sein même de l'ordre juridique. De ce point de vue, sa construction est d'une absolue cohérence. Il faut ajouter son immense mérite pratique : ce n'est pas la moindre des valeurs d'une bonne théorie.

Toute la difficulté tient à ce que Kelsen valide, en définitive, sa théorie en fondant sa pyramide sur la proclamation de « droits fondamentaux » (le qualificatif prend ici toute sa force) délicats à déterminer : quelle est leur véritable nature ? quelle est leur véritable expression ?

Nature de la « norme fondamentale ». – L'on a rapidement objecté que le sommet (ou la base, comme l'on veut) de la pyramide aboutit inexorablement à une *impasse*. Lorsqu'on aboutit à la Constitution, la question est alors de savoir quelle norme supérieure légitime celle-ci.

Que nous dit Kelsen au sujet de la norme fondamentale ? « Si l'on veut se faire une idée juste de ce qu'est la norme fondamentale, il faut avant tout conserver présent à l'esprit qu'une norme fondamentale se rapporte : de façon immédiate, à une Constitution déterminée, qui a été posée effectivement, qui a été créée soit par la coutume, soit par un acte conscient d'édiction, et qui est en gros et en général efficace ; de façon médiate, à l'ordre de contrainte qui a été créé conformément à cette Constitution et qui est en gros et en général efficace ; elle fonde la validité de cette Constitution d'abord et de l'ordre juridique tout entier dont celle-ci est la base, ensuite »[14].

Kelsen soutient « qu'en faisant l'hypothèse d'une norme fondamentale, on affirme aucune valeur transcende au droit positif ». Or, c'est là manifestement que le bât blesse. Kelsen confond deux choses bien distinctes : l'édiction de la norme fondamentale (qui est bien un acte purement juridique) et son contenu (qui, à ce niveau, ne peut être purement

14. Kelsen H., *Théorie pure du droit*, *op. cit.*, p. 266.

juridique). Le contenant (à savoir la Constitution et plus généralement les déclarations qui précèdent) est bien une norme juridique. Le contenu l'est beaucoup moins.

Prenons un exemple banal. Le Conseil constitutionnel a dit, dans une décision importante du 27 juillet 1994 (à propos des lois de bioéthiques), que la dignité de la personne humaine était un principe à valeur constitutionnelle. Pourquoi ? Parce que, d'une manière d'ailleurs incidente, le préambule de 1946 fait allusion à la dignité de la personne. De ce point de vue, il est tout à fait raisonnable de dire que la valeur que constitue la dignité de la personne humaine est intégrée dans le « bloc de constitutionnalité ». En revanche, il est inexact de soutenir que ce principe n'a de valeur que parce qu'il est relevé dans la Constitution. Ce principe n'est nullement juridique par lui-même : c'est un principe transcendant qui a, de par le droit, des *effets* immanents ; c'est un principe métaphysique qui a une *traduction* juridique. Ce principe est *reçu* par le droit, il n'est certainement pas *créé* par le droit. La démonstration en est que ce principe n'est nullement un principe de droit *français* mais un principe *universel*.

En fait, Kelsen n'a pas voulu reconnaître que sa « norme fondamentale » était le « *check point* » entre le droit et les autres valeurs fondatrices de la société. Cette « norme fondamentale », parce qu'elle est une « norme », est bien du droit en tant que contenant, mais parce qu'elle est « fondamentale », n'est pas du droit en tant que contenu, du moins, et c'est l'ambiguïté parfaite du terme « droit », en tant que « droit positif » : le droit fondamental qui fonde le droit positif ne peut lui-même être du droit positif.

Fondamentalité à tous les étages de la pyramide. – La seconde critique touche au niveau d'édiction des droits fondamentaux. Pour Kelsen, les choses sont très simples : les droits fondamentaux sont contenus dans la norme fondamentale. Bien entendu, dans l'absolu, c'est ainsi qu'il devrait en être et la « loi fondamentale » de l'Allemagne (très inspirée de Kelsen) en est un assez bon exemple. Mais, concrètement et en France spécialement, il n'en a jamais été ainsi, pour diverses raisons. D'une part, la Constitution, même assortie de déclarations liminaires, ne peut tout prévoir par avance. Parce que le droit découle de la nature d'une société, il est nécessairement mouvant. Le constituant français de 1946 l'a parfaitement compris en doublant la vénérable déclaration de 1789 d'une seconde déclaration plus moderne. Les droits fondamentaux sont en découverte permanente, les inscrire une fois pour toutes dans une constitution, c'est courir le péril de les *figer*. Parce qu'ils sont des droits fondamentaux, ils répugnent à être des droits écrits : ce sont des droits plus déclarés qu'édictés. D'autre part, même écrite, la notion même de « fondamentalité » est totalement distincte de la place de la norme qui décrit un « droit fondamental » : la valeur du contenu ne dépend pas du rang du contenant.

Tout ce qui est dans la Constitution n'est pas nécessairement du droit fondamental ; à l'inverse, tout le droit fondamental n'est pas dans la Constitution. Prenons un simple exemple. La Constitution française ne fait aucune allusion au principe du respect dû à la vie privée, en revanche le Code civil, à son article 9, en assure une efficace protection : c'est pourtant bien un droit fondamental alors même que le Code civil n'a qu'une valeur législative. La même Constitution ne dit rien du principe du respect de la contradiction dans une procédure judiciaire, en revanche le nouveau Code de procédure civile, à son article 16, en fait un principe absolu : c'est bien un droit fondamental même si ce code n'est qu'un assemblage de plusieurs décrets autonomes.

La *valeur d'un droit* est donc nettement distincte de la *valeur de la norme* qui le consacre[15]. Les droits fondamentaux se retrouvent *à tous les étages* de la pyramide et non simplement au sommet parce que ce n'est pas de la Constitution que découle le droit mais c'est du droit que provient la Constitution (É. Picard).

Destin du positivisme. – Si Kelsen jouit d'une telle autorité aujourd'hui dans la doctrine juridique, malgré les incertitudes de sa théorie trop systématique (d'aucuns diront mécanique), c'est certainement parce qu'il a donné une doctrine à une attitude plus qu'une école : le positivisme[16].

L'on dénomme « positivisme » le parti qui consiste à dire que le droit se suffit à lui-même et que le juriste n'a pas à sortir de sa sphère pour exercer son art et sa science. Le terme dérive de « droit positif » qui signifie « droit posé » ou « établi ». Le droit n'est que le droit écrit d'où l'amalgame fréquent entre le *droit* et la *norme* (contenu et contenant).

Nuances. – Quels regards porter sur cette manière de concevoir le droit ? La nuance s'impose. Dans la vie quotidienne, de fait, tout juriste est bien un positiviste. L'avocat chargé de suivre une procédure de saisie immobilière suivra la procédure indiquée dans le Code de procédure civile. Le notaire opérant une liquidation d'un régime de communauté se conformera aux règles déterminées pour cela dans le Code civil. Le juge administratif ayant à statuer sur une affaire de marchés publics ira quérir la solution dans le Code des marchés publics. Nier que le droit, dans la pratique, est d'abord une *technique*, c'est nier une évidence.

Le péril vient non pas du positivisme pratique mais de l'autisme positiviste[17], c'est-à-dire de l'inaptitude de certains juristes à réfléchir sur le droit en dehors du droit, à avoir des perspectives et des pensées qui le dépassent. D'une subtilité dans l'art d'interpréter avec intelligence, talent et imagination, le droit tel qu'énoncé par les autorités compétentes peut sourdre un entêtement, une obnubilation et même, dans les cas extrêmes, une démission intellectuelle gravissime.

Le positivisme est donc, dans un premier temps, l'art consommé du praticien du droit à *jouer* du droit ; il peut être, dans un second temps, une paresse de l'esprit voire une démission de l'âme. Il ne devient périlleux que lorsqu'il rétrécit l'esprit après en avoir dilaté les facultés. Il y a un positivisme de facilité (restons entre juristes) et un positivisme de conviction (imposons-nous aux philosophes).

Kelsen fut non seulement un grand juriste mais encore un très grand juriste, au surplus courageux. Simplement, sa théorie a été simplifiée à l'extrême pour servir de fin de nonrecevoir à toute pensée philosophique, et plus encore métaphysique, sur le droit. Il a servi de justification à réduire le droit à une *science normativiste* et à introduire dans

---

15. Beignier B., « Hiérarchie des normes et hiérarchie des valeurs – Les principes généraux du droit et la procédure civile », *Mélanges Pierre Catala*, 2001, Litec, p. 153 et s.
16. V. Bloquet S., « Quand la science du droit s'est convertie au positivisme », RTD civ. 2015, p. 59. L'auteur montre comment, à partir du second tiers du xixe siècle, la doctrine positiviste a pris progressivement la place de la « doctrine de transition » des premiers commentateurs du Code civil. Une explication peut en être trouvée dans son objet : infléchir autant la science juridique vers une forme d'exclusivisme légal que rénover les procédés méthodologiques par une lecture libérale de la législation civile.
17. Magnon X., « En quoi le positivisme – normativisme estil diabolique ? », RTD civ. 2009, p. 269. Accusation excessive, mais en quoi serait-il angélique ?

le droit l'esprit *scientiste* (qui n'est pas l'esprit *scientifique*). Il importe de distinguer les deux[18]. C'est certainement trahir son œuvre magnifique et déterminante que de l'invoquer pour éviter de s'interroger sur l'*art* de la justice qui découle du droit, vecteur des valeurs d'une société et, au-delà, de l'humanité.

§ 2 – LES CONFLITS DE SOURCES

I. LES CONFLITS DE LOIS DANS LE TEMPS

Thierry LE BARS
Professeur de droit privé, ancien doyen de la Faculté de droit de l'Université de Caen Basse-Normandie

De l'article 1er du Code civil, il ressort qu'en principe les lois et les règlements publiés au *Journal officiel de la République française* entrent en vigueur « à la date qu'ils fixent ou, à défaut, le lendemain de leur publication ». Cependant, ce texte ne résout pas toutes les difficultés que pose le remplacement d'une règle de droit par une autre. En effet, s'il détermine à partir de quand une norme nouvelle s'applique, il ne précise pas les situations qu'elle doit régir. Il se trouve toujours des personnes dont la situation est à cheval sur deux périodes : celle de l'application de la loi ancienne et celle de la mise en œuvre de la loi nouvelle. C'est tout le problème des « conflits de lois dans le temps » qu'un exemple illustrera : En 1816, le divorce a été aboli en droit français. Deux personnes se sont mariées en 1880. En 1884, une nouvelle loi a réintroduit le divorce en droit français. Les deux époux mariés sous l'empire de la loi de 1816 pouvaient-ils divorcer en 1886 ? La réponse est positive, mais elle n'était pas totalement évidente, car le mariage célébré en 1880 était censé, à l'époque, être indissoluble sauf par décès. On pouvait donc se demander si la loi de 1884 ne devait pas s'appliquer aux seules personnes mariées à partir de son entrée en vigueur.

Pour résoudre ce type de difficulté, les textes nouveaux comportent fréquemment un ou des articles précisant les modalités de leur application dans le temps. On parle alors de « dispositions transitoires ». Celles-ci sont très utiles car elles permettent au juriste de répondre rapidement à la question de l'applicabilité de la loi nouvelle ou de la loi ancienne à la situation qui l'intéresse. Cependant, il arrive qu'un texte ne contienne pas de disposition transitoire ou que celles qu'il contient ne visent pas toutes les situations envisageables. C'est pourquoi un certain nombre de règles ont été posées par la loi et la jurisprudence, pour régler ces difficultés. Ce sont les règles du droit transitoire.

Pour savoir de quoi l'on parle, il faut d'abord préciser les mécanismes que l'on peut rencontrer (A). Nous verrons ensuite les principes posés par la loi et la jurisprudence (B).

---

18. En particulier, BINET J.R., *Droit et progrès scientifique, Science du droit, valeurs et biomédecine*, 2002, PUF, coll. Partage du savoir, toute la 2e partie « le droit asservi par le scientisme » (p. 143 et s.). Au-delà du droit : REY O., *Itinéraire de l'égarement, Du rôle de la science dans l'absurdité contemporaine*, 2003, Le Seuil ; LURCAT F., *De la science à l'ignorance*, 2003, éd. du Rocher. Question posée par ce dernier : « Pourquoi le mode de pensée des savants estil souvent totalitaire ? ». Inquiétant. À compléter par WALTERS L., *L'éclipse du savoir*, 2008, éd. Allia.

A - LES MÉCANISMES DU DROIT TRANSITOIRE

Le premier mécanisme à connaître est *l'application pour l'avenir* de la loi nouvelle, également appelée *application immédiate* ou *application générale et immédiate*. Mettre en œuvre ce principe consiste tout simplement à faire application de la nouvelle règle à compter de son entrée en vigueur. Selon son contenu, la nouvelle norme pourra ainsi régir les conditions de formation d'un contrat futur (par exemple en posant une nouvelle cause de nullité), la qualification de faits futurs (notamment en créant une nouvelle infraction pénale) ou les effets futurs d'un acte juridique, c'est-à-dire les droits et obligations qu'il produira. On pense par exemple à une loi qui plafonnerait des loyers ou un taux d'intérêts pour l'avenir.

La *rétroactivité* de la loi nouvelle est un autre mécanisme important. On parle de rétroactivité, lorsque la loi nouvelle agit dans le passé, comme si elle remontait le temps. Cela étant, tout le monde n'est pas d'accord sur le sens de ce mot. Historiquement, deux grands courants se détachent. Un premier courant, très présent en doctrine jusqu'au début du XXe siècle, s'exprime à travers la doctrine des droits acquis. Il postule que la loi nouvelle ne peut remettre en cause les droits acquis par une personne, sauf à rétroagir. En revanche, la loi pourrait remettre en cause de simples « expectatives » (c'est-à-dire les simples attentes) des parties. La distinction des droits acquis et des simples expectatives étant tout sauf claire, cette théorie a été remise en cause et supplantée en doctrine par la théorie du droit transitoire qu'a développée le doyen Roubier[19]. Selon lui, il ne faut pas raisonner en termes de droits acquis et de simples expectatives, mais en termes de situations juridiques. Un acte juridique a été passé : c'est une situation juridique. Un accident s'est produit, c'est une situation juridique. Une obligation arrive à terme, c'est encore une situation juridique. L'expression « situation juridique » est évidemment très large et par là même très vague. Mais elle permet de déterminer à un moment donné les droits et obligations d'une personne, la qualification d'un acte et les régimes applicables. Pour Roubier, la loi nouvelle est rétroactive quand elle remet en cause une situation antérieure, c'est-à-dire les conditions de formation d'un acte antérieur, ses effets passés ou la qualification de faits passés. À l'inverse, on parlera d'application immédiate (ou pour l'avenir) de la loi nouvelle quand elle régit des situations non encore constituées lors de son entrée en vigueur (conditions de formation d'actes futurs, qualification de faits à venir, effets futurs d'actes présents ou futurs...). Bien entendu, il peut y avoir à la fois rétroactivité et application immédiate d'une loi nouvelle. Ainsi, en général, quand une loi remet en cause le montant de loyers déjà versés, elle remet également en question celui des loyers futurs stipulés au contrat de bail. Elle est donc à la fois rétroactive (pour le passé) et d'application immédiate (pour l'avenir).

Le troisième et dernier mécanisme du droit transitoire est la *survie de la loi ancienne*. Il y a survie de la loi ancienne quand une règle antérieure continue de s'appliquer à des personnes au-delà de l'entrée en vigueur de la loi nouvelle. Un exemple peut être tiré de l'entrée en vigueur, le 1er février 1966, de la loi du 13 juillet 1965 qui a réformé le droit des régimes matrimoniaux et érigé la communauté réduite aux acquêts en régime légal. À compter du 1er juillet 1966, toutes les personnes qui se sont mariées sans contrat de mariage ont été soumises à ce nouveau régime légal. Mais toutes celles qui s'étaient

19. Roubier P., *Les conflits de lois dans le temps*, 1929, Paris, Sirey.

mariées avant cette date sans signer de contrat de mariage sont restées sous l'Ancien Régime légal, à savoir celui de la communauté de meubles et acquêts. Pour elles, il y a donc eu, sur ce point, survie de la loi ancienne, en vertu des dispositions transitoires de la loi de 1965.

B - LES PRINCIPES DU DROIT TRANSITOIRE

Les textes généraux portant directement sur le droit transitoire sont peu nombreux et leur étude est indissociable de la lecture qu'en fait la jurisprudence. Il en ressort que deux grandes questions constituent le cœur de la matière : celle de la rétroactivité de la loi nouvelle (1) et celle de son application générale et immédiate (2).

1) La question de la rétroactivité de la loi nouvelle

Selon l'article 2 du Code civil, « la loi ne dispose que pour l'avenir ; elle n'a point d'effet rétroactif ». Ce texte est le principal fondement juridique du principe de non-rétroactivité de la loi nouvelle. Mais ce n'est pas le seul[20] et il ressort de l'étude des textes et de la jurisprudence que la rétroactivité est tantôt possible, tantôt interdite, tantôt obligatoire.

a. La rétroactivité possible

La portée de l'article 2 du Code civil est limitée, dans la mesure où le législateur n'est pas lié par cet article qu'il a lui-même posé. Le Parlement ayant le pouvoir de modifier les textes législatifs tels que l'article 2 du Code civil, il peut y déroger ponctuellement en prévoyant qu'une loi sera rétroactive. Le principe de non-rétroactivité n'a pas valeur constitutionnelle de manière générale. Les textes législatifs peuvent donc être rétroactifs si le législateur le veut. Mais, lorsque la loi est muette sur ce point, les juges doivent considérer que la loi n'est pas rétroactive. La règle de l'article 2 est donc d'abord une norme d'interprétation de la loi nouvelle : elle s'adresse au juge. En l'absence de volonté expresse du législateur de faire rétroagir sa loi, les tribunaux doivent appliquer la règle qui était en vigueur au moment de la constitution de la situation dont ils ont à connaître, pour apprécier la validité d'un acte ou qualifier des faits.

La liberté du législateur est cependant encadrée par les jurisprudences combinées de la Cour européenne des droits de l'homme, du Conseil constitutionnel et de la Cour de cassation. Il en ressort, pour l'essentiel, que le législateur ne peut rendre une loi rétroactive que s'il existe pour cela un motif d'intérêt général suffisant[21], ce motif devant même être impérieux, s'il s'agit pour le législateur de s'ingérer dans l'administration de la justice dans le but d'influer sur le dénouement judiciaire d'un litige[22].

b. La rétroactivité interdite

Si la rétroactivité des lois nouvelles est possible sous certaines conditions, il existe deux cas dans lesquels la nouvelle norme ne peut jamais être rétroactive. Le premier cas se déduit de l'article 2 du Code civil. Ce texte étant de nature législative, il ne lie pas

---

20. Ex : C. pén., art. 112-1.
21. Ex : Cons. const., 18 déc. 2001, n° 2001-453 DC.
22. Ex : CEDH, 28 oct. 1999, Zielinski et a. c/ France ; Cass. ass. plén., 24 janv. 2003, n° 01-41757.

le pouvoir législatif, mais il s'impose au pouvoir réglementaire. Les règlements sont en effet inférieurs aux lois, dans la hiérarchie des normes. La jurisprudence administrative voit d'ailleurs un principe général du droit dans la non-rétroactivité des règlements. Un décret ou un arrêté rétroactif serait donc illégal, ce que confirme l'article L. 221-4 du Code des relations entre le public et l'administration[23]. Le juge administratif pourrait annuler ce règlement au terme d'un recours pour excès de pouvoir.

La seconde interdiction de la rétroactivité se rencontre en matière pénale. En effet, l'article 8 de la Déclaration des droits de l'homme et du citoyen de 1789 énonce que « nul ne peut être puni qu'en vertu d'une loi établie et promulguée antérieurement au délit ». Ce texte faisant partie du bloc de constitutionnalité, le Conseil constitutionnel en a logiquement déduit que la rétroactivité des lois pénales était inconstitutionnelle[24], sous réserve du cas particulier de la rétroactivité *in mitius* qui, elle, est obligatoire.

c. La rétroactivité obligatoire

En 1981, le Conseil constitutionnel a érigé en principe constitutionnel la rétroactivité de la loi pénale plus douce[25], ou « rétroactivité *in mitius* » (littéralement « en moins »). Par conséquent, lorsqu'une nouvelle loi instaure une sanction moins sévère que la précédente ou supprime une incrimination, elle s'applique automatiquement aux auteurs de faits antérieurs à son entrée en vigueur. Le législateur ne peut même pas s'y opposer, les principes constitutionnels ayant une valeur supra-législative. Le principe de la rétroactivité *in mitius* repose, là encore, sur l'article 8 de la Déclaration de 1789, lequel énonce que « la loi ne doit établir que des peines strictement et évidemment nécessaires ». Pour le Conseil, le fait de ne pas appliquer aux infractions commises sous l'empire de la loi ancienne la loi pénale nouvelle, plus douce, reviendrait à permettre au juge de « prononcer les peines prévues par la loi ancienne et qui, selon l'appréciation même du législateur, ne sont plus nécessaires ».

On peut enfin rattacher aux cas de rétroactivité obligatoire les hypothèses dans lesquelles la nature même de la loi nouvelle commande sa rétroactivité. Il s'agit des lois interprétatives et des lois de validation. Les premières interprètent une loi antérieure et s'appliquent rétroactivement parce qu'elles font corps avec elle. Les secondes valident des situations dont la validité était contestable. La rétroactivité paraît donc, là aussi, logique. Cela étant, la défiance de la jurisprudence envers la rétroactivité a conduit celle-ci à subordonner la rétroactivité des lois interprétatives ou de validation aux mêmes conditions que celle des autres lois : « sauf pour d'impérieux motifs d'intérêt général », la rétroactivité ne doit pas permettre « l'ingérence du pouvoir législatif dans l'administration de la Justice afin d'influer sur le dénouement judiciaire des litiges »[26].

2) La question de l'application générale et immédiate de la loi nouvelle

La jurisprudence n'a pas choisi entre la doctrine des droits acquis et celle du doyen Roubier. Mais, manifestement, elle a subi l'influence de celui-ci. En effet, en principe, les

---

23. CRPA, art. L. 221-4 : « Sauf s'il en est disposé autrement par la loi, une nouvelle réglementation ne s'applique pas aux situations juridiques définitivement constituées avant son entrée en vigueur ou aux contrats formés avant cette date ».
24. Cons. const., 9 janv. 1980, D. 1980, 249, note AUBY J.-B.
25. Cons. const., 19 et 20 janv. 1981, D. 1982, 441, note DEKEUWER A.
26. Cass. ass. plén., 24 janv. 2003, n° 01-41757 – 23 janv. 2004, n° 03-13617.

tribunaux appliquent aux effets d'une situation juridique la loi en vigueur au moment où ces effets se produisent, ce qui peut remettre en cause des droits acquis. Techniquement, il ne s'agit pas pour autant de rétroactivité, même si l'on peut déplorer que les prévisions des parties soient ainsi déjouées. On peut imaginer, par exemple, la déception d'investisseurs qui ont effectué des placements en raison d'incitations fiscales et découvrent, quelques années plus tard, que l'État a décidé de supprimer leur avantage fiscal. Pour qualifier cette application générale de la loi nouvelle aux effets futurs des situations antérieures à son entrée en vigueur, on a pu parler de « rétrospectivité »[27], marquant ainsi la particularité de cette forme d'application d'une nouvelle norme pour l'avenir.

Cette particularité explique que la jurisprudence ait consacré, dès le XIXe siècle, une exception au principe d'application générale de la loi nouvelle, en matière contractuelle. Plus précisément, il y a survie de la loi ancienne pour ce qui est des *effets futurs des contrats en cours* au moment de l'entrée en vigueur de la loi nouvelle. Ainsi, en 1920, la Cour de cassation a jugé qu'un décret ayant plafonné le prix de l'orge n'était pas applicable aux contrats passés antérieurement à son entrée en vigueur[28]. Le prix stipulé dans ce contrat n'avait donc pas à être ramené au plafond désormais fixé par le règlement. Cette faveur faite à la survie de la loi ancienne trouve cependant elle-même ses limites dans certaines circonstances. On revient en effet à l'application générale et immédiate en matière d'effets futurs des contrats, lorsque le texte comprend une disposition transitoire le prévoyant ou lorsqu'il est d'ordre public ou d'intérêt général. Il appartient alors aux juges de déterminer si l'ordre public ou l'intérêt général est suffisamment présent dans la loi nouvelle pour justifier que soit écartée la survie de la loi ancienne. En d'autres termes, le seul fait que la loi nouvelle soit d'ordre public ou d'intérêt général ne suffit pas pour écarter la loi ancienne. Il faut encore qu'aux yeux des juges, cet ordre public ou cet intérêt général soit suffisamment fort.

II. LES CONFLITS DE LOIS DANS L'ESPACE

Mathias Audit
Professeur à l'École de droit de la Sorbonne (Université de Paris 1)

Dans les initiatives d'ordre juridique qui ont émaillé la période séparant la Première Guerre mondiale de la Seconde, un certain nombre d'entre elles avait un caractère très ambitieux, emportant avec elles l'espoir d'une métamorphose en profondeur de la société internationale et des règles qui la régissent. Parmi ses projets dont on dirait peut-être aujourd'hui qu'ils dénotaient une forme d'utopie un peu béate, même si leurs promoteurs de l'époque ne le voyaient certainement pas ainsi, on peut à l'évidence citer le pacte Briand-Kellogg, ou pacte de Paris. Par ce traité signé le 27 août 1928 et entré en vigueur le 24 juillet 1929, pas moins de 63 États entendaient « condamn[er] le recours à la guerre pour le règlement des différends internationaux et y renonc[er] en tant qu'instrument de politique nationale dans leurs relations mutuelles ».

---

27. V. not. Héron J., *Principes du droit transitoire*, 1996, Dalloz, p. 96 et s.
28. Cass. req., 30 nov. 1920, S. 1921, 1, 167.

Parmi les autres projets de cette époque riche, il en est un sans doute plus méconnu, mais dont la portée symbolique était pourtant loin d'être négligeable. Il s'agissait en effet d'unifier les règles de droit privé entre les États. À cet effet, la Société des Nations, ancêtre de l'Organisation des Nations unies, s'était même dotée en 1926 d'un Institut international pour l'unification du droit privé (Unidroit), lequel existe toujours aujourd'hui, même si sa forme et les objectifs qui lui sont assignés ont évolué depuis lors. Quoi qu'il en soit, cette création s'inscrivait à l'époque dans un contexte particulièrement favorable. C'est ainsi que Demogue, l'un des plus grands spécialistes de droit civil de cette époque, publie l'année suivante un ouvrage intitulé *L'unification internationale du droit privé*[29]. Cette même année 1927 voit également naître un projet franco-italien de Code des obligations et des contrats, lequel est vu aujourd'hui comme une préfiguration des différents projets européens d'unification du droit des contrats.

Or, derrière cette utopie d'un droit, au moins privé, qui serait à la fois mondial et unifié, résidait le constat qu'il ne l'était – précisément – pas. Force est du reste de constater que tel n'est toujours pas le cas. Aujourd'hui comme hier, le droit est irrémédiablement fragmenté en ensembles normatifs distincts, correspondant pour l'essentiel aux différents États souverains qui existent sur la surface du globe terrestre et, parfois, à certaines organisations régionales disposant d'un système juridique intégré, à l'instar de l'Union européenne.

Autrement dit, faute de droit mondial, c'est avec les différents – et nombreux – droits nationaux qu'il convient de composer. Plus encore, leur coexistence conduit à l'émergence de ce que le droit international privé a pris l'habitude de dénommer des conflits de lois. Par opposition à ceux de ces conflits que les règles de droit transitoire entendent régler, il peut être précisé qu'ils interviennent non dans le temps, mais dans l'espace.

Plus exactement, il y a lieu de mettre en regard l'existence de droits nationaux distincts avec le constat que tant les personnes que les entreprises ne vivent pas en vase clos au sein de l'État dont elles relèvent. Elles entretiennent aussi bien des relations de famille que des relations d'affaires par-delà leurs frontières nationales. Ainsi un Français est-il susceptible d'épouser une Allemande, tandis que le couple décide de s'installer aux États-Unis et d'y procéder à l'adoption d'un enfant d'origine chilienne. Quant à l'entreprise qu'ils ont fondée, elle peut être incorporée dans l'État fédéré du Delaware, afin de commercialiser des prestations de service internet auprès de consommateurs français.

La difficulté est toutefois que, tant le droit français que les droits allemand, américain ou chilien comportent des règles en matière de mariage, de régimes matrimoniaux, d'adoption, de sociétés commerciales ou encore de contrats de consommation. C'est ici que le conflit de lois dans l'espace se fait jour ; il réside tout entier dans le constat que l'on ne saurait appliquer concomitamment tous ces droits nationaux à un même mariage, une même adoption ou une même société commerciale. Faute de pouvoir soumettre une relation de droit privé unique à plusieurs droits nationaux, c'est donc qu'il convient de choisir l'un d'entre eux, c'est-à-dire de sélectionner celui qui des droits allemand, américain ou chilien semble être le plus à même de régir ce mariage, ce régime matrimonial, cette adoption, cette société commerciale ou encore ce contrat de consommation en particulier.

---

29. Demogue R., *L'unification internationale du droit privé. Leçons faites à la Faculté de droit de l'Université de Buenos Ayres*, 1927, Paris, Rousseau.

C'est ici tout l'objet de cette branche du droit international privé, coexistant avec le « conflit de juridictions », et que l'on appelle – précisément – le « conflit de lois ». Ses règles et principes permettent d'identifier le droit applicable à un rapport de droit privé qui n'est pas entièrement localisé sur le territoire d'un seul et même État. Or, à cette fin, le droit international privé fait appel à des méthodes particulières (B), dont on identifiera préalablement les sources (A).

A - SOURCES DU RÈGLEMENT DES CONFLITS DE LOIS

Les règles de droit international privé tendant à résoudre les conflits de lois dans l'espace sont de sources diverses. Si l'on devait synthétiser en une formule leur évolution au cours des deux derniers siècles, on pourrait affirmer que de sources principalement nationales et prétoriennes à l'origine, elles tendent aujourd'hui à devenir textuelles et européennes.

1) Sources nationales

De prime abord, on serait tenté spontanément de penser que le règlement des conflits de lois dans l'espace devrait trouver sa source dans le droit supranational, c'est-à-dire le droit international public. Tel a bien été la pensée de grands auteurs de droit international privé de la première partie du XXe siècle comme Pillet (1857-1926). Toutefois, en présence de cette vision dite « universaliste » de la matière, c'en est une autre qui l'a emporté, car plus réaliste et en phase avec la matière telle qu'elle existait dans la pratique, et que l'on dénomme le « particularisme »[30].

Ce « particularisme » qui doit beaucoup à un auteur comme Bartin (1860-1948) repose sur le constat que les conflits de lois ne sont finalement pas résolus par des règles de droit international – public –, mais de droit interne, de sorte qu'il n'existe pas *un* droit international privé, mais *des* droits internationaux privés, propres à chaque État. Pour le dire autrement, si le droit international privé était international par son objet, il est pendant longtemps resté interne par ses sources. Il y avait et il y a encore dans une assez large mesure un droit international privé allemand, américain, chilien, etc.

S'agissant plus particulièrement du droit international privé français, le Code civil de 1804 ne lui réserva qu'une place réduite. En effet, les règles que celui-ci consacre à la résolution des conflits de lois se résument pour l'essentiel à son article 3[31]. Ceci explique que tout au long des XIXe et XXe siècles, ce soit la jurisprudence qui ait élaboré les règles relatives aux conflits de lois dans les différentes branches du droit privé. C'est ici l'époque des grands arrêts posant des solutions de principe en matière de résolution des conflits de lois dans toutes les matières du droit privé (personne, mariage, filiation, contrat, délit, biens, etc.)[32].

Ce rôle central du droit prétorien a toutefois commencé à être remis en cause à partir de la décennie 1970. En effet, le législateur a alors entrepris de réinvestir le champ du

30. HALPÉRIN J.-L., *Entre nationalisme juridique et communauté de droit*, 1999, PUF.
31. « Les lois de police et de sûreté obligent tous ceux qui habitent sur le territoire. Les immeubles, même ceux possédés par des étrangers, sont régis par la loi française. Les lois concernant l'état et la capacité des personnes régissent les Français, même résidant en pays étranger ».
32. ANCEL B., LEQUETTE Y., *Les grands arrêts de la jurisprudence française de droit international privé*, 5e éd., 2006, Dalloz.

conflit de lois, en particulier à l'occasion des grandes réformes du droit de la famille qui ont été alors adoptées. C'est ainsi que la loi du 3 janvier 1972 sur la filiation a inséré plusieurs règles de règlement des conflits dans le Code civil (art. 311-14 à 311-18), de même que, à l'occasion de la loi du 11 juillet 1975 sur le divorce, le législateur a adopté une règle de conflit spécifique (art. 310 devenu art. 309).

Par la suite, il n'a plus été rare de voir une réforme d'ampleur introduite par le législateur prévoir une ou plusieurs règles relatives aux conflits de lois. Tel a été le cas, notamment, lors de l'adoption de la loi du 6 février 2001 relative à l'adoption internationale (C. civ., art. 370-3 à 370-5). On peut également citer, par exemple, la loi du 17 juin 2008 portant réforme de la prescription en matière civile (C. civ., art. 2222) ou encore, plus récemment, la loi du 17 mai 2013 ouvrant le mariage aux couples de personnes de même sexe (C. civ., art. 202-1 et 202-2).

Du point de vue des sources internes, la question des conflits de lois est donc désormais le plus souvent régie par des règles littérales. La jurisprudence ne forge plus que très rarement ces règles ; son rôle s'en trouve cantonné à leur interprétation.

2) Sources internationales et européennes

La part importante conférée aux règles littérales en matière de conflit de lois est du reste amplifiée par l'importance, en la matière, des conventions internationales. Celui-ci est en particulier dû à une organisation internationale très ancienne et entièrement dédiée à l'élaboration de ce type de textes en matière de droit international privé.

Il s'agit de la Conférence de La Haye de droit international privé, laquelle a tenu sa première réunion en 1893. Devenue une organisation permanente en 1955, elle réunit aujourd'hui 81 États et une organisation régionale en la personne de l'Union européenne. Depuis sa création, elle est à l'origine de près de 50 conventions internationales ouvertes à la signature des États en matière de droit international privé. On peut ainsi citer les conventions sur la loi applicable en matière de protection des mineurs (1961 et 1996), d'accidents de la circulation routière (1971), d'obligations alimentaires (1973), d'adoption internationale (1993) ou encore de régimes matrimoniaux (1978).

D'autres organisations internationales, comme la Commission des Nations unies pour le droit du commerce international (CNUDCI) ou même, en son temps, la Communauté européenne, sont également à l'origine de conventions internationales ayant une incidence sur la résolution des conflits de lois, mais force est de constater que la Conférence de La Haye a toujours été, et reste encore aujourd'hui, un forum privilégié pour l'élaboration de ce type de textes.

Cela étant, les conventions internationales en matière de conflits de lois souffrent aujourd'hui de la concurrence d'autres textes supranationaux, dont l'incidence est grandissante. Il s'agit des textes de droit dérivé adoptés à cet égard par l'Union européenne.

Plus exactement, ceux-ci relèvent de deux catégories. Tout d'abord, il se produit que certains textes européens, en particulier des directives portant sur une matière en particulier, insèrent dans leurs dispositions des règles relatives aux conflits de lois. Tel est fréquemment le cas notamment en matière de protection des consommateurs ; des directives européennes sont ainsi à l'origine de règles de ce type en matière de clauses abusives (C. cons., art. L. 135-1), de contrats à distance (C. cons., art. L. 121-60-6) ou encore de garantie des biens (C. cons., art. L. 211-18).

Ensuite, l'Union européenne est également à l'origine de textes – des règlements cette fois-ci – entièrement dédiés au droit international privé. Ceci résulte de l'entrée en vigueur du traité d'Amsterdam conclu entre tous les États membres le 2 octobre 1997, lequel a transféré cette compétence aux organes de l'Union européenne.

C'est ainsi que, sur ce fondement, de très nombreux textes ont été adoptés en matière de conflit de lois. On peut par exemple citer les règlements dits « Rome 1 » sur la loi applicable aux obligations contractuelles (2008) et « Rome 2 » sur la loi applicable aux obligations non contractuelles (2007), mais il existe aussi des textes en matière de droit de la famille, patrimonial ou non, comme les règlements sur la loi applicable au divorce (2010) ou aux successions (2012).

Tous ces textes européens unifient les règles de résolution des conflits de lois entre les États membres de l'Union européenne, parfois en y associant le conflit de juridictions. En Europe, ils constituent aujourd'hui la source majeure de résolution du conflit de lois, et leur importance ne cesse de croître, d'autres textes étant en passe d'entrer en vigueur comme en matière de régimes matrimoniaux ou de partenariats enregistrés.

Ce rôle central que jouent désormais les sources européennes dénote que si le particularisme théorisé par Bartin (*supra*, A, 1) n'a pas totalement disparu, le règlement du conflit de lois évolue indéniablement vers une forme si ce n'est d'internationalisme, en tout cas de régionalisme. Il reste alors à examiner les méthodes de résolution des conflits que ces différentes sources privilégient.

B - MÉTHODES DE RÈGLEMENT DES CONFLITS DE LOIS

Quelle qu'en soit la source, les règles tendant à résoudre les conflits de lois dans l'espace font appel à différentes méthodes. Autrement dit, il existe plusieurs types de règles à cet égard. Les plus fréquentes – et celles qui constituent la méthode de principe – sont les règles de conflit de lois. Il arrive néanmoins qu'elles soient écartées au profit de méthodes alternatives.

1) Méthode de principe

Lorsqu'une situation juridique présente des liens avec le territoire de plus d'un État, c'est qu'elle est en prise à un conflit de lois dans l'espace, c'est-à-dire qu'elle peut potentiellement relever de plusieurs lois applicables. Afin de résoudre cette situation et d'identifier celui des droits nationaux en présence qui est le plus à même de régir la situation de droit, il convient de procéder à un choix de loi.

Or la méthode de principe afin d'opérer ce choix a été inventée et élaborée par le juriste prussien Friedrich Carl Von Savigny (1779-1861), un des plus grands théoriciens de son époque et l'un des pères du droit international privé moderne. Il s'agit de ce qu'il est convenu de dénommer la règle de conflit de lois bilatérale – dite également « savignienne » en référence à son inventeur.

Ce type de règle vise à associer à une catégorie de questions de droit privé un facteur de rattachement, lequel aura pour fonction d'identifier la loi applicable. C'est ainsi que les questions d'état et de capacité des personnes relèveront de la loi nationale de l'intéressé (*lex personae*). De leur côté, les délits relèveront de la loi du lieu de leur commission (*lex loci delicti*). Quant aux biens, leur régime juridique sera soumis à la loi de leur situation (*lex rei sitae*). On pourrait ici démultiplier les exemples, mais l'essentiel est de relever que ce type de règles constitue toujours aujourd'hui la méthode de principe pour identifier la loi applicable à un rapport de droit privé.

Certes, les catégories peuvent avoir évolué – par exemple certains délits spéciaux comme les atteintes à la concurrence ou à la personnalité peuvent faire l'objet de règles de conflit particulières –, de même du reste que les rattachements – la loi nationale est aujourd'hui fréquemment remplacée par celle du domicile ou de la résidence habituelle –, mais il n'en reste pas moins que la règle de conflit de lois bilatérale reste toujours privilégiée, y compris par les textes européens par exemple.

Il est toutefois vrai que d'autres formes de règles de conflit existent au côté de la règle bilatérale. On pense notamment à la règle de conflit unilatérale et à la règle de conflit à finalité matérielle – dite aussi à coloration substantielle.

La première citée présente la particularité de n'indiquer que les hypothèses où le droit du for – c'est-à-dire celui du juge saisi – est applicable. Autrement dit, là où une règle bilatérale indiquera que « la capacité relève de la loi nationale », une règle unilatérale prévoira que « la capacité des Français relève du droit français ». Cette forme de règle de conflit présente toutefois d'importantes difficultés de mise en œuvre et c'est pourquoi elle n'est que très peu présente en droit positif. L'exemple le plus important était à cet égard constitué par l'article 309 du Code civil sur la loi applicable au divorce, mais qui a été frappé de caducité du fait de l'entrée en vigueur d'un règlement européen sur la question.

Quant à la règle de conflit à finalité matérielle, elle a été élaborée à partir de la décennie 1970 afin de lutter contre ce qui a pu parfois être considéré comme un travers de la règle bilatérale, à savoir sa neutralité. Par ce qualificatif, on entend que cette dernière règle désigne un droit national sans se préoccuper de la solution de fond que celui-ci va mettre en œuvre. Or, la règle à finalité matérielle cherche, pour sa part, un résultat au fond, par exemple en associant plusieurs critères de rattachement comme dans l'article 311-17 du Code civil.

Ces formes de règle de conflit ne sont donc pas parvenues à détrôner la règle bilatérale qui reste la méthode de principe en matière de résolution du conflit de lois. Il arrive toutefois qu'elle soit écartée au profit de méthodes alternatives.

2) Méthodes alternatives

Les conflits de lois dans l'espace peuvent être résolus en faisant appel à d'autres méthodes que celle de la règle dite de conflit de lois. Plus exactement, il existe trois procédés alternatifs à celle-ci que sont les lois de police – également parfois dénommées lois d'application immédiate ou nécessaire –, les règles purement matérielles de droit international privé et la reconnaissance des situations juridiques créées à l'étranger.

Les lois de police constituent assurément la méthode alternative à la règle de conflit à laquelle il est le plus fréquemment fait recours. À la différence de cette dernière qui se contente de désigner un droit national applicable, la loi de police régit la situation au fond. En d'autres termes, elle indique par exemple que le contrat est nul ou que le mariage peut être célébré. Plus exactement, en raison de la très grande impérativité de son contenu, on considère que l'application d'un autre droit national ne serait pas acceptable.

C'est ainsi que la chambre mixte de la Cour de cassation a pu considérer qu'un contrat de sous-traitance exécuté en France devait pouvoir bénéficier de l'action directe prévue par la loi du 31 décembre 1975 relative à la sous-traitance[33]. La protection du sous-traitant a été considérée comme suffisamment impérative pour justifier l'application de cette loi – en qualité de loi de police – et au détriment de la loi allemande en principe applicable au contrat de sous-traitance. Dans cette affaire et comme le plus souvent, c'est une loi française, c'est-à-dire du for, qui a été appliquée par le juge, mais l'on observera que l'application de lois de police étrangères est, dans certaines circonstances, également possible[34].

Outre les lois de police, une autre méthode alternative est constituée par les règles purement matérielles de droit international privé. Comme les précédentes, elles régissent la situation au fond, mais à la différence de ces dernières leur champ d'application est cantonné aux seules relations internationales. En d'autres termes, elles ne s'appliquent pas aux rapports de droit purement interne.

Un exemple bien connu a trait à la prohibition pour les personnes morales de droit public de recourir à l'arbitrage. Si celle-ci est acquise pour leurs contrats internes (C. civ., art. 2060), elle n'est en revanche pas applicable – en a décidé la Cour de cassation dans un très fameux arrêt *Galakis* de 1966[35] – aux contrats internationaux. C'est typiquement ici une règle purement matérielle de droit international privé.

Enfin, il existe une dernière méthode alternative à la règle de conflit qui est celle de la reconnaissance des situations juridiques créées à l'étranger. D'apparition plus récente, elle consiste à reconnaître sur le territoire du for des rapports de droit (une filiation, un mariage, etc.) créés dans un État étranger et en application de la loi de celui-ci. On en connaît quelques illustrations, notamment dans la jurisprudence de la Cour européenne des droits de l'homme[36], mais il est vrai que si elle a fait l'objet de contributions doctrinales tout à fait fondamentales, son incidence en droit positif, en tout cas français, reste pour l'heure assez modeste.

Cela étant, il est fort probable que son audience n'est appelée qu'à croître dans les temps à venir. Ce n'est bien évidemment pas une certitude, mais il est possible qu'elle rivalise à terme avec la méthode de principe de résolution du conflit de lois que constitue la règle de conflit bilatérale.

33. Cass. ch. mixte, 30 nov. 2007, n° 06-14006.
34. Cass. com., 16 mars 2010, n° 08-21511.
35. Cass., 2 mai 1966, Galakis, Gr. arrêts jur. DIP, n° 44.
36. CEDH, 28 juin 2007, n° 76240/01, Wagner c. Luxembourg.

Section 2

LE CONTRÔLE DES SOURCES

§ 1 – LE CONTRÔLE DE CONVENTIONNALITÉ

Jean-Sylvestre Bergé
Professeur à l'Université de Lyon, membre de l'Institut universitaire de France

L'expression « contrôle de conventionnalité » désigne l'examen de la conformité de la loi française aux engagements internationaux et européens de la France. Ce contrôle participe fortement à la définition des rapports devant exister, au sein de l'ordre juridique national, entre les sources internes et externes (I). Il alimente d'importants jeux d'acteurs institutionnels français (II).

I. LES RAPPORTS ENTRE LE DROIT NATIONAL, INTERNATIONAL ET EUROPÉEN

Comme la plupart des États du monde, la France s'efforce de définir, dans son ordre juridique interne, la place des sources externes de droit international et européen. Quel que soit le nom que l'on donne à la démarche (monisme, dualisme et leurs multiples variantes), elle soulève des questions pratiques et théoriques tenant à l'insertion des sources externes en droit français et à la définition de la place hiérarchique qu'elles occupent au sein de notre ordonnancement national. La Constitution française n'envisage qu'une partie des hypothèses (A), de sorte que la jurisprudence joue un rôle particulièrement important dans la construction des solutions de droit positif (B).

A - LES SOLUTIONS ÉNONCÉES PAR LA CONSTITUTION

L'insertion des traités internationaux dans l'ordre juridique français obéit à un processus formalisé. Les traités et accords internationaux sont soumis, en effet, à une procédure de ratification ou d'approbation aménagée par les articles 52 et 53 de la Constitution de 1958. À ces modes d'insertion formelle s'ajoutent des modes d'insertion matérielle qui se traduisent par l'adoption de mesures internes d'exécution. Ces mesures sont l'expression de l'obligation que fait peser le droit international sur les États de devoir exécuter leurs engagements. Elles peuvent prendre de multiples formes. Le cas le plus fréquent est celui où la législation nationale est adaptée pour permettre une application pleine et entière d'un instrument international conclu par la France.

Au-delà de l'insertion formelle ou matérielle des traités internationaux dans le système juridique français, la question se pose du statut conféré au droit international par la Constitution. Cette dernière consacre diverses dispositions aux normes internationales : Préambule de la Constitution de 1946 (al. 14 et 15 auxquels renvoie la Constitution de 1958) et Constitution proprement dite (art. 5 al. 2, 11, 16, 53-2, 52 à 55). L'une de ces dispositions s'attache à proclamer de manière générale le respect du droit public international. Il s'agit de la première phrase du alinéa 14 du Préambule de la Constitution de 1946 selon laquelle : « La République française, fidèle à ses traditions, se conforme aux règles du droit public international ». En tant que sujet de ce droit, l'État français traduit ainsi dans l'ordre interne une volonté de se soumettre à l'ordre juridique international, c'est-à-dire à la force contraignante des règles de droit public international : respect est dû par la France à ses engagements internationaux et aux règles coutumières internationales. Cette disposition a une portée essentiellement symbolique. C'est pourquoi la pratique se tourne volontiers vers deux autres dispositions pour définir la place du droit international en droit national. La première disposition porte sur la procédure de révision constitutionnelle en cas de conclusion d'un accord international incompatible avec celle-ci (art. 54). La seconde est relative aux rapports entre les traités internationaux et les lois nationales (art. 55). Ce dernier texte est emblématique. Il pose une règle hiérarchique entre ces traités et accords internationaux et la loi (« Les traités ou accords régulièrement ratifiés ou approuvés ont, dès leur publication, une autorité supérieure à celle des lois ») sous réserve de réciprocité (« sous réserve, pour chaque accord ou traité, de son application par l'autre partie »). Cette règle hiérarchique a alimenté de vives discussions sur le rapport de supériorité que les traités internationaux entretiennent avec les lois. S'il n'a jamais été sérieusement contesté que les traités ont une valeur supérieure aux lois nationales qui leur sont antérieures, la question s'est posée du jeu de la théorie de la « loi écran », selon laquelle une loi postérieure à un traité international pourrait avoir pour effet de le contredire.

La Constitution de 1958 n'a intégré des développements propres au droit européen qu'à partir de 1992. Avant cette date, il n'était question que de droit international ou des traités internationaux. Un nouveau titre a été introduit dans la Constitution, spécifique au droit européen (titre XV – De l'Union européenne, art. 88-1 à 88-7).

B - LES PRÉCISIONS APPORTÉES PAR LA JURISPRUDENCE

La jurisprudence joue un rôle central dans la construction des solutions qui gouvernent l'application du droit international et européen en France.

Sur la question des rapports entre les traités internationaux et la loi, c'est le juge judiciaire[37] puis administratif[38] qui, par leur interprétation de l'article 55 de la Constitution, ont donné au principe de supériorité du traité international sur la loi nationale, fût-elle postérieure, l'importance qu'on lui connaît en droit positif actuel. Avant ces décisions, le juge ordinaire français se refusait à apprécier la conformité de la loi à un traité international quand cette loi était postérieure au traité international. Dorénavant, avec les jurisprudences *Jacques Vabre* et *Nicolo*, le raisonnement s'affirme en termes de supériorité du traité international sur la loi. Ce dernier prend clairement appui sur une règle hiérarchique que l'on pourrait formuler ainsi : le traité international est, en vertu de l'article 55 de la Constitution française, supérieur à la loi ; toute loi contraire à un traité international, qu'elle lui soit antérieure ou postérieure, doit donc être écartée par le juge ordinaire. La solution a été étendue aux actes réglementaires[39].

37. Cass. ch. mixte, 24 mai 1975, n° 73-13556, Cafés Jacques Vabre.
38. CE, ass., 20 oct. 1989, n° 108243, Nicolo.
39. Pour une illustration remarquée, à propos du droit au logement opposable, v. CE, ass., 11 avr. 2012, n° 322326, GISTI.

Sur la question des rapports entre la Constitution et les traités internationaux, les plus hautes juridictions de l'ordre administratif[40] et judiciaire[41] ont tenu à affirmer la supériorité de la Constitution nationale sur les normes de droit international. Cette position ne doit pas surprendre. On peut la représenter sous la forme d'une allégorie : nos juges rendent la justice dans des maisons (les « palais de justice ») ; ils tirent l'existence et la légitimité de leur pouvoir de la Constitution qui vient comme coiffer d'un toit la maison qui les abrite ; les juges ordinaires – qui ne peuvent redéfinir les contours la toiture, contrairement à au juge constitutionnel – ont donc pour réflexe naturel de préserver le toit qui les protège.

Le statut de la coutume internationale en droit français a posé également question. La Constitution française se contente d'une référence générale aux règles de droit public international (alinéa 14 du Préambule de la Constitution de 1946 auquel renvoie la Constitution de 1958), sans distinction entre elles. Son article 55 ne dit rien des rapports entre le droit coutumier et le droit interne français. Dans le silence des textes, c'est à la jurisprudence qu'il est revenu de faire une application de la coutume, en des termes plus prudents cependant que pour les traités internationaux[42].

Enfin, sur la question des rapports entre le droit français et le droit européen, on a assisté à une évolution importante. Si, pendant longtemps, les acteurs institutionnels ont joué la carte d'une banalisation des solutions appliquées au droit international et au droit européen[43], des développements propres au droit européen se sont fait progressivement jour en jurisprudence[44].

II. LE JEU DES ACTEURS INSTITUTIONNELS

Le contrôle de conventionnalité met en scène de nombreux jeux d'interaction entre les grands acteurs institutionnels nationaux. Trois principaux jeux peuvent être décrits : le renforcement du pouvoir d'interprétation des juges (A), la distinction entre le contrôle de constitutionnalité des lois et le contrôle de conventionnalité des lois (B) et l'articulation du contrôle prioritaire de constitutionnalité et du contrôle secondaire de conventionnalité (C).

A - LE RENFORCEMENT DU POUVOIR D'INTERPRÉTATION DES JUGES

Le pouvoir de juges français en matière d'interprétation des traités internationaux s'est progressivement détaché du pouvoir exécutif. Il fut un temps où les juges considéraient qu'il leur fallait éviter de s'immiscer dans les relations diplomatiques entre États, notamment sur la question de l'interprétation que le Gouvernement entendait donner des

---

40. CE, ass., 30 oct. 1998, n° 200286 et 200287, Sarran et Levacher.
41. Cass. ass. plén., 2 juin 2000, n° 99-60274, Fraisse.
42. CE, ass., 6 juin 1997, n° 148683, Aquarone.
43. Voir les décisions *Jacques Vabre* (préc.) et *Nicolo* (préc.) qui, bien que rendues à propos du droit européen, ont alimenté la question générale des rapports entre le droit français et le droit international.
44. Voir, par exemple, à propos du droit de l'UE : sur le droit dérivé, les jurisprudences *Boisdet* (CE, 24 sept. 1990, n° 58657), *Philip Morris* et *Rothmans* (CE, ass., 28 févr. 1992, n° 87753 et n° 56776, 56777) ou *Perreux* (CE, ass., 30 oct. 2009, n° 298348), sur les principes généraux du droit européen, voir la jurisprudence *Syndicat national de l'industrie pharmaceutique* (CE, 3 déc. 2001, n° 226514).

accords internationaux auxquels la France était partie. C'est aujourd'hui chose révolue[45]. L'appropriation par les juges du pouvoir d'interpréter les conventions internationales a des conséquences pratiques importantes. Elle n'est pas étrangère au processus de hiérarchisation des droits mené dans le contexte national. En effet, selon l'interprétation retenue, le juge caractérisera ou, au contraire, infirmera l'hypothèse d'un conflit entre la norme internationale et la norme interne. Son pouvoir est donc important.

Cette tendance forte d'autonomisation du travail des juges a marqué également la mise en œuvre de la condition de réciprocité. L'article 55 de Constitution française soumet à une condition de réciprocité la supériorité des traités internationaux sur la loi. La question s'est posée de la mise en œuvre de cette condition par les juges, concurremment au pouvoir exécutif qui, originairement, s'était octroyé le pouvoir de décider seul de son application au nom de l'exercice du pouvoir diplomatique. Mais la situation a changé. Le juge administratif français considère aujourd'hui qu'il ne saurait être lié dans son appréciation par l'administration, même si l'avis de cette dernière peut faire partie des éléments utiles au débat[46].

B - LA DISTINCTION DU CONTRÔLE DE CONSTITUTIONNALITÉ DES LOIS ET DU CONTRÔLE DE CONVENTIONNALITÉ DES LOIS

Une répartition des rôles s'est opérée entre, d'une part, le juge constitutionnel et, d'autre part, le juge ordinaire (de l'ordre administratif ou judiciaire). Cette répartition est avant tout le fait du Conseil constitutionnel qui, en décidant de l'étendue de ses propres pouvoirs, a dessiné les contours des prérogatives qu'il entendait concéder aux juridictions ordinaires. Le Conseil constitutionnel s'est, en effet, refusé à examiner la conventionnalité des lois[47]. Ce refus a été justifié par le «caractère à la fois relatif et contingent» des traités qui ne s'appliquent qu'entre parties liées et qui demeurent suspendus au respect d'une condition de réciprocité. En raison de l'effet limité des traités, le Conseil constitutionnel n'a pas souhaité qu'ils intègrent le bloc du contrôle de constitutionnalité de la loi. Le contrôle de conventionnalité des lois relève donc de la compétence des seuls juges ordinaires.

Cette solution connaît un tempérament important. En effet, le Conseil constitutionnel a décidé en 2006[48] de contrôler la conformité des lois de transposition des directives européennes aux motifs que cette transposition «résulte d'une exigence constitutionnelle» (art. 88-1 de la Constitution). Ce contrôle implique, dans les limites dessinées par le Conseil constitutionnel, un examen de la conformité de la loi nationale à un texte de droit dérivé supranational. C'est une forme de contrôle de conventionnalité de la loi.

45. Entre autres décisions, abondantes sur le sujet, voir la jurisprudence *Koné* (CE, ass., 3 juill. 1996, n° 169219) par laquelle la juridiction administrative s'est arrogé le pouvoir d'interpréter un accord franco-malien à la lumière d'un principe fondamental reconnu par les lois de la République, la jurisprudence *Banque Africaine de Développement* (Cass. 1re civ., 10 déc. 1995, n° 93-20424) où la juridiction judiciaire a refusé de saisir le Gouvernement d'une question préjudicielle à propos de l'interprétation de l'accord siège de 1963 instituant l'organisation internationale.
46. CE, 9 juill. 2010, n° 317747, Mme Cheriet-Benseghir.
47. Cons. const., 15 janv. 1975, n° 74-54 DC, Loi relative à l'interruption volontaire de la grossesse.
48. Cons. const., 27 juill. 2006, n° 2006-540 DC, *Loi relative au droit d'auteur et aux droits voisins dans la société de l'information*, rendue à la suite d'une série de décisions rendues en 2004 (notamment, Cons. const., 10 juin 2004, n° 2004-496 DC, Loi pour la confiance dans l'économie numérique.

C - L'ARTICULATION DU CONTRÔLE PRIORITAIRE DE CONSTITUTIONNALITÉ ET DU CONTRÔLE SECONDAIRE DE CONVENTIONNALITÉ

La loi organique[49], qui définit les modalités procédurales de la question prioritaire de constitutionnalité (QPC), a introduit une double référence « aux engagements internationaux » de la France (art. 3-2 et 23-5). Elle précise, en effet, que le juge ordinaire français « (...) doit, lorsqu'il est saisi de moyens contestant la conformité d'une disposition législative, d'une part, aux droits et libertés garantis par la Constitution et, d'autre part, aux engagements internationaux de la France, se prononcer par priorité sur le renvoi de la question de constitutionnalité au Conseil constitutionnel ».

Ce dispositif traduit le caractère prioritaire du contrôle de constitutionnalité sur le contrôle secondaire de conventionnalité.

Indications bibliographiques

Pour une approche plus développée du sujet, v. GHESTIN J., BARBIER H., BERGÉ J.-S., *Traité de droit civil – Introduction au droit*, t. I, 5e éd., 2017, LGDJ, spécialement le titre 2 de la partie 2 (Sources internationales et européennes).

Sur les approches monistes et dualistes, v. notamment parmi les études de références : VIRALLY M., « Sur un pont aux ânes : les rapports entre droit international et droits internes », in *Mélanges offerts à H. Rolin*, 1964, Pedone, p. 488 ; D. ALLAND, « De l'ordre juridique international », Droits 2002, 79.

Pour une analyse statistique et critique de la distinction entre le contrôle de constitutionnalité et de conventionnalité, voir DUTHEILLET DE LAMOTTE O., « Contrôle de constitutionnalité et contrôle de conventionnalité », in *Mélanges Daniel Labetoulle*, 2007, Dalloz, p. 315.

Sur les jeux d'interactions multiples entre le droit national, international et européen et leurs acteurs, voir BERGÉ J.-S., *L'application du droit national, international et européen*, 2013, Dalloz.

§ 2 – LE CONTRÔLE DE CONSTITUTIONNALITÉ

Pierre BRUNET
Professeur de droit public à l'École de droit de la Sorbonne (Université Paris 1)

Apparemment simple, l'expression « contrôle de constitutionnalité » masque en réalité un grand nombre de problèmes délicats. En effet, si la constitution est une norme juridique, n'est-il pas logique et même nécessaire d'en garantir le respect par un juge ? Et si l'on parle de contrôle de légalité pour le contrôle de la conformité à la loi de toutes les normes infra-législatives, n'est-il pas tout aussi logique et évident de contrôler, en matière de constitutionnalité, toutes les normes inférieures à la Constitution ? Les choses ne sont pourtant ni aussi simples ni aussi logiques. On examinera donc deux questions : la justification du contrôle et ses modalités d'exercice.

---

49. Loi organique n° 2009-1523 du 10 décembre 2009 relative à l'application de l'article 61-1 de la Constitution.

I. LA JUSTIFICATION DU CONTRÔLE

A - POSITION DU PROBLÈME : CONTRÔLE DE CONSTITUTIONNALITÉ ET DÉMOCRATIE

Depuis le livre célèbre d'Alexander Bickel (*The Least Dangerous Branch. The Supreme Court at the Bar of Politics*, 1962), les juristes américains connaissent et discutent de ce que l'on appelle la « difficulté contre-majoritaire ». Elle tient en quelques mots : quand un juge constitutionnel déclare une loi inconstitutionnelle, il s'oppose à la volonté des représentants du peuple concret et actuel, il exerce son contrôle non pas au nom de la majorité mais contre elle. Dans le même temps, cette difficulté se heurte à l'objection de la tyrannie de la majorité que Tocqueville, entre autres, percevait fort bien : « Je regarde comme impie et détestable cette maxime, qu'en matière de gouvernement la majorité d'un peuple a le droit de tout faire, et pourtant je place dans les volontés de la majorité l'origine de tous les pouvoirs. Suis-je en contradiction avec moi-même ? » (*De la démocratie en Amérique*, (1835) I, 2, chap. VII). On se trouve donc face à un dilemme : d'un côté, le contrôle de constitutionnalité vient contredire la démocratie représentative, de l'autre, son absence comporte le risque de voir le législateur violer la Constitution.

Peut-on sortir de ce dilemme et, si oui, comment ?

B - LES SOLUTIONS ENVISAGEABLES

Une première réponse consiste à admettre que la Constitution comme la loi expriment la volonté du peuple mais que la Constitution et la loi n'ont pas exactement la même nature car la Constitution est une « loi fondamentale », c'est-à-dire une « loi suprême non modifiable par une loi ordinaire ». Dès lors, en cas de conflit entre la loi ordinaire et la Constitution, il est du devoir des juges de faire prévaloir la seconde sur la première. La solution inverse conduirait à anéantir ou dénaturer la Constitution (Hamilton, *Fédéraliste*, n° 78 ; John Marshall, *Marbury v. Madison*, 1803). C'est aussi ce qu'évoque le fameux *obiter dictum* du Conseil constitutionnel : « la loi votée... n'exprime la volonté générale que dans le respect de la Constitution »[50].

Une deuxième réponse, proposée par le juriste autrichien Hans Kelsen, insiste sur l'idée que la loi n'est pas cet acte de création initiale du droit qui, émanant d'un législateur souverain, les rendrait tous deux incontrôlables. La loi est aussi un acte d'application de la Constitution, car les fonctions de législation et d'exécution se présentent « comme un acte à la fois de création et d'application du droit », de sorte qu'elles sont les « étapes hiérarchisées du procès de création du droit ». Dans ces conditions, il semble parfaitement logique et même nécessaire de contrôler la conformité de la loi au regard de la Constitution. La juridiction constitutionnelle est ainsi présentée comme un législateur négatif dont la présence est justifiée au regard du principe de séparation des pouvoirs lui-même entendu comme une répartition horizontale de la puissance législative entre différents organes (Hans Kelsen, Charles Eisenmann).

50. Cons. const., 23 août 1985, n° 85-197 DC, Loi sur l'évolution de la Nouvelle-Calédonie.

Une troisième réponse s'attache à redéfinir la « démocratie » en insistant sur la dimension axiologique qui lui est inhérente. En effet, quand bien même on voudrait réduire la démocratie à des procédures – la règle de la majorité et le vote –, on ne peut justifier ce choix en faveur de ces procédures plutôt que d'autres par des raisons elles-mêmes purement procédurales, mais on fera appel à des raisons substantielles et donc à certaines valeurs. C'est la preuve que la démocratie est liée à ces valeurs que cherchent à défendre les droits fondamentaux des individus. Or, pour garantir ces droits, toute société se doit de mettre en place un mécanisme susceptible de contraindre le législateur à respecter son obligation de protéger les droits constitutionnels (Ronald Dworkin, Jürgen Habermas).

Une dernière réponse, plus empirique, consiste à montrer d'une part que, contrairement à ce que soutiennent les partisans de la démocratie opposés au contrôle de constitutionnalité, les juges constitutionnels sont institués par des constitutions qui se prétendent elles-mêmes démocratiques – ils ne tirent donc pas leur pouvoir d'eux-mêmes – et que, d'autre part, ils ne sont pas dépourvus de « représentativité » : leur légitimité leur vient précisément de ce qu'ils sont contraints de ne pas s'opposer frontalement à la volonté majoritaire en défendant trop mécaniquement l'opinion minoritaire. Les cours constitutionnelles sont donc des créateurs de droit mais un droit qui a une dimension nationale au même titre que le droit créé par le législateur (Robert Dahl ; Mauro Cappelletti).

C - APPRÉCIATION CRITIQUE

Toutes ces réponses ne sont pas compatibles entre elles ni ne justifient la même conception du contrôle de constitutionnalité.

Ainsi, Hans Kelsen rejetait vigoureusement l'idée que la juridiction constitutionnelle puisse contrôler la loi au regard d'un catalogue de droits fondamentaux ou de principes de justice. Son argument était que, comme il n'existe pas une conception objective et univoque de la justice (ou de la liberté ou de l'équité...), de telles dispositions sont toujours indéterminées ; elles ne peuvent donc pas être appliquées comme peuvent l'être des règles de procédure, mais doivent toujours être interprétées ; or, cette interprétation conduira nécessairement les juges à faire prévaloir leur conception de la justice sur celle de la majorité qui aura voté les lois et les conduira à faire œuvre politique et non juridique.

Cette opinion est aujourd'hui largement minoritaire : la plupart des cours constitutionnelles, encouragées en cela par nombre de juristes dont certains sont (ou ont été) eux-mêmes juges constitutionnels, se font un devoir de contrôler la conformité des lois à des principes de justice, au motif d'ailleurs que ces derniers sont objectifs et universels et qu'un tel contrôle n'est nullement politique ou, du moins, jamais partisan. Dans le même sens, on ne manque pas de souligner que les déclarations des droits ont profondément évolué et, avec elles également, la conception du contrôle de constitutionnalité.

II. LES MODALITÉS D'EXERCICE

Il convient de distinguer deux aspects : d'une part, les juges compétents pour exercer le contrôle et, d'autre part, les procédures spécifiques auxquelles il obéit.

A - DEUX MODÈLES IDÉAUX

Deux conceptions opposées président à l'organisation du contrôle de constitutionnalité.

L'une, matérielle, confie le contrôle à tous les juges au motif que c'est précisément aux juges en général qu'il revient d'appliquer la loi et donc de vérifier la conformité de cette dernière à la constitution. C'est ce que l'on appelle un contrôle « diffus », dont le modèle par excellence est le système américain dominé par la Cour suprême des États-Unis. Il convient toutefois de souligner que la Constitution des États-Unis ne reconnaît pas explicitement une telle compétence au pouvoir judiciaire et son origine donne d'ailleurs toujours lieu à une vive discussion. Pour les uns, c'est la combinaison de l'article VI alinéa 2 (« La présente Constitution, ainsi que les lois des États-Unis qui en découleront, et tous les traités déjà conclus, ou qui le seront, sous l'autorité des États-Unis, seront la loi suprême du pays; et les juges dans chaque État seront liés par les susdits, nonobstant toute disposition contraire de la Constitution ou des lois de l'un quelconque des États ») et de l'article III de la section 2 (« Le pouvoir judiciaire s'étendra à tous les cas de droit et d'équité ressortissant à la présente Constitution ») qui justifie le pouvoir de la Cour suprême. On ajoute parfois, citant par exemple le n° 78 du *Fédéraliste* rédigé par Hamilton, que l'intention des constituants d'accorder au pouvoir judiciaire la faculté de contrôler la constitutionnalité des lois n'a jamais fait aucun doute. Pour les autres, en revanche, bien qu'il ne soit pas incompatible avec l'équilibre de la Constitution américaine, ce pouvoir de contrôler la constitutionnalité des lois est une pure invention du Chief Justice Marshall; on ne peut le trouver ni dans la Constitution ni dans la majorité des intentions des constituants; c'est donc la Cour suprême qui, dans sa décision *Marbury v. Madison* de 1803, l'a attribué aux juges.

Toutefois, deux siècles après la décision fondatrice, le débat n'en reste pas moins vif quant aux limites spécifiques de ce contrôle, aux méthodes d'interprétation de la Constitution et la question demeure de savoir si la Cour suprême dispose – ou doit disposer – d'un pouvoir d'interprétation exclusif et définitif susceptible de s'imposer à tous les pouvoirs publics (*judicial supremacy*) ou si, au contraire, une interprétation « hors des cours » – et donc non juridictionnelle – de la Constitution peut s'imposer au même titre que celle juridictionnelle voire contre elle.

Enfin, bien que souvent qualifié de modèle « américain » et effectivement adopté par les pays ayant subi l'influence anglo-saxonne (Canada, Inde, Japon, Afrique anglophone, à l'exception toutefois de l'Afrique du Sud), ce système de contrôle a également été adopté par d'autres États européens comme la Suisse, le Danemark, la Norvège, la Suède et l'Islande, mais aussi par le Brésil et la Colombie.

L'autre conception du contrôle peut-être dite organique: le contrôle est alors explicitement confié, par la Constitution, à une cour unique spécialement créée à cet effet dont les décisions s'imposent à tous les pouvoirs publics. C'est le modèle dit « concentré » qu'illustre la Cour constitutionnelle autrichienne, pensée par Hans Kelsen et créée par la Constitution de 1920. Elle a servi de modèle à d'autres cours en Europe (d'où l'expression, trompeuse ou du moins abusive, de « modèle européen ») et notamment à la Cour constitutionnelle fédérale d'Allemagne (*Bundesverfassungsgericht*). Cette dernière occupe une position singulière depuis 1949 car, plus encore que la cour autrichienne, elle a, par sa jurisprudence, profondément influencé les autres cours européennes (France, Espagne, Portugal et, après 1989, Albanie, Bulgarie, Géorgie, Croatie, Lituanie, Pologne,

Roumanie, Russie, Slovaquie, Slovénie, Tchéquie, l'Ukraine et la Hongrie), mais aussi celles d'Amérique latine et d'Afrique francophone, ou encore la Corée du Sud et la Turquie.

Ces « modèles » (américain vs européen, diffus vs concentré) ne sont bien évidemment que des types idéaux. En pratique, la plupart des constitutions empruntent aux deux modèles : une cour constitutionnelle a bien le monopole de l'interprétation de la Constitution, mais elle peut être saisie d'une question préjudicielle par tout juge. Aux États-Unis, si le système diffus permet certes en principe à tout juge d'exercer ce contrôle, il n'en demeure pas moins qu'en pratique la Cour suprême dispose d'un monopole.

Quant à leur composition, les membres des cours constitutionnelles sont toujours nommés par des autorités politiques (aux États-Unis, le président désigne les neuf membres de la Cour suprême avec l'accord du Sénat ; en Allemagne, le Parlement élit les seize juges du Tribunal constitutionnel (Bundesrat et Bundestag élisent chacun huit membres) ; en Italie, les quinze membres de la Cour constitutionnelle sont désignés à raison de cinq par le président de la République, cinq par le Parlement et cinq par le Conseil d'État et la Cour de cassation ; en Russie, les 19 membres de la Cour constitutionnelle sont élus par le Conseil de la Fédération sur proposition du président de la Fédération) et – sauf rares exceptions, dont la France – on exige d'eux une compétence équivalente à celle d'un magistrat ordinaire. Quand il n'est pas à vie, leur mandat est d'une durée telle que leur indépendance est garantie.

B - LA MISE EN ŒUVRE DU CONTRÔLE DE CONSTITUTIONNALITÉ

Le juge adoptera un point de vue très différent selon qu'il exercera son contrôle sur une loi indépendamment de tout litige – on parlera alors d'un contrôle abstrait – ou selon qu'il examinera une loi à l'occasion d'un litige particulier dont la solution dépendra du résultat de son contrôle – on parle alors d'un contrôle concret.

Ce même juge constitutionnel peut également intervenir soit *a priori* – avant que la loi ne soit promulguée – soit *a posteriori* – une fois la loi effectivement promulguée.

Dans la mesure où il est logiquement impossible d'exercer un contrôle concret *a priori*, la combinaison de ces distinctions conduit donc à trois formes de contrôle (abstrait *a priori*, concret *a posteriori*, abstrait *a posteriori*).

La nature du contrôle détermine celle des plaideurs ou des requérants. Le contrôle concret, toujours *a posteriori*, est exercé à la demande des personnes privées. Dans un système de contrôle concentré, il peut prendre la forme soit d'une question préjudicielle posée par un autre juge à la Cour constitutionnelle – et, dans ce cas, un système de filtre est prévu, comme pour la QPC en France –, soit d'un recours direct auprès de la Cour et c'est alors elle qui devra trier les affaires dont elle sera saisie (les États ayant institué un tel recours sont encore relativement peu nombreux : Allemagne, Autriche, Suisse et Espagne (*amparo*)).

Lorsque le contrôle est diffus, il est également concret et *a posteriori* car les juges ne sont pas censés connaître de la constitutionnalité d'une loi non encore promulguée. Le contrôle se fait par la voie de l'exception d'inconstitutionnalité soulevée à l'occasion d'un litige mais peut aussi prendre la forme d'une injonction adressée par les juridictions à l'administration. Cette procédure peut donc permettre au requérant de neutraliser une loi portant atteinte à ses droits constitutionnels. C'est par cette voie que la fameuse décision de la Cour suprême des États Unis, *Brown v. Board of Education* de 1954 a enjoint aux écoles publiques jusqu'alors réservées aux blancs d'admettre les enfants noirs en déclarant les dispositions ségrégationnistes des lois locales contraires aux droits des parents de ces enfants.

Lorsqu'il existe, le contrôle abstrait est mis en œuvre à la demande des autorités politiques, comme on le connaît en France en vertu de l'article 61 de la Constitution de 1958.

L'évolution générale et globale du contrôle de constitutionnalité conduit à une généralisation du contrôle concret et *a posteriori*, au nom d'une meilleure protection de l'État de droit et donc de l'état des droits des citoyens, nonobstant les critiques qui lui sont adressées quant à l'insécurité juridique qu'il instaure, laquelle peut être parfaitement maîtrisée par la technique de l'annulation différée.

Indications bibliographiques

Bickel A., *The Least Dangerous Branch. The Supreme Court at the Bar of Politics*, 1962, Indianapolis, Bobbs-Merrill – *Cahiers du Conseil constitutionnel*, n° 27, dossier *Le contrôle de constitutionnalité des lois constitutionnelles*, 2009 – Cappelletti M., *Le pouvoir des juges*, 1990, Paris, Economica – Conseil constitutionnel, 23 août 1985, n° 85-197 DC, Loi sur l'évolution de la Nouvelle-Calédonie – Cour suprême des États-Unis, 24 févr. 1803, *Marbury v. Madison* et Cour suprême des États-Unis, 17 mai 1954, *Brown v. Board of Education*, *in* Zoller E., *Les grands arrêts de la Cour suprême des États-Unis*, Paris, Dalloz, 2010 – Dworkin R., *Prendre les droits au sérieux* (1978), 1995, Paris, PUF – Eisenmann Ch., *La justice constitutionnelle et la Haute Cour constitutionnelle d'Autriche* (1928), nouv. éd., 1986, PUAM-Economica – Fromont M., *La justice constitutionnelle dans le monde*, Paris, Dalloz, 1996 – Grewe C., Jouanjan O., Maulin E., Wachsmann P., *La notion de « justice constitutionnelle »*, 2005, Paris, Dalloz – Habermas J., *Droit et démocratie. Entre faits et normes*, 1997, Paris, Gallimard – Hamilton A., Jay J., Madison J., *Le Fédéraliste*, éd. scientifique Amiel A., Paris, Classiques Garnier, 2012 – Kelsen H., « La garantie juridictionnelle de la Constitution (la justice constitutionnelle) », *Revue du droit public*, 1928, p. 197 et s. – de Tocqueville A., *De la démocratie en Amérique*, t. I, (1835), Paris, Flammarion, 1999.

§ 3 – LE CONTRÔLE DE LÉGALITÉ

Xavier Dupré de Boulois
Professeur à l'École de droit de la Sorbonne (Université Paris 1)

Introduction. Dans son acception la plus traditionnelle, la notion de légalité renvoie à l'ensemble des lois en vigueur au sens formel, c'est-à-dire les textes adoptés par le Parlement en la forme législative. Sa définition a évolué avec l'enrichissement progressif des sources du droit tout au long du xxe siècle. Il est désormais courant d'y agréger l'ensemble des normes générales et impersonnelles, autrement dit les lois au sens matériel, qui encadrent l'action des personnes publiques et privées, qu'elles soient législatives, supra-législatives (constitution, traités) et infra-législatives (décrets, ordonnances), écrites ou non écrites. Le respect de la légalité est assuré par les différentes juridictions dans le domaine de leurs compétences respectives. La notion de légalité joue un rôle central dans trois domaines du droit en particulier. Le propos se concentrera sur eux étant entendu que la notion de légalité n'a alors ni les mêmes contours ni les mêmes fonctions.

I. LE PRINCIPE DE LÉGALITÉ EN DROIT ADMINISTRATIF

Signification. En droit administratif, le principe de légalité exprime la soumission des autorités administratives au respect d'un *corpus* de règles juridiques, la légalité administrative. Dans le contexte français, son affirmation a été intimement liée à la mise en place progressive d'une juridiction administrative issue de l'administration elle-même. Instrument visant à prévenir l'arbitraire de l'administration, le principe de légalité véhicule aussi des représentations qui contribuent à légitimer le pouvoir administratif[51]. Il donne à voir une administration enchâssée dans un réseau de règles conformément aux exigences d'un État qui se veut libéral. De même, il exprime la soumission des autorités administratives à la volonté des représentants de la Nation, la loi étant l'expression de la volonté générale (DDHC, art. 6). À l'instar de ce qui a été exposé en introduction, la légalité administrative s'entend désormais de tout texte ou principe non écrit dont le respect s'impose à l'administration, et non pas de la seule loi.

Spécificité. La légalité administrative a longtemps été pensée comme spécifique à l'administration. Cette spécificité s'explique par la nature d'intérêt général des missions assurées par les collectivités publiques, mais aussi par l'existence d'une juridiction dédiée soucieuse de préserver son autonomie. Comme l'a affirmé le Tribunal des conflits dans son arrêt *Blanco* (8 février 1873), elle est à la fois formelle (support des règles) et matérielle (contenu des règles). Elle s'illustre en particulier à travers les nombreux principes non écrits, les principes généraux du droit, dégagés par le Conseil d'État[52] et dont le respect s'impose à l'ensemble des actes de l'administration. La légalité administrative tend néanmoins à se banaliser, en particulier sous l'influence de deux *corpus* de règles fortement européanisés, le droit de la concurrence et les droits fondamentaux. Il reste que, lorsqu'il est amené à faire application d'un texte qui concerne également les rapports entre particuliers, le juge administratif en développe une interprétation sur mesure à destination des personnes publiques. Ainsi, le Conseil d'État a jugé que le caractère abusif d'une clause au sens de l'article L. 212-1 du Code de la consommation « s'apprécie non seulement au regard de cette clause elle-même mais aussi compte tenu de l'ensemble des stipulations du contrat et, lorsque celui-ci a pour objet l'exécution d'un service public, des caractéristiques particulières de ce service »[53].

Compétence. Le contrôle de légalité des actes administratifs incombe en principe au juge administratif. Le Conseil constitutionnel a dégagé un principe fondamental reconnu par les lois de la République dont il résulte en substance que le juge administratif est exclusivement compétent pour annuler et pour réformer des décisions prises par les

---

51. LOCHAK D., « Le principe de légalité. Mythes et mystifications », AJDA 1981, p. 387.
52. CE, sect., 5 mai 1944, Trompier-Gravier.
53. CE, sect., 11 juill. 2001, Société des Eaux du Nord, Rec. p. 348.

collectivités publiques dans l'exercice de prérogatives de puissance publique[54]. Le juge judiciaire dispose néanmoins d'importants titres de compétence pour connaître d'actes de l'administration. En vertu de l'article 111-5 du Code pénal, les juridictions pénales sont ainsi compétentes pour apprécier par voie d'exception la légalité des actes administratifs « lorsque, de cet examen, dépend la solution du procès pénal qui leur est soumis »[55]. Il en est de même du juge civil notamment lorsqu'est en cause la conformité d'un tel acte avec le droit de l'Union européenne[56]. Par ailleurs, le juge judiciaire est traditionnellement considéré comme le gardien de la liberté individuelle et de la propriété privée. Il en résulte qu'il est susceptible d'être compétent pour apprécier la régularité d'actes administratifs portant une atteinte grave à l'une ou à l'autre en application de la théorie de la voie de fait[57] et de dispositions législatives spéciales comme en matière d'admission en soins psychiatriques sous contrainte[58].

Recours pour excès de pouvoir. La principale voie de recours du contrôle de légalité des actes de l'administration est le recours pour excès de pouvoir « qui a pour effet d'assurer, conformément aux principes généraux du droit, le respect de la légalité »[59]. Il a joué un rôle essentiel dans le développement du contrôle de l'administration par le juge. Maurice Hauriou relevait en ce sens que « l'administration elle-même s'est pliée à ce que toutes ses opérations et toutes ses démarches fussent décomposées en des actes produisant des effets juridiques qui puissent être attaqués dans certains délais »[60]. D'autres voies de recours sont aussi susceptibles de jouer ce rôle à l'instar des recours objectifs de pleine juridiction et du référé-liberté[61]. Dans le cadre du recours pour excès de pouvoir, le contrôle de légalité porte à la fois sur la manière dont l'administration a édicté son acte (légalité externe) et sur le contenu même de cet acte (légalité interne). Le contrôle de légalité externe porte sur la compétence de l'autorité qui a édicté l'acte, la procédure et la forme de l'acte. Le contrôle de légalité interne sert à vérifier que l'administration s'est fondée sur des faits matériellement exacts, qu'elle n'a pas commis d'erreur dans la qualification juridique de ces faits et qu'elle n'a tout simplement pas violé une règle dont le respect s'impose à l'administration.

II. LE PRINCIPE DE LÉGALITÉ EN DROIT PÉNAL

Définition. En matière pénale, le principe de légalité signifie qu'une personne ne peut être sanctionnée que pour autant que l'incrimination à l'origine des poursuites et la peine qui l'accompagne soient prévues et déterminées par une disposition législative. Le principe de légalité des délits et des peines est garanti par la Déclaration des droits de l'homme et du citoyen (art. 5, 7 et 8), la CEDH (art. 7) et rappelé par l'article 111-3

54. Cons. const., 23 janv. 1987, n° 86-224 DC, Conseil de la concurrence.
55. Pour un ordre de perquisition administrative dans le cadre de l'état d'urgence, Cass. crim., 13 déc. 2016, n° 16-84162.
56. TC, 17 oct. 2011, SCEA du Chéneau / INAPORC, Rec. 698.
57. TC, 17 juin 2013, Bergoend / Soc. ERDF Annecy Léman, Rec. 370.
58. Code de la santé publique, art. L. 3216-1 : « La régularité des décisions administratives prises [en matière d'admission en soins psychiatrique à la demande d'un tiers ou du préfet] ne peut être contestée que devant le juge judiciaire ».
59. CE Ass., 17 févr. 1950, Lamotte, Rec. 110.
60. « Introduction à l'étude du droit administratif français », Revue générale d'administration 1902, t3, p. 385
61. Ex. : CE, 26 août 2016, n° 402742, Ligue des droits de l'homme : pour un arrêté municipal prohibant le burkini sur une plage.

du Code pénal. Il en résulte notamment que « aucune peine ne saurait être prononcée à raison d'un fait qui n'est qualifié par la loi ni crime, ni délit, ni contravention »[62], que le juge pénal ne peut prononcer une peine que s'il constate la réunion de tous les éléments constitutifs de l'infraction déterminés par la loi[63] et que si ladite peine est elle-même prévue par la loi[64]. Enfin, le principe de légalité suppose une interprétation stricte des textes pénaux par le juge répressif (C. pén., art. 111-2) de telle sorte qu'il « n'appartient pas aux tribunaux répressifs de prononcer par induction, présomption, analogie ou pour des motifs d'intérêt général »[65].

Pouvoir réglementaire. Le principe de légalité en matière pénale ne signifie plus qu'il incombe au seul législateur de déterminer les incriminations et les peines. Il résulte de la combinaison des articles 34 et 37 de la Constitution qu'il appartient au pouvoir réglementaire d'établir les contraventions[66]. Ce recul de la loi dans la définition de la légalité pénale consécutif à l'entrée en vigueur de la Constitution de 1958 a été critiqué en son temps[67]. La portée de la compétence réglementaire a divisé les juridictions françaises. Le Conseil constitutionnel en a développé une interprétation restrictive en affirmant que la détermination des contraventions et des peines qui leur sont applicables est du domaine réglementaire mais seulement pour autant que lesdites peines ne comportent pas de mesure privative de liberté[68]. Ni le Conseil d'État[69] ni la Cour de cassation[70] n'ont suivi cette interprétation. En tout état de cause, la loi du 22 juillet 1992 a supprimé les peines privatives de liberté de la liste des peines contraventionnelles (C. pén., art. 131-12).

Dégradation. Il existe un consensus pour considérer que les conditions d'application du principe de légalité pénale se sont dégradées à l'époque contemporaine. La première cause de cette dégradation est la qualité inégale des textes législatifs déterminant des incriminations pénales, qu'elles soient définies de manière imprécise ou trop larges. La Cour de cassation[71] et le Conseil constitutionnel[72] ont déduit du principe de légalité qu'il incombe au législateur de définir les crimes et délits en termes suffisamment clairs et précis pour exclure l'arbitraire. Aussi n'est-il pas rare qu'une loi soit censurée à raison d'une telle carence. Il en a été ainsi pour le délit de harcèlement sexuel[73] et le délit d'atteinte sexuelle incestueuse[74]. Un autre facteur de dégradation est lié à la pratique de la définition de l'infraction par renvoi. La loi se borne à préciser la peine applicable mais elle renvoie à un texte de nature non législative le soin de déterminer certains éléments constitutifs de l'infraction tels qu'une convention internationale (ex. : Code de l'environnement, art. 218-11), une convention collective (ex. : C. trav., art. L. 2263-1) ou un arrêté ministériel (ex. : C. pén., art. L. 222-41 et Code de la santé publique, art. L. 5132-7).

62. Cass. crim., 23 juin 1964, Bull. crim., n° 208.
63. Cass. crim., 31 mars 1992, Bull. crim., n° 134.
64. Cass. crim., 18 févr. 2004, Bull. crim., n° 47.
65. Cass. crim., 1er juin 1992, Bull. crim., n° 214.
66. CE Sect., 12 févr. 1960, Soc. Eky, Rec. 101.
67. DURAND P., « La décadence de la loi dans la Constitution de la Ve République », JCP 1959, 1, 1470.
68. Cons. const., 28 nov. 1973, n° 73-80 L.
69. CE, 3 févr. 1978, CFDT et CGT, Rec. p. 47.
70. Cass. crim., 26 févr. 1974, Bull. crim., n° 82.
71. Cass. crim., 1er févr. 1990, Bull. crim., n° 56.
72. Cons. const., 20 janv. 1981, n° 20-127 DC, Rec. p. 15.
73. Cons. const., 4 mai 2012, n° 2012-240 QPC.
74. Cons. const., 17 févr. 2012, n° 2012-222 QPC.

Le Conseil constitutionnel[75] et la Cour de cassation[76] ont jugé qu'il était loisible au législateur de procéder ainsi.

Champ d'application. Le Conseil constitutionnel estime que le principe de légalité des délits et des peines a vocation à s'appliquer « à toute sanction ayant le caractère d'une punition même si le législateur a cru devoir laisser le soin de la prononcer à une autorité de nature non judiciaire »[77]. Il en résulte qu'il s'applique notamment aux amendes civiles[78] et aux sanctions administratives[79]. Les exigences liées au principe de légalité sont moins intenses à l'égard de la répression administrative qu'en matière pénale. Il n'est pas nécessaire que la réglementation définisse de manière détaillée les infractions de nature à justifier le prononcé d'une sanction. Le Conseil constitutionnel[80] comme le Conseil d'État[81] estiment « qu'appliquée en dehors du droit pénal, l'exigence d'une définition des infractions sanctionnées se trouve satisfaite, en matière administrative, dès lors que les textes applicables font référence aux obligations auxquelles les intéressés sont soumis en raison de l'activité qu'ils exercent, de la profession à laquelle ils appartiennent, de l'institution dont ils relèvent ou de la qualité qu'ils revêtent ».

III. DROIT DE LA CONVENTION EUROPÉENNE DES DROITS DE L'HOMME

Base légale d'une ingérence. Les différents traités internationaux en matière de droits de l'homme stipulent que les ingérences dans les droits qu'ils proclament doivent être prévues par la loi (Convention EDH, art. 8 à 11, Charte des droits fondamentaux de l'Union européenne, art. 52 § 1, etc.). La CEDH a développé une interprétation permissive de cette exigence puisque le terme « loi » doit être entendu dans son sens matériel. Il désigne l'ensemble du droit en vigueur, qu'il soit formellement législatif, réglementaire voire jurisprudentiel. Dans sa jurisprudence, la base légale d'une ingérence peut être constituée par une circulaire émanant d'autorités militaires[82] et une jurisprudence bien établie[83]. Les juridictions françaises se sont approprié cette interprétation lorsqu'elles sont amenées à faire application de la CEDH[84]. Pour autant, elle n'autorise pas à déroger à la répartition des compétences entre la loi et le règlement telle qu'elle ressort de la Constitution de 1958[85].

75. Cons. const., 10 nov. 1982, n° 82-145 DC, Rec. p. 64.
76. Cass. crim., 11 janv. 2011, n° 10-90116.
77. Cons. const., 17 janv. 1989, n° 88-248 DC, Liberté de communication, Rec. 18.
78. Cons. const., 23 mars 2017, n° 2017-750 DC.
79. CE, 9 oct. 1996, n° 170363, Soc. Prigest.
80. Cons. const., 12 juill. 2013, n° 2012-332 QPC, Agnès B., Rec. 895.
81. CE Sect., 12 oct. 2009, n° 311641, Petit, Rec. 367.
82. CEDH, 19 déc. 1994, Gubi / Autriche, A. 302.
83. CEDH, 23 juill. 2008, n° 12268/03, Hachette Fillipachi Associées / France.
84. Cass. 1re civ., 28 juin 2007, Bull. civ. I, n° 245 ; CE, 6 mai 2015, n° 377487.
85. CE, 28 juill. 1995, n° 132453, CGT, Rec. p. 312.

Les systèmes de droits étrangers

Yves-Marie Laithier
Professeur à l'École de droit de la Sorbonne (Université Paris 1)

Droit comparé et systèmes de droits étrangers. – Comparer consiste à établir des rapports de ressemblances et de différences entre les termes d'un savoir. C'est une méthode parmi d'autres d'acquisition des connaissances. Lorsque l'un des éléments de la comparaison relève d'un droit étranger, cette méthode prend le nom de « droit comparé ».

Une comparaison juridique peut être menée de diverses manières. L'une des plus répandues consiste, dans un premier temps, à délimiter le champ de la recherche (qu'il s'agisse de l'objet de la comparaison ou des droits pris en considération), à décrire le contenu des normes applicables, puis, dans un deuxième temps, à identifier et à expliquer tant les points communs que les divergences. Lorsque des différences sont relevées, il n'est pas rare qu'elles soient relativisées. L'outil par excellence de cette relativisation – de cette « réduction de la complexité »[1] – est le fonctionnalisme, lequel consiste à comparer des éléments (notion, règle, institution, etc.) qui remplissent la même fonction (par exemple, tous les instruments quelle qu'en soit la nature qui limitent la liberté testamentaire), multipliant ainsi les chances de parvenir à la conclusion que les résultats sont « en pratique » similaires (par exemple, en montrant que dans un droit qui ignore la notion de réserve héréditaire, le contrôle renforcé de l'intégrité du consentement du testateur permet en pratique de protéger les héritiers).

Depuis une trentaine d'années, cette manière de procéder, longtemps dominante (mais sans jamais avoir été exclusive), est progressivement délaissée au profit d'autres méthodes. Les unes, pluridisciplinaires, combinent la comparaison juridique avec d'autres sciences (l'économie, la sociologie ou la linguistique par exemple). Les autres se concentrent sur la seule discipline juridique mais appréhendent les droits dans toute leur complexité[2]. Cela signifie en particulier que l'objet de la comparaison n'est plus réduit à une collection de règles posées, mais intègre la culture et le discours juridiques en tant qu'ils participent de la définition du droit. Dans cette perspective, on devine qu'il n'est plus question de relativiser les divergences et de découvrir des équivalences de résultats. Au contraire, l'altérité des droits, leur inévitable singularité sont soulignées

1. Frankenberg G., *Comparative Law as Critique*, Edward Elgar, 2016, p. 52.
2. V. par exemple, en français, Legrand P., *Le droit comparé*, 5e éd., 2015, PUF, coll. Que sais-je ? ; du même auteur, *Pour la relevance des droits étrangers*, 2014, IRJS éd.

et la diversité mise au jour. De même que sont soulignées la subjectivité du savoir du comparatiste et la profonde difficulté de connaître le droit d'autrui. Par ailleurs, le caractère apolitique ou « neutre » de la comparaison juridique est dénoncé, précisément parce que le droit est un moyen d'expression et de mise en œuvre de choix politiques. De fait, il faut reconnaître avec Carbonnier que sous le bel habit de la scientificité, il est aisé de transformer la comparaison juridique en « instrument de propagande »[3].

Cette évolution de la comparaison juridique confère à la représentation des droits étrangers en « grands systèmes » un caractère particulièrement désuet. Les insuffisances méthodologiques dont souffre cette grille de lecture l'ont discréditée auprès de nombreux comparatistes. On ne s'en aperçoit pas toujours en France, sans doute parce qu'à la classification des droits est attaché le nom du célèbre comparatiste René David (1906-1990) dont l'héritage est précieusement conservé[4]. Mais cette circonstance ne suffit pas à expliquer l'attachement à la cartographie juridique.

Cartographie du monde juridique – Les droits du monde entier sont classés dans des ensembles qualifiés de « systèmes » (de préférence à « familles », sans doute pour ne pas donner le sentiment que le rattachement est la conséquence d'une donnée naturelle). Le terme étant employé dans un sens vague, il est volontiers remplacé tantôt par « droit » (exemple : les droits de *common law*), tantôt par « tradition ». Chaque système regroupe les droits de plusieurs États – éventuellement, mais c'est rare, celui d'un État fédéré (le Québec par exemple) – en application d'un ou plusieurs critères. Fidèle à cette méthode, un groupe de recherche de l'université d'Ottawa a publié en ligne un atlas détaillé de chaque région du globe[5]. Une carte du monde y est jointe qui donne un bon aperçu de la répartition des droits et qui mérite que l'on s'y reporte.

Mais « une carte n'est pas le territoire qu'elle représente » selon la formule célèbre d'Alfred Korzybski. Pour notre propos, ce décalage entre la réalité et sa perception est une invitation non seulement à porter un regard critique sur l'identification des systèmes de droits étrangers et plus encore leur classification (§ 1), mais également à dépasser cette vision statique afin de dévoiler les interactions à l'œuvre entre les droits ainsi représentés (§ 2).

§ 1 – L'IDENTIFICATION DES SYSTÈMES DE DROITS ÉTRANGERS

Un système ne se résume pas à l'addition de plusieurs droits au sein d'un même ensemble. Il faut encore qu'un élément caractéristique soit identifié qui en garantisse l'homogénéité. À cet égard, la gamme des possibles est immense. Par exemple, cet élément unificateur peut tenir à la structure des sources du droit, à la prédominance de l'une d'entre elles, aux institutions publiques, au caractère codifié de certaines normes, à l'histoire, à la langue, au caractère religieux du droit, à la mentalité des acteurs juridiques, au style juridique, à la place qu'occupe le droit parmi les autres normes sociales,

---

3. Carbonnier J., « A beau mentir qui vient de loin ou le mythe du législateur étranger », in *Essais sur les lois*, 2e éd., 1995, Defrénois, p. 227, spéc., p. 237.
4. V. David R., Jauffret-Spinosi C., Goré M., *Les grands systèmes de droit contemporains*, 12e éd., 2016, Dalloz. Pour un hommage à son œuvre, en réalité plus vaste que le regroupement des droits par familles, v. Laithier Y.-M., « Regards sur l'œuvre du comparatiste René David », in *Hommage à René David*, 2012, Dalloz, p. 23.
5. V. le site internet dédié : http://www.juriglobe.ca.

à l'effectivité du droit, c'est-à-dire à la distance qui sépare le discours juridique de la réalité. Ces éléments et d'autres encore ont tous été utilisés soit de manière exclusive, soit de manière cumulative, ce qui explique l'extrême diversité des classifications proposées. Cette diversité découle également de l'ambition de leurs auteurs : il s'agit de cartographier le monde entier. En cela, les classifications des systèmes de droits, dont on verra les principales (B), ne doivent pas être confondues avec la présentation des deux traditions juridiques auxquelles l'Occident a donné naissance : la tradition « civiliste » et celle de *common law* (A).

A - LA DISTINCTION ENTRE LES DROITS « CIVILISTES » ET LES DROITS DE *COMMON LAW*

Tous les droits occidentaux se rattachent à l'une des deux traditions juridiques que sont la tradition « civiliste », directement issue du droit romain, et celle de *common law*, dont le droit anglais est la mère patrie. On examinera tour à tour le sens (1) et la portée (2) de cette distinction.

1) Le sens de la distinction

C'est un exercice faussement simple que de cerner les contours de la distinction entre tradition « civiliste » (a) et tradition de *common law* (b), ne serait-ce que parce que la notion de droit est fuyante autant pour un juriste « continental »[6] que pour un *common lawyer*. Sous le bénéfice de cet avertissement, les caractéristiques propres à l'une et à l'autre paraissent être les suivantes.

a. Les droits de tradition « civiliste »

La tradition « civiliste » (également dénommée romaniste, romano-germanique ou continentale) regroupe les droits qui sont les héritiers, plus ou moins lointains, du droit romain. Ce sont les droits dérivés du *Corpus juris civilis* de Justinien – raison pour laquelle l'adjectif « civiliste » est devenu d'usage courant. C'est donc sur ce postulat évolutionniste que repose l'identification du système.

Outre son origine romaine, qui explique l'existence de notions, de distinctions et de règles communes (par exemple, la propriété privée ou la distinction entre les personnes, les choses et les actions), la tradition trouve une unité dans l'importance accordée à l'enseignement universitaire, ce qui a contribué à l'intellectualisation du droit. Comme le souligne M. Zenati, dans le système romano-germanique, le droit « est davantage un savoir académique enseigné par des docteurs qu'un savoir-faire pratiqué et transmis par des professionnels »[7]. Le caractère éminemment doctrinal du droit a favorisé la montée du rationalisme qui s'est traduit, entre autres, par un vaste mouvement de codifications visant soit à créer un droit nouveau, soit à remettre en ordre le droit existant. Dans la tradition « civiliste », les codes – au moins les codes civils – ont rythmé l'histoire juridique des États. Cela n'a jamais été vrai des droits de *common law*.

6. Pour une étude renouvelée de la notion de droit, v. Libchaber R., *L'ordre juridique et le discours du droit*, 2013, LGDJ. Une présentation concise de l'ouvrage a été publiée par l'auteur au D. 2014, p. 985.
7. Zenati F., « L'évolution des sources du droit dans les pays de droit civil », D. 2002, chron. p. 15, spéc., p. 16.

b. Les droits de common law

Au début du Moyen Âge, la *common law* désigne le droit qui est commun à toute l'Angleterre à la différence des droits locaux coutumiers. Puis le terme acquiert un sens nouveau qui existe toujours et qui remplace le précédent : par *common law*, on entend le droit élaboré par les cours royales par opposition à celui rendu par la juridiction créée par le Lord Chancellor et que l'on nomme l'*equity*. Dans un sens plus large, la *common law* désigne le droit forgé par les tribunaux par opposition au droit légiféré ; dans cette acception, l'origine juridictionnelle précise de la règle est indifférente et par conséquent l'*equity* apparaît comme une forme de *common law*. Enfin, la *common law* peut être synonyme de droit anglais et par extension de l'ensemble de droits qui ont subi son influence directe. C'est dans ce sens-là que la distinction avec la tradition « civiliste » prend corps.

En dehors de quelques spécificités tenant à la rédaction des décisions de justice ou des lois et indépendamment de l'histoire (distincte de celle des droits continentaux), la caractéristique essentielle de la *common law* tient au rôle de tout premier plan qu'occupe le fait dans l'élaboration et l'application de la règle de droit. La formule de Bartole *jus ex facto oritur* s'y applique à merveille : le droit procède directement du fait. Cela s'explique notamment par l'importance centrale de l'action en justice et des *forms of action* dans l'élaboration du droit, par le statut prestigieux des hauts magistrats, par le poids dominant des juridictions suprêmes dans le système juridique, par l'apparition tardive d'une science du droit et par le caractère pratique de la formation des juristes. Les illustrations du rôle primordial du fait sont nombreuses. Les plus évidentes sont fournies par les règles prétoriennes où s'entremêlent (faute d'un contrôle de cassation) le fait et le droit. Les considérations factuelles sont donc essentielles, y compris devant le juge suprême. Également révélatrice de l'attachement au fait est la valorisation dont les décisions de justice sont l'objet par rapport aux lois. À la différence d'un juriste français qui prête à la règle jurisprudentielle une insécurité que n'aurait pas la règle légale réputée plus sûre et plus générale, le juriste de *common law* préfère au contraire la précision et la stabilité de la règle prétorienne aux textes d'origine légale. Une formule prêtée à Lord Coke résume bien ce sentiment. Interrogé sur une question de droit, il aurait répondu : "If it be common law, I should be ashamed if I could not give you a ready answer ; but if it be statute law, I should be equally ashamed if I answered you immediately"[8]. Tout ceci confère à la *common law* une forte dimension pragmatique qui est assumée, défendue et excellemment résumée par l'aphorisme de Holmes : "The life of the law has not been logic: it has been experience"[9].

2) La portée de la distinction

Aussi ancrée soit la distinction entre les deux traditions juridiques occidentales, sa portée doit être appréciée à sa juste mesure. Non pas que l'on puisse en contester la réalité. D'ailleurs, à certains égards, l'écart paraît infranchissable. Par exemple, on ne voit guère comment la notion et les règles d'*equity* pourraient avoir un quelconque sens dans les droits de tradition civiliste[10]. Mais outre le fait qu'il existe des éléments communs significatifs – par exemple le caractère séculier de ces droits, la séparation des pouvoirs

8. Woolrych H. W., *The Life of the Right Honourable Sir Edward Coke*, 1826, p. 197.
9. Holmes O. W., *The Common Law*, Little, Brown & Company, 1881, p. 1 (« *law* » désigne ici la *common law*).
10. Pour d'autres illustrations, V. Fairgrieve D., Muir Watt H., *Common Law et tradition civiliste*, 2006, PUF.

législatif, exécutif et judiciaire, le rang de principe accordé à la liberté individuelle et à ses déclinaisons (telle la liberté contractuelle) ou le respect de l'État de droit – l'opposition binaire doit être relativisée.

Tout d'abord, il faut souligner combien la reconnaissance de chaque «système» n'est obtenue qu'au prix d'une vaste généralisation. La démarcation rapide des États-Unis par rapport à l'Angleterre, puis la disparition de l'Empire britannique et l'essor corrélatif des particularismes culturels sont à l'origine de l'éclatement de la *common law* en plusieurs *common law* nationales. Que ce soit sur le plan institutionnel (monarchie ou république; règles d'accès à la justice; existence d'un jury en matière civile, etc.) ou sur le plan substantiel (admission ou rejet de la peine de mort; protection des attentes légitimes dans les rapports entre une personne publique et les administrés ou entre personnes privées; dommages-intérêts punitifs; action de groupe, etc.), les différences au sein de la tradition de *common law* sont innombrables. La remarque est transposable aux droits de tradition civiliste, à telle enseigne que sous la plume de certains auteurs, celle-ci est éclatée en droits romanistes, germaniques et scandinaves. Il est donc schématique d'opposer en bloc la tradition civiliste à celle de *common law*.

Ensuite, on aurait tort d'ériger la distinction entre ces deux traditions en *summa divisio* des droits occidentaux, en ce sens que chaque pays relèverait nécessairement et exclusivement de l'une ou de l'autre. Dans certaines régions, telle l'Écosse, la *common law* et le droit romaniste coexistent. Au Canada, une technique (le «bijuridisme») a été mise au point pour tenir compte de cette coexistence; afin d'éviter que l'application d'une loi fédérale ne donne lieu à des résultats divergents du fait des différences notionnelles séparant les deux traditions, des règles ont été posées qui encadrent l'interprétation du droit fédéral dans ce contexte d'interaction juridique et qui tendent à éviter l'incorporation progressive de concepts de *common law* dans le droit civil québécois.

Dans le prolongement de la distinction entre droits civilistes et droits de *common law*, des classifications de portée universelle ont été élaborées.

B - LES PRINCIPALES CLASSIFICATIONS DES SYSTÈMES DE DROITS ÉTRANGERS

La Seconde Guerre mondiale brise le rêve de ceux qui avaient cru trouver dans la comparaison juridique une voie royale vers l'unification des droits et la paix entre les peuples. Il s'ensuit une période de désillusions au cours de laquelle le discours des comparatistes se concentre sur le droit tel qu'il est. L'ambition universaliste ne disparaît pas pour autant. Mais elle se dissimule derrière un exercice de taxinomie qui va devenir très en vogue, qui tiendra lieu (du moins dans la littérature francophone dominante) de comparaison et qui consiste à classer les droits du monde entier en grands systèmes – sur le modèle d'autres sciences (l'anatomie ou la biologie par exemple) qui connaissent le procédé de plus longue date. Les principales classifications brièvement présentées (1), on en indiquera la valeur (2).

1) La teneur des principales classifications systémiques

Les nombreuses classifications proposées depuis le milieu du XXe siècle ont connu des fortunes diverses. Deux d'entre elles ont bénéficié d'un écho remarquable à travers le monde. La première est celle de R. David qui, à partir de la technique juridique et des principes d'ordre philosophique, politique et économique sur lesquels s'appuie tel ou tel droit, identifie plusieurs groupes : le système romano-germanique, le système des droits socialistes (requalifié depuis en système russe), le système de *common law* et divers autres droits (droit musulman, droit de l'Inde, de l'Extrême-Orient et droits de l'Afrique)[11]. La seconde est celle des professeurs allemands Zweigert et Kötz. Pour caractériser le « style » d'un système, ces auteurs retiennent cinq facteurs : l'origine et le développement historique, le mode de raisonnement juridique prédominant, les institutions juridiques particulières, les catégories de sources et leur mise en œuvre, et les aspects idéologiques. En combinant ces critères, ils distinguent la famille romaniste, la famille germanique, la famille anglo-américaine, la famille nordique, la famille extrême-orientale et la famille des droits religieux[12].

Plus récemment, un universitaire italien (Ugo Mattei) a identifié trois « modèles » qui sont comme les points d'un triangle sur lesquels les droits sont situés : le modèle du « droit traditionnel » (qui comprend notamment les droits religieux), le modèle du droit « politique » (où le système juridique est faible et dominé par le pouvoir politique en place) et le modèle du « droit professionnel »[13] (dont font partie les droits occidentaux). Parmi les tentatives les plus récentes, on signalera également celle de Patrick Glenn qui, préférant le terme « tradition » à celui de « système »[14], dresse un tableau mondial composé de la tradition « chtonique » (une tradition coutumière primitive), la tradition talmudique, la tradition civiliste, la tradition islamique, la tradition de *common law*, la tradition hindoue et la tradition confucéenne[15].

Par delà leurs variantes respectives, toutes ces classifications ont en commun le maintien de la distinction entre les droits de *common law* et les droits civilistes – encore qu'elle soit parfois présentée comme un sous-ensemble d'une tradition juridique occidentale unique. Toutes reposent sur une pluralité de critères, dont certains sont particulièrement malléables, ce qui explique l'hésitation dont certains droits sont l'objet (par exemple, le droit russe ou les droits scandinaves) et l'essor des qualifications hybrides (encore appelés « systèmes mixtes »). Les uns y verront le signe d'un raffinement, les autres le signe d'un embarras.

2) La valeur des classifications systémiques

Les classifications sont perçues comme un outil d'acquisition et de transmission du savoir. Elles faciliteraient l'apprentissage des droits. Ainsi, pour ne prendre qu'un seul exemple, tout ce qui vaut au droit anglais d'être rattaché à la *common law* serait transposable aux droits du Canada, des États-Unis, de l'Australie ou de la Nouvelle-Zélande. Les classifications permettraient également de mieux évaluer les chances de succès d'une réception juridique, le postulat étant que la réussite d'un transfert est d'autant plus assurée que celui-ci a lieu au sein d'un même système.

---

11. V. David R., Jauffret-Spinosi C., Goré M., *Les grands systèmes de droit contemporains*, *op. cit.* La première édition de l'ouvrage date de 1964. Dans un autre livre, paru en 1950, l'auteur distinguait les systèmes occidental, soviétique, islamique, hindou et chinois.
12. V. Zweigert K., Kötz H., *An Introduction to Comparative Law*, 3rd ed., 1998, Oxford Univ. Press, p. 68 à 73.
13. V. U. Mattei, "Three Patterns of Law: Taxonomy and Change in the World's Legal Systems", 45 *Am. J. Comp. L.* 5 (1997).
14. Sur la raison d'être de ce passage, V. Glenn H. P., « La tradition juridique nationale », RIDC 2003, p. 263.
15. V. Glenn H. P., *Legal Traditions of the World*, 5th ed., 2014, Oxford Univ. Press.

À la réflexion, ces mérites ne seraient valables que si, au minimum, les classifications étaient le reflet fidèle des droits dans toute leur richesse. Or le degré de généralité ou d'abstraction des facteurs d'identification est si élevé que l'exercice n'atteint pas ses objectifs. Les raisons de cet échec sont profondes : la classification des droits du monde en systèmes est une entreprise simplificatrice, biaisée et dépassée.

C'est une entreprise simplificatrice pour plusieurs raisons. Premièrement, parce que la description des caractéristiques d'une tradition donnée est parfois approximative. La critique s'applique y compris aux classifications récentes. Ainsi, la tradition « chtonique » identifiée par Glenn reste un mystère et la présentation qu'il donne des autres traditions comporte bien des imprécisions[16]. Deuxièmement, la plupart des classifications reposent sur des critères formels (souvent tirés de la typologie des sources du droit et de leur importance respective dans l'édiction des normes) sans insister suffisamment sur « le contenu des règles et les valeurs qu'elles garantissent »[17]. De même, les aspects culturel et politique, les divisions ou controverses internes à un droit ne sont guère étudiés. Or si le droit n'est ni la politique, ni la philosophie, ni la sociologie, la plupart de ses règles « décrivent la société telle qu'elle se voit – c'est-à-dire telle qu'elle désire être –, et non telle qu'elle fonctionne réellement »[18]. Cette dimension du droit – qui est singulière, propre à l'histoire de chaque peuple – échappe aux faiseurs de systèmes des droits étrangers, à moins qu'ils ne la relativisent à outrance. Certes, il existe des études comparatives de qualité qui tiennent compte de ces aspects[19], mais aucune n'a pour effet de modifier les classifications communément reçues. Troisièmement, l'élaboration de ces classifications néglige le plus souvent l'étude du droit pénal et du droit public (droit administratif, droit parlementaire, etc.). Quatrièmement, la représentation des droits en systèmes provoque des erreurs de perspective. D'une part, elle donne à croire que ce qui réunit les parties de l'ensemble est nécessairement plus proche de ce qui relève d'un autre ensemble, ce qui est inexact. Par exemple, le principe d'exécution de bonne foi des contrats rapproche davantage les États-Unis des droits d'Europe continentale que du droit anglais. De la même façon, si la Cour Suprême des États-Unis a ouvert le mariage aux couples de même sexe, le pouvoir judiciaire brésilien l'avait devancée alors que le juge anglais s'était opposé à cet élargissement[20]. D'autre part, cette représentation laisse supposer que chaque ensemble est homogène ; elle occulte de ce fait les divergences, parfois sensibles, entre les droits d'une même « famille ». Le particularisme du droit des États-Unis au sein de la tradition de *common law* en est l'exemple le plus fameux. On en trouverait facilement d'autres illustrations dans les classifications qui retiennent l'existence de systèmes de droits africains ou de droits asiatiques. Mais, concernant ces derniers, la critique principale est d'une autre nature.

---

16. V. les nombreuses recensions de l'ouvrage précité de P. Glenn réunies *in* 1 *J. Comp. L.* 100 (2006).
17. GAMBARO A., SACCO R., VOGEL L., *Le droit de l'Occident et d'ailleurs*, 2011, LGDJ, p. 14.
18. LIBCHABER R., *L'ordre juridique et le discours du droit*, *op. cit.*, p. 149.
19. V. pour une illustration, LASSER M., « Les récentes modifications du processus de décision à la Cour de cassation », RTD civ. 2006, p. 691.
20. V. respectivement, l'arrêt *Obergefell v. Hodges* (2015) de la Cour Suprême fédérale des États-Unis, une résolution (2013) du *Conselho Nacional de Justiça* brésilien (qui, en réalité, est une autorité de contrôle de la justice et non une juridiction) et l'arrêt *Wilkinson v. Kitzinger* (2006) de la High Court anglaise. Sur ce même sujet, illustrant l'étendue du pouvoir du juge dans un pays de tradition civiliste, on signalera que la Cour constitutionnelle colombienne avait en 2011 exigé du Parlement qu'il donne un cadre institutionnel (mariage ou autre) aux couples de même sexe dans un délai de deux ans ; en l'absence de réforme législative, c'est finalement la Cour constitutionnelle qui, reprenant la main en quelque sorte, a admis la validité de ces mariages en 2016.

L'entreprise de classification des droits étrangers est biaisée. Tout se passe comme si le choix des droits et des facteurs d'ordonnancement était gouverné exclusivement par des considérations scientifiques (objectives). Or les auteurs ne peuvent s'abstraire de leur culture juridique personnelle. Le comparatiste peut bien s'ouvrir aux droits d'autrui, mais il lui est difficile de ne pas projeter sur eux les modes d'interprétation, les discours ou les catégories juridiques qui lui sont familiers. De même qu'il serait naïf de croire que les classifications sont politiquement neutres[21]. Ainsi, on a reproché à David de vouloir assurer à la France une place de choix en distinguant les systèmes romano-germanique, socialiste et de *common law*, puis en isolant au sein de chacun d'eux le droit dominant. Ce qui permettait, en cette période de Guerre froide, de hisser la France au niveau des États-Unis et de l'ex-URSS[22]. De leur côté, Zweigert et Kötz, en séparant la famille romaniste de la famille germanique, auraient voulu replacer l'Allemagne et la France à égalité[23]. Parfois la classification est le prétexte au chauvinisme : telle notion ou telle institution est disqualifiée non pas après un examen attentif de ses limites, mais au seul motif qu'elle appartient à une tradition juridique distincte[24]. L'objectif politique opposé est concevable. Par exemple, le regroupement de tous les droits européens, droit anglais compris, au sein d'une seule et même tradition, permet d'occulter ou de relativiser les divergences entre les pays et de présenter l'existence d'une « identité commune », étape préalable vers l'unification, comme un fait objectif[25]. Par ailleurs et pour en revenir aux facteurs culturels d'influence, le caractère ethnocentrique des classifications usuelles n'est guère contestable. Plus on s'éloigne des droits occidentaux, moins la catégorisation repose sur un critère ferme. C'est tantôt le facteur religieux (le droit musulman par exemple), tantôt une zone géographique (l'Asie ou l'Afrique notamment) qui l'emporte. Ainsi s'explique, par exemple, que le droit japonais soit classé comme un droit oriental par certains, comme un droit de tradition civiliste pour d'autres, ou comme un droit de tradition juridique occidentale pour d'autres encore. Par delà ces hésitations sans conséquence sérieuse, c'est la fiabilité de l'analyse qui est en cause. En effet, la classification est élaborée à partir des conceptions que connaît son auteur. Or rien ne dit que « sa » conception de la coutume, « sa » conception de l'État de droit, « sa » conception de la constitution, « sa » conception du rapport entre droit et politique, pour ne prendre que ces quelques exemples, fassent sens dans les droits étudiés. Deux conséquences au moins s'ensuivent. La première est le risque de nier la vocation des droits « éloignés » à constituer des systèmes autonomes et par suite de les rattacher abusivement soit à la tradition civiliste, soit à la tradition de *common law*. La seconde, plus radicale, est de nier l'existence d'un droit dans le pays considéré. C'est ainsi que, pendant longtemps, l'existence d'un droit chinois a été contestée[26].

---

21. Il est stupéfiant, par exemple, que le développement d'un droit européen soit présenté comme une fonction (évidente) du droit comparé, alors qu'il s'agit en fait d'un objectif politique défendu par les auteurs qui, en l'occurrence, préfèrent ne pas en faire l'aveu, v. ZWEIGERT K., KÖTZ H., *An Introduction to Comparative Law*, *op. cit.*, p. 29 ("Comparative law *must* now go beyond national systems and *provide a comparative basis on which to develop a system of law for all Europe*") (nous soulignons).
22. V. MONATERI P. G., « Éléments de comparaison des études comparatives », *in* LEGRAND P. (dir.), *Comparer les droits, autrement*, 2009, PUF, p. 69, spéc. p. 94-95.
23. *Ibid.*, p. 95.
24. V. pour une illustration très nette, à propos de règles allemandes de procédure civile dont l'auteur soulignait l'intérêt qu'elles pourraient présenter aux États-Unis, LANGBEIN J. H., "Cultural Chauvinism in Comparative Law", *5 Cardozo J. Int'l & Comp. L.* 41 (1997).
25. V. P. G. MONATERI, "Methods in comparative law: an intellectual overview", *in* MONATERI P. G. (ed.), *Methods of Comparative Law*, 2012, Edward Elgar, p. 7, spéc. p. 10.
26. V. en particulier, l'étude fouillée de RUSKOLA T., *Legal Orientalism*, 2013, Harvard Univ. Press.

Enfin, l'entreprise de classification des droits étrangers est dépassée. Cela s'explique par des évolutions internes à chaque droit – par exemple, le recours massif aux textes (lois et décrets), l'usage répandu de la codification, l'emploi plus fréquent d'un style discursif pour la rédaction des arrêts des juridictions suprêmes, le brouillage de la distinction du fait et du droit à la faveur du contrôle des droits fondamentaux, la généralisation de certaines pratiques (groupes de pression devant les assemblées, *amici curiae*, etc.), le développement d'un droit « souple » – qui remettent en cause la pertinence d'éléments considérés jusqu'alors comme caractéristiques d'un système donné. Par ailleurs, dans la mesure où les classifications ont pour objet les seuls droits étatiques, leur dépassement s'explique aussi par le mouvement de régionalisation (en Europe notamment) et de transnationalisation du droit (les conventions d'Unidroit, les organisations sportives internationales par exemple)[27].

Toutes ces raisons réunies permettent de comprendre pourquoi la cartographie des droits du monde est devenue un exercice obsolète. L'objet de la comparaison se déplace vers les interactions entre les droits étrangers.

§ 2 – L'INTERACTION ENTRE LES DROITS ÉTRANGERS

Parmi les divers phénomènes contemporains d'interaction entre les droits étrangers, deux retiennent l'attention : la circulation (A) et la concurrence (B) entre les droits.

A - LA CIRCULATION JURIDIQUE

L'ampleur de la circulation juridique est variable. Il peut s'agir d'une transplantation ponctuelle (1) ou d'un phénomène plus vaste orienté vers la recherche d'un droit commun (2).

1) Les transplantations juridiques

La transplantation consiste à importer une institution, une notion, une règle ou un ensemble de règles, voire une pratique et à l'acclimater dans le droit de réception. Les exemples foisonnent : recours à la codification là où elle était inconnue, création d'un nouveau type de société commerciale, reconnaissance d'une action de groupe, mise en place d'un mode civil de conjugalité (à l'image du pacs français) à côté du mariage, renforcement du contrôle et des devoirs des dirigeants sociaux, admission du contre-interrogatoire des témoins dans le procès, nouvelle forme de contrôle de constitutionnalité des lois, reconnaissance d'un droit de repentir en matière contractuelle, admission de l'estoppel, consécration de la distinction entre les obligations de moyens et de résultat, introduction d'un nouveau type de régime matrimonial, de la notion de genre, du préjudice écologique, de la cession de dette, du plaider coupable, etc.

La première question que soulèvent ces « greffes » est celle de leur existence véritable. Si une majorité d'auteurs considère qu'elles existent, d'autres, à l'image de Pierre Legrand, sont d'avis que la transplantation est impossible[28]. Le transfert est au mieux superficiel ; il

---

27. V. Muir Watt H., "Globalization and Comparative Law", *in* Reimann M., Zimmermann R. (eds), *The Oxford Handbook of Comparative Law*, 2006, Oxford Univ. Press, p. 579, spéc. p. 606.
28. V. Legrand P., "The Impossibility of 'Legal Transplants'", 4 *Maastricht J. Eur. & Comp. L.* 111 (1997).

se limite aux mots. Lorsque l'élément transféré est coupé de son droit d'origine, il devient autre chose. Non seulement cet élément ne peut pas être isolé du contexte juridique dans lequel on le transpose, mais le droit lui-même étant inséparable de la société dans laquelle il s'applique et avec laquelle il évolue, l'objet transplanté ne peut jamais être le même que l'objet d'origine.

À tout le moins, la diffusion du droit existe comme un fait dont on peut chercher à comprendre les tenants et les aboutissants. Les causes sont multiples. La contrainte en est une. Celle-ci n'est plus militaire comme autrefois mais de nature politique, économique ou financière (en particulier à l'occasion de négociations de prêts ou d'investissements). Récemment, plusieurs États ont ainsi été amenés à modifier leurs règles fiscales et bancaires afin de se soumettre à un principe de « transparence ». La supériorité supposée d'un droit (son « prestige ») est également un facteur, de même qu'il faut compter avec le poids des réseaux (cabinets d'avocats internationaux, groupes de pression, cercles académiques, etc.) et plus généralement l'histoire et la langue (l'influence du droit allemand sur le droit suisse est un bon exemple à cet égard). Quant aux suites de la transplantation, elles varient en théorie du rejet à la réception complète. Quoiqu'en disent certains, l'appartenance d'un droit à l'une des grandes traditions identifiées ne permet pas de prédictions fiables. Ce n'est pas parce que la circulation a lieu entre deux droits regroupés dans le même ensemble que la réception est plus fidèle. À Singapour par exemple, où la *common law* anglaise a longtemps été applicable et reste influente, l'énoncé des règles du droit singapourien des contrats est très proche de celui du droit anglais des contrats. De surcroît, l'anglais est la langue utilisée en matière juridique et de nombreux avocats et juges singapouriens ont étudié le droit en Angleterre. Malgré cela, il existe des différences sensibles dans la mise en œuvre de certaines notions (dont la dénomination est identique), ce qui s'explique par les spécificités (sociales, religieuses, culturelles et économiques) du contexte local à la lumière desquelles la règle de droit est comprise.

2) L'avènement d'un droit commun ?

Dans un contexte de globalisation et de développement de réseaux, notamment entre les juridictions suprêmes, la circulation juridique peut avoir un objet plus large que la seule « fertilisation croisée » entre deux droits nationaux. La globalisation des droits de l'homme en est une illustration. À dire vrai, l'expression, bien que d'usage courant, est excessive. Nul ne peut croire en une quelconque unité, en droit positif, des droits de l'homme[29]. Au demeurant, même en Occident où le concept est apparu, il existe d'importantes différences, qu'il s'agisse des moyens destinés à garantir leur effectivité (accès aux tribunaux, étendue du contrôle juridictionnel, sévérité des sanctions, etc.) ou leur contenu, surtout lorsque ces droits sont économiques ou sociaux. L'Europe ne fait pas exception : la Cour de Strasbourg laisse aux États une marge d'appréciation qui, par définition, exclut toute identité. À cela s'ajoute le fait que la protection des droits fondamentaux relève également du droit interne (notamment constitutionnel) de chaque État. Malgré tout, il n'est pas contestable que le concept et la protection des droits de l'homme se répandent à travers le monde, fût-ce avec une infinie variété. Or

29. Encore que chez ceux qui utilisent les droits de l'homme comme une langue véhiculaire, la distinction soit parfois brouillée entre le droit, d'un côté, et des visions philosophiques et politiques, de l'autre.

cette évolution résulte, pour partie, d'emprunts à des droits étrangers qui sont effectués tantôt à travers l'adoption de nouveaux textes (la Constitution de l'Afrique du Sud en est un bon exemple), tantôt par les juges[30].

Dépassant le seul cas des droits de l'homme, certains estiment qu'il est possible de trouver une voie médiane entre un isolationnisme illusoire et un universalisme chimérique. Cette voie consisterait à ordonner la multitude des droits, de façon à ce que ce qui les sépare ne fasse pas obstacle à leur interaction[31]. L'un des moyens suggérés consiste à élaborer non pas un droit unique (ce qui serait incohérent avec l'ambition affichée), mais un droit commun, venant en complément des droits locaux. Ce droit commun pourrait être « régional » (par exemple un droit commun des contrats pour l'Europe, pour l'Amérique latine ou pour une partie de l'Asie) ou mondial.

Mieux, ce droit commun de l'humanité existerait déjà si l'on en croit un auteur, qui croit avoir trouvé la preuve de sa positivité dans la multiplication des références par les cours suprêmes à des droits étrangers[32]. En réalité, cette analyse ne tient pas. D'une part, tout en concédant qu'il puisse exister du droit sans l'État, encore faut-il pour conférer à ce droit commun un caractère obligatoire qu'une autorité légitime l'édicte. Or il est difficile de voir dans la communauté des juristes des pays « civilisés » (ceux qui, selon l'auteur, méritent d'être pris en compte), une telle autorité. D'autre part, concevoir le droit comme une entreprise globale et non comme l'expression de cultures nationales – ceci dans le but de faire émerger plus facilement un consensus quant à l'existence de principes communs – est contestable. Par exemple, la liberté d'expression, la liberté religieuse, l'interdiction des discriminations sexuelles, la protection de la vie privée ou l'obligation de réparer le dommage causé par sa faute sont des principes dont le sens et la portée sont extrêmement variables d'un droit à l'autre. Ces différences ne sont nullement secondaires. En conséquence, considérer ces principes comme faisant partie d'un droit positif commun à l'humanité est une affirmation dénuée de fondement et un trompe-l'œil (le caractère prétendument obligatoire du principe n'empêchant en rien les divergences des règles qui s'y rattachent).

B - LA CONCURRENCE ENTRE LES DROITS

La possibilité qu'ont les sujets de choisir le droit applicable à leur situation n'est évidemment pas une nouveauté. Ce qui l'est en revanche, depuis une vingtaine d'années, c'est la prise de conscience d'une concurrence entre les ordres juridiques (nationaux principalement) et la nécessité d'agir en conséquence. La compréhension du droit s'en trouve modifiée. Au lieu de le définir comme un procédé parmi d'autres de régulation des rapports sociaux, porteur d'une culture et de valeurs incommensurables, le droit

30. V. par exemple, cet arrêt de la Cour d'appel de Hong Kong (statuant en dernier ressort) qui décide que l'interdiction légale faite à un transsexuel de se marier à une personne du sexe opposé à celui qui est désormais le sien constitue une violation des droits constitutionnels de l'intéressé(e). Or, dans leurs motifs, les juges ont cité et analysé la jurisprudence de la Cour européenne des droits de l'homme (*W. v Registrar of Marriages*, [2013] 3 HKLRD 90).

31. C'est ce que Mme Delmas-Marty nomme le « pluralisme ordonné » (*Les forces imaginantes du droit (II). Le pluralisme ordonné*, 2006, Seuil) ou M. Berman le « pluralisme juridique global » (*Global Legal Pluralism. A Jurisprudence of Law Beyond Borders*, 2012, CUP).

32. V. Waldron J., *"Partly Laws Common to All Mankind" – Foreign Law in American Courts*, 2012, Yale Univ. Press.

est « réifié ». Saisi par le marché, le voici soumis au « modèle compétitif »[33]. En toute logique, les conditions de cette concurrence juridique sont examinées (richesse de l'offre, évaluation des coûts et des avantages de chaque droit, barrières constituées par le maintien des particularismes[34], perception des cultures juridiques comme autant de moyens destinés à préserver une situation « monopolistique », etc.), tantôt pour tenter d'y faire obstacle (par exemple, au sein de l'Union européenne, en édictant un règlement), tantôt pour en faciliter le jeu. Le phénomène ne concerne pas seulement le droit fiscal ou le droit des sociétés[35]. L'emprise du modèle compétitif concerne toutes les règles de droit qui ont une incidence sur le commerce (droit financier, droit bancaire, droit des sûretés, droit des contrats, droit des biens, droit des entreprises en difficulté et droit du travail notamment) ainsi que les institutions chargées de leur mise en œuvre (les professions juridiques, les juridictions, l'administration, etc.).

Les origines du phénomène sont de nature diverse. De toute évidence, le contexte économique de globalisation et de libéralisation des échanges est une première raison. Il s'y ajoute, en arrière-plan, une volonté politique. À partir des années 1990, plusieurs institutions, publiques et privées, ont établi des classements ou des indicateurs internationaux concernant la protection des actionnaires minoritaires, celle des salariés, le fonctionnement de la justice étatique (coûts et durée des procédures, volume du contentieux, effectifs, degré d'indépendance), le recouvrement des créances, la création des sociétés ou le niveau de corruption. Parmi ces travaux, les rapports annuels *Doing Business* rédigés par la Banque mondiale ont acquis une notoriété certaine. Ces rapports évaluent les pays (les « économies » selon le terme employé) en fonction de la « facilité d'y faire des affaires »[36]. Plusieurs domaines sont pris en compte (l'obtention de prêts, le règlement de l'insolvabilité, le commerce transfrontalier, la protection des investisseurs minoritaires, etc.) et les indicateurs sont affinés d'année en année[37]. Mais ce qui caractérise avant tout ces rapports et explique leur écho, c'est qu'ils opèrent un classement et par conséquent une hiérarchie entre les droits. Or la hiérarchie provoque immanquablement un effet incitatif. Tout État soucieux d'améliorer son « score » a intérêt à mettre en œuvre les réformes préconisées, d'autant que, chaque année, le rapport donne un coup de projecteur à ceux des pays dont la réglementation s'est « améliorée ». C'est ainsi que l'attractivité économique du droit est devenue une préoccupation des « décideurs » qu'ils ne manquent surtout pas d'afficher officiellement[38]. La hiérarchisation des droits aiguise

---

33. V. Usunier L., « La concurrence normative, un mode de représentation des rapports entre les systèmes juridiques en vogue », *in* Sefton-Green R., Usunier L. (dir.), *La concurrence normative, mythes et réalités*, 2013, Société de législation comparée, p. 15, spéc. p. 17 et s.

34. Le discours prônant la suppression de la cause en droit des contrats (au motif que cette règle caractéristique du droit français serait isolée et aurait un effet repoussoir) en est un bel exemple.

35. L'État du Delaware (États-Unis) est célèbre pour avoir su tirer avantage de cette concurrence.

36. Dans le dernier rapport publié (*Doing Business 2017*, accessible en ligne à l'adresse http://www.doingbusiness.org), la Nouvelle-Zélande est classée 1re et la France occupe le 29e rang sur 190.

37. Par exemple, pour la création d'entreprise, le transfert de propriété et l'exécution des contrats, le dernier rapport publié ajoute une « composante de genre », c'est-à-dire une analyse des différences entre hommes et femmes dans ces trois domaines.

38. Exemples : Commission européenne, *Proposition de directive relative aux cadres de restructuration préventifs, à la seconde chance et aux mesures à prendre pour augmenter l'efficience des procédures de restructuration, d'insolvabilité et d'apurement et modifiant la directive 2012/30/UE*, COM(2016) 723 final, p. 3 et 6, qui, après avoir fait état du rapport *Doing Business 2016*, indique que le but recherché est la mise en place de « mesures rendant tous les types de procédures d'insolvabilité plus efficientes en réduisant leur durée et les coûts y afférents et en améliorant leur qualité » ; *Rapport au président de la République relatif à l'ordonnance du 10 février 2016 portant réforme du droit des contrats, du régime général et de la preuve des obligations* (JO, 11 févr. 2016), qui mentionne à plusieurs reprises le souci d'« efficacité économique du droit » qui est à l'origine de certaines des nouvelles dispositions.

la rivalité, les autorités des pays qui s'estiment injustement mal classés développant en retour des stratégies de défense[39]. L'ère de la « guerre des mondes juridiques »[40] a débuté.

Cette évolution est approuvée par une partie de la doctrine. Les recherches empiriques, nourries de statistiques, de sondages ou d'entretiens, ont envahi les études comparatives[41]. L'attractivité d'un droit serait, soutient-on, à la mesure de son efficacité économique. Un glissement s'opère alors. Il n'est plus seulement question d'attirer les investisseurs, mais d'imiter les droits situés en haut du classement. Le droit le plus efficace est érigé en modèle ; il est l'exemple à suivre. Autrement dit, l'efficacité économique ne sert pas seulement à apprécier les mérites ou les limites de telle ou telle règle (par exemple, le caractère judiciaire du divorce, l'existence d'une réserve héréditaire, la reconnaissance d'une obligation d'information, ou l'admission d'une responsabilité sans faute), ce qui en soi est une approche légitime et parfois utile. Allant beaucoup plus loin, l'efficacité économique devient un « comparateur global des droits »[42].

Encore faut-il, pour que cela fasse sens, ne pas négliger tout ce qui n'est pas économique dans le droit et tenir compte de la singularité – des règles, des institutions mais aussi des pratiques et des mentalités – de chacun d'entre eux. Comme on l'a justement observé, « la greffe voulue par les "réformateurs" ne peut réussir que si elle est comprise, acceptée et assimilée par les utilisateurs locaux (par exemple, les juges, les avocats ou les justiciables) »[43]. Par ailleurs, du côté non plus de « l'offre » mais de la « demande », s'il est vrai que le modèle compétitif correspond à une réalité indéniable en matière fiscale, en matière de compétence internationale des juridictions (étatiques et arbitrales) ainsi qu'en droit des sociétés, parce que les « avantages » sont quantifiables *ex ante* par les acteurs et qu'en conséquence les législateurs nationaux ont intérêt à tenir compte de leurs attentes, l'ampleur de la concurrence normative dans d'autres domaines est bien plus incertaine. Il semblerait en effet, d'après les études empiriques menées à ce jour, que le choix d'un droit par les parties soit déterminé en priorité non pas tant par les qualités supposées des règles substantielles que par la connaissance (pratique et non livresque) que l'on en a[44]. Ce qui, à bien y réfléchir, est loin d'être irrationnel.

---

39. Exemple : la création en 2007 de la Fondation pour le droit continental (v. http://www.fondation-droitcontinental.org) qui présente les droits de tradition civiliste sous un jour meilleur que ne le font les rapports *Doing Business*.
40. MAZEAUD D., « Le droit des obligations et l'efficacité économique », *in* BOLLÉE S., LAITHIER Y.-M., PÉRÈS C. (dir.), *L'efficacité économique en droit*, 2010, Economica, p. 67.
41. Pour une critique de cette évolution, v. SUPIOT A., *La Gouvernance par les nombres*, 2015, Fayard, p. 206 et s.
42. MUIR WATT H., « Comparer l'efficience des droits », *in* LEGRAND P. (dir.), *Comparer les droits, résolument*, *op. cit.*, p. 433, spéc. p. 439.
43. *Ibid.*, p. 442.
44. V. à propos du choix de loi applicable au contrat et du choix du juge, VOGENAUER S., "Regulatory Competition through Choice of Contract Law and Choice of Forum in Europe: Theory and Evidence", (2013) *ERPL* 13.

Histoire du droit

Laurent Pfister
Professeur agrégé des facultés de droit à l'Université Panthéon-Assas

§ 1 – RACINES ANTIQUES

Ubi societas, ibi ius. S'il n'y a pas de société sans droit, c'est de la civilisation mésopotamienne que nous sont parvenus les plus anciens textes juridiques dont le célèbre « Code » du roi Hammurabi (vers 1750 av. J.-C.), redécouvert au début du XXe siècle. D'autres civilisations antiques ont livré des témoignages juridiques essentiels à la formation des systèmes contemporains. Il en est ainsi, pour les Hébreux, des Tables de la loi, reçues par Moïse de Dieu, ou du jugement du roi Salomon. C'est également le cas de la civilisation grecque : Athènes s'est dotée d'institutions démocratiques tandis que les philosophes (Platon, Aristote, sophistes...) ont posé les bases de la science politique en réfléchissant à l'organisation de la cité, aux régimes politiques ou encore aux rapports entre loi et droit naturel.

Il reste que c'est dans le droit romain que le droit français et plus généralement les droits d'Europe continentale puisent principalement leurs racines : c'est à ce titre qu'ils font partie de la famille des droits romanistes.

L'histoire du droit romain se déploie sur plus d'un millénaire, ponctué par trois régimes politiques – royauté, république (508 av. J.-C) et empire (27 av. J.-C.) – et par trois périodes d'évolution juridique. La première, à partir de la fondation de Rome au VIIIe siècle avant J.-C., est la période archaïque : elle se caractérise par la laïcisation du droit, par la persistance de coutumes mais aussi par l'essor des lois, dont celle fondatrice du droit civil des romains : la loi des XII Tables (450). Puis, à partir du IIe siècle avant J.-C., vient la période classique qui s'étend jusqu'au IIIe siècle de notre ère. Elle est d'une grande vitalité particulièrement grâce à l'œuvre du préteur : afin de répondre aux transformations de la cité en un empire, ce magistrat crée, sous la forme d'actions en justice, un droit, le droit prétorien, définitivement consigné dans l'Édit du préteur (130 ap. J.-C.). La période classique est aussi celle au cours de laquelle les jurisconsultes, tels Scaevola, Gaïus ou Ulpien, inaugurent une véritable science du droit tout en exerçant une activité pratique d'une grande autorité. Enfin, au IVe siècle s'ouvre la période du Bas-Empire durant laquelle l'empereur impose sa puissance absolue et sa législation, modérément influencée par le christianisme.

L'apport du droit romain à la formation des droits français et européens concerne notamment les concepts et divisions du droit. Si la méthode des jurisconsultes a été principalement casuistique, ils ont néanmoins été les premiers à proposer du droit une approche théorique, caractérisée par un effort de définitions et de classifications. Certaines, tout en se transformant, ont marqué l'histoire et plusieurs demeurent encore le socle des systèmes contemporains : ainsi de la distinction entre le droit naturel commun aux hommes et aux animaux, le droit des gens commun à plusieurs peuples, et le droit civil propre à une cité ; des distinctions entre droit commun et droits propres, entre droit privé et droit public, entre personnes et choses, entre choses corporelles et incorporelles ou encore entre contrats et délits.

Durant plus d'un millénaire, les Romains ont aussi élaboré un ensemble cohérent d'institutions et de règles. Tel est particulièrement le cas en droit privé. Le statut des individus est inégalitaire, même si le sort des esclaves s'améliore et si les étrangers accèdent à la citoyenneté romaine en vertu de l'édit de Caracalla (212 ap. J.-C.). L'inégalité est aussi manifeste au sein de la famille romaine : le *paterfamilias* en est le chef. Sa femme lui est soumise mais conserve ses biens dans le cadre du régime dotal et les recouvre en cas de divorce. Bien que les Romains aient dégagé la célèbre présomption de paternité du mari de la mère, la filiation dépend surtout de la volonté du *paterfamilias*. La puissance qu'il exerce pendant toute sa vie sur ses enfants les rend juridiquement incapables. Sa faculté de tester est l'une des expressions de la *patria potestas*. La propriété du droit civil romain, distincte de la possession, est exclusive, protégée par l'action en revendication et peut être grevée de servitudes. Elle est cependant soumise à des restrictions croissantes. Quant au droit contractuel, il est dominé par la typicité et le formalisme. Cependant, il offre une place de choix à quatre contrats consensuels (vente, louage, mandat et société) et son évolution conduit à admettre la validité de conventions et de pactes variés, y compris de certains affranchis de forme. Enfin, en matière délictuelle, à partir de la *lex Aquilia* (286 av. J.-C.), la réparation des dommages est élargie et la notion de faute dégagée.

La richesse du droit romain concerne aussi la matière pénale. À partir du IIe siècle avant J.-C., de plus en plus de délits sont sanctionnés comme attentatoires à l'ordre public. La procédure accusatoire devant des jurys populaires cède la place à une procédure inquisitoire menée par un juge impérial et fondée sur la présomption d'innocence : le juge statue selon son intime conviction mais peut user de la question, la torture judiciaire, afin d'arracher la vérité au corps de l'accusé. La peine, d'abord confondue avec la composition pécuniaire versée par le coupable à la victime pour racheter la vengeance, s'enrichit ensuite d'une dimension dissuasive. Rome a aussi connu le système des peines fixes édictées par la loi et celui des peines arbitraires, c'est-à-dire laissées à l'appréciation du juge.

Enfin, en droit public, l'apport romain n'est pas négligeable. Il réside notamment dans le modèle étatique que représente l'Empire. L'empereur concentre progressivement les pouvoirs : il est divinisé, placé au sommet de la hiérarchie administrative et judiciaire et détient le pouvoir législatif. Ainsi, suivant Ulpien, « ce qui plaît au prince a force de loi » et « le prince est absous des lois ». Mais son « autorité elle-même dépend de l'autorité du droit » (constitution *Digna vox*) et son pouvoir législatif doit s'exercer suivant l'*utilitas publica*.

Le droit romain a survécu à la disparition de la civilisation romaine, grâce à l'Église qui lui a emprunté de nombreux éléments et les a transmis à l'Occident médiéval, mais aussi grâce à la compilation qu'en a ordonnée l'empereur romain d'Orient, Justinien, au VIe siècle : composée notamment du Code, du Digeste et des Institutes, elle sera redécouverte au XIIe siècle.

§ 2 – L'ANCIEN DROIT FRANÇAIS

Avec la chute de l'Empire romain d'Occident (476) et l'instauration de royaumes barbares, s'ouvre une longue période de pluralisme des sources et des règles juridiques. En dépit de la formation d'un État unitaire, ce pluralisme persiste jusqu'à la Révolution française. Il a néanmoins évolué au cours de ces treize siècles et n'a pas empêché qu'émerge, à partir de l'époque moderne, un « droit français ».

Au cours du Haut Moyen Âge, les rois Francs mérovingiens puis carolingiens nouent des liens étroits et durables avec l'Église : par le baptême de Clovis (496), par le sacre de Pépin le Bref (751), par le couronnement impérial de Charlemagne (800). Christianisé, leur ministère est d'assurer la paix et de rendre la justice. C'est à ce titre qu'ils s'évertuent, non sans mal, à éradiquer la vengeance privée et à y substituer, dès la loi salique (507), des compositions pécuniaires dues par les coupables aux victimes. Lorsque leurs tribunaux sont saisis, c'est à l'accusé de prouver son innocence : il doit se purger du fait qui lui est reproché soit par serment, soit par des ordalies, épreuves censées révéler le jugement de Dieu.

Les ethnies qui vivent sous l'autorité des rois francs conservent en grande partie leur droit. Sous ce régime de personnalité des lois, coexistent deux traditions juridiques : d'une part, le droit romain applicable aux gallo-romains mais qui, trop savant, subit un lent déclin ; d'autre part, les anciennes coutumes germaniques consignées dans des lois, notamment la loi salique applicable aux francs. L'Église s'efforce pour sa part d'imposer ses règles, le droit canonique, à l'ensemble de la société. Sous l'empire de cette pluralité de sources, les règles présentent certains traits et évolutions caractéristiques. Le statut des esclaves s'améliore et se rapproche des semi-libres pour former peu à peu le servage. Le formalisme domine la matière contractuelle, mais aussi le mariage que l'Église tente, non sans difficulté, de moraliser en luttant contre la polygamie, les unions incestueuses et le divorce. Une étroite solidarité unit les parents par le sang et se manifeste dans la résolution des litiges ou en matière successorale où la conservation des biens dans la famille explique l'exclusion des femmes par la loi salique. Enfin, les concessions et sous-concessions de terres se multiplient : leur association avec des liens de dépendance entre les personnes prépare le régime féodo-vassalique.

Au cours des Xe et XIe siècles, le pluralisme juridique devient territorial. En même temps que le pouvoir politique s'émiette pour laisser place à une multitude de seigneuries et au régime féodal, de multiples coutumes, propres à des territoires, se forment par la répétition dans le temps. Tandis que les villes qui renaissent à partir du XIe siècle sont dotées de chartes et statuts écrits, les coutumes sont orales. Certaines font l'objet de rédactions, officielles dans le Midi, privées dans le Nord, comme celle de Beaumanoir : *Les coutumes de Beauvaisis* (1283).

Le pluralisme juridique médiéval repose aussi sur le droit canonique et le droit romain, droits savants universels, enseignés en latin à partir du XIIe siècle dans les universités à travers toute l'Europe. Le droit canonique, droit de l'Église, connaît son apogée entre les XIe et XIVe siècles. Progressivement compilés et réunis dans le *Corpus iuris canonici*, les décrétales pontificales et canons conciliaires sont appliqués et parfois enrichis par les tribunaux ecclésiastiques – les officialités –, et commentés par une féconde doctrine.

Liée à l'essor du droit canonique, la renaissance du droit romain au XIIe siècle est un événement capital de l'histoire du droit. Les compilations de Justinien du VIe siècle, le

Corpus iuris civilis, font l'objet d'un enseignement d'abord à Bologne par Irnerius et ses élèves, puis ailleurs, en France à Montpellier, Orléans... Ainsi renaît une science juridique, de portée européenne, nourrie du travail des glossateurs, tels Accurse, puis des commentateurs, notamment Bartole et Balde. Le droit romain est alors parfois considéré, avec le droit canonique, comme le *jus commune*, un droit commun, supérieur aux droits locaux et appelé à les suppléer. Cependant, en France, s'il pénètre lentement dans le Midi et dans le Nord, les rois, jaloux de leur indépendance à l'égard du Saint Empire romain, ne lui reconnaissent pas de force contraignante en tant que tel mais le tolèrent s'il est devenu une coutume.

En s'inspirant du droit romain mais aussi du modèle de l'Église et d'autres sources, par une politique militaire, administrative et matrimoniale, les rois de France recouvrent peu à peu leur puissance et œuvrent à la construction de l'État. Des règles coutumières fondamentales assurent la pérennité et l'intégrité de la monarchie : les lois de succession (primogéniture, masculinité), l'indisponibilité de la Couronne, l'inaliénabilité du domaine... Forgé au XIIIe siècle, l'adage qui veut que « le roi est empereur en son royaume » signifie qu'il n'a pas de supérieur, ni l'empereur, ni même le pape dont, tout en restant « très chrétiens », les rois s'émancipent à partir du XIVe siècle avec les débuts du gallicanisme. L'adage dit aussi qu'au sein de leur royaume, les rois exercent les mêmes prérogatives que les empereurs.

En charge du bien commun et de la paix, les rois sont avant tout ministres de justice. « Retenue » lorsqu'ils l'exercent en leur Conseil, la justice est « déléguée » lorsqu'elle est confiée à leurs juridictions et notamment à la cour souveraine de parlement, auprès desquelles est créé le parquet. « Source de toute justice », les rois soumettent peu à peu les tribunaux seigneuriaux puis ecclésiastiques à leurs juridictions, notamment par la voie de l'appel. Le pouvoir royal s'efforce aussi d'imposer un ordre public en matière pénale. Il combat les modes privés de résolution des conflits, « l'intérêt de la *res publica* » étant que « les crimes ne restent pas impunis ». Les infractions ne sont pas définies légalement mais par la jurisprudence. Romano-canonique, la procédure inquisitoire s'impose. Respectueuse de la présomption d'innocence, elle repose sur le système des preuves légales, objectives : en principe, le juge ne peut condamner l'accusé qu'en présence d'une preuve pleine, notamment l'aveu. L'une des conséquences paradoxales de ce système est le recours à la torture judiciaire. La culpabilité établie, la peine est adaptée aux circonstances grâce à l'arbitraire des juges ; devant servir d'exemple, elle est souvent sévère.

Les rois reconquièrent aussi le pouvoir de légiférer. Fondé sur les fragments du jurisconsulte romain Ulpien, le pouvoir législatif du roi doit cependant s'exercer en vertu du « commun profit », de l'utilité publique. Et si l'activité législative s'accroît à partir du XIIIe siècle, le droit privé y échappe.

Le droit privé est fait non de droits subjectifs et de libertés individuelles, ignorés de l'ancien droit, mais de libertés collectives et inégalitaires : les privilèges, franchises, coutumes, propres aux ordres et communautés qui composent la société. Le roi en est le protecteur et promet lors de son sacre de les respecter. Les deux premiers ordres de la société, clergé et noblesse, jouissent de privilèges judiciaires et fiscaux, fixés respectivement par le droit canonique et les coutumes. Les coutumes et chartes urbaines règlent le statut des personnes du tiers état : les serfs, frappés d'incapacités, ainsi que les roturiers et bourgeois. Le sacrement du mariage est régi par le droit canonique : formé par le consentement des seuls époux et soumis à des empêchements, il est indissoluble ; la séparation de corps et de biens est néanmoins admise. Les enfants nés hors mariage, les bâtards, sont exclus de la famille et privés de vocation successorale. Le droit patrimonial de la famille, gouverné par des coutumes variées, est dominé par un esprit communautaire et par le souci de maintenir les biens dans le lignage. Cela étant, sous l'influence du droit romain, régime dotal et testament renaissent dans le Midi. Les droits féodaux et fonciers sont réinterprétés à l'aune du droit romain, mais en rompant avec la propriété exclusive ; ils sont compris comme des propriétés qui s'exercent simultanément sur une même terre : propriété directe du seigneur, propriété utile de son concessionnaire. Dès cette époque, l'expropriation par le roi ou par les municipalités est soumise à deux exigences : l'utilité publique et une juste indemnisation. La technique contractuelle romaine pénètre dans la pratique, mais se trouve corrigée par les canonistes qui promeuvent le principe consensualiste et dégagent l'exigence d'une cause. Enfin, s'élabore aussi une conception subjective et réparatrice de la responsabilité.

Bien des institutions et règles médiévales perdurent jusqu'à la Révolution française. Néanmoins, des infléchissements, voire de nouvelles tendances apparaissent à l'époque moderne.

La Réforme protestante et les guerres de religion ont une forte incidence politique. Une nouvelle loi fondamentale vient s'ajouter à celles de l'époque médiévale : la loi de catholicité (1593) qui oblige Henri de Navarre à se convertir pour accéder au trône. Afin de restaurer la paix civile, l'édit de Nantes (1598) accorde aux protestants des garanties contre les discriminations et des libertés, notamment celle de conscience. Les tensions reprennent au XVIIe siècle si bien que Louis XIV révoque l'édit de Nantes (1685) et rétablit l'unité religieuse.

L'évolution moderne de la monarchie se caractérise aussi par l'absolutisme. À la suite de Bodin qui, dans les *Six livres de la République* (1576), définit la souveraineté comme une puissance absolue, indivisible, nombre de juristes plaident pour une monarchie pure où le roi « n'a point de compagnon en sa majesté royale » (Coquille). De fait, les rois s'efforcent de supprimer des freins à l'exercice de leur autorité et de gouverner à conseil restreint : ils cessent de convoquer les états généraux après 1614 et tentent de mater la résistance que les officiers des parlements, devenus inamovibles, leur opposent par les remontrances. Absolutisme n'est pourtant pas arbitraire. Des limites demeurent : l'utilité publique, les lois fondamentales, les libertés et privilèges.

À partir du XVIe siècle, le pluralisme des sources se transforme sous l'effet du nationalisme juridique. En réaction aux droits canonique et romain, désormais considérés comme des droits étrangers, s'impose l'idée qu'il existe « un droit français », un « droit commun de la France ». L'idée est formulée à partir du milieu du siècle par une partie de la doctrine, gallicane, habitée par un fort sentiment national, tel Coquille. L'idée est consacrée par le pouvoir royal lorsqu'il crée en 1679 des chaires de droit français.

Tandis que le droit canonique connaît un certain recul, notamment en matière matrimoniale, le droit romain ne vaut que parce qu'il est « naturalisé ». Il est certes reçu massivement dans le Midi par l'action des parlements, mais à titre de coutume tolérée par le roi. Les pays de droit écrit, situés au sud d'une ligne qui serpente de l'île d'Oléron jusqu'au lac Léman, se distinguent alors des pays de coutumes. Dans ces derniers, le droit romain n'est que « raison écrite » : il a une fonction supplétive mais sans force contraignante. Son influence n'en demeure pas moins grande, surtout dans les matières qu'ignorent les sources du « droit pur français ».

Ces sources sont les coutumes et la législation royale, enrichies par la jurisprudence des parlements qui peuvent juger en équité. La rédaction des coutumes, principalement septentrionales, commandée par l'ordonnance de Montils-lès-Tours de 1453, puis leur réformation au XVIe siècle, ont pour conséquence de les préserver d'une romanisation massive, d'en réduire les divergences. La doctrine à la suite de Dumoulin s'y emploie en dégageant un « droit commun coutumier », souvent à partir de la coutume de Paris. Autre source du droit français, les lois du roi interviennent davantage en matière civile et pénale. Aux ordonnances de réformation du XVIe siècle, comme celle de Villers-Cotterêts (1539) qui impose la tenue de registres d'état et la langue française dans les actes juridiques, succèdent les ordonnances de codification en matière de procédure civile (1667) et pénale (1670), de commerce terrestre (1673) et maritime (1681). Au siècle suivant, les ordonnances préparées par le chancelier d'Aguesseau traduisent l'effort d'unification des règles relatives aux donations (1731), aux testaments (1735).

Sur le fond, le droit français, s'il conserve des traits de l'époque médiévale, connaît des évolutions. Alors que la définition des infractions reste essentiellement jurisprudentielle, les ordonnances du XVIe siècle et celle de 1670 apportent à la procédure des modifications : le secret de l'instruction est renforcé, l'assistance d'un avocat est exclue, l'interrogatoire de l'accusé se fait sur la sellette ; en revanche, l'usage de la torture est plus encadré et décline. La peine continue de relever de l'arbitraire du juge tandis que les lettres de cachet sont délivrées en vue de l'incarcération d'un individu, le plus souvent à la demande des familles.

Les rois entendent ainsi prêter main forte « au bon ordre des familles », gage du bon ordre politique. C'est à ce titre que le roi et ses parlements, s'immisçant dans ce qui relevait de l'Église, s'emploient à lutter contre la clandestinité des mariages, propice aux mésalliances, en renforçant les conditions de forme et le contrôle des parents. À l'image de la monarchie, la famille doit être dirigée par un seul : le mari et le père. L'infériorité de la femme mariée se manifeste dans la coutume de Paris qui la déclare incapable et dans la jurisprudence qui permet au mari de la faire enfermer en cas d'adultère. De la sujétion des enfants témoigne la restauration de la *patria potestas* par les parlements du Midi. Les inégalités patrimoniales progressent aussi, souvent au profit du fils aîné. La volonté de fonder l'État sur la famille légitime aggrave la situation des bâtards.

Le « complexe féodal » persiste : même si elle recule, la propriété directe des seigneurs continue de peser sur les exploitants. En revanche, le consensualisme contractuel prôné par le droit canonique gagne du terrain en droit français et les tribunaux obligent à réparer les dommages causés par des comportements fautifs variés.

Marquée par la formation du droit national, l'époque moderne voit aussi s'épanouir des conceptions individualistes et systématiques du droit. Plusieurs courants de pensée y contribuent : l'humanisme et la seconde scolastique au XVIe siècle et au siècle suivant l'École du droit naturel menée par Grotius ou des philosophes anglais tel Locke. Nombre d'entre eux conçoivent l'homme comme une personne, sujet de droits subjectifs inhérents à sa nature humaine, tels que la vie, la liberté, voire la propriété. Le droit naturel n'est plus inscrit dans un ordre universel et divin mais fondé tout entier sur l'homme.

Dans un hypothétique état de nature, tous les hommes sont également titulaires de ces droits et, afin d'obtenir une meilleure protection, ils construisent, par le contrat social, la société politique dont la légitimité dépend, selon Locke, de la conservation des droits naturels. À cette théorie est souvent associée la construction du droit en un système cohérent, déductif. Construit à partir des droits subjectifs, le système l'est aussi à partir de préceptes, tels le respect de la parole donnée, l'interdiction de faire tort à autrui. À partir de ces préceptes, les juristes déduisent et formulent, nouvellement ou non, des principes généraux, comme ceux du consensualisme et de la responsabilité pour faute. Tel est le cas de Domat († 1696) dans ses célèbres *Lois civiles dans leur ordre naturel*.

Ces conceptions sapent les fondements de l'ancien droit, inégalitaire, féodal, pluraliste... Les Lumières le critiquent plus ouvertement et réclament des réformes au nom de la raison et du progrès. L'emprise du christianisme sur la monarchie et le droit est vilipendée et la laïcisation réclamée. À la concentration des pouvoirs, est opposée la séparation des pouvoirs, garantie de la liberté. Parmi ces pouvoirs, celui de la loi, expression infaillible de la volonté générale (Rousseau), est exalté. Il l'est contre l'arbitraire des détentions ordonnées par lettres de cachet, contre l'arbitraire du juge : le juge doit n'être que « la bouche qui prononce les paroles de la loi » (Montesquieu) et c'est à la loi seule de fixer les délits et les peines (Beccaria). D'autres aspects du système pénal (inquisitoire, secret, torture) sont dénoncés, notamment par Voltaire à l'occasion d'affaires (Callas, Sirven). Davantage de garanties sont réclamées en faveur de l'accusé, inspirées en partie du modèle anglais, comme celle d'être jugé publiquement par un jury selon son intime conviction. Les particularismes juridiques et privilèges sont aussi critiqués comme attentatoires à la raison et à l'égalité, à la liberté et à la propriété. Là encore, seule la loi uniforme peut en être la garantie.

Les critiques des réformateurs n'ont pas été sans écho puisque le pouvoir royal a aboli le servage (1779), ou encore la torture et la sellette au nom de la présomption d'innocence (1780, 1788) ; il a aussi établi un mariage civil pour les protestants (1787). En revanche, d'autres projets de réformes notamment fiscales échouent. Et, à la fin de l'Ancien Régime, « le droit français n'est point une seule loi uniforme dans tout le royaume mais un composé » de diverses sources (*Encyclopédie*). De ce « composé », Pothier († 1772), professeur de droit français à Orléans, propose dans son œuvre un exposé complet dont s'inspireront les rédacteurs du Code civil.

§ 3 – FONDATIONS DU DROIT CONTEMPORAIN

Elles sont d'abord posées par la Révolution française. La Révolution commence par le transfert de la souveraineté du roi à la Nation avec la transformation des états généraux en Assemblée nationale (17 juin 1789) constituante (9 juillet). Elle se poursuit avec l'abolition des privilèges par le décret du 5-11 août, et la Déclaration des droits de l'homme et du citoyen du 26 août. La Déclaration puise à des sources variées : droit naturel (Locke), Lumières (Montesquieu, Rousseau), modèle anglo-américain... Elle énonce les principes du nouvel ordre juridique et politique. Les hommes sont désormais libres et égaux en droits. Ils jouissent de droits naturels, inaliénables et imprescriptibles : la liberté, notamment de conscience, d'opinion et d'expression, la propriété, la sûreté qui touche au droit et la procédure pénale, la résistance à l'oppression –, droits dont l'État a pour but d'assurer la conservation. Signe du légicentrisme, seule la loi, expression de la volonté générale, peut fixer des limites à l'exercice de la liberté, déterminer les crimes et les peines, constater la nécessité publique justifiant l'expropriation. La garantie des droits et la séparation des pouvoirs sont indispensables à toute constitution.

La Déclaration est placée en tête de la première constitution écrite que se donne la France, celle de 1791 qui instaure une monarchie parlementaire, dominée par la Législative, élue au suffrage censitaire indirect. Elle fait long feu. Après la proclamation de la République (22 septembre 1792) et la mort du roi (21 janvier 1793) est adoptée la Constitution de 1793, jamais appliquée et laissant place à la Terreur et au gouvernement révolutionnaire, puis celle de 1795, précédée d'une déclaration plus restrictive et caractérisée par un morcellement des pouvoirs.

Pendant dix ans, les assemblées légifèrent abondamment afin de donner consistance à l'ordre nouveau non sans que leur œuvre soit sujette à des reniements, en particulier sous la Terreur, puis, à partir de 1795, à une réaction contre la régénération de la société et de l'homme, entreprise au cours des premières années.

Gage de l'égalité juridique, rationalisation et uniformisation président aux réformes administratives, par exemple la création des départements (1789), et à celles de la justice. La loi des 16-24 août 1790 pose les bases de la nouvelle justice civile, à laquelle est ensuite ajouté le tribunal de cassation. En réaction aux anciens parlements, la loi interdit au juge de s'immiscer dans les litiges où l'administration est partie, ceux-ci relevant de l'administration elle-même. Elle interdit aussi au juge d'empiéter sur le pouvoir législatif : en cas de lacune ou d'obscurité, le juge doit s'en remettre au législateur pour interpréter la loi. La soumission du juge à la loi que traduit ce système du référé législatif s'inscrit dans le droit fil des Lumières et de la Déclaration de 1789. Le premier Code pénal français (octobre 1791) l'illustre aussi : il édicte des peines égales pour tous et absolument fixes, en réaction à l'arbitraire du juge. Il réalise un autre mot d'ordre des Lumières : la laïcisation, celle des incriminations. Afin de donner des garanties à l'accusé, la procédure pénale est profondément remaniée : à la présomption d'innocence, à la publicité des débats et aux droits de la défense, proclamés dès 1789, s'ajoute l'adoption du jury criminel, appelé à juger selon son intime conviction et non plus d'après des preuves légales. Les nouveaux principes pénaux sont bafoués par le tribunal révolutionnaire avant d'être réaffirmés par le Code de brumaire an IV.

Dès 1790 est aussi prévu d'élaborer un code civil, simple, clair, uniforme, en réaction au pluralisme de l'ancien droit. Trois sont présentés par Cambacérès (1793, 1794, 1796) : aucun n'est adopté. Les assemblées n'en ont pas moins édifié un droit privé nouveau, individualiste, laïcisé et fondé sur l'égalité juridique et la liberté. Le mariage est laïcisé et le divorce admis assez largement (1792). Les enfants sont libérés du « despotisme paternel ». L'égalité successorale est établie, y compris entre enfants légitimes et enfants naturels (an II), et ce, aussi, pour diviser les fortunes. La propriété exclusive individuelle triomphe avec la liquidation du régime féodal, l'abolition des contraintes familiales et communautaires. Elle se répand avec la vente des biens nationaux, ceux du clergé et des émigrés. La liberté des personnes et des propriétés va de pair avec la liberté contractuelle : elle est établie dans les relations de travail en même temps qu'est consacrée la liberté du commerce et de l'industrie par la loi Le Chapelier (14 juin 1791).

Faisant suite au coup d'État du 18 brumaire an VIII (9 novembre 1799), le régime napoléonien pose à son tour des fondations du droit contemporain.

Il inaugure la tradition du césarisme, consistant à confier le pouvoir exécutif à un homme, lié par un rapport personnel et direct au peuple, par dessus les assemblées. C'est en effet par trois plébiscites que Napoléon consolide son pouvoir personnel et transforme le Consulat en l'Empire (18 mai 1804). Autoritaire, le régime napoléonien n'en est pas moins ambigu : les principes de 1789 sont inscrits dans ses constitutions mais certains sont violés ; et, s'il conserve des conquêtes révolutionnaires, il renoue aussi avec l'Ancien Régime.

Parmi les apports du régime napoléonien figurent des institutions administratives. Dans le sillage des jacobins, la centralisation est établie avec la création du préfet par la loi du 28 pluviôse an VIII. Avec l'instauration des conseils de préfecture par cette même loi, celle du Conseil d'État et en son sein de la commission du contentieux (1806), la justice administrative commence à se détacher de l'administration active. L'ancienne hiérarchie est en partie rétablie au sein de la justice civile, notamment avec l'établissement de cours d'appel dans les sièges des anciens parlements.

L'un des apports, sinon le principal, est la codification. Élaboré à partir de 1800 par Portalis, Maleville, Bigot de Préameneu et Tronchet, le projet de Code civil est soumis aux tribunaux avant d'être discuté au sein du Conseil d'État, souvent en présence de Napoléon, puis adopté par les assemblées et promulgué le 21 mars 1804. Réhabilitant le rôle du juge (art. 4), le Code civil s'efforce de réaliser une « transaction » (Portalis) entre le droit écrit et les coutumes, ainsi qu'entre l'Ancien Régime et la Révolution. Il restaure l'ordre ancien en réhabilitant et protégeant la famille légitime, « pépinière de l'État » : le divorce est restreint, la puissance paternelle et maritale rétablie au point que la femme mariée est une incapable ; la recherche de paternité est interdite et les droits successoraux des enfants naturels sont réduits. La propriété est le « droit fondamental sur lequel toutes les institutions sociales reposent » (Portalis) : son absolutisme vise à consommer la rupture avec l'Ancien Régime, à rassurer les acquéreurs de biens nationaux, à garantir au propriétaire de pouvoir recouvrer un plein pouvoir sur son bien. Le droit de propriété n'est pas pour autant illimité : l'État peut en régler l'exercice, en prohiber des usages. C'est aussi dans les limites de l'ordre public et des bonnes mœurs que peut s'exercer la liberté contractuelle. Inspiré de Domat et Pothier, le droit contractuel promeut le consensualisme mais pose des exigences, telle la cause, sans le respect desquelles le contrat ne peut être tenu pour la loi des parties. Également emprunté à Domat, est posé un principe général de responsabilité pour faute.

Au Code civil s'ajoutent le Code de procédure civile (1806), inspiré de l'ordonnance de 1667, le Code de commerce (1807), sévère et peu en phase avec le développement économique. Le Code d'instruction criminelle (1808) réalise aussi une transaction entre Ancien Régime et Révolution : tandis que l'accusé est livré seul à une instruction secrète et inquisitoire, la phase de jugement se déroule devant le jury, publiquement et avec l'assistance d'un avocat. Enfin, le Code pénal (1810) réagit à l'œuvre révolutionnaire : il est répressif et laisse le juge arbitrer entre un maximum et un minimum de peine pour des infractions autres que les crimes les plus graves.

§ 4 – LES MUTATIONS CONTEMPORAINES

Au cours du XIXe siècle, la loi continue d'occuper une place centrale parmi les sources du droit et sa production s'accroît sensiblement. Ceci n'empêche pas les juges d'adapter le droit civil et le Conseil d'État de fixer les contours du droit administratif.

Du point de vue constitutionnel, la période se caractérise par des expériences, vouées à marquer durablement la vie politique française. Sous la Restauration et la monarchie de Juillet, est introduit, en partie sur le modèle anglais, le *parlementarisme*. Mettant fin au suffrage censitaire, la IIe République consacre le *suffrage universel*, masculin, pour l'élection des députés mais aussi du président de la République. Élu président, Louis Napoléon Bonaparte instaure le IInd Empire et renoue, pour un temps, avec la pratique de son oncle, celle du *césarisme*.

Bien que des principes de 1789 soient inscrits dans les constitutions et malgré l'essor de la loi parlementaire, certaines libertés sont faiblement protégées, voire bafouées. La justice politique d'exception perdure à travers tous les régimes, tout comme le contrôle de la presse. Les libertés collectives revendiquées en particulier au profit des ouvriers ne sont pas admises. Cependant, des conquêtes révolutionnaires sont restaurées ou maintenues. Ainsi, l'esclavage est-il définitivement aboli en 1848, à la suite du combat de Schoelcher. Ferments de la révolution économique du XIXe siècle, la propriété et la liberté du commerce et de l'industrie sont protégées. Le Conseil d'État donne à la notion d'excès de pouvoir une extension qui lui permet d'annuler davantage d'actes illégaux de l'administration et de mieux protéger les administrés.

Après 1815, le modèle judiciaire et juridique napoléonien continue de rayonner hors de France. Il est aussi imposé aux colonies. Il connaît cependant des infléchissements. En matière de procédure pénale, le ministère public et la police jouent un rôle croissant. L'évolution du droit pénal est placée sous le signe de l'individualisation et de l'adoucissement des peines, comme en témoigne la loi du 28 avril 1832 qui étend les circonstances atténuantes et abolit les châtiments corporels. L'ordre familial gagne en rigueur avec l'abolition du divorce en 1816. À l'inverse, l'individualisme innerve propriété et obligations. La première est célébrée, contre les critiques socialistes, comme un droit « absolu, exclusif et perpétuel », même si des limites y sont apportées pour régler les troubles de voisinage et de l'industrialisation. Le libéralisme progresse en matière contractuelle, par exemple avec la libéralisation des sociétés par actions (1867). La force obligatoire du contrat s'impose aux parties et au juge, nonobstant l'inégalité entre patrons et ouvriers, et ce, d'autant que le législateur n'intervient pas dans leurs relations, sauf pour réglementer le travail des enfants (1841). La responsabilité pour faute n'offre pas de protection satisfaisante aux travailleurs, victimes d'accidents, mais les potentialités de l'article 1382 du Code civil sont exploitées pour poser les bases du respect de la vie privée, du droit de la concurrence.

À partir de la fin du XIXe siècle, le prestige des codes napoléoniens et de la loi en général s'érode. L'inadaptation des codes aux changements sociaux, économiques et politiques est critiquée mais leur révision n'aboutit pas. Ils sont concurrencés sur la scène internationale par des codes étrangers (BGB 1900) et dans l'ordre interne par l'essor de la législation spéciale, tandis que se développe une jurisprudence plus audacieuse, encouragée par le renouveau doctrinal (Saleilles, Gény). À partir de la Grande guerre, la loi est mise à mal par la pratique des décrets-lois.

Si le parlementarisme tend à s'enraciner, il connaît des vicissitudes. Rétabli par la IIIe République, il tourne en faveur de la chambre des députés après la crise du 16 mai 1877, ce qui provoque une forte instabilité ministérielle dont se nourrit l'antiparlementarisme, surtout durant l'entre-deux-guerres. L'antiparlementarisme préside au régime de Vichy qui concentre les pouvoirs au profit du chef de l'État et du conseil. Le parlementarisme de la IVe République renoue avec l'instabilité gouvernementale. Des vicissitudes affectent aussi l'évolution des libertés publiques. Les premières décennies de la IIIe République sont marquées par la consécration législative de nombreuses libertés : de la presse (1881), des syndicats (1884), d'association (1901). Jugeant désormais en dernier ressort, le Conseil d'État continue d'étendre son contrôle sur les actes de l'administration. En revanche, l'anticléricalisme conduit à méconnaître la liberté religieuse et la loi de séparation de l'Église et de l'État de 1905 est source de vives tensions. Après la Grande guerre, dans un contexte marqué par l'essor des régimes totalitaires et fascistes, la critique des libertés progresse. Le régime de Vichy les bafoue : anti-individualiste, il porte atteinte aux droits de la personne, à la propriété et à l'égalité des droits en adoptant une législation antisémite. En réaction, les libertés de 1789 sont consacrées par le Préambule de la Constitution de 1946 qui les enrichit de droits économiques et sociaux en même temps qu'est consacré le suffrage universel. La guerre d'Algérie provoquera néanmoins une régression du droit à la sûreté.

Influencées par l'enracinement du régime républicain laïc, par l'essor de l'État providence et d'autres facteurs, deux tendances caractérisent l'évolution du droit pénal et du droit privé : la libéralisation et la socialisation.

La libéralisation, relative, concerne la procédure pénale. Au moment même où l'affaire Dreyfus prend de l'ampleur, la loi Constans du 8 décembre 1897 consacre les droits de la défense durant la phase d'instruction ; mais, critiquée, la loi est contournée en pratique. L'individualisation de la peine se poursuit : les récidivistes sont sévèrement punis tandis que sont introduits la libération conditionnelle (1885) et le sursis à exécution (1891) pour les délinquants primaires, et que se développe un traitement spécifique pour les mineurs. En matière familiale, la libéralisation va de pair avec l'établissement d'une plus grande égalité. Le divorce est rétabli par la loi Naquet (1884). Si le mari reste le « chef de famille », la situation de la femme s'améliore puisqu'elle cesse d'être incapable et conquiert des droits successoraux en cas de survie à son mari. La puissance paternelle est placée sous le contrôle du juge, celui-ci pouvant prononcer sa déchéance (1889). L'enfant naturel voit ses droits successoraux s'accroître (1896) et la recherche de paternité être autorisée (1912).

À l'inverse, en matière de propriété et d'obligations, l'individualisme recule au profit de la socialisation. Pour remédier aux crises du logement ou promouvoir l'activité économique, les droits des locataires et exploitants sont renforcés. Des limitations à la propriété sont aussi imposées dans l'intérêt général : communications, urbanisme, patrimoine… En matière contractuelle, se développe, à partir de 1914, un ordre public de direction et de protection. Le législateur, comme le juge, s'efforce de corriger les inégalités, comme l'illustrent l'essor du droit du travail, la reconnaissance de l'obligation de sécurité. La socialisation touche aussi la responsabilité. Afin de remédier aux accidents dus au machinisme, le juge (arrêt *Teffaine*, 1896 ; *Jand'heur*, 1930) et le législateur (1898) font peser la responsabilité sur ceux qui ont la garde des choses ou qui créent des risques, sans plus exiger la preuve d'une faute.

Depuis le milieu du xxe siècle se manifeste un nouvel élan de codification, qu'il résulte d'une recodification (procédure pénale, 1959 ; procédure civile, 1975 ; pénal, 1994), de profondes réformes (régimes matrimoniaux, 1965 ; droit des contrats, 2016) ou s'effectue à droit constant. Cela étant, dans une Ve République caractérisée par un parlementarisme rationalisé et par l'élection du président au suffrage universel (1962), la loi cesse d'être souveraine notamment en raison du contrôle de constitutionnalité que le Conseil constitutionnel exerce, y compris au regard de la déclaration de 1789 (1971) et qu'il peut exercer *a posteriori* depuis l'instauration de la question prioritaire de constitutionnalité (2008). L'internationalisation et, depuis 1957, l'européanisation des sources du droit contribuent aussi au recul de la loi nationale, en même temps qu'elles participent, notamment la CEDH, à une protection accrue des droits fondamentaux. Dans le même temps, la contractualisation gagne du terrain dans des branches du droit privé ainsi qu'en procédure civile et pénale (médiation, composition, transaction).

Des garanties, dérivant du droit à un procès équitable, sont introduites ou consolidées dans toutes les procédures. En matière pénale, le respect des droits de la défense et de la présomption d'innocence est renforcé, avec la présence d'un avocat lors de la garde à vue (1993), et ce, dès la première heure (2011), avec l'appel des verdicts des cours d'assises (2000) et l'exigence d'une motivation (2011). Si l'évolution des mœurs guide un mouvement de dépénalisation (avortement, adultère, homosexualité), la sévérité reste de mise contre les récidivistes et se manifeste contre le crime organisé et la menace terroriste, mais sans plus aller jusqu'à la peine de mort, abolie en 1981.

Sous l'effet de l'évolution des mœurs, individualisme et égalitarisme progressent et contribuent au pluralisme familial. Aux avantages du concubinage s'ajoute la consécration du PACS (1999) et du mariage entre personnes du même sexe (2013). Le divorce est libéralisé en 1975 et celui qui procède du consentement mutuel vient d'être contractualisé. La reconnaissance de familles autres que légitimes procède aussi de l'assimilation des enfants naturels aux enfants légitimes par le législateur français (1972) et sous l'influence de la CEDH. La consécration d'une autorité partagée entre les parents (1970) illustre, parmi d'autres réformes, le progrès de l'égalité entre conjoints. En matière de propriété et d'obligations, de nouvelles orientations s'ajoutent aux tendances antérieures. Des limitations croissantes (urbanisme, environnement...) sont posées à l'exercice de la propriété au point, parfois, de la vider de sa substance ; mais, la propriété est reconnue comme un droit fondamental à valeur constitutionnelle (1982), garanti par la CEDH, et son application gagne en étendue et en vitalité notamment dans le domaine incorporel. La liberté contractuelle est aussi érigée en principe constitutionnel (2013), ce qui n'empêche ni le renforcement de l'ordre public, notamment en faveur des consommateurs sous l'influence du droit européen, ni l'immixtion croissante du juge dans la sphère contractuelle. Si le principe de responsabilité délictuelle acquiert aussi une valeur constitutionnelle (1999), le mouvement d'objectivation et de socialisation des risques se poursuit, comme en témoigne la législation sur les accidents de la circulation (1985).

Indications bibliographiques

Alland D. et Rials S. (dir.), *Dictionnaire de la culture juridique*, 2003, Paris, PUF – Carbasse J.-M., *Manuel d'introduction historique au droit*, 2015, Paris, PUF – Carbasse J.-M., *Histoire du droit pénal et de la justice criminelle*, 2014, Paris, PUF – Carbasse J.-M.,

Les 100 dates du droit, 2015, Paris, PUF – Castaldo A. et Mausen Y., *Introduction historique au droit*, 2013, Paris, Dalloz – Deroussin D., *Histoire du droit des obligations*, 2012 Paris, Economica – Gaudemet J., Chevreau E., *Droit privé romain*, 2009, Paris, LGDJ – Gaudemet J., Chevreau E., *Les institutions de l'Antiquité*, 2014, Paris, LGDJ – Halpérin J.-L., *Histoire du droit privé français depuis 1804*, 2012, Paris, PUF – Halpérin J.-L., *Histoire des droits en Europe de 1750 à nos jours*, 2005, Paris, Flammarion – Harouel J.-L. *et al.*, *Histoire des institutions de l'époque franque à la Révolution*, 2011, Paris, PUF – Lefebvre-Teillard A., *Introduction historique au droit des personnes et de la famille*, 1996, Paris, PUF – Lévy J.-P. et Castaldo A., *Histoire du droit civil*, 2010, Paris, Dalloz – Morabito M., *Histoire constitutionnelle de la France*, 2014, Paris, LGDJ – Patault A.-M., *Introduction historique au droit des biens*, 1989, Paris, PUF – Thireau J.-L., *Introduction historique au droit*, 2009, Paris, Flammarion.

La doctrine

Bernard Beignier
Professeur des Universités, doyen honoraire de la Faculté de Toulouse 1 Capitole

Par usage, par simplification, par habitude, on distingue les diverses sources du droit, et les universitaires (qui enseignent lesdites sources en première année de droit) aiment à souligner cette distinction... dont ils sont la source principale, tout en manifestant un étrange scepticisme à son endroit.

Cela tient à ce que l'enseignement du droit aujourd'hui se flatte d'être avant tout « scientifique » et « technique ». Or, la technique du droit c'est l'agencement des diverses normes (selon la célèbre mais incertaine pyramide). Dans ces normes, on ne trouve nullement la doctrine qui n'édicte aucune d'entre elles.

La notion même de doctrine est liée à l'idée d'un « droit savant », un « droit des docteurs ». Cela provient du droit romain, tout spécialement dans la rédaction du Digeste ordonné par l'empereur Justinien (avec le rôle cardinal des célèbres cinq grands jurisconsultes : on peut retenir le plus célèbre Gaïus auteur de la fondamentale distinction entre droit privé et droit public).

Au fond, la grande question est de savoir si la doctrine intervient en amont des normes ou en aval. Cette question est, peut-être, mal posée. La doctrine est aussi bien inspiratrice du droit qu'ordonnatrice de celui-ci.

Sautons les siècles pour en venir directement au droit moderne en France. Celui-ci apparaît dès la fin de la guerre de Cent Ans (dont on considère la fin par la décisive bataille de Castillon-la-Bataille, le 17 juillet 1454 ; trois ans après Charles VII exigea la réhabilitation de celle qui le conduisit à la victoire, Jeanne d'Arc, en 1456). En effet, dès le 15 avril 1454, Charles VII (surnommé officiellement, non sans raison, le Bien Servi) ordonna la rédaction des coutumes qui fut vraiment entamée par son successeur Louis XI. L'idée de rédiger les coutumes, en réalité, sonnait la fin de ce qu'est une coutume, par nature orale et ondoyante : surtout surgeon du terreau populaire. Ainsi devenues des textes maîtrisés par des juges royaux, les coutumes cessent d'avoir cette essence somme toute démocratique.

Ces rédactions s'opèrent au long du XVIe siècle. On retiendra les deux dates de la rédaction de la principale coutume (sur environ 125) de France, celle de Paris : rédigée une première fois en 1520 puis révisée en 1580, elle sera définitivement stable jusqu'à la révolution. Les juristes lui donnaient le joli et rêveur nom de « coutume princesse », car, dans le ressort (immense) du parlement de Paris (le parlement sous l'Ancien Régime est une cour judiciaire royale, que l'on compare souvent avec nos cours d'appel), lorsqu'un doute surgissait entre plusieurs coutumes applicables, on donnait la préférence à celle de Paris (beaucoup de ses dispositions passèrent dans le Code civil).

Mais le XVIe siècle voit les premières lois au sens moderne du terme: les ordonnances royales (même si les ordonnances existaient bien avant). François Ier est le premier véritable roi dont l'autorité est pleinement reconnue sur l'ensemble du pays.

On retiendra quelques dates:

- 1566, la célèbre ordonnance de Moulins qui fixe quelques règles qui demeurent encore aujourd'hui: la primauté de la preuve écrite sur la preuve testimoniale et l'indisponibilité du domaine royal, c'est-à-dire du domaine public;
- 1539, la non moins fameuse ordonnance de Villers-Cotterêts qui (dans son article 111) établit que le français, remplaçant le latin (alors même que François Ier est le créateur du Collège de France dont l'une des missions est l'enseignement des langues antiques), sera désormais la langue officielle des actes publics;
- 1579, à la suite du Concile de Trente, l'instauration des registres de baptême, de mariage et de sépulture qui sont les prodromes de l'état civil (qui, lui, date de 1790).

Mais ce fut Louis XIV, avec l'action énergique de son ministre Colbert, qui lancera une véritable opération de «grandes ordonnances»:

- 1667: l'ordonnance civile, au nom trompeur car elle est, en fait, un texte de procédure civile;
- 1669: l'ordonnance des eaux et forêts;
- 1670: l'ordonnance criminelle qui fonde le système inquisitoire de la procédure française (ce texte, on le cite souvent, réglemente la torture: mais, en donnant des règles strictes à celle-ci, il fixe des bornes excluant l'arbitraire, petit à petit on s'acheminera vers l'abolition totale par Louis XVI en 1787);
- 1673, l'ordonnance de commerce qui sera complétée en 1681;
- 1681, l'ordonnance maritime qui complète la précédente (qui fixa, entre autres, la délimitation du domaine public maritime).

Ultérieurement, on aura les trois grandes ordonnances de Louis XV (chancelier Daguesseau) sur les donations et les testaments.

L'ensemble de ces textes forme un corpus considérable. Surtout, ces ordonnances ont deux particularités. La première est que, contrairement aux coutumes, elles s'appliquent à l'intégralité du territoire. La seconde est que le roi interdit strictement aux juges des parlements, «sous couvert d'interprétation», d'en déformer l'esprit et le sens: c'est l'origine du contrôle de cassation.

Voulues avec force, appliquées avec rigueur, ces ordonnances se devaient d'être connues et enseignées dans un sens favorable à la politique les mettant en œuvre.

Aussi une des dates importantes de ce travail législatif est la création par un édit de Saint-Germain d'avril 1679 d'un corps de «professeurs royaux de droit français».

Curieusement, ce texte fondateur des facultés de droit modernes est souvent inconnu dans celle-ci (petite histoire : c'est cet édit qui fixait le fait qu'un examen devait durer trois heures, ce qui fut la règle jusqu'aux dernières réformes universitaires).

Bien évidemment, il existait des professeurs dans les facultés de droit (dont l'une des premières est celle de Toulouse créée en 1229). Mais ces professeurs, d'une part, n'enseignaient que les deux droits savants : le droit romain (et encore son enseignement n'était pas autorisé à Paris) et le droit canonique (qui est le droit de l'Église catholique) ; d'autre part, et cela allait sans dire..., ils enseignaient ces disciplines en latin.

Ainsi les facultés enseignaient un droit qui n'étaient pas le droit principalement mis en œuvre (les coutumes) et le nouveau droit de l'État. Le droit savant était un droit très théorique ; tandis que le second était un droit très pratique. Mais deux corps de professeurs se répartissaient ces fonctions.

Les professeurs royaux de droit furent chargés d'enseigner les ordonnances (et non les coutumes) en français. Pour éviter une vision détournée de ce droit, ils furent recrutés essentiellement parmi les avocats (il en demeure la règle qu'un professeur de droit peut être avocat de plein droit) et on leur demanda d'enseigner ces ordonnances dans la langue de leur rédaction, le français. Leur succès fut immédiat et considérable, payé en retour par la détestation vigilante de leurs collègues.

À bien des égards, ces professeurs furent les initiateurs de la doctrine moderne universitaire. En effet, ils furent les premiers à publier des commentaires nourris des ordonnances. Pothier (1699-1772), non sans légitime raison, est l'un des plus célèbres à Orléans (même si Pothier est aussi l'auteur de commentaires réputés de diverses coutumes).

Ce travail d'explication et de synthèse s'effectuera durant plus d'un siècle. Il marquera profondément les esprits juristes. Ainsi, si l'on tient, à raison, Portalis pour « le père du Code civil », on ne peut oublier ce qu'il dut à Pothier ou même à son professeur de droit français, Julien, à la faculté d'Aix-en-Provence.

Il est courant de dire que trois des célèbres « cinq codes » napoléoniens correspondent largement aux grandes ordonnances de Louis XIV (ordonnance civile = Code de procédure civile ; ordonnance de commerce : Code de commerce ; ordonnance criminelle : Code d'instruction criminelle). Le principal d'entre eux – le Code civil – est une œuvre parfaitement neuve et originale ; quant au Code pénal, il n'y en avait pas sous l'Ancien Régime qui ne connaissait pas le principe de la « légalité des délits et des peines ».

En fait (ce qui rend possible qu'entrevoir que la Révolution aurait pu être évitée), le travail législatif et doctrinal avait été amplement anticipé.

Le vrai successeur de Louis XIV, ce fut Napoléon Ier : le grand roi et le grand empereur. Celui qui construisit les Invalides et celui qui y repose.

Lorsque Napoléon ordonna la confection des cinq codes de son œuvre législative, la doctrine joua, toutefois, un rôle très mineur. Aucun des quatre rédacteurs ne sont des professeurs de droit : ce sont tous des praticiens avocats ou magistrats. Le Code civil fut l'œuvre du Palais.

Dans les années qui suivirent, la doctrine mit un certain temps à s'emparer des textes. Il y eut à cela plusieurs raisons.

La principale, illusion de tous les temps, était d'allier un principe à une qualité. Le principe était que la loi était devenue la seule et unique source du droit. La qualité était d'être dans la conviction que cette loi était claire et n'avait besoin du secours d'aucune interprétation. Cela expliquait qu'il n'existait alors que douze «écoles de droit» pour tout le pays; les revues de droit étaient inconnues (si l'on excepte la plus ancienne, le *Sirey* – depuis 1791 – lequel depuis a fusionné avec le *Dalloz*); il y avait peu de livres (manuels ou autres).

Il est vrai également que les textes parurent, initialement, poser peu de difficultés de mise en œuvre. Constat habituel: une loi n'engendre un contentieux qu'au bout de dix ans au moins.

Il faut donc attendre la monarchie de Juillet pour voir se constituer ce qui va, peu à peu, devenir la doctrine universitaire mais aussi praticienne.

Les premiers auteurs de manuels sont des commentateurs, article par article, du Code civil. L'esprit réactionnaire, au sens plein du terme, de la Restauration va conduire, dans un premier temps, certains d'entre eux à vérifier que le Code civil est fidèle aux anciennes coutumes, en particulier celle de Paris. Une remarque: sous réserve de quelques modifications – la principale étant malgré tout la suppression du divorce jusqu'en 1884 –, le Code civil est maintenu par Louis XVIII. Contrairement à ce que l'on croit souvent, notre code n'est pas la version de 1804 mais celle de 1816: ce sont nos voisins belges qui ont conservé la version initiale; aussi, par une curiosité peu banale, on trouve encore dans quelques articles du code d'une république mention du «roi», alors qu'à l'inverse le code d'un royaume, le même texte, vise «l'empereur», mais ce ne sont plus que quelques moraines d'un temps révolu et qui ne fait que passer.

On évoque souvent le nom de «l'École de l'Exégèse» pour parler de ces auteurs. Le terme est classique et on peut l'utiliser puisqu'il est dans l'usage. Mais, dans un article classique, Philippe Rémy a démontré que ce n'était pas une école et que ces auteurs ne faisaient pas de l'exégèse.

Ce n'était pas une école par le fait que chaque auteur a son style et sa manière. On ne saurait oublier qu'au temps des diligences, des premiers trains à vapeur et du télégraphe aérien, les communications ne sont pas simples. Pas question à l'époque de colloques! Les professeurs se rencontrent très rarement. Chacun écrit dans son bureau et n'en sort guère. Au plus un maître réputé forme quelques disciples dans sa faculté. Seule celle de Paris est à part, comme tout ce qui est dans la capitale.

Quant à l'exégèse, il y a depuis longtemps une confusion majeure sur le mot même. Dans l'esprit de ceux qui évoquent une école de l'exégèse, il s'agit d'une explication «littérale» du Code civil et des autres lois. Le problème est que l'exégèse n'est pas une telle interprétation. Le terme vient des sciences bibliques et de la théologie chrétienne: comment interpréter l'Écriture des divers livres de la Bible (erreur courante: affirmer que la Bible est un livre, alors que la Bible est l'assemblage de près de 75 livres assez distincts les uns des autres; le Coran, lui, est bien un livre unique formant un tout)? Pour les juifs et les chrétiens, la Bible n'est pas la parole de Dieu (si l'on excepte quelques brefs passages) au sens où Dieu parle aux hommes. La Bible est une série de livres «inspirés» qui, à travers une parole d'hommes (les prophètes, pour Juifs et Chrétiens; les Évangélistes, pour les seuls Chrétiens) transmet le message divin. Ainsi ceux qui étudient l'Écriture doivent-ils constamment scruter le contenu profond et intime de celle-ci pour en discerner l'interprétation dans le temps présent. À défaut, le risque encouru est celui du fondamentalisme et de l'intégrisme dont on connaît les périls et les dangers. L'exégèse biblique n'est donc pas une lecture littérale des textes, mais bien, selon le mot très célèbre de saint Paul, la quête de son esprit dans les textes : ce qui n'est pas pareil du tout.

Aussi ces auteurs dits de l'exégèse furent-ils bien plus libres qu'on ne le croit ordinairement (mais il est vrai sans vraiment les lire aujourd'hui).

Le « prince de l'exégèse », selon le titre plaisant qu'on lui accorde volontiers, fut Demolombe, célèbre doyen de la faculté de droit de Caen (l'une des plus anciennes : 1432). Son *Cours de Code Napoléon* comporte 31 volumes et encore convient-il de noter qu'il s'arrête à l'article 1386 de l'époque... On le compare souvent à Alexandre Dumas dont la plume était intarissable...

On ne lit plus le style romantique de ce jurisconsulte à l'imagination fertile. Le style est d'un autre temps, mais c'est un style. En revanche, personne ne peut nier que Demolombe fit preuve d'autant plus de liberté envers le code qu'il proclamait à tout instant sa fidélité à son contenu.

Le tournant vint avec l'œuvre des deux Charles, Charles Aubry et Charles Rau. Tous deux étaient professeurs à Strasbourg et, après l'annexion de cette province par le Reich, ils finirent leur carrière à Paris, l'un à la faculté de droit, l'autre à la Cour de cassation.

Leur œuvre initiale est d'emprunt puisqu'ils ambitionnaient, assez modestement, la traduction d'un ouvrage d'un juriste allemand de la rive gauche du Rhin (la Rhénanie, intégrée dans l'Empire français, conserva le Code civil après 1814), Zachariae. Mais rapidement, dès l'édition suivante, ils s'en émancipèrent et leur ouvrage est le premier, véritable, à être un ouvrage bien plus de droit civil que du Code civil. Il préfigure les traités et les manuels qui vont suivre.

Dans le même ordre d'idées, il faut souligner le rôle important des grandes revues proprement doctrinales qui vont voir le jour. Pour n'en citer qu'une : la *Revue trimestrielle de droit civil*, qui naquit en 1902. Mais on ne peut méconnaître la *Revue historique de droit français et étranger* ou bien encore la *Revue de droit public*. Elles sont depuis nombreuses.

Avec ces revues apparaît « l'article de fond », « l'article de doctrine » ; peut-être avec une évolution au fil des ans. Ces revues, longtemps, furent les revues des professeurs. Elles sont devenues plus les revues de ceux qui aspirent au professorat, jeunes agrégatifs en particulier (sauf pour les chroniques de jurisprudence confiées à des maîtres blanchis sous le harnais).

Le point commun à ces auteurs est la place qu'ils vont faire, très vite et massivement, à la jurisprudence. Là encore, comme pour l'exégèse, le mot est trahi dans le langage habituel des juristes. Étymologiquement, la jurisprudence est proche de la philosophie du droit car elle est la « sagesse du droit ». C'est donc, normalement, une discipline fortement théorique. Or, en France, on dénomme jurisprudence la pratique des hautes juridictions et la manière aussi constante que possible qu'elles ont de juger sur tel ou tel point de droit. Prenons acte, sans discussion, de cette définition définitivement faussée.

La doctrine va donc, dès ce moment, se fonder largement sur la jurisprudence de la Cour de cassation mais aussi du Conseil d'État pour interpréter l'évolution du droit. Ce point est extrêmement important car il est typique de la manière dont le droit est enseigné dans notre pays par rapport à beaucoup d'autres pays voisins (l'Angleterre, l'Italie ou l'Espagne). On a coutume de dire en France à un étudiant dès sa première année que la loi est la source principale du droit, mais l'on passera des heures entières de cours et de travaux dirigés à disserter sur des arrêts, plus subtiles les uns que les autres. Le commentaire d'arrêt est un exercice bien plus courant que le commentaire d'un texte législatif ou réglementaire.

De là, une vraie spécialité française va être la «note d'arrêt», aujourd'hui encore plus répandue qu'avant depuis le foisonnement des revues de droit dans les années 1990. Ces notes sont parfois plus des études que de simples «notes» (ce qu'elles furent très longtemps). Elles exposent la solution retenue par la Cour ou le Conseil, la critique, assez souvent extrapole à son propos et, au bout du compte, il n'est pas rare que la «note surréaliste» aboutisse à faire dire à un arrêt... tout ce qu'il n'a pas dit mais que le commentateur aurait aimé qu'il dise. Au fond, Verlaine et Rimbaud, dans l'Éternité, doivent contempler de la même manière toutes les thèses qui ont pu être écrites sur ce qu'on leur prête, leur emprunte et on leur attribue.

Ces notes de jurisprudence nourrissent, bien évidemment, le travail des praticiens du «dialogue judiciaire»: les avocats, les membres du parquet et les magistrats du siège.

À ce sujet, il est bon de clarifier un débat souvent faussé. La doctrine, à n'en pas douter, est quantitativement l'œuvre essentiellement des universitaires. Cela tient à leur activité de chercheur (même si, dans les sciences humaines, dont le droit fait partie, ce terme prête à une certaine confusion: à proprement parler un juriste comme un philosophe «réfléchit» et surtout «pose des interrogations»; le terme de «recherche» dans le langage contemporain courant renvoie trop aux sciences dites exactes).

Néanmoins, ce serait tout à fait abusif que de réduire la doctrine à la seule et unique doctrine universitaire. Depuis le XIXe siècle, les praticiens du droit (avocats, magistrats, notaires, pour l'essentiel) écrivent sur le droit. Une revue connue de tous, le *Recueil Dalloz*, fut fondée par Désiré Dalloz, qui était un avocat. Dans le domaine quasi réservé de la pratique notariale, la production des notaires est certainement équivalente sinon supérieure à ceux des enseignants.

On en veut pour preuve que les magistrats de la Cour de cassation publient souvent leurs rapports (conseillers) ou leur avis (avocats généraux). Depuis quelques années, paraît une chronique tenue chambre par chambre par des magistrats.

Aussi bien au Conseil d'État qu'à la Cour de cassation, le rapport annuel est une somme qui fait autorité.

Mais demeure la question essentielle: à quoi sert la doctrine? Question unique; réponses multiples.

La doctrine suscite, rectifie et ordonne. Ses objectifs sont donc très divers.

La doctrine peut susciter des réformes. Pas simplement en les «appelant de ses vœux». L'exemple le plus parfait de cela sont les «propositions» qui concluent chaque année le congrès des notaires de France (lequel réunit entre 2000 et 3000 officiers publics). Ainsi la loi de 1976 relative à l'indivision est pratiquement la mise en forme d'un congrès antérieur.

On peut regretter que les propositions faites par les rapports de la Cour de cassation ou du Conseil d'État soient moins écoutées des pouvoirs publics.

S'agissant des universitaires, on assiste, modestement, à la reviviscence d'une méthode (naguère obligatoire) dans les conclusions d'une thèse de doctorat : les positions et propositions de thèse. L'auteur suggère, à la fin de sa thèse, plusieurs propositions. Elles sont souvent intelligentes et fines, malheureusement les thèses sont mal connues en France.

La doctrine rectifie. On connaît la formule de Diderot au sujet du juge : « Un mauvais juge peut déformer une bonne loi ; un bon juge peut améliorer une mauvaise ». On peut transposer cela à un auteur de doctrine.

Il est parfois irritant de lire tel ou tel auteur qui, jouant les inspecteurs des travaux finis, s'avise de rechercher toutes les malfaçons d'un nouveau texte. Mais n'est-il pas normal qu'une loi soit imparfaite ? On a beaucoup exagéré une vue idyllique du Code civil : dès le début, il était bancal dans son plan et peu réussi dans certains de ses articles.

Plutôt que de s'amuser à cela (car en fait il s'agit souvent d'un malin plaisir), le juriste commentant un texte qui comporte des malfaçons doit en être, en quelque sorte, l'ostéopathe. Il ne doit pas susciter une difficulté pour en faire un problème mais pour lui fournir une solution. Le juriste est là pour cela.

Enfin, et c'est sans doute sa plus belle mission et la plus académique, la doctrine doit « orchestrer » un texte nouveau avec le reste de la législation. Ce n'est pas au législateur (qu'on accuse à tort de cela) de le faire, c'est bien à celui qui réfléchit et pense le droit de s'occuper d'ordonner le droit positif. Ce fut la tâche impartie, jadis, aux professeurs royaux de droit français. Elle demeure.

Pour le reste, il est compliqué de savoir le poids exact de la doctrine dans la mise en œuvre des réformes législatives. Elle n'est pas négligeable sinon difficilement quantifiable. Par exemple, les commissions des deux assemblées auditionnent souvent des juristes (professeurs ou praticiens) lors des réformes envisagées. Les travaux de la doctrine sont souvent cités dans les rapports des assemblées.

De même, il est très habituel que les rapporteurs devant la Cour de cassation ou devant le Conseil d'État s'inspirent ou citent la doctrine. Bien entendu, les avocats font de même.

En réalité, il faut chasser de son esprit une vue tutélaire de la doctrine, comme il faut combattre l'idée d'une main mise universitaire sur celle-ci.

Le droit n'est pas une science mais un art, au sens très exact de ce mot et comme on l'applique également à la médecine. Bien entendu, le droit est aussi une science ou plus exactement une technique. Si l'on veut un exemple, les mécanismes de la prescription, de la subrogation, du transfert d'un contrat ou de l'imputation des libéralités sont bien des techniques. Mais, comme un artiste use de techniques (la peinture ou la musique), le juriste se sert d'une technique pour son art. Il n'y a pas d'art sans technique ; en revanche, une technique sans art ne va pas bien loin.

Ce faisant, si le droit est une technique rigoureuse, la justice qui est sa fin est un art difficile, car elle est un idéal dépassant ce qu'un humain peut accomplir. La justice humaine, parce qu'humaine, est limitée, imparfaite, inaboutie. Elle est surtout relative.

C'est bien pour cela que le droit est un art de la dialectique, de la controverse, de la démonstration. Peut-être est-il possible d'affirmer que la règle des règles est celle, en procédure, de la contradiction ; règle de procédure mais le droit ne peut exister sans procédure.

Or, ce que l'on peut dénommer sans excès la communauté des juristes – communauté qui ne se limite pas à la triade du Palais (avocats de la défense ; avocats de la loi, c'est-à-dire le parquet ; juges) laquelle est une famille de la communauté (certes, sinon la plus éminente du moins la plus connue) – est une communauté de débats et de discussions.

Il ne peut y avoir de règle de droit légitime, de solution juridique ferme, si elles ne sont issues d'un débat contradictoire.

En cela, la doctrine alimente le débat et s'en nourrit. Un professeur de droit commente un arrêt ; mais l'avocat qui a défendu telle position s'est appuyé sur telle ou telle doctrine (pas nécessairement universitaire) ; les juges qui ont rendu l'arrêt (sans le dire dans leurs motifs) se sont laissés convaincre par l'un des avocats ou par l'avocat général. Bref, au bout du compte, la doctrine ressemble à un miel de mille fleurs.

La doctrine juridique se fondera toujours sur l'esprit critique, qu'on ne confondra pas avec sa falsification qui est l'esprit de critique. Elle n'a pas pour légitimité que la hauteur de sa mission jointe à la modestie de ceux qui revendiquent d'y participer.

Philosophie du droit

David Soldini
Maître de conférences à l'École de droit de la Sorbonne (Université Paris 1), Directeur des études de l'Institut d'études judiciaires « Jean Domat »

§ 1 – LA NOTION DE « PHILOSOPHIE DU DROIT »

Interrogé par un journaliste à la fin de sa vie sur l'avenir de la philosophie dans un monde désormais dominé par les sciences, le philosophe et théoricien du droit italien Norberto Bobbio répondait :

« Il reste le doute. Il reste le doute critique. Il reste l'esprit critique. Si le terme "philosophie" désigne l'attitude critique, le fait de ne jamais accepter les vérités comme des dogmes mais de sans cesse essayer de les revoir, de les redécouvrir, de les reformuler, alors je crois que la philosophie a un avenir. »

Il assignait ainsi à la philosophie un rôle à la fois modeste et fondamental, considérant que les fonctions transformatrices, constructivistes ou de représentation qui ont parfois été attribuées à cette discipline étaient devenues obsolètes, les sciences dites « dures » occupant désormais cet espace.

Bien avant de formuler cette vision prophétique, ce même auteur, confronté à la nécessité de définir la notion de « philosophie du droit », proposait, dans les années 1960, quatre sens possibles. La philosophie du droit peut désigner :

- l'ensemble des propositions relatives à la réforme de la société et de l'État en vue de réaliser telle ou telle fin générale (la liberté, la justice, l'égalité, etc.). Cette conception peut être rapprochée de la notion de philosophie politique. Il s'agit d'une approche prescriptive, la philosophie ayant pour tâche de dire aux hommes ce qu'ils doivent faire pour progresser vers un monde meilleur (plus juste, plus libre, plus équitable...) ;
- l'ensemble des analyses et des définitions des notions générales supposées communes à tous les systèmes juridiques et permettant de délimiter le droit par rapport à la morale ou aux mœurs. Cette approche peut être qualifiée de théorie générale du droit. Elle a une vocation descriptive et vise à clarifier ce qui relève du champ d'étude du juriste et ce qui relève de la croyance, de l'adhésion à telle ou telle valeur, et qui ne peut pas faire l'objet d'une approche d'ordre scientifique ;

- l'ensemble des recherches sur le droit comme phénomène social, intégrant en particulier les recherches sur l'origine historique du droit, sur les différentes étapes de son évolution, sur la fonction du droit comme moyen de contrôle social, sur le rapport entre société et droit, etc. L'expression « philosophie du droit » désigne alors une activité proche de la sociologie juridique ;
- l'ensemble des recherches sur la science juridique et plus spécifiquement sur le travail de découverte et d'interprétation des règles juridiques par les professionnels du droit et les juristes. Cette approche, qui peut être qualifiée de « méthodologie juridique », se propose notamment de réfléchir à la notion de science juridique et aux liens qu'elle entretient avec d'autres domaines de la connaissance.

Un autre moyen de classer les réflexions qui se rattachent à l'expression « philosophie du droit » consiste à circonscrire les problèmes auxquels elles sont habituellement consacrées. Il est alors possible de distinguer entre :

- les problèmes de théorie du droit : ce sont l'ensemble des questions qui portent sur la définition de la notion de droit au sens technique, c'est-à-dire le droit observé comme un phénomène qu'il est possible de circonscrire en se référant à des caractéristiques formelles ou systémiques : le droit est-il réductible à la norme ou à l'ordre juridique ? Les normes sont-elles nécessairement assorties de sanction ? Qu'est-ce qu'une norme valide ? Le droit doit-il être conçu comme un système complet et, si oui, comment garantir la complétude ? Comment résoudre les conflits de normes ? Qu'est-ce que l'interprétation ? Comment se structurent et se règlent les rapports entre les ordres juridiques ? ;
- les problèmes de théorie de la justice : il s'agit des questions relatives au rapport entre le droit et la justice entendue comme une fin désirable et vers laquelle le droit devrait tendre. La notion de justice doit, dans ce cadre, s'interpréter largement et peut inclure des discours favorables à l'égalité, à la liberté ou à d'autres valeurs qui peuvent être assimilées à l'idée de justice en fonction des conceptions idéologiques ou philosophiques. Il s'agit alors de résoudre principalement deux séries de questionnement : quelle(s) finalité(s) doit poursuivre le système juridique ? Comment garantir une bonne adéquation du système juridique aux finalités poursuivies ? ;
- les problèmes de théorie de la science juridique : ils concernent les techniques utilisées par les juristes, afin de déterminer les règles juridiques, de les interpréter, de les compléter ou de les concilier avec les autres règles du système juridique. La méthode des juristes peut-elle être assimilée à une science ? Si tel est le cas, la science juridique est-elle davantage proche des sciences de la nature, des sciences humaines, des sciences cognitives, de la logique, etc. ? Quelles sont, si elles existent, les caractéristiques propres à cette science ?

D'autres classifications possibles des discours des juristes reposent sur les dichotomies « philosophie du droit des juristes »/« philosophie du droit des philosophes », « philosophie du droit naturel »/« philosophie du droit positiviste » ou encore « discours prescriptif »/« discours descriptif ».

La première dichotomie distingue :

- les œuvres des philosophes, qui recherchent la nature ou l'essence des phénomènes juridiques, notamment en se fondant sur les grandes doctrines philosophiques ;
- les œuvres des juristes, qui partent principalement d'une observation, éventuellement critique, de la pratique des juristes afin d'élaborer des discours suffisamment abstraits et généralisateurs pour être qualifiés de philosophiques.

La deuxième dichotomie distingue :

- les discours jusnaturalistes, divers et variés mais qui reposent principalement sur l'idée qu'il existe deux « droits », l'un posé et généralement contesté, l'autre idéal et habituellement promu par l'auteur ;
- les discours positivistes, également nombreux et de nature diverse, qui s'appuient principalement sur l'idée que le droit est uniquement ce qui est posé, ce qui existe réellement et qui est donc observable.

Enfin, concernant la troisième dichotomie proposée, il s'agit de distinguer :

- les discours qui visent à prescrire, c'est-à-dire à orienter le comportement des individus ou des pouvoirs publics afin de se conformer à une certaine vision prédéfinie de ce que devrait être le droit ;
- les discours à caractère descriptif, qui se limitent à l'analyse et à la description du droit considéré pour ce qu'il est, c'est-à-dire le droit posé.

Les deux dernières dichotomies se recoupent en ce sens que les discours jusnaturalistes sont le plus souvent prescriptifs car ils supposent l'existence d'un droit idéal qui se distingue, et en général s'oppose, au droit posé. Les approches positivistes sont généralement descriptives car elles partent du présupposé que le droit est uniquement ce qui est et que si l'on souhaite le critiquer ou même le voir évoluer, il convient, avant toute chose, de le décrire tel qu'il est.

§ 2 – LES GRANDS COURANTS DE LA PHILOSOPHIE DU DROIT

Étant donné la diversité des discours qui se réclament de la philosophie du droit, toute tentative de classification apparaît nécessairement lacunaire.

A - LE JUSNATURALISME

Au sein du jusnaturalisme, il est possible de distinguer, à l'instar de Michel Villey :

- une approche classique, qui consiste à définir le droit comme l'idée de relations justes entre les hommes, qui préexistent à l'œuvre de la jurisprudence qui a précisément pour vocation de découvrir puis formuler les principes nécessaires de ce droit naturel ;
- une approche moderne, qui part d'une certaine idée de l'homme pour en déduire une vision de ce que devrait être le droit. Le travail du juriste consiste alors à élaborer les outils nécessaires à cette transposition de principes moraux en règles juridiques.

Les discours jusnaturalistes peuvent s'adresser :

- soit aux législateurs, et ils attribuent alors une certaine légitimité à la distinction entre le droit posé et le droit idéal ;
- soit directement aux individus, et ils contestent donc la légitimité d'un droit posé différent du droit idéal.

Il est également possible de proposer une classification historique des différentes formes de jusnaturalisme qui se sont succédé : scolastique, rationaliste et hobbesien :

- Suivant une approche scolastique, le droit naturel est un ensemble de principes éthiques, posés de manière très générale, que le législateur doit suivre pour formuler les règles de droit positif. Le droit naturel est composé d'un nombre limité de normes, d'origine divine ou naturelle, mais toujours supérieures à toute autorité humaine et qui s'imposent aux législateurs.
- Dans son acception « rationaliste », le droit naturel est l'ensemble des règles substantielles, considérées comme utiles ou indispensables à l'homme et le plus souvent raisonnables. Dans ce cas, l'expression droit positif désigne l'ensemble des institutions, entendues au sens large, nécessaires pour assurer l'efficacité de la règle. Le droit naturel se forme et existe indépendamment de l'État. Il a comme destinataire les individus autant que les gouvernants et les législateurs.
- Dans son acception hobbesienne, le doit naturel est le fondement de l'ensemble du droit positif : sa fonction est de fonder le système juridique. Il contient une norme unique selon laquelle les citoyens doivent obéir au droit. Cette loi est le fruit de la nécessité qui découle du fait que l'état de nature engendre la violence. La soumission à l'autorité du droit constitue le moyen pour l'homme de sortir de l'état de nature et ainsi assurer sa conservation. La norme de droit naturel sert de mécanisme de légitimation. Cette forme de jusnaturalisme marque historiquement le passage au positivisme juridique.

Il est en revanche particulièrement complexe de catégoriser l'ensemble des très nombreux discours jusnaturalistes en fonction des valeurs qu'ils prônent (l'égalité, la liberté, l'autonomie, etc.) tant il existe de variantes. Il est cependant possible de distinguer les discours qui se réfèrent à un corpus de principes préexistants, d'origine religieuse, philosophique ou autre, des discours qui se proposent de reconstruire ce corpus de manière autonome, en se référant à la seule activité juridique. Cette dichotomie recouvre partiellement l'opposition proposée par Michel Villey entre les naturalismes classique et moderne. L'école historique du droit constitue un exemple de ce naturalisme moderne. Cette école, particulièrement importante en Allemagne au XIXe siècle, se propose de définir le droit en se fondant sur l'étude de l'histoire des différents systèmes juridiques. Elle admet l'idée selon laquelle le droit naturel se fonde sur la pratique juridique et repose sur l'observation des règles propres à chaque société.

B - LE POSITIVISME JURIDIQUE

Au sein du positivisme, plusieurs distinctions ou classifications sont possibles. Ainsi, Norberto Bobbio considère qu'il est possible d'évoquer trois usages classiques de l'expression. Le terme peut renvoyer à :

- une certaine théorie du droit : il s'agit d'un ensemble de propositions, de valeurs ou de croyances (le rôle central de la loi dans le système des sources, une certaine définition de la norme et de l'ordre juridique, la hiérarchie normative...), qui se retrouvent généralement au sein des théories qualifiées de positivistes ;
- une certaine conception de la science du droit : elle concerne l'ensemble des discours qui intègrent l'idée d'une distance entre l'observateur et l'objet observé, le droit. Cette distance implique une certaine neutralité de l'observateur qui étudie l'objet droit tel qu'il est, ce qui exclut de définir ce dernier à l'aune d'une approche jusnaturaliste ;
- une idéologie : elle consiste en l'idée qu'il est idéologiquement préférable d'obéir au droit posé, soit parce qu'il est nécessairement juste, soit parce que l'attitude qui consiste à obéir au droit, quel qu'il soit, est en soi positive. Ces discours sont en réalité des formes de jusnaturalisme car il s'agit de prescrire une conduite sur le fondement d'une idéologie.

Si l'on exclut la troisième acception du terme, qui renvoie à une vision essentiellement jusnaturaliste, le positivisme en tant que théorie et science du droit débouche principalement sur deux grands courants.

- Le normativisme : ce courant se développe principalement à la suite de la publication des travaux de Kelsen sur la théorie pure du droit. Il s'agit d'envisager le droit comme un ordre normatif. Le droit se résume en un ensemble de normes, organisées entre elles, suivant notamment des rapports de validité. Une norme juridique existe et est valide si elle est conforme aux normes qui lui sont supérieures et qui définissent ses conditions d'existence et de validité. Le système normatif se présente alors comme une pyramide, avec au sommet une norme fondamentale. Il peut s'analyser suivant une dimension statique (le rapport de validité relatif à la substance des normes) ou suivant une dimension dynamique (la validité découle de la définition des modes de création des normes par des normes).
- Le réalisme : ce terme désigne communément au moins deux écoles. Le réalisme américain, d'une part, le réalisme scandinave, de l'autre :
  - suivant la première école, le droit est avant tout ce que font les autorités, et en particulier les juges. Il convient donc d'observer leur travail, le décrire, le comprendre. Les réalistes américains concentrent donc l'essentiel de leurs analyses sur la jurisprudence et la manière dont naissent les décisions de justice ;
  - pour les réalistes scandinaves, le droit est avant tout un phénomène social et psychique. Il repose sur l'idée que les destinataires des normes croient en leur existence et en leur caractère obligatoire notamment. C'est ce phénomène que les juristes doivent observer, étudier et comprendre. Ces études se rapprochent alors d'une certaine forme de sociologie et de psychologie sociale.

C - LES THÉORIES CONTEMPORAINES

Aux deux courants traditionnels de la philosophie du droit du XXe siècle, le normativisme et le réalisme, il convient d'en ajouter deux autres qui se sont développés plus récemment et qui s'inscrivent également dans le courant positiviste : l'approche analytique et la théorie réaliste de l'interprétation.

- L'approche analytique s'intéresse aux questions relatives à la clarification linguistique et logique des concepts juridiques, à l'usage et au rôle du langage dans la formulation du droit. Il s'agit notamment d'étudier le rôle du langage dans l'argumentation développée par les autorités juridiques, les possibles polysémies, le pouvoir discrétionnaire de ces mêmes autorités dans la définition des termes utilisés pour formuler les normes, etc. Ainsi, aux États-Unis, Herbert Hart propose une forme de synthèse du positivisme classique et de la philosophie analytique contemporaine, alors qu'en Italie, dans la lignée des travaux de Norberto Bobbio, l'école de Gênes s'efforce d'explorer les multiples potentialités de la philosophie du langage appliquée aux questions de théorie du droit.
- La théorie réaliste de l'interprétation utilise également les outils analytiques. Cette théorie, développée notamment par Michel Troper, part du principe que la norme n'est pas le droit écrit mais découle directement de l'interprétation par une autorité légitime (un juge, un agent de police...) chargée de l'application du droit. Étudier le droit suppose donc d'étudier la manière dont ces autorités travaillent, les méthodes d'interprétations utilisées et les techniques d'argumentation nécessaires à la légitimation des décisions. Toutefois, contrairement au réalisme américain qui intègre potentiellement dans son analyse tout type de phénomène, comme notamment la personnalité du juge ou son idéologie, la théorie réaliste de l'interprétation propose de distinguer entre les éléments d'ordre juridique – les contraintes juridiques – et les autres, qui ne relèvent pas du champ d'analyse du juriste.
  La période contemporaine se caractérise par le développement de discours critiques visant à réintroduire les questions morales, éthiques ou idéologiques dans l'analyse et l'étude du droit. Il est possible de mentionner les théories critiques et le développement de nouvelles théories de la justice qui témoignent d'un retour à un certain jusnaturalisme.
- Les théories critiques s'inscrivent généralement dans une perspective réaliste et visent à critiquer le droit positif en partant d'un point de vue idéologique assumé (sociale, féministe, égalitariste, conservateur...). Aux États-Unis, l'école des *Critical legal studies* assume ainsi ouvertement sa vocation progressiste et son idéologie de gauche. Les objectifs des partisans des approches critiques peuvent varier considérablement. Elles ont comme points communs le recours aux méthodes réalistes et une lecture critique ouvertement idéologique.
- En réaction au développement du positivisme, certains auteurs, sans rejeter totalement les apports de la méthode positiviste, développent des approches visant à réconcilier les questions juridiques et morales. Ainsi, Dworkin oppose à la lecture positiviste et analytique de Hart une théorie de l'interprétation qui intègre une dimension éthique et morale. Il défend l'existence de principes juridiques supérieurs au droit positif, et qui découlent de la valeur de l'égalité.

Enfin, peuvent également être considérés comme relevant de la philosophie les discours visant à distinguer, classer, organiser les théories juridiques. Ainsi, ces dernières années, les travaux de méta-théorie ou de méta-philosophie du droit ayant notamment pour fonction de montrer le caractère idéologique des discours théoriques, se développent. Les théories et les orientations philosophiques sont alors assimilées à des objets qu'il est possible d'étudier avec un point de vue « externe ». L'activité philosophique s'assimile alors à un travail d'ordre méthodologique.

Indications bibliographiques

Historiquement, le terme « philosophie du droit » est utilisé à partir du début du XIXe siècle, et il est notamment rendu célèbre par l'œuvre de Hegel, *Principes de la philosophie du droit*, parue en 1820. L'expression est ensuite reprise par de nombreux auteurs dans différents États européens tout au long du XIXe siècle et s'impose pour progressivement désigner une typologie assez variée de discours sur le droit, sa nature, ses finalités ou son fonctionnement. Toutefois, si le terme n'était pas explicitement utilisé, la réflexion philosophique sur le droit est bien plus ancienne et de nombreuses œuvres de philosophes et de juristes à travers l'histoire en attestent. La liste proposée n'est pas exhaustive et vise simplement à donner un aperçu de cette longue et complexe histoire.

A. La préhistoire de la philosophie du droit, l'Antiquité et le Moyen Âge ; 1. Philosophie grecque et romaine : PLATON, *Les lois*, IVe siècle av. J.-C. – ARISTOTE, *Éthique à Nicomaque*, livre 5. IVe siècle av. J.-C. – CICÉRON M. T., *De Republica et De legibus*. Ier siècle av. J.-C. **2. Moyen Âge et Renaissance :** THOMAS D'AQUIN, *Somme théologique*, 1273 – MACHIAVEL N., *Le Prince*, 1513 – BODIN J., *Les six livres de la République*, 1576. **B. La période classique ; 1. L'école du droit naturel :** GROTIUS H., *Le droit de la guerre et de la paix*, 1625 – HOBBES Th., *Léviathan*, 1651 – VON PUFENDORF S., *Le droit et la nature des choses*, 1672 – DOMAT J., *Les lois civiles dans leur ordre naturel*, 1689 – HUME D., *Traité de la nature humaine*, 1740. **2. Les Lumières :** MONTESQUIEU, *De l'Esprit des lois*, 1748 – ROUSSEAU J.-J., *Du contrat social*, 1762 – BECCARIA C. B., *Traité des délits et des peines*, 1764 – BENTHAM J., *On Laws in general*, 1782 – KANT E., *Métaphysique des mœurs*, 1795. **C. L'âge d'or de la philosophie du droit :** PORTALIS J.-E.-M., *Discours préliminaire de présentation du projet de Code civil*, 1801 – VON SAVIGNY F. K., *Traité de droit romain*, 1840 – HEGEL G. W. F., *Principes de philosophie du droit*, 1821 – MARX K., *Contribution à la critique de la philosophie du droit de Hegel*, 1844 – MILL S., *De la liberté*, 1859 – VON JHERING R., *L'évolution du droit*, 1883 – GÉNY F., *Méthode d'interprétation et sources du droit privé positif : essai critique*, 1899 – JELLINEK G., *L'État moderne et son droit*, 1900 – **D. Le XXe siècle ; 1. Avant la Seconde Guerre mondiale :** POUND R., *Mechanical jurisprudence*, 1908 – SALEILLES R., *De la personnalité juridique*, 1910 – DUGUIT L., *Traité de droit constitutionnel*, 1911 – ROMANO S., *L'ordre juridique*, 1918 – CARRÉ DE MALBERG R., *Contribution à la théorie générale de l'État*, 1920 – HAURIOU M., *Précis de droit constitutionnel*, 1923 – KELSEN H., *Théorie pure du droit*, 1934 et 1960. **2. L'après-guerre :** EISENMANN Ch., *Le droit naturel*, 1959 – HART H., *Le concept de droit*, 1961 – BOBBIO N., *Giusnaturalismo e positivismo giuridico*, 1965 – CARBONNIER J., *Flexible droit. Pour une sociologie du droit sans rigueur*, 1969 – AUSTIN J. L., *How to do Things with Words?* 1975 – VILLEY M., *La Formation de la pensée juridique moderne*, 1975 – DWORKIN R., *Prendre les droits au sérieux*, 1977 – HABERMAS J., *Droit et démocratie*, 1992 – TROPER M., *Pour une théorie juridique de l'État*, 1994. **Quelques conseils de lecture utile :** TROPER M., *Philosophie du droit*, 2011, PUF, Que sais-je ? – ARNAUD A.-J. (dir.), *Dictionnaire encyclopédique de théorie et de sociologie du droit*, 2e éd., 1993, LGDJ.

Éléments d'épistémologie juridique

Muriel Fabre-Magnan
Professeur à l'École de droit de la Sorbonne (Université Paris 1)

L'épistémologie (du grec ancien *epistémè* qui, par opposition au savoir-faire empirique des arts et des techniques, désigne le savoir par la connaissance et peut être traduit par « connaissance d'ensemble » ou « science », assorti du suffixe *logie* de *logos*, qui renvoie à la parole, au discours, mais aussi au compte rendu selon la raison) est l'étude méthodique et approfondie d'une science en tant qu'objet de connaissance. Elle se limite traditionnellement aux sciences dites « dures » et consiste alors à expliquer comment se constituent ou se modifient ces disciplines, ou encore la façon de procéder des scientifiques qui en relèvent. L'épistémologie a en réalité vocation à concerner toutes les sciences, au sens plus large d'ensembles ordonnés de connaissances.

C'est à Christian Atias (1947-2015) qu'il faut rendre hommage pour avoir, dans plusieurs études, mis en forme une véritable épistémologie du droit[1]. Cette discipline, trop souvent négligée, est essentielle au juriste pour faire retour sur lui-même et sur son savoir, pour comprendre les enjeux de son action, ou encore trouver la juste distance avec son objet d'étude.

Pour en faire une introduction, on peut poser quatre questions fondamentales de l'épistémologie appliquées au droit : Quel est l'objet d'étude du juriste ? Quel est le rôle du juriste ? Quels sont les outils qu'il manie ? Quelles sont ses méthodes ?

§ 1 – L'OBJET D'ÉTUDE DU JURISTE

L'épistémologie concerne traditionnellement les sciences dites « dures », dont l'objet est de confronter un savoir au réel. Le physicien cherche à percer les secrets du monde physique, de l'infiniment grand (planètes, système solaire, etc.) à l'infiniment petit (physique quantique), en passant par la matière invisible (les trous noirs). Le biologiste s'intéresse quant à lui au vivant, en particulier à l'être humain et à son fonctionnement. Selon la célèbre définition du philosophe et épistémologue des sciences autrichien Karl Popper (1902-1994), un ensemble ordonné de connaissances peut précisément être

1. Voir Atias Ch., *Épistémologie juridique*, 1985, PUF, Droit fondamental – *Théorie contre arbitraire*, 1987, PUF, Les voies du droit ; *Épistémologie du droit*, 1994, PUF, Que sais-je ? – *Épistémologie juridique*, 2002, Dalloz, Précis.

qualifié de science, lorsque celles-ci remplissent le critère de la falsifiabilité ou de la réfutabilité, en d'autres termes lorsqu'elles sont susceptibles de vérification.

Le droit n'est en ce sens pas une science. Il est certes un ensemble ordonné de connaissances, avec ses outils et ses méthodes propres. Il implique aussi par nature un rapport aux textes qui encadre et contraint l'interprétation : un énoncé prétendant décrire le droit positif (loi ou jurisprudence) peut alors le cas échéant être qualifié de vrai ou de faux. Un énoncé juridique relève cependant essentiellement du juste et de l'injuste. Il doit alors être apprécié et jugé à l'aune d'une *axiologie*, c'est-à-dire d'un système de valeurs, et en particulier en fonction des finalités qui sont poursuivies. Le droit est en effet par nature normatif : il ne dit pas ce qui est mais ce qui doit être. Il énonce un idéal auquel le réel devra tendre et qui, par définition même, n'adviendra pas toujours.

Ce n'est pas à dire pour autant que le droit n'ait pas un rapport nécessaire au réel. Le droit manie certes des *fictions*, qui sont des hypothèses où l'on fait « comme si » le réel était différent de ce qu'il est (un enfant simplement conçu est ainsi considéré « comme si » il était né toutes les fois qu'il y va de son intérêt). La fiction ne peut cependant se désancrer totalement du réel sans donner place à un droit délirant : elle doit donc être plausible (dans le cas précité, l'enfant sera bien né dans un avenir proche) et, à la différence de la fiction romanesque ou de la science-fiction, elle doit rester dans certaines limites. Le droit doit en outre tenir compte du réel, par exemple de l'état des mœurs ou encore des êtres humains tels qu'ils sont, et ce, sous peine d'être inadapté et/ou ineffectif. Le droit a enfin et surtout un effet sur le réel, qu'il contribue à instituer et donc à faire advenir.

§ 2 – LE RÔLE DES JURISTES

Les juristes doivent d'abord décrire le droit positif avec autant d'objectivité qu'il est possible (la légitimité de leur propos en dépend) et doivent aussi essayer d'en faire une présentation ordonnée (la justice et la sécurité juridique en dépendent).

Certains juristes revendiquent de faire de la « science du droit », car ils limitent volontairement leur rôle à cette simple description du droit positif. Mais aucune description un peu approfondie du droit ne peut prétendre au statut de vérité. Dès qu'il s'agira de rendre compte d'une jurisprudence complexe, ou même de décrire une institution juridique, une marge d'interprétation existe, c'est-à-dire une part de subjectivité de la part de l'observateur. Des divergences d'interprétation peuvent en effet apparaître lorsqu'il s'agit par exemple d'apprécier la modification apportée au droit positif par un arrêt de la Cour de cassation ou du Conseil d'État, ou encore la portée d'une nouvelle disposition législative. Danièle Lochak avait en outre montré, dans un célèbre article[2], qu'aucune description du droit ne pouvait prétendre à la neutralité, dans la mesure où une présentation même purement technique de règles de droit contestables (en l'occurrence celle des lois de Vichy) contribuait à légitimer ce droit dès lors qu'elle se faisait sans aucune critique ni aucune prise de distance avec le contenu des textes.

L'activité du juriste suppose en outre de sortir de la seule description de solutions juridiques. Il est alors *a fortiori* impossible de ne pas porter un jugement de valeur au moins

---

2. Lochak D., « La doctrine sous Vichy ou les mésaventures du positivisme », in *Les Usages sociaux du droit*, 1989, CURAPP/PUF, p. 252 et s., disponible sur Internet.

implicite sur le contenu des règles. Il n'y a en effet pas d'énoncé juridique qui ne soit *téléologique*, c'est-à-dire imprégné des finalités qu'il poursuit. Cela apparaît assez clairement pour toutes les questions de société qui touchent au droit des personnes (statut de l'embryon ou encore réglementation de la fin de vie), mais cela est tout aussi vrai du droit du travail, du droit des affaires ou encore du droit public. Comment commenter les infractions pénales en matière de sociétés commerciales ou de relations de travail sans prendre parti, au moins implicitement, sur leur finalité et donc le juste niveau auquel elles doivent être fixées ? Comment commenter l'application du principe de laïcité sans porter un jugement de valeur sur l'interprétation et donc la portée souhaitable de ce principe ? On peut alors soutenir que si les juristes eux-mêmes ont tendance à se cantonner, de façon réductrice, à une activité purement technique, les « grands juristes » sont précisément ceux qui se conçoivent comme des intellectuels et acceptent de s'inscrire dans l'espace social[3].

L'existence d'une marge d'appréciation et de possibles jugements de valeur ne fait pas pour autant basculer l'analyse juridique dans une totale subjectivité. Les interprétations proposées doivent être plausibles et cohérentes avec l'ensemble des règles juridiques. Elles doivent surtout être argumentées, et leur légitimité dépendra en particulier des finalités explicitement ou implicitement proposées. À l'inverse, les sciences dites dures ne sont pas exemptes de toute subjectivité. L'un des plus célèbres épistémologues français, Gaston Bachelard (1884-1962), a ainsi montré, en particulier dans *La formation de l'esprit scientifique* paru en 1938, que tout scientifique devait s'efforcer de surmonter des « obstacles épistémologiques » inhérents à l'acte même de connaître : les scientifiques peuvent ainsi se laisser impressionner ou séduire par des phénomènes, et leur esprit peut se laisser abuser par des images ou des comparaisons, ou encore par la propension à vouloir tirer hâtivement des généralités. Les techniques propres aux sciences dures ne sont en outre pas plus neutres que la technique juridique : ni les sujets de recherche, ni le choix de développer certaines techniques plutôt que d'autres, ni encore la décision de les utiliser.

§ 3 – LES OUTILS DU JURISTE

Le droit s'énonce en principe sous forme de *règles*, générales et abstraites. Cette forme est censée garantir l'égalité de tous devant la loi, et aussi la sécurité juridique, car les justiciables peuvent alors en prendre connaissance. Ces règles sont le plus souvent écrites dans des textes (lois, décrets, arrêtés, etc.). Des pratiques répétées peuvent cependant aussi acquérir le statut de règles de droit. Une place à part doit être faite aux jugements, dont le rôle est de trancher des cas particuliers, mais dont il émane, à certaines conditions, des règles.

Le droit contient aussi des *notions*, qui sont autant de mots qui doivent être minutieusement définis. Ces mots prennent parfois le nom et le statut de *concepts*, lorsqu'ils acquièrent un certain degré d'abstraction et qu'ils servent à l'articulation de théories.

Les juristes manient également des *principes*. Il s'agit là de règles ayant un niveau de généralité marqué, puisqu'ils s'appliquent parfois même en dehors d'un texte exprès

3. V. en ce sens FONTAINE L., *Qu'est-ce qu'un « grand » juriste ? Essai sur les juristes et la pensée juridique moderne*, 2012, Lextenso éditions, Forum.

et sont déduits de l'esprit général du système juridique. Une question d'épistémologie juridique consiste alors à s'interroger sur la façon dont ils naissent. Les juges eux-mêmes peuvent en forger, ce qui leur confère alors le statut de règle de droit. La Cour de cassation vise ainsi très fréquemment des principes : « Vu le principe selon lequel nul ne peut s'enrichir injustement aux dépens d'autrui », ou encore « Vu le principe selon lequel la fraude corrompt tout ».

Le droit contient enfin un certain nombre de *théories*. Contrairement aux principes, qui prennent valeur de droit positif, les théories sont plutôt des explications doctrinales censées ordonner et rendre compte d'un certain pan du droit. Elles sont souvent attachées au nom de l'auteur qui en aura fait une présentation convaincante (Aubry et Rau pour la théorie du patrimoine, ou encore Japiot pour la théorie dite moderne des nullités). Ces théories ont souvent une très forte charge symbolique et en réalité une forte valeur normative. Ainsi de la théorie de l'apparence, de la théorie du patrimoine, de la théorie de la fraude, ou encore de la théorie des nullités. Le législateur lui-même s'estimera alors souvent tenu par elles : ainsi de la théorie de l'unicité du patrimoine, souvent présentée comme faisant obstacle à l'introduction du trust ou de la fiducie en France.

Dans le domaine des sciences dures, le philosophe et historien des sciences Thomas Kuhn (1922-1996) a étudié, dans un célèbre livre éponyme paru en 1962, « la structure des révolutions scientifiques ». Il montre comment les sciences progressent, non pas de façon continue, mais avec des ruptures, c'est-à-dire des révolutions. Dans les périodes dites de « science normale », une théorie est admise par tous, ordonnée autour de principes matriciels (des *paradigmes*), et elle se trouve confirmée ou parfois infirmée par des expériences, prenant dans ce dernier cas le statut d'exception. Lorsque ces exceptions deviennent trop nombreuses, une période de « crise » survient, qui se trouve résolue lorsqu'une nouvelle théorie apparaît, qui a la capacité de rendre compte des anomalies et les intègre dans de nouveaux paradigmes. Michel Foucault (1926-1984) appelle quant à lui *épistémè* la matrice qui constitue, à chaque époque, le cadre général et même le modèle de la pensée. Il montre, dans *Les mots et les choses*, que trois *épistémès* se sont succédé depuis le Moyen Âge : après s'être fondés sur la ressemblance et l'interprétation, puis sur la représentation et l'ordre, les savoirs ont, depuis le XIXe siècle, mis au centre l'histoire et en particulier la notion d'évolution ; c'est alors à cette époque que l'homme est véritablement devenu « objet scientifique » pour les sciences dites humaines (apparition de la psychologie, ou encore de la sociologie).

Le droit fonctionne lui aussi autour de paradigmes. Kuhn lui-même prend d'ailleurs un exemple juridique pour expliquer sa notion de paradigme et la distinguer de celle de modèle : un paradigme est rarement susceptible d'être reproduit et il s'agit, dit-il, « comme une décision judiciaire faisant jurisprudence », d'un « objet destiné à être ajusté et précisé » dans chaque nouveau cas. On peut prendre l'exemple du droit de la responsabilité civile, construit à partir de l'idée et de la notion de faute, laquelle demeure le paradigme central bien que de nombreux cas de responsabilité sans faute soient apparus. Malgré leur multiplication, ces cas conservent le statut d'exception, puisqu'on parle alors de responsabilité sans faute. De même, l'unicité du patrimoine est toujours reconnue comme un principe matriciel malgré la multiplicité des exceptions qui l'assortissent (EURL, fiducie, etc.) et que la doctrine se doit alors de justifier.

§ 4 – LES MÉTHODES DU JURISTE

La méthode du juriste repose principalement sur une *herméneutique*, c'est-à-dire un art de l'*interprétation*. Toutes les étapes de la démarche du juriste et du raisonnement juridique impliquent d'interpréter le droit : tant la connaissance du droit que son application à un cas particulier. Les juristes énoncent souvent de façon consciente et discursive les méthodes techniques d'interprétation, celles qui permettent de décider si une loi générale peut/doit s'appliquer à un cas particulier : interprétation *a pari* (par analogie), *a fortiori* ou encore *a contrario*. Plus généralement, ils opposent souvent la méthodologie française qui est *déductive* (il s'agit pour l'essentiel d'appliquer une règle générale à un cas particulier) à la méthode plutôt *inductive* de la *Common Law* (qui consiste, à l'occasion d'un litige particulier, à induire la règle applicable de la diversité des cas déjà tranchés dans des situations similaires).

Les juristes sont moins prolixes sur l'attitude générale de l'interprète face à un texte, qui charrie de façon plus ou moins insue sa vision de ce qu'est le droit. La question se pose à cet égard de l'objectivité (possible/souhaitable) du juriste face au droit, que ce soit un juge ou la doctrine. Le législateur est à part, dont nul ne prétend ignorer le rôle politique. Les postures mériteraient d'être affinées, qui oscillent entre une apparence d'objectivité qui ne trompe personne (elle a cependant un aspect rhétorique qui est une composante indéniable de l'art juridique) et un prétendu réalisme qui met le doigt sur certains risques, mais est souvent enfermé dans une autre forme de dogmatisme, notamment déterministe.

Le fond est souvent lié à la forme. Le droit est à cet égard un art de la *rhétorique*, et ce, pas seulement pour les avocats. Il s'agit de convaincre, et l'esprit cartésien est ainsi sensible aux raisonnements logiques et notamment à la démonstration par syllogisme[4]. L'interprète fera « comme si » la solution qu'il propose s'impose, en sachant pertinemment que d'autres interprétations seraient possibles. Le mythe de la solution unique est une astuce rhétorique qui ne trompe en réalité personne, pas même celui qui prétend y croire.

On peut souligner aussi le rôle de *l'esthétique* en droit. En France, il s'agit d'une esthétique formaliste, partageant les mêmes inspirations que les jardins à la française. Sont valorisés les coupes nettes, les régularités, les symétries, les perspectives, le tout donnant à voir une certaine théâtralité. Les plans-types sont en général en deux parties et deux sous-parties construites sur le même modèle, avec un parallélisme des formes poussé jusque dans les intitulés.

Les propositions doctrinales qui séduisent sont également souvent formulées dans des mots ou des expressions élégantes et frappantes. Les juristes sont ainsi friands d'adages et de maximes, qui sont autant de formulations dont la sédimentation constitue une culture juridique de base. On connaît le juriste Loysel (1536-1617) qui, dans ses *Institutes coutumières* parues en 1607, essaya de présenter l'ancien droit sous forme de maximes, si possible en rimes, afin que la formulation en frappât les esprits : ainsi « Qui peut et n'empêche, pèche » ; « On lie les bœufs par les cornes et les hommes par les paroles » ; ou encore « Boire, manger, coucher ensemble, c'est mariage ce me semble ». Les adages

4. Voir en particulier les travaux classiques de Chaïm Perelman [1912-1984] sur la rhétorique et l'art de l'argumentation.

et principes sont également souvent énoncés en latin, ce qui renforce leur aspect savant et, partant, leur autorité.

Les sciences dites dures accordent une place cruciale à *l'expérimentation*. Il s'agit par cette méthode de tester les théories, et c'est ce caractère empirique qui permet le cas échéant de les réfuter et donc de leur donner, selon le critère poppérien, leur caractère scientifique.

Par fascination pour les sciences dures censées conférer le sceau de l'objectivité, les juristes ont pris goût à ce qu'ils appellent des lois « expérimentales ». Nulle véritable expérimentation n'est cependant possible sur une société et des êtres humains. Seul un phénomène ou un événement soumis à une forme de déterminisme peuvent être reproductibles. Le réel humain, marqué, pour le meilleur et pour le pire, par le sceau de la liberté, laisse toujours ouvertes les conséquences d'un même acte ou d'un même fait. L'expérimentation pose en outre des problèmes éthiques dès qu'elle prétend porter sur des êtres humains : cela est vrai en biologie, mais également pour des expérimentations sociales.

C'est la *casuistique* plutôt que l'expérimentation qui permet d'ancrer le juriste dans le réel : l'apparition de nouveaux cas oblige à inventer en permanence de nouvelles solutions. Le droit de *Common law* est à cet égard un modèle qui, incluant dans la recherche casuistique de la solution juste la raison de la décision (*ratio decidendi*), ne perd jamais de vue la finalité du droit qui, en France, reste souvent dans le non-dit alors qu'elle est toujours et nécessairement sous-jacente.

En définitive, si les juristes ont parfois la tentation de renvoyer la raison du droit à d'autres disciplines considérées, à tort ou à raison, comme plus « scientifiques » (la biologie, la sociologie, ou encore l'économie), le *logos* des juristes, compte rendu du droit devant la raison, est en réalité toujours marqué du sceau de la difficile et tâtonnante quête de la justice.

Droit et Littérature

Nicolas Dissaux
Professeur à l'Université Lille 2, Rédacteur en chef de la revue Droit & Littérature

Platon voulait chasser les poètes de la cité. Un sain législateur n'aurait que faire de ces esprits frivoles ; leur discours illusoire éloignerait du vrai[1].

Ce type de procès est régulièrement intenté à l'encontre de la littérature en général[2]. Il n'en est pas moins dangereux. Sans doute les hommes de lettres ne font pas toujours de bons hommes de lois. Pensez donc : Baudelaire aurait volontiers complété la liste des droits de l'homme par un droit de se contredire[3] ! Paul Lafargue, lui, rêvassait au droit à la paresse[4]. Un autre avait même songé à imposer l'amour au titre des devoirs du mariage[5]. Tout cela n'est pas très sérieux.

La littérature libère pourtant parfois une force subversive salutaire[6]. C'est *Le Mariage de Figaro* par exemple, dont l'insolence annonce la Révolution, que Michelet définissait comme « l'avènement de la Loi, la résurrection du Droit, la réaction de la Justice »[7]. Au demeurant, la pièce de Beaumarchais invite à considérer l'étroitesse des liens entre droit et littérature en insistant sur le rôle du langage dans la quête du juste. Il faut relire le troisième acte qui met en scène le litige qui oppose Figaro à Marceline. Celle-ci prétend épouser celui-là sur présentation d'une reconnaissance de dette. Mais une tache d'encre empêche de bien lire le billet. Stipule-t-il que Figaro s'est engagé à rendre deux mille piastres à Marceline *et* à l'épouser ? Mentionne-t-il un engagement alternatif : restituer cette somme *ou* épouser la créancière ? Le juge appelé à statuer, Brid'oison, est quant à lui frappé d'un bégaiement qui le ridiculise. Le message est clair : la querelle « relie la

---

1. Platon, *La République*, spéc. Livre III.
2. Marx W., *La haine de la littérature*, 2015, éd. de Minuit.
3. Baudelaire Ch., Préface aux *Histoires extraordinaires d'Edgar Allan Poe* (1856), in *Œuvres complètes de Ch. Baudelaire*, 1953, éd. L. Conard, p. XVIII.
4. P. Lafargue, *Le droit à la paresse* (1880).
5. La commission de réforme du Code civil instaurée au lendemain du centenaire par le garde des Sceaux de l'époque, M. Vallé, avait proposé, à l'instigation de l'un de ses membres « littérateurs », Paul Hervieu, d'ériger l'amour en devoir du mariage. L'article 212 du Code civil eût été rédigé ainsi : « Les époux se doivent mutuellement amour, fidélité, secours, assistance » (v. Frank E., « Nos écrivains réformateurs du Code », in *L'illustration*, 25 mars 1905).
6. Slama A.-G., « Littérature et Droit », *in* Terré F. (dir.), *Regards sur le droit*, 2010, Dalloz, p. 287 et s., spéc. p. 293 et s.
7. Michelet J., *Histoire de la Révolution française*, édition établie et annotée par Walter G., t. I, 1952, Gallimard, coll. Bibliothèque de la Pléiade, p. 21.

question de la loi à celle du langage, qu'il faut maîtriser parfaitement (et sans bégaiement) pour être un homme de loi compétent »[8].

Bien sûr, discours juridique et discours littéraire doivent être distingués : le droit c'est le « comme ça » ; la littérature, le « comme si ». Prescription d'un côté ; fiction de l'autre[9]. Mais il faut nuancer : le droit aussi se nourrit de fictions ; et les poètes aussi se donnent des règles[10]. Des ponts sont donc à jeter.

Madame de Staël l'avait déjà suggéré dans le programme d'un essai. Et peu importe qu'elle ne l'ait pas vraiment suivi, la voie était tracée : « examiner quelle est l'influence de la religion, des mœurs et des lois sur la littérature, et quelle est l'influence de la littérature sur la religion, les mœurs et les lois »[11]. Près de deux siècles plus tard, Richard Posner, un grand juge américain, résumera deux autres pistes de recherche : appliquer les outils d'analyse juridique à la littérature ; appliquer les outils d'analyse littéraire au droit[12].

De fait, il y a bien des façons de considérer les rapports du droit et de la littérature[13]. Classiquement, trois sont enseignées. Le droit ***de*** la littérature envisage d'abord les questions relatives à la propriété ainsi qu'à la responsabilité de l'écrivain. Le droit peut ensuite être appréhendé *comme* une forme de littérature, ou recherché *dans* la littérature. Ici, la manière dont un romancier aborde une question juridique suscitera la réflexion[14]. Là, le style de tel ou tel type d'écrit juridique fera l'objet d'une attention particulière[15]. Cela étant, d'autres croisements peuvent être esquissés. Dans une profonde étude sur *L'Étranger* de Camus, un juriste estime ainsi que « les rapports entre le droit et la littérature peuvent être envisagés sous une quatrième perspective : le droit ***par*** la littérature ». L'idée est cette fois que les œuvres littéraires permettent de « mieux comprendre le cadre social de la production juridique et, plus particulièrement encore, les représentations de la nature humaine et les configurations des rapports entre les êtres humains, dont l'intelligence est indispensable à la pensée juridique et à la production du droit »[16]. Enfin, pourquoi pas un droit ***à*** la littérature ?

Quel que soit le point de vue, le rapprochement est fécond. Le droit vaut d'être libéré des passions tristes qui le rongent. Rabelais raillait son byzantinisme ; Flaubert haïssait son prosaïsme ; d'autres regrettent son formalisme. Combien s'en détournent parce qu'il n'offre plus de réelle prise avec la vie ? La logique des nombres le réduit à une technique de management peu réjouissante[17]. À cet égard, la littérature peut lui apporter un supplément d'âme. Comme tout art, elle élargit notre champ de vision. Qu'elle les imagine, les affermisse, les bouscule ou les enrichisse, la littérature interroge les catégories, les raisonnements, les institutions, les cultures juridiques. Subversive ou créatrice, elle est une force.

---

8. *V. Géraud, V° Beaumarchais, in* Méniel B. (dir.), *Écrivains juristes et juristes écrivains du Moyen Âge au siècle des Lumières*, 2015, Classiques Garnier, spéc. p. 106.
9. Ost F., *Raconter la loi*, 2004, Odile Jacob, spéc. Introduction.
10. Grall C. et Luciani A.-M., *Imaginaires juridiques et poétiques littéraires*, 2013, CEPRISCA, coll. Colloques.
11. G. de Staël, *De la littérature considérée dans ses rapports avec les institutions sociales* (1800), 1872, Paris, Charpentier, p. 12.
12. Posner R., *Droit et Littérature*, 1996, PUF.
13. Malaurie Ph., *Droit et Littérature*, 1997, Cujas, p. 7.
14. V. par ex. Salas D. (dir.), *La plume et le prétoire*, 2014, La Documentation française.
15. Cardozo B., *Droit et littérature (1925)*, 2016, Dalloz, coll. Tiré à part.
16. Verdussen M., « L'étranger, Sur les révoltes fondatrices d'Albert Camus contre le mensonge, l'injustice et la violence », *in* Jongen F. et Lemmens K. (dir.), *Droit et Littérature*, 2007, Anthemis, p. 45 et s., spéc. p. 60.
17. Supiot A., *La gouvernance par les nombres*, 2015, Fayard.

Le juriste ne peut s'en désintéresser, soit que le droit et la littérature s'inscrivent dans un rapport d'opposition (§ 1), soit que ces deux-là entretiennent un rapport d'association (§ 2).

§ 1 – L'OPPOSITION

Le mythe de l'écrivain maudit a la dent dure. La littérature se trouverait constamment menacée par le droit. Réciproquement, celui-ci est souvent pris pour cible par les écrivains. L'opposition du droit et de la littérature a donc lieu dans les deux sens : tantôt le droit s'érige contre la littérature (A) ; tantôt la littérature se dresse contre le droit (B).

A - LE DROIT CONTRE LA LITTÉRATURE

L'écrivain n'est plus sur le piédestal que lui avait ménagé le XIXe siècle[18]. Le statut de prophète qu'il a un temps assumé a fait long feu. Aussi la littérature est-elle susceptible d'être sur la sellette : soit au nom de l'intérêt public (1), soit au nom d'intérêts privés (2).

1) Au nom de l'intérêt public

Certains grands procès littéraires sont restés dans les mémoires. Trois surtout, ne serait-ce que parce qu'ils eurent lieu la même année (1857). Il s'agit des procès Flaubert (pour quelques passages de *Madame Bovary*[19]), Baudelaire (pour quelques pièces des *Fleurs du Mal*) et Eugène Sue (pour *Les mystères du peuple*). Tous les trois ont été menés sur le fondement d'une loi de 1819 qui condamnait l'« outrage à la morale publique et religieuse ou aux bonnes mœurs ». On objectera qu'ils appartiennent désormais à l'histoire et que les bonnes mœurs sont mortes. Et c'est vrai : le nouveau Code pénal a supprimé le délit d'outrage aux bonnes mœurs qui avait encore fondé les poursuites intentées au XXe siècle contre un Jean-Jacques Pauvert par exemple[20].

Si l'arsenal a changé de figure, a-t-il néanmoins totalement disparu ? Pas du tout ! Il est au moins une catégorie de lecteurs que l'État entend préserver du danger de certaines formes littéraires : les jeunes. Le problème est que sous couvert de protection de la jeunesse, les textes s'avèrent si plastiques qu'ils pourraient fort bien être le cheval de Troie d'une nouvelle censure. Passons sur la loi du 16 juillet 1949, qui ne concerne guère que les publications *destinées* à la jeunesse. Reste toutefois l'article 227-24 du Code pénal, un texte beaucoup plus général dont les termes évasifs peuvent inquiéter : « Le fait soit de fabriquer, de transporter, de diffuser par quelque moyen que ce soit et quel qu'en soit le support un message à caractère violent, incitant au terrorisme, pornographique ou de nature à porter gravement atteinte à la dignité humaine ou à inciter des mineurs à se livrer à des jeux les mettant physiquement en danger, soit de faire commerce d'un tel message, est puni de trois ans d'emprisonnement et de 75 000 euros d'amende lorsque ce message est susceptible d'être vu ou perçu par un mineur ». Que de portes ouvertes à l'arbitraire ! Tout n'est-il pas « susceptible d'être vu » ou, à plus forte raison, « aperçu » par un mineur ?

---

18. BÉNICHOU P., *Le sacre de l'écrivain*, 1996, Gallimard, coll. Bibliothèque des idées.
19. PIERRAT E., « Le procès d'Emma Bovary », *RDL* 2017, p. 81 et s.
20. PIERRAT E., *Jean-Jacques Pauvert, l'éditeur en liberté*, 2016, Calmann-Lévy.

On comprend dans ces conditions qu'une question prioritaire de constitutionnalité ait été posée. Un tel texte répressif n'est-il pas contraire au principe de la légalité des délits et des peines ? N'est-il pas disproportionné au regard de la liberté d'expression ? Que nenni, décide récemment la chambre criminelle de la Cour de cassation dans un arrêt du 12 janvier 2016[21]. Ces questions ne sont pas sérieuses... Pourquoi ? Parce que le texte serait suffisamment clair et précis pour exclure tout risque d'arbitraire. D'un point de vue technique, la motivation est tout de même assez fragile. D'un point de vue politique, elle témoigne d'une conception assez hypocrite : la protection de la jeunesse a beau sonner plus moderne que celle des bonnes mœurs, elle peut facilement lui servir de faux nez. Mais là n'est peut-être pas la principale menace pour la littérature.

2) Au nom d'intérêts privés

C'est au nom d'intérêts privés que les procès risquent désormais d'être faits à la littérature. Ceux des ayants droit alimentent des procès assez classiques relatifs au droit moral de l'auteur. S'y ajoutent cependant tous ceux que charrie le pullulement des droits subjectifs.

L'expansion contemporaine des droits de la personnalité constitue un risque dont l'affaire de l'*Histoire de la violence* est un récent symptôme. Petit rappel des faits : le dernier roman d'Edouard Louis se présente sous la forme d'un récit, celui du viol et de la tentative de meurtre dont l'auteur se dit avoir été victime par un certain Reda. Une personne assez mal identifiée se sent visée et, brandissant son droit à la présomption d'innocence, agit en justice. L'issue n'était pas douteuse dans la mesure où le livre ne trahit aucune identité et ne révèle rien qui puisse ternir l'image de quiconque. La demande ne pouvait donc qu'être rejetée[22]. La tenue même de ce procès atteste néanmoins de la crispation des égos qui favorise une censure privée, pas moins redoutable que son aînée publique.

On dira qu'il ne faut pas exagérer : les tribunaux sont raisonnables[23]. Admettons. Mais la tyrannie de la société civile n'est pas seulement liée aux droits de la personnalité. Elle peut aussi être le fait de certaines associations. Lorsque plus rien n'empêchera la réédition des pamphlets de Céline, une association quelconque de lutte contre l'antisémitisme ne s'y opposera-t-elle pas nécessairement ? Et que se passera-t-il ? Pourra-t-on se prévaloir du précédent des « *onze mille verges* » ? En d'autres mots, pourra-t-on considérer que ces pamphlets relèvent du patrimoine littéraire européen ? Car on le sait : la Cour de Strasbourg a forgé cette notion de « patrimoine littéraire européen » afin de s'opposer à la censure par la Turquie de l'œuvre pornographique de Guillaume Apollinaire[24]. Or les critères qu'elle a mis en avant afin de considérer que cette œuvre faisait partie de ce patrimoine se retrouvent dans le « cas Céline ». Un critère temporel : de l'eau a coulé sous les ponts... Un critère spatial : comme Apollinaire, Céline a été traduit dans de nombreux pays. Un critère éditorial enfin : comme Apollinaire, Céline est entré dans la Pléiade. Et pourtant l'intégration des pamphlets dans ce patrimoine européen paraît plus problématique. À quoi bon néanmoins censurer la parution de livres qu'un seul clic permet de

---

21. Cass. crim., 12 janv. 2016, n° 15-90020.
22. TGI, ord. réf., 15 avr. 2016, n° 16/53508.
23. Skrzypniak H., « La responsabilité civile de l'écrivain », *RDL* 2017, p. 29 et s.
24. CEDH, 16 févr. 2010, n° 41056/04, Akdas c/ Turquie, *JCP* G 2010, act. 261, obs. Levinet M. ; *JCP* G 2010, doct. 859, n° 26, obs. Sudre F.

trouver sur l'internet ? À quoi bon surtout fermer les yeux ? La littérature nous apprend tout au contraire à les garder grand ouverts, fût-ce contre le droit.

B - LA LITTÉRATURE CONTRE LE DROIT

Écrire pour dénoncer : l'idée n'est pas nouvelle. Encore faut-il distinguer : la littérature combat tantôt les sources (1), tantôt les méthodes du droit (2).

1) Contre les sources

La littérature entretient souvent quelque prétention normative. L'auteur se fait procureur. Un tel dénoncera le système judiciaire lui-même, ses errements. La Fontaine, évidemment, avec *Les animaux malades de la peste*, a légué une morale qui résonne toujours comme l'une des plus grandes charges contre la justice : « Selon que vous serez puissant ou misérable les jugements de cour vous rendront blanc ou noir ». D'autres s'engageront dans une grande lutte sociale, ferraillant contre toutes les situations qui leur paraissent révoltantes, injustes. C'est Voltaire qui écrase l'infâme ; Victor Hugo qui tonne contre la misère ; Soljenitsyne qui brise le silence sur les goulags. À chacun sa lutte, à chacun sa littérature.

Tout au plus relèvera-t-on deux combats qui se trouvent actuellement sous les feux de la rampe : la promotion de la condition animale et de la condition féminine. Passons sur la première, faute de place[25]. Quant à la seconde, elle a récemment donné lieu à deux objets littéraires non véritablement identifiés qui en traitent d'une manière extrêmement intéressante pour un juriste : *La petite femelle*, de Philippe Jaenada, sorti en 2015 chez Julliard et tout récemment en édition de poche ; et puis *Laëtitia ou la fin des hommes*, d'Ivan Jablonka, paru en 2016 à la librairie du XXIe siècle. Les deux partent d'un fait divers : l'affaire Pauline Dubuisson pour le premier ; celle de Laëtitia Perrais pour le second. Le traitement n'est pas du tout le même. Mais dans les deux cas, c'est une autre manière d'écrire le droit en train de se faire. Et peut-être est-ce une vertu de toute forme de littérature : appeler le lecteur à instruire lui-même un procès ; à exercer son jugement. Où l'on en vient à la dénonciation de certaines méthodes juridiques.

2) Contre les méthodes

Le droit a besoin de catégories. Mais parce qu'elles découpent le réel, celles-ci l'appauvrissent. Aussi la littérature s'emploie-t-elle fréquemment à les faire éclater. Le suicide de Javert n'a pas d'autre signification. Chacun s'en souvient : Javert, dans *Les Misérables*, représente la loi et le fantasme d'un ordre juridique, un ordre bien rangé dans toutes ses catégories. Lorsqu'il est délivré d'une bande d'émeutiers par celui-là même qu'il poursuivait depuis le début du livre, Javert, qui tient enfin sa proie, est pourtant saisi d'un insupportable doute et relâche son sauveur, Valjean. Il ne s'en remet pas. Tout son système vacille. Javert « déraille », se jette dans la Seine. La leçon est limpide : la sécurité juridique que s'efforcent de véhiculer les catégories juridiques n'est pas l'alpha et l'oméga du droit[26]. Jamais aucun syllogisme ne s'imposera de manière implacable.

---

25. MESSAGE V., *Défaite des maîtres et possesseurs*, 2016, Seuil – DEL AMO J.-B., *Règne animal*, 2016, Gallimard.
26. HUGO V., *Les Misérables*, 1951, Gallimard, Bibliothèque de la Pléiade, p. 1347.

Au reste, certaines œuvres s'attaquent frontalement à telle ou telle catégorie juridique en particulier.

Premier exemple : *La case de l'oncle Tom*, d'Harriett Beecher Stowe. L'histoire est connue : 1850, c'est la promulgation du second Fugitive Slave Act. Il punit tous ceux qui aident les esclaves fugitifs. Indignée, la « petite dame » dont parlera Lincoln[27], cette petite dame écrit alors en 1852 ce qui sera le premier best-seller américain et, estime-t-on généralement, l'un des facteurs de la Guerre de Sécession.

Second exemple : *Le dernier jour d'un condamné*, de Victor Hugo. Voilà un condamné dans le couloir de la mort comme on dirait aujourd'hui. Il nous raconte ses derniers jours. Trait notable du roman, on ne sait rien de son crime. Comme si aucune catégorie d'infraction ne saurait justifier cet effet juridique là : trancher la tête d'un homme. D'où, pour reprendre les mots de Robert Badinter, « la force incomparable de cette œuvre ». Car « c'est un homme, le criminel, et non un concept, le crime, que l'on va tuer »[28].

D'aucuns rétorqueront que ces exemples sont trop datés. L'objection ne saperait toutefois pas le pouvoir que la littérature peut encore actuellement exercer sur la critique des catégories juridiques. Souvenez-vous du succès récent d'un autre petit roman, allemand cette fois : *L'affaire Collini*, de Ferdinand von Schirach[29]. Le livre avait un but juridique : dénoncer une loi votée à la sauvette en octobre 1968 afin de réduire le délai de prescription pour les crimes nazis. Il aura un tel retentissement en Allemagne qu'une commission d'enquête fut ouverte et aboutit à la modification de la loi. Beau résultat non ? Il offre à tout le moins un basculement : de l'opposition, à l'association droit/littérature.

§ 2 – L'ASSOCIATION

Droit et littérature marchent souvent main dans la main : le droit peut être source de littérature (A), et vice versa (B).

A - LE DROIT SOURCE DE LITTÉRATURE

24. Le système juridique n'est pas un empêcheur d'écrire en rond. Le droit d'auteur a précisément été inventé pour garantir une sérénité propice à la création. Le droit est-il néanmoins directement source de littérature ? Si l'on fait fi de quelques tentatives, plus ou moins heureuses, de versification du Code civil, l'hypothèse paraît saugrenue. Pourtant le droit sert la littérature : comme instrument de coercition d'abord (1) ; comme source d'inspiration ensuite (2).

1) Comme instrument de coercition

L'idée peut sembler paradoxale. Mais peut-être faut-il le rappeler avec Gide : « l'art naît de contraintes, vit de luttes et meurt de liberté ». La phrase nous invite à réfléchir au rôle structurant du droit dans la littérature.

---

27. L'anecdote est rapportée par Charles Edward Stowe et Lyman Beecher Stowe dans *Harriet Beecher Stowe, The Story of Her Life*, 1911, Boston, Houghton Mifflin, p. 203.
28. BADINTER R., « Préface », in HUGO V., *Le Dernier Jour d'un condamné*, 1989, Le Livre de Poche, coll. Les classiques, p. 8-9.
29. F. VON SCHIRACH, *L'affaire Collini*, 2014, Gallimard, coll. Du monde entier.

Ce rôle peut n'être qu'accidentel. Ainsi le scandale judiciaire sert-il parfois la gloire littéraire. Banni en 1619 après un procès retentissant, Théophile de Viau est aussi connu pour cela : son homosexualité et son irréligiosité. Il arrive en outre que les foudres du droit pénal inspirent les Muses. Prenez Villon : sans son arrestation, pas de *Ballade des pendus* ! Et Sade, qu'eût-il écrit s'il n'avait passé sa vie derrière les barreaux[30] ?

Cependant, c'est aussi de manière structurelle que les contraintes pèsent sur les formes littéraires. Pour l'avoir rappelé à tours de vers dans son *Art Poétique*, Nicolas Boileau reste l'éternel législateur du Parnasse. Or si les contraintes pèsent, le droit concourt nécessairement, par ses contraintes spécifiques, à la naissance ou au succès de formes littéraires.

Certains ont même soutenu que la poésie est née du droit. Voyez Fontenelle[31] : « On ne savait point encore écrire, et on voulut que certaines lois en petit nombre, et fort essentielles à la société, fussent gravées dans la mémoire des hommes, et d'une manière uniforme et invariable : pour cela, on s'avisa de ne les exprimer que par des mots assujettis à de certains retours réglés, à de certains nombres de syllabes... »[32]. C'est pour assurer la connaissance du droit que la rime et la métrique auraient été inventées : la mémorisation du droit aurait abouti à sa poétisation.

Et quoique moins poétique, l'idée mérite d'être rappelée : la censure elle-même a pu favoriser le développement de certains genres. Les fables de La Fontaine viennent immédiatement à l'esprit. N'en déplaise à Rousseau qui ne souhaitait pas qu'on les apprît aux petits écoliers, ceux-ci le savent très bien : la plupart dissimulent une critique de la Cour et des juges. Les animaux sont là pour contourner la censure.

Le droit concourt donc bel et bien à construire la littérature. Il en est une véritable infrastructure. Mais si le droit sert la littérature, c'est également par la richesse des matériaux qu'il apporte, comme source d'inspiration.

2) Comme source d'inspiration

Le droit peut alimenter la forme et le fond d'une œuvre littéraire.

La forme ? Étrange de prime abord : loin de s'en inspirer, les écrivains ont plutôt l'habitude de railler le langage juridique. Molière et Rabelais le présentent toujours comme un galimatias. Il est pourtant au moins un contre-exemple célèbre. C'est la fameuse lettre que Stendhal écrivit à Balzac le 30 octobre 1840 : « En composant la Chartreuse, pour prendre le ton, je lisais chaque matin deux ou trois pages du code civil, afin d'être toujours naturel ; je ne veux pas, par des moyens factices, fasciner l'âme du lecteur ».

Mais le droit ne sert pas que la forme littéraire. Il en innerve parfois le fond. Carbonnier a déjà montré que la passion des lois au XVIIIe siècle avait créé un nouveau genre littéraire : le genre législatif[33]. Avec Fénelon, Rousseau, Saint Just... Mais au-delà de cette

---

30. V. OST F., *Sade et la loi*, 2005, Odile Jacob.

31. V. LECA A., *La lyre de Thémis ou La poésie du droit*, 2011, Faculté de droit d'Aix-Marseille, coll. d'Histoire du Droit, série Thèses et travaux, n° 20, spéc. p. 22 et s.

32. B. FONTENELLE, *Sur la poésie en général*, in *Œuvres de Fontenelle*, 1825, Paris, Salmon-Peytieux, t. 5, p. 13, cité par LECA A., *op. cit.*, p. 23.

33. CARBONNIER J., *La passion des lois au siècle des Lumières*, Bulletin de la classe des Lettres et des sciences morales et politiques de l'Académie royale de Belgique, 5e série, tome LXII, 1976-12, p. 540 et s.

période spéciale, le droit donne aussi de belles intrigues. Sans doute pense-t-on d'abord au procès. Et celui de Kafka ne saurait éclipser tous les autres : celui de Meursault par exemple, dans *L'étranger* d'Albert Camus ; de Julien Sorel, dans *Le Rouge et le Noir* de Stendhal. Il n'y a d'ailleurs pas que les procès d'assises ! Qu'il suffise d'évoquer *Les Plaideurs* de Racine. Et puis il n'y a pas que les procès ! La propriété, le contrat, les successions, les régimes matrimoniaux : Balzac les a tous abordés, lui qui a découvert « des poèmes et des drames dans le Code »[34].

Il n'est donc pas douteux que le droit représente une source de la littérature. Réciproquement, la littérature peut être présentée comme une source du droit.

B - LA LITTÉRATURE SOURCE DE DROIT

La littérature peut être tenue pour une source réelle de droit. C'est qu'elle contribue à l'invention de catégories juridiques. Inventer : le mot doit être pris dans ses deux sens. Son acception juridique d'abord : l'invention désigne une découverte (1). Son acception courante ensuite : l'invention renvoie ici à un processus de création (2).

1) Comme instrument de découverte

Par au moins deux voies différentes, la littérature contribue à découvrir des catégories susceptibles d'enrichir le discours juridique.

La première voie, c'est la représentation. La littérature modifie nos représentations. Pensez à cette pauvre Cosette. Cela commençait peut-être à faire un certain temps que l'enfant était vu comme tel, et non comme un homme en miniature[35]. *Les Misérables* n'en ont pas moins puissamment contribué à faire évoluer ce qu'un grand historien appelait le sentiment de l'enfance[36]. Or il s'agit désormais de l'une des plus importantes catégories du droit civil contemporain. À tel point que certains romans contemporains, par une espèce de choc en retour, exploitent désormais, fort utilement pour un juriste, la catégorie juridique vaporeuse que constitue « l'intérêt de l'enfant », afin d'en sonder les tenants[37].

La seconde voie, c'est l'émotion. Dans un essai sur *L'invention des droits de l'homme*, Lynn Hunt l'a défendu avec force[38]. Elle montre comment l'énorme succès des romans de Richardson, surtout *Pamela* (1740) et *Clarissa* (1748), et de Rousseau, avec *La nouvelle Héloïse* (1761), a façonné une sensibilité propice à l'avènement des droits de l'homme, à leur consolidation, leur expansion. Pour une raison simple : ces romans mettaient en scène des personnages ordinaires, loin des héros de l'Antiquité et des personnages princiers que la littérature affectionnait. Ainsi ont-ils suscité l'empathie des lecteurs. Or l'empathie suppose de voir autrui comme un autre soi-même. Conclusion : ces romans ont implanté le germe de l'égalité dans les consciences. D'où les droits de l'homme. Comme le résume L. Hunt : « les droits de l'homme ont germé sur le terreau fertile de ces sentiments, et n'ont pu voir le jour que lorsque les individus ont pu apprendre à voir en l'autre

34. GAUTHIER Th., *Balzac*, 1999, Le Castor astral, p. 51.
35. ARIÈS Ph., *L'enfant et la vie familiale sous l'Ancien Régime*, 1960, Paris, Plon.
36. *Ibid.*
37. I. MCEWAN, *L'intérêt de l'enfant*, 2015, Gallimard, coll. Du monde entier.
38. L. HUNT, *L'invention des droits de l'homme, Histoire, Psychologie et politique*, 2013, Markus Haller.

leur égal, c'est-à-dire un individu qui leur ressemblait fondamentalement. Ils ont appris cette égalité, au moins en partie, en s'identifiant à des personnages ordinaires qui leur semblaient extraordinairement présents et familiers, malgré leur nature fictionnelle »[39].

Et, là non plus, ne croyons pas que cette manifestation du pouvoir de la littérature soit derrière nous. Publié en 1956, *Les racines du ciel* de Romain Gary fut ainsi l'un des premiers romans à défendre les droits de l'homme dits de la troisième génération, attachés à la défense de la Nature[40]. De manière plus générale, Lynn Hunt insiste d'ailleurs très clairement : « les droits de l'homme ne peuvent être définis une bonne fois pour toutes car leur fondement émotionnel évolue sans cesse, en partie en réaction à la déclaration de ces mêmes droits (...). La révolution des droits de l'homme est par définition une révolution en marche »[41]. Imaginer autre chose : à cela aussi, la littérature peut servir.

2) Comme instrument de création

Si l'homo sapiens l'a emporté sur d'autres espèces du genre humain, c'est grâce à ce qu'Harari appelle « la révolution cognitive »[42]. Une révolution issue de l'apparition, voici 30 000 à 70 000 ans, de nouvelles façons de penser et de communiquer, tenant à la capacité de transmettre des informations sur des choses qui n'existent pas. Cette faculté de parler de fictions nous a permis d'imaginer des choses qui n'existent pas, et de le faire collectivement. Nous pouvons tisser des mythes, lesquels permettent « de coopérer en masse et en souplesse », « de diriger le monde »[43]. Sans l'imagination, les individus ne peuvent être soudés dans une communauté qu'à condition d'entretenir des liens personnels. La fabrication de récits communs étend, elle, le champ de cette solidarité. Or le droit est l'un de ces mythes, l'un de ces « ordres imaginaires » sur lequel s'appuie toute société[44]. Qu'il puise parfois son inspiration dans telle ou telle œuvre littéraire, qui s'en étonnera ?

On pense évidemment à la science-fiction. Par les fantasmes qu'elle véhicule, elle interroge le juriste[45]. On le comprend sans peine : la science juridique gagne à se saisir de l'imaginaire de la science-fiction comme « point de départ à un jeu – le jeu n'excluant pas le sérieux – d'anticipation juridique »[46]. Certains ont ainsi joué à dessiner le statut juridique des extraterrestres[47] ; d'autres, celui du robot[48].

Comme « les anticipations de la science-fiction sont d'utiles tâtonnements qui nous permettent de repérer les possibilités dont nous ne voulons pas »[49], l'exercice représente non seulement une épreuve pour les catégories du juriste, mais encore un immense réservoir à idées. La littérature est une chance pour le juriste.

---

39. Hunt L., *op. cit.*, p. 69.
40. Gary R., *Les racines du ciel*, 1956, Gallimard.
41. Hunt L., *op. cit.*, p. 36.
42. Harari Y. N., *Sapiens*, 2015, Albin Michel.
43. Harari Y. N., *op. cit.*, p. 36.
44. Harari Y. N., *op. cit.*, p. 132 et s.
45. V. not. Delage P.-J., *Science-fiction et science juridique*, 2013, IRJS éditions, coll. Les voies du droit.
46. Delage P.-J., « Introduction », *in* Delage P.-J., *Science-fiction et science juridique*, *op. cit.*, p. 15.
47. Marguénaud J.-P., « Un statut juridique pour les extra-terrestres ? », in *Apprendre à douter, Études offertes à Cl. Lombois*, 2004, Pulim, p. 97 et s.
48. Delage P.-J., « Le statut juridique du robot », *in* Labbé X. (dir.), *L'homme augmenté face au droit*, Presses universitaires du Septentrion, 2015, p. 51 et s.
49. Fagot-Largeault A., « Respect du patrimoine génétique et respect de la personne », Esprit, mai 1991, p. 40 et s., spéc. p. 51.

TITRE 2

Les personnes

La personne juridique

Section I

NOTION, TYPOLOGIE ET STATUT DE LA PERSONNE JURIDIQUE

Grégoire Loiseau
Professeur à l'École de droit de la Sorbonne (Université Paris 1)

Il n'y a pas de définition de la personne en droit. En règle générale, on s'accorde à considérer que la personne, au sens juridique, est le sujet de droit par opposition aux choses qui sont des objets de droit. Elle peut être qualifiée de personne juridique car son statut dépend de l'attribution de la personnalité juridique. Toutefois, alors que cette attribution est générale et inconditionnelle en ce qui concerne les personnes humaines, elle est spéciale et encadrée s'agissant des personnes morales. Personnes physiques et personnes morales coexistent donc comme deux espèces d'un même genre.

§ 1 – LES PERSONNES JURIDIQUES HUMAINES

Les personnes humaines n'existent, en tant que personnes juridiques, qu'à partir de leur naissance et jusqu'à leur mort, deux événements qui marquent les bornes de la personnalité juridique. Cette personnalité est reconnue à tous les êtres humains sans différence entre eux. Pour autant, chaque personne doit pouvoir être individualisée en tant que membre de la société : son existence juridique implique qu'elle soit identifiée civilement. C'est le rôle de l'état des personnes.

A - L'EXISTENCE JURIDIQUE DE LA PERSONNE

La personnalité juridique est indifféremment acquise, à la naissance, par tous les êtres humains. Elle confère à chacun, jusqu'au décès, la qualité de sujet de droits dont dérive l'aptitude à être titulaire de droits et à les exercer. Toutefois, si la capacité de jouissance est reconnue à toute personne, toutes les personnes ne sont pas en capacité d'exercer effectivement leurs droits.

1) Les déterminants de la personne

Le droit ne définit ni la naissance ni la mort qui déterminent pourtant la reconnaissance juridique de la personne. S'il exige que l'être naisse vivant et viable, il s'en remet, lorsque l'enfant est décédé avant que sa naissance ait été déclarée à l'état civil, à la production d'un certificat médical pour en attester[1]. À front renversé, tant que l'enfant n'est pas né viable, il n'a pas de personnalité juridique et ne peut être sujet de droit. L'embryon, le fœtus ne sont pas, juridiquement, des personnes. L'article 16 du Code civil le laisse entendre en procédant à une distinction entre l'être humain protégé dès le commencement de sa vie et la personne humaine dont la loi assure la primauté et interdit toute atteinte à sa dignité. Le texte fait ainsi une différence entre la condition de la personne, à laquelle il associe des valeurs dans l'ordre social et juridique – la primauté, la dignité –, et celle de l'être humain qui fait indistinctement l'objet d'une protection dès le commencement de sa vie. Cette différence de condition est essentielle car, tandis que la primauté et la dignité sont des valeurs absolues, la protection de l'être humain peut n'être, dans la période anténatale, que relative. Cette relativité autorise des arbitrages susceptibles de sacrifier l'intérêt et donc la protection de l'être simplement conçu. C'est, ici, l'interruption volontaire de grossesse que la femme peut pratiquer sans condition durant les douze premières semaines d'aménorrhée et pour des raisons thérapeutiques au-delà. C'est, là, le traitement de l'embryon surnuméraire qui a été conçu artificiellement dans le cadre d'une procréation médicalement assistée et qui n'a pas été utilisé : il peut être détruit au bout de cinq ans et faire l'objet d'expérimentations avec l'autorisation du couple dans le cadre du projet parental duquel il a été conçu. Il y a, autrement dit, une réduction de la protection de l'être humain avant la naissance, c'est-à-dire avant qu'il devienne, juridiquement, une personne.

À l'autre bout de l'existence, la mort met fin à la condition juridique de personne. Ayant perdu sa personnalité juridique, le mort est un non-sujet de droit, les droits dont il était titulaire étant, soit transmis par voie successorale, soit éteints par le fait du décès comme les droits de la personnalité. Mais, comme d'ailleurs l'embryon et le fœtus, il est aussi un non-objet de droit : l'humanité de l'être qui a été insuffle un devoir de respect porté par le droit objectif au moyen d'une concentration de directives et d'interdits, à commencer par le respect du cadavre et des cendres cinéraires. À cet égard, l'exhibition de cadavres peut être considérée comme indigne lorsqu'elle s'inscrit dans une logique commerciale : les restes humains ne peuvent constituer la matière de spectacles, tels que des shows anatomiques, à but lucratif[2]. Plus généralement, c'est le traitement du cadavre qui s'organise sur le mode de règles impératives, qu'il s'agisse de déterminer la destination de la dépouille mortelle – qui ne peut être qu'inhumée ou incinérée – ou de réglementer les actes dont elle peut être auparavant l'objet, tels que l'autopsie ou le prélèvement d'organes. Ce dernier, qui est possible depuis 1976 si l'individu ne s'y est pas opposé de son vivant, a été réaménagé par une loi du 26 janvier 2016 qui a prévu que le médecin informe les proches du défunt, préalablement au prélèvement envisagé, de sa nature et de sa finalité. La loi précise que le prélèvement peut être pratiqué sur une personne majeure dès lors qu'elle n'a pas fait connaître de son vivant son refus d'un tel prélèvement, « principalement » par l'inscription sur un registre national automatisé prévu à cet effet.

---

1. C. civ., art. 79-1.
2. Cass. 1re civ., 16 sept. 2010, n° 09-07456, publié (affaire *Our Body*).

2) La capacité de la personne

L'existence de la capacité est liée à celle de la personnalité juridique dont elle constitue un attribut. Toutes les personnes humaines étant dotées de la personnalité juridique, elles sont des sujets de droits, aptes à en être titulaires et à les exercer. Le principe, dans ces conditions, est celui de la capacité ; l'exception les situations dans lesquelles une personne en est privée. Le principe a la portée la plus large. Il concerne aussi bien la capacité de jouissance que la capacité d'exercice, c'est-à-dire aussi bien la titularité des droits que la possibilité pour la personne de les exercer elle-même. Il porte, dans l'une et l'autre de ces manifestations, sur les droits patrimoniaux comme sur les droits extrapatrimoniaux.

La privation de la capacité ne peut être en conséquence absolue. Nul ne peut en être dépossédé à titre de sanction car il n'est pas acceptable qu'une personne juridique soit réduite à l'état de non-sujet de droit. Les incapacités de jouissance sont dès lors exceptionnelles. Quant aux incapacités d'exercice, elles ne peuvent intervenir que pour un motif sérieux tenant à la protection d'intérêts légitimes et dans la seule mesure de la nécessité d'y satisfaire. Elle concerne en pratique les mineurs : l'incapacité est alors liée au jeune âge. Elle peut aussi affecter des majeurs lorsque leur situation, en raison d'une altération des facultés physiques ou mentales, commande dans leur intérêt qu'ils soient représentés ou assistés. Dans tous les cas, la personne n'est pas empêchée d'être titulaire de droits, d'en acquérir ou d'en céder ; tout au plus ne peut-elle le faire elle-même – le mineur, le majeur sous tutelle doivent être représentés – ou du moins seule – le majeur sous curatelle doit être assisté. Et encore le droit contemporain s'emploie à préserver des espaces de capacité avec l'idée de favoriser, dans la mesure du possible, l'autonomie de la personne. Parce que la capacité juridique est la règle pour toute personne humaine, le transfert de son exercice pour les besoins de la protection de l'individu ne fait pas disparaître une capacité naturelle dont chacun est susceptible de disposer, dans la limite d'un minimum de discernement, pour agir seul. En particulier, la personne protégée a une capacité pour réaliser seule les actes de la vie courante que l'usage autorise.

En périphérie du traitement des situations d'incapacité, le droit contemporain permet aux personnes d'anticiper une situation de vulnérabilité, liée notamment à l'âge ou à l'état de santé, pour faire connaître leur volonté pour un temps où elles ne seront plus en mesure de l'exprimer elles-mêmes. Spécialement, la loi du 5 mars 2007 a instauré le mandat de protection future, c'est-à-dire la possibilité pour un individu d'organiser sa représentation pour le moment où il ne sera plus à même de faire connaître sa volonté en confiant à une personne de son choix le soin de prendre les décisions concernant la protection de ses intérêts aussi bien patrimoniaux qu'extrapatrimoniaux. Le mandat de protection future, en cela, ne concerne pas seulement les décisions d'ordre médical ; il est plus généralement le moyen d'organiser, à une époque où un individu est encore doué de discernement, les conditions dans lesquelles il confie la défense de ses intérêts à une personne chargée de le représenter quand il ne sera plus en mesure d'exprimer sa volonté. Le recours au contrat – ici le mandat –, comme mode alternatif de règlement de situations de vulnérabilité longtemps prises en charge uniquement par les régimes légaux d'incapacité, est topique d'un phénomène contemporain plus large de contractualisation du droit des personnes.

B - L'ÉTAT DES PERSONNES

Sans que son rôle soit remis en cause, l'état des personnes évolue pour permettre une certaine flexibilité dans la détermination des éléments qui le constituent suivant la volonté des individus.

1) La notion d'état des personnes

Si la personnalité juridique est attribuée indifféremment à toute personne humaine, la vie sociale commande de pouvoir identifier et individualiser chaque personne en son état dans la société : les éléments qui concourent à cette individualisation constituent, ensemble, l'état de la personne. Ces éléments sont communs à tous les individus abstraitement considérés : le sexe, le nom et accessoirement le prénom, la filiation, la situation matrimoniale, le domicile... Mais leur conjugaison fait que chaque individu a, concrètement, un état qui lui est propre qui le distingue des autres individus.

La plupart de ces éléments font l'objet d'une constatation officielle qui permet à toute personne intéressée d'être informée sur le statut de tel ou tel individu. Cette publicité s'opère au moyen des actes de l'état civil qui recensent ces données, outre les évènements essentiels que sont la naissance et la mort. La fiabilité de ces éléments suppose qu'ils ne puissent être modifiés unilatéralement par la personne et que celle-ci ne puisse même pas influer, par sa volonté, sur leur détermination. D'où un principe d'intangibilité – ou d'indisponibilité – de l'état des personnes qui connaît cependant aujourd'hui des tempéraments introduisant une certaine flexibilité.

2) L'évolution de l'état des personnes

C'est la détermination du sexe, spécialement, qui, dans sa réalité complexe constituée de plusieurs données (chromosomique, anatomique, psychologique et social), appelle des adaptations du droit. Adaptation, d'une part, aux situations d'intersexualité pour permettre aux personnes qui refusent une assignation sexuelle binaire, féminine ou masculine, d'opter pour un sexe neutre. Le droit allemand l'admet depuis 2013. La Cour de cassation a refusé en revanche de s'engager dans cette voie, arguant que la loi ne permet pas de faire figurer dans les actes de l'état civil l'indication d'un sexe autre que masculin ou féminin. Elle en a justifié, plus précisément, par la considération que si l'identité sexuelle relève de la sphère protégée par l'article 8 de la Convention européenne, la dualité des énonciations relatives au sexe dans les actes de l'état civil poursuit un but légitime en ce qu'elle est nécessaire à l'organisation sociale et juridique dont elle constitue un élément fondateur. Elle a considéré, aussi, que la reconnaissance par le juge d'un sexe neutre aurait des répercussions profondes sur les règles du droit français construites à partir de la binarité des sexes et impliquerait de nombreuses modifications législatives de coordination[3]. Adaptation, d'autre part, aux situations de transsexualisme. L'évolution a été, sur ce point, amorcée en 1992 quand la Cour de cassation a admis le changement de la mention du sexe à l'état civil, accompagné en général d'un changement de prénom, à condition d'établir le caractère irréversible de la transformation de l'apparence au moyen d'une opération chirurgicale ou d'une réassignation sexuelle par application d'un

3. Cass. 1re civ., 4 mai 2017, n° 16-17189, Bull. civ. I, à paraître.

traitement hormonal. L'évolution ne s'est achevée qu'avec la loi du 18 novembre 2016 qui permet de demander la modification du sexe à l'état civil à toute personne qui établit que le sexe mentionné ne correspond pas à celui dans lequel elle se présente et dans lequel elle est connue sans exiger qu'elle ait subi des traitements médicaux, une opération chirurgicale ou une stérilisation.

La loi du 18 novembre 2016 a également libéralisé le changement de prénom qui peut désormais être demandé à l'officier d'état civil, et non plus au tribunal de grande instance, sous réserve qu'il ne soit pas contraire à l'intérêt de l'enfant. Si la possibilité de changer de nom n'a pas en revanche été simplifiée, l'état des personnes a tout de même perdu, dans la détermination de certains des éléments qui le constituent, de sa rigidité.

§ 2 – LES PERSONNES JURIDIQUES NON HUMAINES

Si la personnalité juridique est le fondement de la qualité de sujet de droit des personnes humaines, elle peut être aussi une technique d'institution de sujets de droit non-humains. Ce sont les personnes morales qui illustrent ce phénomène d'emprunt consistant à reconnaître la qualité de personne juridique à des entités non humaines pour les faire bénéficier des mêmes droits que ceux dévolus aux personnes humaines. Le mimétisme concerne pour l'instant les personnes morales. La conception d'une personnalité technique est cependant convoitée pour en doter d'autres entités non humaines, à commencer par d'autres êtres vivants que sont les animaux. Depuis peu, l'idée est également évoquée en ce qui concerne les robots autonomes dont les capacités sont développées au moyen de l'intelligence artificielle.

A - LES PERSONNES MORALES

Encore que les personnes morales soient, comme les personnes humaines, des personnes juridiques, elles n'ont pas la même condition en droit. Alors que, s'agissant des êtres humains, le principe d'égalité conduit à ne faire aucune distinction en eux, en droit sinon en fait, il existe plusieurs types de personnes morales dont le statut varie selon la finalité dans laquelle elles ont été constituées. Malgré cette singularité, le droit contemporain procède à une mise en équivalence des personnes morales et des personnes physiques en alignant les droits des unes sur ceux des autres.

1) La spécificité des personnes morales

À la différence des personnes physique, l'acquisition de la personnalité juridique n'est pas déterminée par un fait juridique commun que serait leur constitution, équivalent de la naissance de l'être humain. Déjà, le droit reconnaît la juridicité de groupements sans leur accorder la qualité de personne juridique. Les groupements sans personnalité juridique le sont généralement par la volonté du droit qui, malgré l'existence d'une structure présentant les caractères pour en bénéficier, en sont laissés dépourvus. La personnalité peut, dans certains cas – la société créée de fait –, ne pas être utile au groupement quand elle est, dans d'autres situations – le groupe de sociétés –, un choix de politique juridique de ne pas faire peser sur le groupement des obligations que supporte uniquement l'un de ses membres. L'attribution de la personnalité juridique se présente, dans ces conditions, comme une prise de position du droit. Peu importe que le groupe de sociétés soit une réalité économique comme la famille peut être vue comme une réalité sociale : cette réalité ne s'impose pas au droit qui, s'il enregistre l'existence du groupement, peut décider de ne pas l'instituer en sujet de droits.

Ensuite, pour les groupements qui en bénéficient, la personnalité juridique est en général subordonnée à l'accomplissement de formalités. Ce formalisme souligne que la personne juridique ne procède pas de la seule existence du groupement mais est instituée par le droit. C'est, pour les sociétés, l'immatriculation au Registre du commerce et des sociétés ; pour les associations leur déclaration à la préfecture, et les syndicats leur déclaration à la mairie.

La spécificité des personnes morales par rapport aux personnes humaines se manifeste aussi du point de vue de leur capacité. Les unes, comme les autres, sont aptes à être titulaires de droits et à les exercer ; mais l'étendue de la capacité les distingue : en principe générale s'agissant des personnes physiques, la capacité est spéciale en ce qui concerne les personnes morales, limitée à la réalisation de leur objet social légal et statutaire. Cette règle est consacrée, depuis l'ordonnance du 10 février 2016 portant réforme du droit des contrats, à un article 1145 du Code civil qui énonce que « la capacité des personnes morales est limitée aux actes utiles à la réalisation de leur objet tel que défini par leurs statuts et aux actes qui leur sont accessoires, dans le respect des règles applicables à chacune d'entre elles ».

2) La mise en équivalence des personnes morales et des personnes physiques

Il n'est pas discuté que les personnes morales ont accès aux mêmes droits que ceux reconnus aux personnes humaines s'agissant de droits patrimoniaux comme le droit de propriété. En revanche, les personnes morales n'ont pas de droits civiques, réservés aux citoyens, comme le droit de vote. La question de la reconnaissance aux personnes morales de droits acquis à l'ensemble des personnes physiques se pose en réalité s'agissant de droits par nature humains, c'est-à-dire qui ont été élaborés en considération de l'humanité de la personne.

À cet égard, le mouvement du droit contemporain est clairement d'aligner la condition des personnes morales sur celle des personnes humaines pour les faire profiter des mêmes droits dès lors qu'elles ont un intérêt à les exercer. Le rôle déterminant que les personnes morales jouent dans l'économie et dans la cité a, de fait, progressivement conduit à les considérer comme des acteurs sociaux et juridiques à part entière, à l'égal des personnes humaines, et, de fil en aiguille, à leur reconnaître le bénéfice des droits conçus pour ces dernières. Sans doute, la mise en équivalence n'est pas parfaite. La Cour de cassation a en particulier jugé que seules les personnes physiques peuvent se prévaloir d'une atteinte à la vie privée au sens de l'article 9 du Code civil[4]. Mais, pour le reste, elle admet sans réserve que les personnes morales disposent d'un droit à la protection de leur nom, de leur domicile, de leurs correspondances et de leur réputation. La Cour européenne des droits de l'homme est plus audacieuse encore, reconnaissant

4. Cass. 1re civ., 17 mars 2016, n° 15-14072, publié.

un droit au respect de la vie privée et des correspondances au sens de l'article 8 de la Convention EDH[5] et même le droit à la liberté de pensée, de conscience et de religion[6].

B - LES PERSONNES JURIDIQUES POTENTIELLES

En tant que technique juridique permettant d'instituer des sujets de droit, la personnalité juridique est aujourd'hui recherchée pour en faire bénéficier des entités en raison de caractères qui justifieraient que certains droits leur soient reconnus en propre. C'est la sensibilité s'agissant des animaux ; c'est l'autonomie des machines intelligentes en ce qui concerne les robots. Si la reconnaissance d'une personnalité juridique technique, à l'image de celle des personnes morales, est le moyen d'en faire des personnes juridiques, la dimension symbolique n'est pas étrangère au but recherché d'un rapprochement avec la personne humaine. Le ressort symbolique est sensible dans la loi adoptée le 15 mars 2017 par le Parlement de Nouvelle-Zélande qui a accordé le statut de personne juridique au fleuve Whanganui, considéré comme une entité vivante par le peuple maori. Il est également net lorsqu'il est revendiqué de faire des animaux ou des robots intelligents des personnes juridiques. Tout est affaire, ici, de politique juridique.

1) Les animaux

Le droit ne regarde plus les animaux comme il les appréhendait avant la loi du 16 février 2015. L'article 515-14 du Code civil qui en est issu dispose que « les animaux sont des êtres vivants doués de sensibilité. Sous réserve des lois qui les protègent, les animaux sont soumis au régime des biens ». Jusqu'à ce texte, les animaux existaient dans la ruralité du Code civil qui les appréhendait comme des meubles par nature. La loi du 16 février 2015 n'a pas seulement rafraîchi le code pour tenir compte de l'évolution sociale dans les rapports de l'être humain avec les êtres animaux ; elle opère un changement de paradigme dans la représentation de l'animal en droit commun. L'être a pris le pas sur l'avoir dans l'organigramme du droit, même s'il est bien évident que l'animal demeure, entre les mains des hommes, un objet de propriété. C'est une nouvelle architecture qui se dégage, l'application du régime des biens étant conditionné au respect des lois protectrices des animaux, expression d'un ordre public animalier. Le droit animaliste, qui s'est développé ces dernières décennies davantage dans une démarche anthropocentrée que dans une perspective zoo-centrée, pourrait se renforcer dans une approche axiologique de la condition juridique animale. Pour certains, la reconnaissance d'une personnalité juridique aux animaux pourrait s'inscrire dans ce mouvement.

Le 4 décembre 2014, la Division d'appel de la Cour suprême de l'État de New York a refusé de reconnaître à un chimpanzé vivant en captivité la qualité de personne juridique susceptible de bénéficier des droits et protections garantis par l'Habeas corpus, spécialement le droit de ne pas être emprisonné sans jugement. Le 21 décembre 2014, la Chambre de cassation pénale en Argentine a en revanche qualifié un orang-outan vivant dans le zoo de Buenos Aires de personne non humaine.

---

5. CEDH, 2 avril 2015, n° 63629/10, Vinci Construction c/ France.
6. CEDH, 30 juin 2011, n° 8916/05, Association Les Témoins de Jéhovah c/ France.

La question, tout bien considéré, en contient trois. La première est de savoir si tous les animaux doivent se voir reconnaître une personnalité juridique ou si le droit peut être discriminant comme il l'est à l'égard des groupements. La deuxième est de déterminer quels droits reconnaître aux animaux quand les animaux de compagnie coexistent avec les animaux de consommation ou les animaux de laboratoire. La troisième, enfin, porte sur l'utilité d'une personnalité juridique dans la mesure où l'octroi d'une personnalité à un animal n'aurait en soi aucune effectivité puisqu'il n'en tirerait aucune possibilité d'action.

2) Les robots autonomes

Les robots autonomes et plus généralement l'intelligence artificielle, dont le développement et la mise en pratique s'accélèrent, font d'ores et déjà l'objet d'une réflexion sur une régulation normative. En ce sens, le Parlement européen a adopté le 16 février 2017 une résolution « contenant des recommandations à la Commission concernant des règles de droit civil sur la robotique » par laquelle il a saisi la Commission européenne de la question de l'éventualité d'une directive sur le sujet. À cet égard, le Parlement retient parmi les critères de définition des robots intelligents l'acquisition d'autonomie, une capacité d'auto-apprentissage et d'adaptation à son environnement ainsi que l'existence d'une enveloppe physique, même réduite.

La résolution adoptée préconise « la création, à terme, d'une personnalité juridique spécifique aux robots, pour qu'au moins les robots autonomes les plus sophistiqués puissent être considérés comme des personnes électroniques responsables, tenus de réparer tout dommage causé à un tiers ». Impulsivement, l'idée d'une personne juridique robot procède d'une représentation des robots autonomes comme des créatures susceptibles d'agir, voire de se comporter, *comme* des personnes. C'est d'ailleurs la fonction des machines intelligentes que d'être en capacité de réaliser des actions qui sont en principe exécutées par des humains. Créatures intelligentes et autonomes, les robots relèveraient davantage de l'ordre des personnes que de celui des choses. Le rapprochement ne résiste pas cependant à l'examen. D'une part, l'intelligence artificielle est, aujourd'hui et dans un avenir prévisible, spéciale en ce que l'objet intelligent ne peut réaliser, avec plus ou moins d'autonomie, qu'une tâche précise. L'intelligence artificielle générale, qui serait comparable aux capacités généralistes de l'esprit humain, n'existe pas. D'autre part, l'autonomie du robot est elle-même relative car, sans préjuger du développement des capacités d'auto-apprentissage, il n'y a pas d'intentionnalité dans son action. Voudrait-on simplement voir dans les robots autonomes des personnes juridiques dotées d'une personnalité technique, désincarnée, à l'image de celle des personnes morales, il n'y a aucune utilité sociale à instaurer un robot personne qui troublerait gravement les catégories juridiques en donnant vie à une chimère, mi-personne mi-chose, à la fois sujet de droit et objet de droit. Pétri d'anthropomorphisme, le robot personne relève tout au plus du méta-droit.

Section II
LE PATRIMOINE

William Dross
Professeur à l'Université Jean Moulin Lyon 3

Étymologie. – Le juriste qui veut comprendre ce qu'est le patrimoine doit d'abord faire l'effort de désapprendre. Il doit oublier Aubry et Rau et revenir à l'étymologie, laquelle fournit toujours le meilleur guide à qui veut retrouver le sens d'un concept obscurci par trop de commentaires savants (les travaux que les juristes ont consacrés au patrimoine sont innombrables). Étymologiquement, *le patrimoine, c'est ce qui vient des pères*. Cela dit, deux questions jaillissent : quels pères ? quelles choses ? Ces deux questions sont liées et il faut, par cercles concentriques, partir d'une conception étroite du patrimoine pour l'élargir à mesure (§ 1). Ainsi armé, on peut utilement revenir à l'analyse juridique du patrimoine pour constater son divorce radical d'avec sa signification profonde et tenter alors de l'expliquer (§ 2).

§ 1 – APPRÉHENSIONS CONCENTRIQUES DU PATRIMOINE

A - LE PATRIMOINE ET LES PERSONNES

Le père. – Dans une conception étroite, le patrimoine dénomme les *biens qui viennent du père (*pater*) par héritage*. En anglais, « patrimoine » se traduit par « *heritage* ». Avec une telle définition, si l'on considère les biens que possède un individu, il faudrait en ôter ceux qu'il a acquis par son travail, ceux que d'autres que son père lui ont transmis et ceux encore que celui-ci lui a vendus ou donnés. C'est dire surtout que celui dont le père est vivant n'a pas encore de patrimoine. Une telle conception mérite à l'évidence d'être élargie.

La mère. – Rigoureusement parlant, tous les biens qui viennent de la mère ne font pas partie du patrimoine. Il faudrait, et on l'a fait à certaines époques, parler à leur sujet de *matrimoine*, par préférence à l'oxymore « patrimoine maternel ».

On sait pourquoi le terme de patrimoine s'est imposé au détriment de celui de matrimoine. Si l'égalité des sexes est aujourd'hui proclamée, il s'en faut qu'elle l'ait toujours été. Dans l'ancienne Rome, le chef de famille – le *pater familias* – exerçait sa puissance – le *dominum* – tant sur les personnes que sur les choses formant le clan (*domus* puis *gens*). C'était de lui que ses fils la recueillaient à son décès, la mère, elle-même objet du *dominum*, ne transmettant rien. Même si le droit romain évoluera très vite, le terme de patrimoine va demeurer. On admettra donc aujourd'hui, et contre l'étymologie, que le patrimoine, c'est aussi le matrimoine, autrement dit *ce qui vient des père et mère*.

Les ascendants et collatéraux. – Cette conception peut encore être étendue. D'abord en ne s'arrêtant pas au premier degré dans la parenté afin de remonter la chaîne des ancêtres. Ce que je reçois de mon grand-père, de mon arrière-grand-mère par libéralité transgénérationnelle (C. civ., art. 1078-4 s.) compose également mon patrimoine, simplement parce que ces biens viennent de ma famille. Et l'on pourrait considérer qu'il doit en aller de même en présence d'un bien légué par un collatéral puisque nous partageons un ancêtre commun. Ce qui compte dans le patrimoine c'est, on l'aura compris, *la provenance familiale du bien*.

Les descendants. – Mais l'approche étymologique du patrimoine a encore ce défaut qu'elle regarde en arrière. Elle ne considère que le passé alors que l'idée de patrimoine est fondamentalement tournée vers l'avenir. Le patrimoine est en effet autant ce que j'ai reçu de mes pères que ce que je dois transmettre à mes enfants. Pour assurer cette transmission, j'ai le devoir de les conserver. Cette idée de *conservation des biens dans la famille* est consubstantielle à celle de patrimoine. L'ancien droit lui donnera une importance considérable.

Il est vrai que son domaine n'était pas général. Les biens qu'il convenait de conserver dans la famille étaient les seuls immeubles. Quant aux meubles, étant choses viles (*res mobilis, res vilis*), même reçus par succession, on pouvait en disposer librement. On remarquera que cela explique que le Code civil emploie aujourd'hui encore dans plusieurs dispositions le terme « d'héritage » pour désigner les immeubles (art. 523, 608, 627...). En 1804, ceux-ci n'étaient pas cédés comme de vulgaires meubles, par ventes entre vifs, mais transmis au sein de la famille par héritage, si bien que par métonymie, le contenant (l'héritage) a fini par désigner le contenu (l'immeuble).

Quant aux techniques employées pour assurer cette conservation, on citera pour mémoire le *retrait lignager* et les substitutions fidéicommissaires. Le premier permettait à un membre de la famille d'évincer le tiers acquéreur d'un immeuble en lui en remboursant le prix. Les secondes, rebaptisées en 2006 *libéralités graduelles* (C. civ., art. 1048 et s.), permettaient de donner ou de léguer ses biens à ses enfants en leur imposant la charge de les conserver pour les transmettre à leur tour à leurs propres enfants.

Personnes publiques. – Le droit public met encore davantage l'accent sur *l'indisponibilité* des biens composant le patrimoine. À Rome, le terme de *patrimonium* a très vite pris un sens technique précis pour désigner les biens de l'empire dont l'empereur lui-même ne pouvait disposer. Au regard de son indisponibilité, le *patrimonium* renvoie à notre domanialité publique. Quant à l'Église catholique, le « patrimoine de Saint-Pierre » jouera la même fonction, chaque Église particulière étant de surcroît dotée d'un ensemble de biens-fonds lui permettant de remplir sa mission. C'est toujours la même idée : les biens qui composent le patrimoine sont indisponibles aux fins de transmission.

***

Le patrimoine désigne ce qui me vient de mes ancêtres et dont la vocation est d'être conservé pour être transmis à ma descendance. Il exprime une chaîne de transmissions inscrites dans la famille et dans la durée.

B - LE PATRIMOINE ET LES CHOSES

Patrimoine matériel. – Ces premiers cercles ayant permis de cerner la notion de patrimoine au travers des personnes qu'elle implique, il reste à circonscrire l'*objet de la transmission*. Le juriste dira spontanément que le patrimoine se compose de choses (corporelles et incorporelles) et de droits. Cette approche est desséchante.

Patrimoine génétique. – L'expression de patrimoine génétique lui apporte un premier démenti et la revigore. Ce que je reçois de mes père et mère, et plus largement de mes ancêtres, ne sont-ce pas d'abord mes gènes ? C'est cela qui me constitue au premier chef en tant qu'individu, avant toute richesse matérielle. Et ce sont eux que je transmettrai d'abord à ma descendance. Ce n'est que récemment que la question de leur appropriation s'est posée. Puisque l'on parle de patrimoine génétique et puisque – pour un juriste du moins – ce qui est dans mon patrimoine m'appartient, alors la question de la propriété se pose. Contre cette prétention, on réplique qu'il s'agit moins d'un patrimoine personnel que d'un patrimoine commun à l'humanité entière : la lutte est ardente pour savoir si le génome humain peut être approprié.

Patrimoine culturel. – Mais l'homme, d'évidence, ne se réduit pas à un amas de cellules organisées. Il reçoit également de ses parents – mais aussi de la société – une éducation qui le constitue. Il faut bien comprendre ici que l'éducation n'est pas l'objet mais le vecteur principal d'une transmission (comme la succession ou la donation le sont pour des biens matériels) d'un patrimoine non plus matériel mais culturel. Ce patrimoine culturel vient des « pères », dans une acception plus large encore que celles rencontrées jusqu'alors et qui englobe la multitude de ceux qui m'ont précédé sur la terre. Qu'y trouve-t-on ?

La *langue* d'abord, car elle façonne l'esprit de celui qui s'en sert, si bien que, au-delà même de la communication qu'elle permet, elle institue une communauté profonde entre ceux qui la parlent : « la langue française est un élément fondamental de la personnalité et du patrimoine de la France » dit avec justesse la loi (L. 4 août 1994, art. 1). Les œuvres des grands hommes ensuite, parce qu'ils ont élargi l'esprit humain. On peut certes discuter à perte de vue sur les frontières de la culture. *Y a-t-il un patrimoine culturel national ?* Ce n'est pas sûr. Même à prendre pour critère la nationalité des auteurs et artistes, leur rayonnement ne s'arrête jamais aux frontière d'un pays : Shakespeare n'est pas anglais, il est européen sinon universel. Et quant à envisager une culture commune aux citoyens d'un État, son existence est douteuse, même pour un noyau étroit. La culture de chaque Français est éminemment singulière, aujourd'hui et plus encore à travers les âges. Lire Montaigne donne le vertige devant l'insondable fossé qui sépare sa culture classique de la nôtre.

L'étrécissement de la terre provoqué par l'accélération des échanges a donné un sens à l'idée de *patrimoine culturel mondial*. L'Unesco le protège, qu'il s'agisse de monuments remarquables, d'œuvres de l'esprit ou de pratiques culturelles. Ce que le genre humain a construit me construit et, en ce sens, il participe de mon patrimoine, sitôt du moins que je fais l'effort de me l'approprier. En d'autres mots, sont mes pères tous les hommes qui m'ont précédé sur cette terre chaque fois qu'ils y ont laissé une empreinte qui fait que je ne suis pas exactement le même que s'ils s'étaient abstenus.

Patrimoine naturel. – Le concept de patrimoine naturel est particulier car la nature n'est pas l'œuvre de mes pères, autrement dit du genre humain. Un croyant dira qu'elle est l'œuvre du Père. Si l'on parle néanmoins à juste titre de patrimoine naturel, c'est pour insister sur l'idée de sa nécessaire conservation aux fins de transmission intègre aux générations futures : le territoire (C. urb., art. L. 101-1), le milieu naturel, l'air, la biodiversité, etc. (C. env., art. L. 110-1) font partie du patrimoine commun de la Nation.

Patrimoine matériel. – Cet élargissement du patrimoine au-delà de la matérialité permet d'y revenir avec profit. Les choses qui composent le patrimoine, en ce qu'elles viennent de ma famille, sont sans doute davantage que de simples objets. On aperçoit la sagesse de l'ancien droit qui discriminait entre les immeubles et les meubles et s'employait à garantir la conservation des premiers dans la famille (*supra*, § 1, A, Les descendants). Il y a là une nécessité économique autant qu'une vérité sociologique : l'homme a besoin d'un lieu géographique où plonger ses racines. On a souvent porté le nom de sa terre et aujourd'hui encore, une *maison de famille* a une âme qu'une autre n'a pas.

Les meubles ne doivent pas être oubliés. Le statut actuel des *souvenirs de famille* est le meilleur hommage à la notion de patrimoine que le droit pouvait porter. Ces biens, qui véhiculent l'histoire d'une famille (petite histoire souvent liée à la grande histoire), échappent à la propriété individuelle. Ils sont incessibles, insaisissables – et cela quelle que puisse être leur valeur marchande – et échappent à la transmission successorale classique[7]. Quintessence du patrimoine parce que dotés d'un régime juridique taillé sur mesure pour assurer qu'ils demeurent *ad vitam aeternam* dans la famille, ils sont pourtant exclus du patrimoine tel que se le figure un juriste. Il y a là un paradoxe qu'il convient maintenant d'éclaircir.

***

Le patrimoine ne doit pas être cantonné aux seuls biens (corporels ou incorporels) et aux seuls droits. Il englobe tout ce que l'humanité qui m'a précédé m'a transmis et dont je suis soit immédiatement saisi (patrimoine génétique ou naturel) soit dont je me suis saisi (patrimoine culturel). Ce patrimoine me constitue dans ma singularité autant qu'il m'insère dans une communauté.

§ 2 – APPRÉHENSION JURIDIQUE DU PATRIMOINE

Rappels. – Commençons par rappeler du patrimoine, tel que les juristes l'entendent, la vulgate classique. Quant à sa nature, le patrimoine s'apparente à un bilan comptable. Il se compose d'une colonne « actif » dans laquelle se trouvent les biens (corporels et incorporels) et les droits (créances) dont le sujet est titulaire (« propriétaire » diront certains) et une colonne « passif » qui figure l'ensemble des dettes auxquelles il est tenu. Ce *lien entre actif et passif* au sein du patrimoine permet de distinguer les véritables patrimoines (dits également « universalités de droit »), des simples regroupements de biens affectés à un but commun mais sans qu'aucun passif n'y soit attaché (qualifiés d'« universalités de fait » : le fonds de commerce). S'y ajoute un *lien étroit avec la personne* qui se traduit de quatre façons :

- seule une personne a un patrimoine (principe de personnalité) ;
- toute personne a nécessairement un patrimoine (principe de nécessité) ;
- une personne ne peut avoir qu'un patrimoine (principe d'unicité) ;
- une personne ne peut jamais transmettre son patrimoine de son vivant (principe d'indisponibilité).

---

7. Cass. 1re civ., 29 nov. 1994, n° 92-21993.

Originalité. – On mesure immédiatement en quoi cette conception est spécifique et réductrice.

D'abord elle ignore toute idée de continuum. Le patrimoine ici rend compte de la fortune nette comptable d'un individu à un instant T. Elle se désintéresse de sa provenance et de son destin alors que le concept de patrimoine est inséparable d'une transmission. Elle est à ce titre pleinement en phase avec l'individualisme, étant rappelé que, du point de vue sociologique, l'individu se distingue de la personne en ce qu'il n'est pas envisagé comme en relation avec ses semblables mais au contraire comme une entité autonome. *Au cœur du patrimoine se trouve la communauté : les juristes l'ignorent.*

Ensuite, le patrimoine se limitant aux seules choses et droits, la grande question est alors de départager ceux que l'on va faire figurer dans le patrimoine (droits dits patrimoniaux) et ceux qu'on en exclura (droit dits extrapatrimoniaux). Les droits de la personnalité, qui sont indiscutablement monnayables, embarrassent beaucoup les auteurs lorsqu'il s'agit de les classer. Quant aux biens culturels ou naturels, quant aux gènes, ils n'ont en revanche aucune vocation à s'y trouver. *Alors que le patrimoine est bien plus qu'une richesse matérielle, les juristes ne voient qu'elle.*

Origine. – Comment expliquer alors qu'ils aient forgé une conception si étroite et particulière du patrimoine ? Même s'ils l'ont empruntée à Zacchariae, juriste allemand dont ils ont traduit le traité, ce sont Aubry et Rau qui ont donné à cette théorie sa véritable étoffe. Il s'agissait dans leur conception première d'expliquer une règle juridique précise, celle du *droit de gage général* (C. civ., art. 2285 : « les biens du débiteur sont le gage commun de ses créanciers (...) »). Sous l'ancien droit romain, le débiteur répondait de ses dettes sur sa personne. L'obligation était définie comme un *vinculuum juris*, le *vinculuum* étant la chaîne de fer qui attachait l'esclave à son maître. Par la suite, il n'a plus répondu de ses engagements que sur ses seuls biens. L'inexécution d'une obligation, quel que soit son objet, se résout toujours aujourd'hui en dommages-intérêts dont le créancier obtiendra paiement en saisissant les biens de son débiteur.

Lire la théorie du patrimoine à la lumière du droit de gage général en livre la clé. On comprend d'abord le lien indéfectible entre patrimoine et personne. Le patrimoine n'est rien d'autre que ce qui répond aujourd'hui des engagements celle-ci : il en est l'ombre portée dans le champ de l'exécution des obligations. La *théorie du patrimoine ne saisit donc la personne qu'en sa qualité de débiteur*, ce qui en occulte toutes les autres dimensions. Voilà pourquoi elle ignore tout du patrimoine génétique, culturel ou naturel. Cela permet ensuite de résoudre la délicate question de savoir ce qu'on doit y faire figurer. Dès l'instant que la théorie du patrimoine est une tentative de conceptualisation du droit de gage général, ne peuvent logiquement y figurer que les biens saisissables. C'est en ce sens que conclut P. Berlioz dans sa thèse consacrée à la notion de bien. Le point de départ de l'auteur (est un bien ce qui figure dans le patrimoine) ne laissait pas augurer d'autre conclusion. C'est pour cela également que, contre l'acception commune du terme qui désigne par patrimoine la seule richesse de l'individu, le passif s'y trouve intégré. C'est en effet le passif qui commande seul la composition de l'actif patrimonial. Enfin, l'absence de transmission du patrimoine entre vifs devient évidente : celui qui n'aurait plus de patrimoine ne pourrait prendre aucun engagement juridique faute de pouvoir en répondre. Il serait frappé d'une incapacité de jouissance (et pas seulement d'exercice), autrement dit, il se condamnerait à la mort civile.

Inutilité et nocivité. – La théorie juridique du patrimoine n'est en définitive, originellement du moins, rien d'autre que cela : une théorisation du droit de gage général dont on ne comprend guère en quoi elle était nécessaire sinon même seulement utile à sa compréhension, et dont l'immense succès reste un mystère. Elle aura fait des dégâts considérables, interdisant la consécration des patrimoines d'affectation et obligeant à des contorsions insensées pour en offrir l'équivalent (la société « unipersonnelle » alors qu'une « société » ne se conçoit pas sans altérité). Aujourd'hui que les patrimoines d'affectation ont enfin triomphé de ce dogme regrettable (fiducie, EIRL), elle oblige encore à penser la question en termes de patrimoines au lieu de l'aborder de manière simple et pragmatique, comme un simple aménagement technique du droit de gage général. L'insaisissabilité de la résidence principale de l'entrepreneur (C. com., art. L. 526-1) ou le statut de la masse commune aux époux participent exactement de la même problématique, sans que l'on raisonne pourtant en terme de patrimoine.

***

La théorie juridique du patrimoine forgée par Aubry et Rau ignore l'essence même du patrimoine. Celui-ci exprime la part de ce que chaque homme, dans ce qu'il a mais aussi dans ce qu'il est, doit à ceux qui l'ont précédé. Autrement dit, le patrimoine est ce qui inscrit chaque homme dans la communauté des hommes. La théorie d'Aubry et Rau n'est quant à elle qu'un habillage dogmatique du droit de gage général (C. civ., art. 2285), lequel n'avait aucun besoin qu'on le travestisse ainsi.

La personne humaine

Xavier Bioy
Professeur agrégé de droit à l'Université Toulouse 1 Capitole

Depuis 1945, le droit public international, en particulier dans le contexte de l'ONU marqué par le procès de Nuremberg, mais également dans les sources européennes et américaines, multiplie les références à la « personne humaine ». Souvent associé aux notions de dignité et de primauté, ce phénomène s'observe jusqu'au niveau constitutionnel – le Préambule de la Constitution d'octobre 1946 évoque, par exemple, « les régimes qui ont tenté d'asservir et de dégrader la *personne humaine* » et « le peuple français [qui] proclame à nouveau que tout *être humain*, sans distinction de race, de religion ni de croyance, possède des droits inaliénables et sacrés ».

Il est utile de rappeler que le choc de la découverte de la Shoah a suscité un large mouvement de pensée qui a *refondé les droits de l'homme autant sur l'appartenance de l'individu à l'humanité* que sur son autonomie, son libre arbitre. L'idée est alors que l'échec de la civilisation (au sens de Pierre Legendre pour lequel le droit civil dessine et protège une figure anthropologique)[1] s'explique par la surévaluation de la liberté comme principe des droits de l'homme. Les Lumières et les modernes auraient oublié la dignité de l'humanité comme valeur première du droit[2] et voué un culte exclusif à la liberté dans son face-à-face avec l'égalité. Il s'agit aussi d'amender le subjectivisme au profit d'une protection plus objective des droits humains[3]. Un nouvel équilibre, post-moderne, devrait être trouvé entre objectivisme et subjectivisme. La juridicisation de la notion de personne humaine en serait l'un des moyens.

Patiemment amené par une doctrine plus ou moins acquise aux schémas du personnalisme chrétien, le concept de « personne humaine » a peu à peu, à la faveur de vagues successives, *pénétré les droits nationaux*, évoluant d'un emploi proclamatoire à des fonctions normatives plus affirmées dans le Code pénal (qui consacre l'ensemble d'un titre), le code civil (article 16 : « La loi assure la primauté de la personne, interdit toute atteinte à la dignité de celle-ci et garantit le respect de l'être humain dès le commencement de sa vie »), puis une grande partie des corpus sociaux, de santé et de droit des

1. Legendre P., *La fabrique de l'homme occidental*, 1996, Arte éditions, coll. Mille et une nuits.
2. Arendt H., *Condition de l'homme moderne*, 2008, Presses pocket – *La crise de la culture (Qu'est-ce que la liberté)*, 1954-1972, Folio Essais.
3. Levinas E., « Les droits de l'homme et les droits d'autrui », in *Hors Sujet*, 1987, Fata morgana, rééd., 1997, Le Livre de poche, coll. Biblio-essais, p. 170.

libertés fondamentales... Faut-il donc *distinguer la personne humaine de l'être humain? de la personnalité juridique?*

La réponse est clairement positive[4]. Ce nouvel usage de la notion de personne humaine remplit des fonctions propres en posant des interdits nouveaux, notamment face aux techniques émergentes (l'intégrité de l'espèce humaine, la primauté de la personne sur toute autre considération) et en refondant d'autres normes déjà existantes (consentement biomédical, interdiction des traitements inhumains et de la torture par exemple). Il apparaît spécifique d'abord en ce qu'il se distingue, tout en les incluant, des notions de « personne juridique » (physique ou morale) et d'« être humain » (§ 1) ; spécifique ensuite en ce qu'il introduit en droit les notions d'humanité et d'espèce humaine (§ 2).

§ 1 – LA PERSONNE HUMAINE DÉSIGNE LE SUJET DE DROIT EN TANT QU'IL EST UN CORPS

Le *concept de personne* repose sur un principe d'unité, sur l'idée qu'il ne faut pas séparer les éléments qui « font » le sujet de droit. Mais ces éléments de la personne « humaine » ne sont plus ceux de la personnalité juridique classique (qui rassemble déjà les droits et les obligations). Il s'agit de garantir l'intégrité du corps, de ne pas traiter séparément le corps et l'esprit et de tenir compte de la manière dont le corps du sujet est traité, ce qui conditionne ses droits fondamentaux.

A - LA PERSONNE HUMAINE EST UN SUJET, UNE PERSONNE JURIDIQUE

Distinctes dans leurs principes, *personne humaine et personne juridique* n'en sont pas moins liées. Alors que la personnalité juridique est une abstraction désincarnée, la personne humaine prend en compte la situation réelle du sujet, de l'être humain concret, corporel et socialement situé, qui détient par ailleurs les droits inclus dans sa personnalité juridique. En même temps, le concept de personne humaine implique la dignité d'être sujet de droit (titulaire de droits et d'obligations). La reconnaissance d'une personnalité juridique à tout être humain est une exigence, la première et la plus absolue des dignités sociales attachées au concept de personne humaine, reconnue par le droit international. Ainsi, sous le signe de la personne humaine, l'article 16 du Pacte international relatif aux droits civils et politiques de 1966 stipule que « chacun a droit à la reconnaissance en tous lieux de sa personnalité juridique ». Le concept de personne humaine évoque alors un système de double dignité, l'une relative à la qualité d'humain, l'autre à la qualité de personne, toutes deux ne faisant qu'une au sein du concept de personne humaine et s'appelant l'une l'autre.

B - LA PERSONNE HUMAINE EST UN CORPS

Par le concept de personne humaine, le droit justifie une *protection objective et globale* refusant de laisser dissocier les composantes attribuées à la personne. Le concept de personne humaine se présente comme le mécanisme qui tend à juridiciser la corporéité

4. ROCHFELD J., *Les grandes notions du droit privé*, 2013, PUF, Thémis – REVET Th. et ZENATI F., *Manuel de droit des personnes et des incapacités*, 2006, PUF, Manuel.

et la socialité de l'individu pour les attribuer au sujet de droit, et ce, afin de doter la régulation juridique des éléments de concrétisation nécessaires au traitement de nombreuses questions de société relatives au corps et à l'identité qui font du corps un enjeu social. On le mesure dans la protection unique de l'interdiction de la torture, des traitements inhumains et dégradants (Convention EDH, art. 3), ou dans le fait de refuser de réduire la personne à une chose (interdit de l'esclavage, Convention EDH, art. 4). Plutôt que de limiter la liberté par des normes spécifiques, les ordres juridiques optent pour l'inscription du respect de principes fondamentaux (comme la dignité) au sein du sujet individuel lui-même.

En effet, les *lois de « bioéthique »*[5] de 1994, 2004 et 2011 ont à la fois rappelé :

- d'une part, l'unité de la personne entre corps et volonté qui fonde ainsi le *principe du consentement* à toute atteinte au corps (CSP, art. L. 1211-2 : « Le prélèvement d'éléments du corps humain et la collecte de ses produits ne peuvent être pratiqués sans le consentement préalable du donneur. Ce consentement est révocable à tout moment »), et,
- d'autre part, sur un plan « actif », les éléments d'une liberté corporelle qui conçoit la maîtrise par la personne de son corps : d'abord, le corps « en entier » par la *liberté corporelle* de se prostituer, de procréer, de se prêter à des expérimentations, de se livrer à des activités sadomasochistes... même si des limites sont posées pour la protection objective de l'intégrité de la personne ; ensuite le corps « en morceaux », par la *liberté de donner certains organes, éléments ou produits*. Le Code de la santé publique tente de prévenir un intéressement financier qui conduirait l'individu à renoncer à son intégrité : « Aucun paiement, quelle qu'en soit la forme, ne peut être alloué à celui qui se prête au prélèvement d'éléments de son corps ou à la collecte de ses produits » (CSP, art. L. 1211-4).

Il n'est donc pas étonnant que la loi qui encadre *les recherches biomédicales* s'intitule « recherches sur la personne humaine » (loi dite « Jardé », 5 mars 2012). Elle entend à la fois protéger objectivement l'intégrité de la personne, en instituant un régime de police, et préserver le droit subjectif à se prêter à de telles recherches lorsque cela converge vers l'intérêt général. Cette loi s'applique ainsi à toutes les recherches, y compris « non interventionnelles », c'est-à-dire qui ne mettent pas en jeu la santé de l'individu (recherches en psychologie ou en soins courants). Les comités de protection des personnes peuvent refuser la mise en œuvre d'un protocole de recherches si son intérêt scientifique, la sécurité de l'individu, son information ou les conditions de son consentement, ne sont pas suffisants.

Ainsi, « le corps humain, ses éléments et ses produits ne peuvent faire *l'objet d'un droit patrimonial* » (C. civ., art. 16-1), de même que l'article 3 de la Charte des droits fondamentaux de l'Union prévoit « l'interdiction de faire du corps humain et de ses parties, en tant que tels, une source de profit ». Mais c'est sans doute moins parce que le corps n'est pas évaluable en argent que parce qu'il « est » la personne et que l'individu ne doit pas être tenté de céder son intégrité à autrui. En réalité, l'extra-patrimonialité et l'extra-commercialité ne jouent que peu à l'égard des tiers qui disposent, légalement, d'éléments ou produits issus du corps de la personne. Les éléments séparés du corps peuvent donc faire l'objet de convention, de libre disposition, à la condition de ne pas produire leur aliénation

---

5. Depadt-Sebag V., *Droit et bioéthique*, 2e éd., 2012, Larcier, Droit des technologies – Hennette-Vauchez S., *Le droit de la bioéthique*, 2009, La Découverte, Repères.

à titre onéreux. Ainsi, les collections de ressources biologiques humaines (juridiquement qualifiées de centres de ressources biologiques, CRB) peuvent être cédées par contrat en vue de recherches, y compris en association avec des données personnelles, ou en vue de fabriquer des produits et dispositifs de santé. Le lien avec la personne prélevée se trouve rompu. Les modalités de constitution de la collection découlent à la fois de la détermination des usages des produits du corps humain listés par l'article 1211-1 du Code de la santé publique (utilisation à des fins médicales, scientifique ou judiciaire) et des finalités affectées au prélèvement lui-même par l'article L. 1241-1 (dans un but thérapeutique ou scientifique ou de réalisation ou de contrôle de qualité). La directive européenne 98/44/CE du 6 juillet 1998 précise que « le corps humain, aux différents stades de sa constitution et de son développement, ainsi que la simple découverte d'un de ses éléments, y compris la séquence ou la séquence partielle d'un gène, ne peuvent constituer des inventions brevetables ». En revanche, les inventions portant sur un élément isolé du corps humain, ou un élément humain conçu en laboratoire, entrent dans le cercle de la brevetabilité, si elles sont le résultat, non d'une simple découverte, mais d'un procédé technique.

Plusieurs mécanismes juridiques permettent la *circulation des éléments et produits du corps humain* à visée soit de soin (organes, cellules, tissus, gamètes) soit de recherche (les mêmes auxquels on ajoute nombre de déchets étudiés en anatomie pathologique mais aussi de l'ADN, des embryons...). Pour le soin, des cellules-souches du sang du cordon ombilical peuvent, par exemple, être déposées auprès d'une banque publique en vue de leur don pour une greffe. Le don d'organes entre vifs a été aussi facilité, la loi de bioéthique permettant à toute personne de donner au malade avec lequel elle a un lien affectif étroit et stable depuis au moins deux ans. La loi encourage aussi le don de gamètes. Quant à la recherche, il est ainsi prévu que des échantillons affectés à une recherche peuvent être réaffectés à une autre avec l'accord de la personne source ou avec l'aval d'un comité de protection des personnes. Cet ensemble concrétise une forme de « *biosolidarité* ».

Il arrive que les textes et les jurisprudences[6] traitent les *restes humains* « comme la personne humaine », en demandant à ce qu'ils soient traités avec dignité (la personnalité juridique a disparu, l'être humain aussi, mais survit le régime de la personne humaine). À la protection subjective de la volonté du défunt (loi du 15 novembre 1887 relative à la liberté des funérailles) s'ajoute donc une protection objective : pénale (« toute atteinte à l'intégrité du cadavre, par quelque moyen que ce soit, est punie d'un an d'emprisonnement et de 15 000 euros d'amende », C. pén., art. 225-17), civile (« les restes des personnes décédées, y compris les cendres de celles dont le corps a donné lieu à crémation, doivent être traités avec respect, dignité et décence », art. 16-1-1 du Code civil et Cass. 1re civ., 16 sept. 2010, à propos de l'exposition de cadavres plastinés) et administrative (législation funéraire et CE, 26 novembre 2008, Syndicat mixte de la vallée de l'Oise) qui attestent d'une socialisation des restes humains. Le cadavre ne peut-être, du point de vue des classifications civilistes, qu'une chose. Mais cette chose se trouve partout protégée au nom de la personne qu'elle a été et bénéficie, tant qu'elle fait l'objet d'une considération sociale, d'une protection juridique complète dont les failles sont comblées par les réticences sociales. Par exemple, le droit français a fait, depuis 1976, le choix de présumer du consentement au prélèvement d'organes *post mortem*, mais en pratique les familles décident encore.

6. CE, ass., 2 juill. 1993, Milhaud – Cass. 1re civ., 16 sept. 2010, n° 09-67456.

§ 2 – LA PERSONNE HUMAINE DÉSIGNE LE SUJET DE DROIT EN TANT QU'IL EST HUMAIN

Si l'humanité, en tant que collectif, n'est pas encore sujet de droit, la notion de personne humaine tend à situer l'individu dans un tel collectif, symbolique ou biologique.

A - LA PERSONNE HUMAINE EST UN ÊTRE HUMAIN

Le terme « être humain » peut la plupart du temps se ramener à celui « d'homme », au sens neutre et générique d'individu du genre humain. Il rejoint ainsi les textes du XVIIIe siècle et ceux qui aujourd'hui fondent les droits de l'homme (Déclaration universelle des droits de l'homme, art. 1 : « Tous les êtres humains naissent libres et égaux en dignité et en droits »). Il désigne parfois au contraire plus adéquatement la dimension biologique ou corporelle du sujet. Issu de la loi du 31 janvier 1975, modifié en 1994, l'article 16 du Code civil pose que « la loi assure la primauté de la personne, interdit toute atteinte à la dignité de celle-ci et garantit le *respect de l'être humain dès le commencement de sa vie* ». Ainsi plusieurs textes ou jurisprudences semblent nettement distinguer la personne humaine et l'être humain, la première étant nécessairement aussi le second. Le « terme d'être humain » désigne la dimension corporelle et biologique. Le texte de la Convention sur les droits de l'homme et la biomédecine du 19 novembre 1996 illustre bien cette configuration en son préambule dont l'alinéa 10 proclame : « Convaincus de la nécessité de respecter l'être humain à la fois comme individu et dans son appartenance à l'espèce humaine et reconnaissant l'importance d'assurer sa dignité ».

« Être humain » est utilisé pour désigner *l'embryon in utero*. L'embryon n'a pas un corps, il est un corps et, sans doute, pour notre droit positif, n'est-il réellement que cela. Il ne se départit pas de ce corps qui grandit dans le ventre de la femme enceinte ou d'un amas de cellules cryogénisé. Le législateur français a décidé de traiter différemment l'embryon *in utero*, celui qui, une fois implanté dans la paroi utérine, va donner un fœtus, et l'embryon *in vitro*, exclusivement créé dans le cadre d'une procédure d'assistance médicale à la procréation, premier stade suspendu à la décision de futurs parents et disponible pour de la recherche. Le premier a droit à la qualification d'être humain et au respect qui lui est dû au nom de la dignité de la personne humaine. Le juge constitutionnel a en effet opposé à la dignité de la personne, qui fonde le respect de l'embryon *in utero*, la liberté de la femme de disposer de son corps[7].

L'embryon in vitro semble donc être *une « chose humaine »* dont la production ne peut se faire que dans le cadre d'une procédure d'assistance médicale à la procréation (et non à des fins seulement scientifiques ou industrielles) et dont l'utilisation doit rester subsidiaire. La loi française du 6 août 2013, en autorisant les recherches sur les cellules-souches embryonnaires, exige que ces recherches demeurent exceptionnelles : elles doivent être justifiées par l'impossibilité de rechercher sur des cellules adultes reprogrammées[8]. Pour la Cour de justice de l'Union européenne[9], on doit considérer comme un embryon « tout ovule humain dès le stade de la fécondation, tout ovule humain non

7. Cons. const., 15 janv. 1975, n° 74-54 DC, IVG I et 4 juill. 2001, n° 2001-449 DC, IVG II.
8. CAA Paris, 10 mai 2012, n° 10PA05827, Fondation X.
9. CJUE, 18 oct. 2011, aff. C-34/10, Oliver Brüstle / Greenpeace eV.

fécondé dans lequel le noyau d'une cellule humaine mature a été implanté et tout ovule humain non fécondé qui, par voie de parthénogénèse, a été induit à se diviser et à se développer». Pour elle, il n'est plus possible de *breveter une invention* qui aurait été obtenue au prix de la destruction d'un embryon.

B - LA PERSONNE HUMAINE APPARTIENT À L'ESPÈCE HUMAINE

Il existe plusieurs manières de situer la personne dans l'humanité. On peut évoquer d'abord une commune identité comme dans les «*crimes contre l'humanité*» ou insister (Déclaration des Nations unies sur le génome humain) sur le fait que le «génome humain sous-tend l'unité fondamentale de tous les membres de la *famille humaine*, ainsi que la reconnaissance de leur dignité intrinsèque et de leur diversité. Dans un sens symbolique, il est le patrimoine de l'humanité.»

On peut ensuite faire comme le législateur français de 1994-2004 qui a entendu recourir à la notion *d'espèce humaine* en adjoignant à l'incrimination d'eugénisme la prohibition du clonage reproductif. Le Préambule de la Convention du Conseil de l'Europe sur la biomédecine affirme également «la nécessité de respecter l'être humain à la fois comme individu et dans son appartenance à l'espèce humaine». Mais, dans ce dernier cas, l'espèce sert de rattachement à l'individu; elle ne s'envisage pas d'emblée comme un collectif. En 1994, le Conseil constitutionnel a refusé au principe de l'intégrité de l'espèce la valeur normative suprême pour le subsumer sous le principe de dignité, comme «principe sentinelle» (le principe de l'effet cliquet doit en principe garantir un niveau de protection constant à travers les aléas de la politique législative).

La notion d'espèce est juridiquement mobilisée pour éviter l'hybridation des génomes et pour freiner les interventions humaines sur le jeu de l'aléa génétique. L'article 16-4 du Code civil énonce à la fois que «Nul ne peut porter atteinte à l'intégrité de l'espèce humaine» (al. 1) et que «aucune transformation ne peut être apportée aux caractères génétiques dans le but de modifier la descendance de la personne.» (al. 4). L'article 3.2. de la Charte des droits fondamentaux de l'Union prohibe les «*pratiques eugéniques*, notamment celles qui ont pour but la sélection des personnes». L'article 214-1 du Code pénal punit de trente ans de réclusion criminelle et de 7 500 000 euros d'amende. Notre droit réserve la qualification d'«eugénisme» aux programmes collectifs et systématiques. C'est pourquoi le Code de la santé publique organise le diagnostic préimplantatoire (DPI) et le diagnostic prénatal (DPN). Le DPN s'entend des examens médicaux mis en œuvre pour détecter *intra utero* chez l'embryon ou le fœtus une affection d'une particulière gravité. Il peut conduire à une interruption médicale ou volontaire de grossesse. Le DPI, réalisé après une fécondation *in vitro*, n'est autorisé que pour permettre à des couples à risque de sélectionner les embryons sains et ainsi d'éviter de mettre au monde un enfant atteint d'une maladie d'une particulière gravité.

L'article 16-4 du Code civil dispose encore qu'«est interdite toute intervention ayant pour but de faire naître un enfant génétiquement identique à une autre personne vivante ou décédée», relayé par le Code de la santé publique (art. L. 2151-2 et s.). Cette interdiction du *clonage reproductif* s'appuie sur la dignité de la personne humaine dans la mesure où l'individu se trouverait programmé, instrumentalisé. L'article 214-2 du Code pénal le punit de trente ans de réclusion criminelle et 7 500 000 euros d'amende.

Le législateur et le rédacteur de textes internationaux, sont ainsi tentés de tirer le qualificatif d'humain d'une appartenance biologique à l'espèce humaine. Cependant, ils optent en général pour une conception symbolique de cette appartenance, faute de certitude génétique sur l'identité humaine, faute également de mesurer l'impact d'une restriction des critères de l'humain. L'« *humanitude* » se distingue alors de l'humanité comme collectif de tous les êtres humains[10].

10. Azoux-Bacrie L., *Vocabulaire de la bioéthique*, 2000, PUF, coll. Médecine et société, p. 42.

TITRE 3

Les droits et les libertés

Les droits subjectifs

Louis-Frédéric Pignarre
Professeur à la Faculté de Droit et de Science politique de Montpellier

Premières vues sur les droits subjectifs. Le terme « droit » est polysémique. Il peut, en premier lieu, désigner l'ensemble des règles juridiques, abstraites et impersonnelles qui permettent aux hommes de vivre en société. Ainsi conçu le droit s'apparente à un système, il est qualifié d'objectif. Il peut, en second lieu, désigner les prérogatives particulières reconnues à une personne (droit de propriété, droit de créance, etc.). Ces prérogatives individuelles sont appelées droits subjectifs. Tandis que le droit objectif organise la vie du groupe en édictant des règles générales, les droits subjectifs, quant à eux, définissent les prérogatives de chaque sujet en fonction de sa situation propre. Bien que distinctes, ces deux conceptions apparaissent intimement liées. Les droits subjectifs s'enracinent dans le droit objectif. L'individu ne peut se prévaloir de droits que dans la mesure où le droit le lui permet. Cette distinction, aujourd'hui communément admise, a cependant fait l'objet de vives disputes doctrinales par le passé. L'étude de la notion et de son histoire (§ 1) permet de comprendre pourquoi et comment les droits subjectifs se sont imposés. Leur réalité n'étant pas douteuse, il convient d'en proposer une typologie (§ 2) et d'en préciser le régime (§ 3).

§ 1 – NOTION, HISTOIRE

Existence des droits subjectifs. La notion de droit subjectif apparaît, pour la première fois, au XIIIe siècle, chez les philosophes personnalistes et notamment dans les travaux de Duns Scot puis dans ceux de Guillaume d'Ockham. Expression d'une philosophie individualiste et libérale, les droits subjectifs sont conçus comme le moyen d'exalter la volonté[1]. Au cours du XIXe siècle, la doctrine allemande va s'attacher à théoriser la notion qui imprégnera l'ensemble du Bürgerliches Gesetzbuch. La notion, devenue centrale, se diffuse et fait l'objet de vives discussions. Le début du XXe siècle est marqué par de nombreuses controverses, certains auteurs n'hésitant pas à nier l'existence des droits subjectifs[2]. Remettant en cause la doctrine individualiste, Duguit défendit la thèse la plus radicale, considérant que « l'homme vivant en société a des droits ; mais ces droits ne sont pas des

---

1. Villey M., *La formation de la pensée juridique moderne*, 1975, Montchrestien, p. 253 et s.
2. Kelsen H., *Théorie pure du droit et de l'État*, trad. fr. 2e éd. par Eisenmann C., 1999, LGDJ, Bruylant, p. 173.

prérogatives qui lui appartiennent en sa qualité d'homme; ce sont des pouvoirs qui lui appartiennent parce que, étant un homme social, il a un devoir à remplir et qu'il doit avoir le pouvoir de remplir ce devoir »[3]. Dans cette conception, la notion de droits subjectifs devient inutile, seul le droit objectif existe. Celui-ci édicte des normes qui doivent être respectées sous peine de sanction. Ainsi, pour rendre compte de la situation du propriétaire ou du contractant, il est incorrect de dire que le premier est titulaire d'un droit de propriété et le second d'un droit d'exiger la prestation. C'est le droit qui, en interdisant les atteintes à la propriété et en imposant le respect de la parole donnée, protège ces derniers. Les tiers et le cocontractant ont le devoir de respecter ces règles générales. Semblable schéma de pensée relègue au second plan la volonté de l'individu qui, selon l'auteur, relève de la métaphysique et ne peut avoir sa place dans un système réaliste et positiviste. Seule importe la fonction sociale du droit. Précisons que la dispute relatée est d'ordre purement conceptuel. Le propos de Duguit – pour reprendre les exemples précédents – n'est absolument pas de remettre en cause la propriété ou le contrat mais d'en proposer un fondement différent. Quelle que soit l'approche retenue, le propriétaire ou le contractant bénéficieront, *in fine*, de la même protection. La thèse défendue par Duguit n'a pas prospéré. L'explication est avant tout psychologique. Les droits subjectifs sont les mieux à même de traduire juridiquement « un sentiment très instinctif: le tien et le mien (ce qui est à toi est à toi et ce qui est à moi est à moi) »[4]. Le contexte historique a sans doute joué aussi un rôle déterminant. Le siècle dernier a été marqué par les horreurs perpétrées par les régimes nazi et communiste. Or ceux-ci reposaient sur des idéologies qui, par essence, étaient hostiles aux droits subjectifs. En témoigne le discours prononcé par Adolf Hitler devant le Reichstag à l'occasion du vote de la loi du 26 avril 1942: « personne ne peut se prévaloir en cette période de ses droits acquis, chacun doit savoir qu'il n'y a aujourd'hui plus que des devoirs »[5]. Dans le même ordre d'idées, le droit soviétique se définissait comme « l'ensemble des règles de conduite (...) dont l'exécution est assurée par toute la force coercitive de l'État socialiste dans le but de protéger, de consolider et de développer les rapports et les modes d'existence avantageux et convenable pour les travailleurs, de liquider complètement et radicalement le capitalisme et ses vestiges dans l'économie, dans la vie quotidienne et dans la conscience des hommes, d'édifier la société communiste »[6]. L'individu n'existait que par et pour le groupe. Les expériences douloureuses des régimes communistes comme la barbarie nazie ont sans doute contribué à ce que la doctrine renoue avec la notion de droits subjectifs, véritable rempart de la liberté des individus au sein d'une société donnée.

Définition des droits subjectifs. La controverse n'a pas porté uniquement sur l'existence des droits subjectifs. La définition aussi a divisé les auteurs. Sous l'influence de la pensée kantienne, Savigny et les pandectistes ont défini les droits subjectifs comme un pouvoir de volonté, un pouvoir de disposition que le sujet peut exercer sur le monde extérieur dans les limites posées par le droit objectif[7]. Trois critiques majeures ont été adressées à cette conception. Celle-ci repose sur une confusion entre droit et exercice du droit. L'incapable, en dépit de son absence de volonté, n'est-il pas titulaire de droits?

3. Duguit L., *Manuel de droit constitutionnel*, 4e éd., 1923, E. de Boccard, p. 12.
4. Malaurie P., Morvan P., *Introduction au droit*, 6e éd., 2016, LGDJ, Droit civil, n° 50.
5. Loi conférant à Adolf Hitler les pouvoirs absolus concernant le fonctionnement de l'État et l'administration de la justice.
6. Définition donnée par Andrei Vychinsky en 1938 à la première conférence des juristes soviétiques
7. Von Savigny K., *Traité de droit romain*, 1855, Paris, trad. fr. Guenoux C., Didot.

L'analyse en termes de pouvoir de disposition, reprise et affinée ultérieurement par Roubier[8], impose en outre une conception bien restrictive des droits subjectifs. Si ceux-ci ne peuvent avoir pour objet que des choses appropriables, il faut se résoudre à exclure de cette catégorie les droits de la personnalité. Enfin, il est reproché à cette thèse de passer sous silence le but pour lequel le droit objectif opère une concession au profit du pouvoir individuel de volonté. De cette critique est née la célèbre définition de Jhering selon laquelle le droit subjectif est un « intérêt légitime juridiquement protégé ». Il n'y a de droit subjectif qu'autant qu'il existe une action en justice pour le protéger. L'accent est alors mis sur l'utilité des droits subjectifs, sur les avantages qu'ils garantissent quelle que soit leur nature : matérielle ou morale. À l'opposé de la conception volontariste, la catégorie s'étend alors aux droits de la personnalité, intérêts jugés dignes de protection. Le principal grief formulé à l'égard de cette conception est d'ordre méthodologique. Ainsi que l'écrit Dabin : « l'intérêt n'est pas un droit parce qu'il est protégé ; il est, au contraire, protégé parce qu'il est reconnu être un droit, méritant comme droit cette protection. Et alors la question reste entière de savoir en quoi consiste le droit »[9]. La thèse de Jhering présente la faiblesse de tout raisonnement finaliste. On ne peut définir une chose par son but, quoique celle-ci en ait un[10] ! Afin de transcender les critiques, certains auteurs tentèrent de concilier les approches volontariste et finaliste. Adoptant une définition mixte, Saleilles considère que les droits subjectifs sont « un pouvoir mis au service d'intérêts de caractère social, et exercé par une volonté autonome »[11]. Quelques années plus tard, Dabin propose sans doute la définition la plus aboutie des droits subjectifs. L'auteur défend l'idée qu'intrinsèquement, le droit subjectif est un lien d'appartenance et un pouvoir de maîtrise, tandis qu'extrinsèquement il est un rapport d'altérité qui impose une protection juridique. Le lien d'appartenance traduit la relation qui existe entre un sujet de droit et une valeur, peu importe que celle-ci soit extérieure ou inhérente à la personne : chose matérielle, immatérielle, valeur morale (ce qui permet d'englober les droits de la personnalité). Le pouvoir de maîtrise est le reflet de l'assujettissement de cette valeur au sujet de droit. Le rapport d'altérité renvoie à l'idée d'opposabilité de l'appartenance-maîtrise. Il n'y a de droits subjectifs que dans la mesure où l'individu évolue au sein d'un groupe. Il appartient alors à la société de garantir leur protection. Se voulant résolument novatrice, la définition retenue s'avère, à la réflexion, empreinte de considérations classiques. Ce faisant, l'immense mérite de l'éminent juriste est sans doute d'avoir systématiser l'approche duale des droits subjectifs, aujourd'hui communément admise. Tout droit subjectif confère à son titulaire une prérogative (portant sur une chose, une valeur) et est protégé, en cas d'atteinte, par l'existence d'une sanction.

Prolifération des droits subjectifs. Depuis la deuxième moitié du XXe siècle, la catégorie des droits subjectifs ne cesse de se dilater. Au nom d'une philosophie individualiste, prétendument fondatrice de l'État de droit, les individus exigent la reconnaissance juridique de leurs moindres désirs. Leurs envies se muent en revendication. Le sujet de droit est placé au cœur du système et le groupe relégué au second plan. Dans ce contexte, l'idéologie des droits de l'homme a été utilisée (instrumentalisée ?) afin d'assurer le

8. ROUBIER P., *Droits subjectifs et situations juridiques*, 1963, Dalloz, coll. Philosophie du droit, spéc. p. 73.
9. DABIN J., *Le droit subjectif*, 1952, Dalloz, p. 69.
10. Un tel raisonnement conduirait à assimiler une voiture et un bateau sous prétexte qu'ils permettent de voyager ; l'électricité, le bois, le pétrole sous prétexte qu'ils produisent de l'énergie…
11. SALEILLES R., *De la personnalité juridique*, 2e éd., 1922, Paris, éd. Rousseau, p. 546 et s.

primat de l'individu. Celui-ci devient le centre des préoccupations. Le culte de l'ego conduit à faire de l'épanouissement individuel l'objectif ultime. Dans cette perspective, les droits fondamentaux sont conçus comme des instruments au service de la satisfaction personnelle. Ils ne sont plus considérés comme une fin mais comme un moyen. Il en résulte un bouleversement des modes de pensée traditionnels. Le droit se subjectivise. « L'exaltation des droits de l'homme » est ainsi à l'origine de la « pulvérisation du droit objectif » en une « averse de droits subjectifs »[12]. Les « droit à... » pullulent. Tout est droit subjectif ou, pour mieux dire, il convient que tout le devienne. La société civile s'organise. Les associations, syndicats, communautés, revendiquent un « droit aux droits » et exercent, à cette fin, des pressions sur les politiques et les juges. La consécration d'un droit au logement opposable[13], déclinaison du droit à une vie décente, en est une parfaite illustration. L'ouverture du mariage aux personnes de même sexe, la reconnaissance d'un droit à l'homoparentalité en sont des manifestations récentes. Loin d'être achevé, ce processus semble encore promis à un bel avenir. Dans le prolongement des dernières conquêtes, la revendication d'un droit à l'enfant se fait de plus en plus pressante. La prohibition de la gestation pour autrui et l'accès aux techniques de procréation médicalement assistée pour les couples de femmes font l'objet de vives discussions. La question de l'euthanasie active est aussi au cœur des débats. Au nom d'un droit à la qualité de la vie, à la dignité, certains militent pour l'admission d'un droit à choisir le moment de sa mort. Ce mouvement de subjectivisation du droit interpelle. Le juge est confronté à un nouveau type de contentieux. Lorsque tout le monde s'arme de prérogatives supérieures, les conflits deviennent inévitables et il revient au magistrat d'arbitrer entre des droits de l'homme d'égale valeur hiérarchique. Se développe ainsi un contrôle de proportionnalité, de légitimité et de nécessité qui renouvelle la pratique judiciaire. De manière plus préoccupante, le processus de subjectivisation du droit invite à s'interroger sur la persistance d'un véritable ordre civil[14]. Est-il possible de concevoir un système cohérent dès lors que les règles s'ordonnent autour de l'individu et non des relations qu'il noue avec les autres ? Il est permis d'en douter. L'inflation des « droits à... » conduit à une « balkanisation »[15] des droits subjectifs et rend vain l'espoir d'un ordonnancement juridique systématique. Il n'est pas exclu pour autant de tenter de dresser leur typologie.

§ 2 – TYPOLOGIE

L'être et l'avoir. De toutes les classifications opérées en droit, celle opposant les personnes et les biens est la plus importante. Elle est la traduction juridique de la distinction philosophique entre l'être et l'avoir. Dans le prolongement de cette classification fondatrice, il est possible d'ordonner les droits subjectifs. Certains ont pour objet de garantir les intérêts primordiaux de la personne et sont, à ce titre, dépourvus de valeur marchande. D'autres ont pour objet un bien ou une prestation et sont dotés d'une valeur pécuniaire. Les premiers sont qualifiés de droits extrapatrimoniaux (A), les seconds de droits patrimoniaux (B).

---

12. CARBONNIER J., *Droit et passion du droit sous la Ve République*, 1996, Flammarion, p. 121.
13. Loi n° 2007-290 du 5 mars 2007. La portée normative de ce droit n'est pas douteuse : v. CEDH, 9 avr. 2015, n° 65829/12, Mme T c/ France. La France est condamnée pour ne pas avoir garanti l'efficacité du droit au logement opposable.
14. Témoin, la notion d'ordre public dont le contenu se fondamentalise au risque d'une véritable dissolution de celui-ci.
15. COHEN D., « Le droit à... », in *L'avenir du droit, Mélanges en hommage à François Terré*, 1999, PUF Dalloz, p. 394.

A - LES DROITS EXTRAPATRIMONIAUX

Variété des droits extrapatrimoniaux. Les droits extrapatrimoniaux se caractérisent par leur grande diversité. Certains relèvent des libertés publiques. Il en est ainsi des droits politiques (droit de vote, d'éligibilité), des grandes libertés individuelles (liberté d'opinion, d'expression, de croyance...) et des libertés collectives (liberté syndicale, droit de grève). Ces droits, qualifiés aussi de « droits de l'homme », s'exercent avant tout, de manière verticale, dans les rapports entre les individus et l'État. La Déclaration des droits de l'homme et du citoyen de 1789, celle, universelle, de 1948, la Convention européenne de sauvegarde des droits et libertés fondamentaux de 1950, la Charte des droits fondamentaux de l'Union européenne de 2000..., qui proclament ces droits sont destinées à cantonner le pouvoir étatique en garantissant aux individus une sphère de liberté dans laquelle la puissance publique ne peut s'immiscer. Cependant, depuis quelques dizaines d'années, sous l'influence de la Cour européenne, les droits de l'homme tendent à développer des effets horizontaux. Grâce à la théorie dite des obligations positives, le Cour de Strasbourg n'hésite pas à condamner un État qui ne mettrait pas en œuvre des mesures positives permettant d'assurer le respect des droits garantis par la Convention dans les relations interindividuelles. Les droits de l'homme peuvent désormais être invoqués par un individu à l'encontre d'un autre individu. Cette diffusion des droits de l'homme dans les rapports entre particuliers provoque un chevauchement avec les classiques droits de la personnalité. Ces derniers, inhérents à la qualité de personne, ont été conçus pour garantir que, dans ses rapports à l'autre, chaque individu puisse bénéficier d'une sphère de protection. Le droit au respect de la vie privée, le droit au nom, à l'honneur, à la dignité, à l'image, à la présomption d'innocence, à l'intégrité physique... en sont des exemples topiques. Ces droits, attributs de la personnalité, recoupent aujourd'hui très largement les droits de l'homme. À l'opposé de ceux-ci, il est des droits extrapatrimoniaux, qui ne sont pas attachés à la qualité d'homme mais à la situation particulière de l'individu au sein d'un groupe considéré. Il en est ainsi des droits familiaux qui ne sont reconnus qu'aux membres de la cellule familiale. Les devoirs mutuels de respect, fidélité, secours et assistance entre époux, les droits attachés à la filiation et notamment l'autorité parentale en sont les principales illustrations. La reconnaissance de tels droits s'explique par la nécessité d'organiser juridiquement la famille, celle-ci constituant le meilleur « mode d'intégration de l'individu à la société globale »[16].

Régime des droits extrapatrimoniaux. Attachés à la personne de leur titulaire, et parce qu'ils sont dépourvus de valeur pécuniaire, les droits extrapatrimoniaux sont, en principe, incessibles, intransmissibles, insaisissables et imprescriptibles. L'affirmation, bien que classique, mérite d'être précisée. La réalité est complexe et les solutions de droit positif invitent à admettre quelques nuances. Depuis quelques années en effet, se développe un phénomène de patrimonialisation, spécialement de certains droits de la personnalité. Ainsi, le titulaire d'un nom peut valablement consentir à son utilisation à des fins commerciales. Une personne peut, moyennant une contrepartie financière, donner son consentement à la divulgation de certains évènements relevant de l'intimité de sa vie privée, à la publication de photographies. Naturellement, le juge a posé de strictes conditions. Il vérifie que l'autorisation est limitée dans son objet et sa finalité. Elle doit être

16. Terré F., *Introduction générale au droit*, 2015, Dalloz, n° 350.

consentie à une fin déterminée et ne saurait donc valoir pour d'autres utilisations. Mais cela suffit-il ? Admettre une telle contractualisation des libertés individuelles, n'est-ce pas déjà remettre en cause leur nature même de droits fondamentaux ? De tels droits, par essence extrapatrimoniaux, sont dépourvus de valeur pécuniaire. Or l'évaluation de l'atteinte ne suppose-t-elle pas, au préalable, de déterminer la valeur intrinsèque de ces droits ? Le raisonnement conduit à une aporie. On ne peut pas tout à la fois poser le principe d'extrapatrimonialité et, dans le même temps, admettre que l'on puisse les céder moyennant une juste contrepartie financière. Faut-il conclure à une marchandisation des droits fondamentaux ? On peut légitimement le penser. Sauf à considérer qu'il s'agit moins d'une cession que d'une renonciation. L'autorisation de divulguer des photographies, de dévoiler une information relevant de la vie privée, s'analyserait non comme une cession mais comme une renonciation à titre onéreux à obtenir en justice la protection dudit droit. Le droit ne serait donc pas, en tant que tel, cédé, ce qui resterait compatible avec son caractère extrapatrimonial. Mais comment ne pas voir dans une pareille analyse une part d'artifice ? La solution est sans doute ailleurs. Il faut peut-être se résoudre à admettre la nature duale de ces droits sur le modèle du droit de propriété intellectuelle qui admet que l'auteur soit titulaire d'un droit moral distinct du droit de reproduction/représentation. C'est au demeurant le parti pris que semble avoir adopté la Cour de cassation à propos du droit des mannequins sur leur image[17].

Sanction des atteintes aux droits extrapatrimoniaux. La meilleure sanction réside dans la prévention des atteintes. En intervenant en amont, le dommage peut être évité. L'article 9 du Code civil offre ainsi la possibilité aux juges de prononcer « toutes mesures telles que séquestre, saisie et autres, propres à empêcher (...) une atteinte à la vie privée ». En d'autres termes, le juge peut limiter la liberté d'expression dès lors que celle-ci concerne une information illégitime portant atteinte à l'intimité de la vie privée. Une telle sanction, en ce qu'elle emporte une restriction à un droit fondamental, suppose donc que l'atteinte soit imminente et certaine, caractères parfois délicats à apprécier. Une démarche similaire a été adoptée récemment par le Conseil d'État afin de prévenir une atteinte à la dignité humaine. La haute juridiction a ainsi interdit la représentation d'un spectacle en se fondant sur l'existence d'un trouble à l'ordre public et le risque sérieux d'atteinte à la dignité[18]. À défaut de pouvoir empêcher l'atteinte, il convient de réparer les dommages qu'elle cause. La réparation peut d'abord intervenir en nature : rectification ou diffusion d'un communiqué, droit de réponse, publication du jugement de condamnation (par exemple, lors d'une atteinte à la présomption d'innocence ou à la vie privée). Le plus souvent cependant, la réparation est obtenue par l'octroi de dommages et intérêts. L'argent paie tout... y compris les atteintes aux droits extrapatrimoniaux ! Ceux-ci revêtent alors le voile des droits patrimoniaux, mais après coup, pour les besoins de la justice corrective. Afin de renforcer la protection, la Cour de cassation a facilité le jeu de la réparation en posant des présomptions de préjudice. La seule constatation de l'atteinte au droit subjectif emporte présomption de fait qu'il y a eu – à tout le moins – préjudice

---

17. Cass. 1re civ., 28 janv. 2010, n° 08-70248.

18. CE, 9 janv. 2014, n° 374508, Ministre de l'Intérieur c/ Société Les productions de la Plume et M. Dieudonné M'Bala M'Bala. Les allégations selon lesquelles les propos pénalement répréhensibles et de nature à mettre en cause la cohésion nationale ne seraient pas repris n'ont pas suffi à convaincre les juges de l'absence d'un risque sérieux d'atteinte à la dignité de la personne humaine...

moral[19]. L'étendue de la réparation est ainsi déterminée en fonction de la gravité de la faute. Détaché des préoccupations indemnitaires, le recours à la responsabilité est ici utilisé à des fins punitives. Les solutions retenues transforment les dommages et intérêts alloués en une amende civile dont la fonction est de sanctionner et de dissuader plus que de réparer.

Extinction des droits extrapatrimoniaux. Les droits extrapatrimoniaux s'éteignent en principe avec la mort de la personne ou avec la disparition de la situation familiale qui les a fait naître (divorce, majorité de l'enfant...). Toutefois, de manière exceptionnelle, certains droits survivent au décès de leur titulaire. Il en est ainsi du respect dû au corps humain. Les restes des personnes décédées, y compris les cendres de celles dont le corps a donné lieu à crémation, doivent être traités avec respect, dignité et décence. La déférence due au cadavre se concrétise dans les interdictions juridiques d'en faire un objet d'outrage, une utilisation cynique, matérialiste ou purement commerciale[20]. La protection de la mémoire du défunt justifie aussi la survie du droit moral de l'auteur, du droit de réponse à des injures ou diffamations *post mortem*. L'intérêt de ces droits est cependant plus symbolique que réel. La personne étant décédée, celle-ci n'est pas, par définition, en mesure d'agir ! L'exercice de ces droits est abandonné à la discrétion des vivants. En pratique, les proches agissent souvent lorsque, dans le même temps, ils peuvent aussi intenter une action en leur propre nom.

B - LES DROITS PATRIMONIAUX

Présentation. Sont qualifiés de patrimoniaux les droits susceptibles d'être évalués en argent. Ce sont des droits d'ordre économique qui sont regroupés au sein du patrimoine de chaque personne. Ils sont librement cessibles, transmissibles aux héritiers et légataires, saisissables par le créancier du titulaire et enfin prescriptibles. Suivant une classification héritée du droit romain, il est classique d'opposer, au sein des droits patrimoniaux, les droits réels et les droits personnels.

Les droits réels. Le droit réel confère à son titulaire un pouvoir direct et immédiat sur une chose. Ce pouvoir s'exerce sans que le concours d'une autre personne ne soit nécessaire. Sa structure se compose donc d'un sujet actif (le titulaire) et d'un objet (la chose sur laquelle porte le droit). Il n'existe pas, contrairement aux droits personnels, de sujet passif. Les droits réels ont un caractère absolu. En ce sens ils sont opposables à tous : les tiers sont tenus de les respecter. Le droit de propriété est, sans nul doute, le droit réel le plus complet. Il confère à son titulaire le droit d'user de la chose (*usus*), le droit d'en percevoir les fruits (*fructus*) et le droit d'en disposer matériellement ou juridiquement (*abusus*). Lorsque ces prérogatives sont distribuées entre des personnes différentes, la propriété est dite démembrée. Ainsi la loi distingue la nue-propriété qui est le droit de disposer de la chose, l'usufruit qui est le droit d'user et de tirer les fruits de la chose, les droits d'usage qui permettent de jouir et de percevoir les fruits de la

---

19. Pour des exemples en matière d'atteinte à l'honneur Cass. 1re civ., 13 juin 2006, n° 04-15008 ; au droit moral de l'auteur : Cass. 1re civ., 3 avr. 2007, n° 06-13342 ; à la vie privée : Cass. 1re civ., 5 nov. 1996, n° 94-14798 ; au droit à l'image : Cass. 1re civ., 5 juill. 2006, n° 05-14738.
20. Cass. 1re civ., 16 sept. 2010, n° 09-67456.

chose mais dans la limite des besoins du titulaire, les servitudes qui, tel un droit de passage permettant d'accéder à un terrain enclavé, sont une charge qui pèse sur un fonds (dit servant) au profit d'un autre fonds (dit dominant). Les démembrements de propriété présentent l'intérêt de répartir les utilités d'une chose entre les mains de personnes différentes. La pratique a, depuis fort longtemps déjà, appréhendé les potentialités attachées à cette technique. Au-delà des modèles envisagés par le législateur, elle a développé d'autres formes de démembrement. Le droit de superficie qui s'analyse en un droit de propriété sur un volume en est une parfaite illustration. En approuvant ces montages, la Cour de cassation a, dans le même temps, définitivement condamné la doctrine du *numerus clausus* des droits réels[21]. La propriété et ses démembrements sont qualifiés de droits réels principaux par opposition aux droits réels accessoires. Ces derniers, appelés aussi sûretés réelles, sont accordés au créancier en garantie de sa créance sur une ou plusieurs choses appartenant au débiteur. Ainsi en est-il du gage et de l'hypothèque qui confèrent à leur titulaire un droit direct sur le meuble gagé ou sur l'immeuble hypothéqué, droit qui leur permet, en cas de défaillance du débiteur, de se payer sur le bien grevé, quelles que soient les mains entre lesquelles il se trouve, et par priorité à tout autre créancier. Les titulaires de droits réels accessoires bénéficient d'un droit de suite et d'un droit de préférence.

Les droits personnels. Le droit personnel, aussi appelé obligation, est un lien de droit en vertu duquel une personne, le créancier, peut exiger d'une autre, le débiteur, une prestation ou une abstention. La structure du droit personnel comporte trois éléments : un sujet actif (le créancier), un sujet passif (le débiteur) et un objet (une prestation ou une abstention). Les prestations que peut exiger une personne n'étant restreintes que par des considérations relatives à l'ordre public et aux bonnes mœurs, il existe un nombre illimité de droits personnels. Il parait, dans ces conditions, compliqué d'en dresser un inventaire. Il est en revanche possible de les classer en observant la nature de leur objet. Une première distinction oppose les obligations de faire, ne pas faire et donner. L'obligation de faire est celle par laquelle le débiteur s'engage à accomplir un fait positif (mettre à disposition, réparer, livrer, prêter...). L'obligation de ne pas faire impose une abstention (non-concurrence, confidentialité, exclusivité...). L'obligation de donner a, quant à elle, pour objet de transférer la propriété. Cette dernière a cristallisé les critiques. Nombreux sont les auteurs qui lui dénient toute existence spécifique et la relèguent au « Panthéon du droit des obligations »[22]. La prétendue obligation de transférer la propriété serait un effet légal de certains contrats. Dans la vente, par exemple, le transfert s'opérant de plein droit, *solo consensu*, celui-ci intervient automatiquement et indépendamment d'une quelconque action du vendeur, voire à son insu. Ceci explique-t-il cela ? Cette classification tripartite, qui fondait le système des obligations, n'a pas été reprise lors de la récente réforme du droit des contrats, du régime général et de la preuve des obligations. La définition du contrat s'est ainsi affranchie de toute référence à cette distinction. Le droit de l'inexécution contractuelle qui, jusqu'alors, reposait sur celle-ci a été totalement rebâti. Enfin, le transfert de propriété est désormais explicitement conçu comme un effet non obligationnel du contrat. L'intérêt de cette classification apparaît dès lors résiduel.

---

21. V. Cass. req., 13 févr. 1834, Caquelard, *S.* 1834, 1, p. 205 et en dernier lieu : Cass. 3e civ., 8 janv. 2016, n° 14-26953, Cass. 3e civ., 31 oct. 2012, n° 11-16304.
22. Antonmattei P. H. et Raynard J., *Contrats civils et commerciaux*, 2015, Litec, n° 149.

Il n'en va pas de même, en revanche, de la distinction des obligations pécuniaires et des obligations en nature qui présente une grande importance en pratique. Les premières ont pour objet une somme d'argent, les secondes, qui regroupent toutes les autres, ont un objet autre que monétaire. Tandis que les obligations pécuniaires sont, en raison du principe du nominalisme, soumises aux effets néfastes de la dépréciation monétaire, les obligations en nature en sont à l'abri. Primordiales dans la conjoncture économique actuelle, les obligations monétaires font l'objet de dispositions spécifiques au sein du Code civil. Enfin, les obligations peuvent être classées en fonction de leur intensité. L'obligation peut d'abord être de moyens lorsque le débiteur est tenu d'apporter les soins et diligences normalement nécessaires pour atteindre un certain but (ex : l'obligation du médecin). L'obligation peut ensuite être de résultat lorsque le débiteur est tenu, sauf cas de force majeure, de procurer au créancier la satisfaction promise (ex : l'obligation de sécurité du transporteur). C'est en matière de preuve de l'inexécution que réside l'intérêt de cette distinction. Si l'obligation est de moyens, il appartient en principe au créancier de démontrer le manquement du débiteur. Si l'obligation est de résultat le débiteur est présumé défaillant. Étant précisé, qu'en cas d'inexécution, les droits personnels ne sont opposables qu'au débiteur et, éventuellement, à ses ayants droit (sous réserve, s'agissant de ces derniers, que les droits ne soient pas de nature *intuitu personae*). Les droits personnels confèrent au créancier ordinaire, aussi appelé chirographaire, un simple droit de gage général sur le patrimoine du débiteur. C'est ce qu'exprime l'article 2284 du Code civil : « quiconque s'est obligé personnellement, est tenu de remplir son engagement sur tous ses biens mobiliers et immobiliers, présents et à venir ». Il en résulte que si, à l'échéance, le débiteur est défaillant, le créancier pourra saisir n'importe quel bien se trouvant dans son patrimoine afin de se faire payer. Toutefois, si plusieurs créanciers sont en concours, ceux qui sont privilégiés ou/et titulaires de sûretés (par exemple, les bénéficiaires d'un privilège général ou spécial sur les biens du débiteur, les titulaires d'un droit réel accessoire) sont payés en priorité. Les créanciers ordinaires sont désintéressés en dernier et le prix est distribué entre eux par contribution. Si le passif est supérieur à l'actif, ils ne seront payés qu'à hauteur d'une fraction de leur créance.

Critiques de la distinction. La distinction droits réels/droits personnels a fait l'objet de vives critiques. À la fin du XIXe siècle, Planiol défendit la thèse, qualifiée de personnaliste, selon laquelle les droits réels ne seraient qu'une forme particulière d'obligation[23]. L'auteur considère qu'un droit ne peut lier qu'une personne à une autre, que « donner à l'homme un droit sur la chose équivaudrait à imposer une obligation à la chose envers l'homme, ce qui serait une absurdité »[24]. La difficulté est alors d'identifier le sujet passif. Selon Planiol il s'agit de toutes les autres personnes tenues de respecter le droit du sujet actif. Le droit réel aurait donc un sujet passif universel. S'attachant à reconstruire la structure des droits réels, l'auteur considère que celle-ci s'ordonne autour de trois éléments : un sujet actif déterminé (le titulaire du droit), un sujet passif indéterminé (tous les autres sujets de droit) et un objet (l'abstention des sujets passifs, obligés de respecter le droit du sujet actif). Le droit réel s'analyse ainsi en une obligation passive universelle. Cette thèse n'a pas réussi à s'imposer bien qu'elle ait connu un certain succès au début du XXe siècle. Il lui

23. PLANIOL M., *Traité élémentaire de droit civil*, t. 1, éd. 1899, LGDJ, R. Pichon, n° 2158 et s.
24. RIBERT G. et BOULANGER J., *Traité de droit civil d'après le traité de Planiol*, t. 2, *Les obligations*, 1957, LGDJ, R. Pichon et R. Durand-Auzias, p. 660.

a été fait grief de reposer sur une confusion entre les notions de droit et d'opposabilité. Si la collectivité est tenue de respecter le droit du sujet actif, c'est que celui-ci lui est opposable et non qu'il existe une prétendue obligation universelle[25]. En outre, cette obligation passive universelle est une fiction qui méconnaît les principales caractéristiques du droit réel en reléguant au second plan les pouvoirs directs et immédiats du sujet actif sur la chose. À l'opposé de la thèse personnaliste, certains auteurs ont, à la suite de Saleilles[26], défendu une conception objective. Selon ce courant de pensée, tous les droits peuvent être ramenés à la catégorie des droits réels. Ce qui importe dans le lien d'obligation, ce ne sont pas les sujets de droits mais la valeur économique qu'il représente. Les droits personnels ne doivent pas s'analyser en un rapport entre deux personnes mais en un rapport sur une valeur. Il est un droit sur la prestation elle-même et peut, à ce titre, être considéré comme un droit réel. Cette thèse n'a pas prospéré pour deux raisons essentielles. Tout d'abord, elle ignore l'importance que peuvent avoir les considérations personnelles des sujets. Indépendamment même des obligations conclues *intuitu personae*, les qualités du débiteur (et notamment sa solvabilité) ne sont jamais indifférentes au créancier. Ensuite, contrairement aux droits réels, l'exercice d'un droit personnel suppose toujours l'intervention du débiteur qu'il s'agisse de l'exécution de la prestation promise, de la modification de l'obligation ou de sa révocation (principe du *mutuus dissensus*).

§ 3 – RÉGIME

Les droits patrimoniaux uniquement. La catégorie des droits subjectifs regroupe des droits de natures si différentes qu'il est impossible de dégager un régime juridique uniforme. Sans doute est-ce là l'une des critiques majeures qui peut être formulée à l'encontre de la notion. À vouloir lui donner une portée trop vaste, il devient difficile d'en proposer une vision homogène. Cela étant dit, s'il est vrai que les droits inhérents à la personne humaine présentent des spécificités telles qu'un traitement particulier s'impose (cf. *supra*, les droits extra patrimoniaux), les droits patrimoniaux, en revanche, malgré leur diversité, peuvent faire l'objet d'une étude d'ensemble. La création (A), l'exercice (B), la preuve (C) et l'extinction (D) de ces droits retiendront successivement notre attention.

A - CRÉATION

Les actes juridiques. L'acte juridique est une manifestation de volonté destinée à produire des effets de droit. Il est un «catalyseur»[27] de droits subjectifs. De toutes les classifications, celle qui oppose les actes unilatéraux et bilatéraux est la plus importante[28]. L'acte est dit unilatéral lorsqu'il procède de la manifestation d'une seule volonté. L'offre de contrat[29], la confirmation, la ratification, la réception, le testament, la renonciation à succession en sont autant d'illustrations. La volonté individuelle peut ainsi être à l'origine de la constitution, de la survie ou de l'anéantissement d'une situation juridique. Peut-elle

25. On ne manquera pas de remarquer que l'obligation passive universelle ne vient nullement grever le patrimoine des prétendus sujets passifs…
26. Saleilles R., *Essai d'une théorie générale de l'obligation*, éd. 1890, Librairie Cotillon F. Pichon, p. 80.
27. Malinvaud P., *Introduction à l'étude du droit*, 2016, LexisNexis, n° 433.
28. Seule celle-ci sera envisagée, les effets juridiques qui lui sont attachés étant particulièrement importants.
29. Bien que sa nature juridique soit vivement discutée depuis la récente réforme du droit des contrats.

faire naître une obligation et donc lier deux personnes? Cette question, qui est celle de l'admission de l'engagement unilatéral de volonté, a été vivement discutée. Certaines branches du droit privé y sont favorables. Il en est ainsi du droit du travail (ex: l'engagement de l'employeur de verser une prime de treizième mois) et du droit des affaires (ex: la possibilité de créer une EURL). Le droit civil semble plus réticent et cantonne son domaine. Seules l'exécution et la promesse d'exécution d'une obligation naturelle s'analysent en un engagement unilatéral qui transforme celle-ci en une obligation civile. À l'opposé, les actes bilatéraux, aussi appelés conventionnels, trouvent leur origine dans un accord de volonté. Jusqu'à la récente réforme du droit des contrats, il importait de distinguer, au sein des conventions, celles qui faisaient naître des obligations (les contrats), de toutes les autres. Désormais, convention et contrat sont assimilés. Procédant à une confusion entre le genre et l'espèce, le législateur a, au nom d'une prétendue simplification du droit, supprimé une subtile distinction. Dorénavant, outre la création d'obligations, le contrat peut modifier, transmettre ou éteindre des droits. La remise de dette, la résiliation conventionnelle, la cession de créance ou de contrat, la subrogation conventionnelle... doivent ainsi être qualifiées de contrat. Les contrats peuvent aussi produire des effets réels. Il suffit de songer à la vente pour s'en convaincre: le contrat opère transfert de la propriété de la chose vendue. Parfois, l'accord de volontés crée le droit réel. Il en est ainsi de la convention constituant une hypothèque, un usufruit, un droit d'usage, une servitude... Sous réserve de respecter les règles d'ordre public et les bonnes mœurs, les volontés sont toutes puissantes à produire toutes sortes de droits subjectifs.

Les faits juridiques. Le fait juridique est tout événement ou agissement qui produit des effets de droit sans que ceux-ci aient été voulus. Certains relèvent du fait de la nature (naissance, décès...), d'autres du fait de l'homme (accident, quasi-contrats...). Il importe de bien distinguer l'agissement de ses conséquences juridiques. Tandis que le premier peut avoir été voulu, les secondes, en revanche, ne sont jamais recherchées. C'est ce qui distingue le fait de l'acte juridique. Il est d'usage d'opposer les faits illicites et les faits licites. Les premiers, qui constituent les délits et les quasi-délits, vont entraîner la mise en œuvre de la responsabilité civile de leur auteur. Celle-ci vient sanctionner la violation d'un devoir général de prudence, de diligence et de loyauté. Toute faute qui cause à autrui un dommage fait naître sur la tête du responsable une obligation de le réparer. Le Code civil précise encore que l'on doit répondre des choses et des personnes dont on a la garde. Bien que restées inchangées depuis 1804, ces dispositions ont su, grâce à l'œuvre créatrice de la jurisprudence, s'adapter aux évolutions et aux besoins de la société. Les faits licites sont nombreux. Les quasi-contrats en font partie. Il s'agit de faits purement volontaires dont il résulte un avantage pour un tiers et un appauvrissement de celui qui agit[30]. Il en est ainsi, par exemple, de la personne qui, pendant l'absence de son voisin, fait réparer la toiture endommagée; du concubin qui collabore gratuitement à l'activité professionnelle de son compagnon. Au nom de l'équité, il convient de rétablir l'équilibre injustement rompu en obligeant le tiers à indemniser celui qui, par son intervention, s'est appauvri. Les quasi-contrats sont des « actes » spontanés faisant naître des obligations. Ils se distinguent cependant des actes juridiques en ce qu'ils ne sont pas accomplis dans le but de créer des obligations.

30. La loi en prévoit trois: gestion d'affaires, répétition de l'indu, enrichissement injustifié. La jurisprudence n'hésite pas à en créer, par exemple, en matière de loteries publicitaires.

B - EXERCICE

Le principe : la liberté. Le droit subjectif confère à son titulaire une sphère de liberté dans laquelle autrui ne saurait s'immiscer... sauf à y être invité. Le sujet exerce son droit lui-même ou par l'intermédiaire d'un représentant (légal, conventionnel, judiciaire). Ce dernier agit au nom et pour le compte du titulaire qui seul sera engagé. Le titulaire est libre d'agir ou de ne pas agir. Il peut passer des actes conservatoires afin de ne pas laisser dépérir une valeur ou un droit. Le but est alors de maintenir la consistance du patrimoine (ex : actes interruptifs de prescription, renouvellement d'hypothèque, conclusion d'une police d'assurance...). Il peut conclure des actes d'administration dans le dessein de faire fructifier un bien sans en compromettre la valeur (ex : mise en location). Il peut enfin passer des actes de disposition. Ces derniers altèrent la composition du patrimoine. Les plus fréquents sont ceux qui ont pour objet le transfert de droits. La transmission peut intervenir entre vifs (donation, vente, cession, échange) ou à cause de mort (legs). Dans ce dernier cas, le transfert peut porter sur l'ensemble de ses droits (legs universel), sur une quote-part (legs à titre universel) ou sur un droit seulement (legs à titre particulier).

La limite : l'abus de droit. Sauf exception, les droits subjectifs ne sont pas des droits absolus. On ne peut les exercer que dans les limites posées par les normes de droit objectif. Ainsi, celui qui, exerçant de manière illicite son droit, cause un dommage à autrui, doit le réparer. La notion d'abus représente le seuil au-delà duquel l'exercice d'un droit subjectif n'est pas admissible. La définition des critères de l'abus a donné lieu à une querelle célèbre. Pour Ripert, le titulaire d'un droit subjectif n'en abuse que s'il l'exerce dans l'intention de nuire à autrui[31]. Pour Josserand, au contraire, il y a abus dès lors que le titulaire exerce son droit contrairement à sa finalité sociale[32]. Ce dernier considère que les droits subjectifs sont accordés dans un but précis : intérêt particulier du titulaire (ex : droit de créance, de propriété), intérêt d'une autre personne (ex : droit d'autorité parentale), intérêt général (ex : droit de critique littéraire et artistique). Il y a abus lorsque la finalité sociale est détournée. Cette thèse présente l'intérêt de dépasser la sphère strictement individuelle du droit. Elle semble toutefois délicate à mettre en œuvre. Elle suppose, non seulement de connaître la finalité sociale du droit en question, mais encore de rechercher les raisons pour lesquelles le titulaire a agi. En pratique, selon les droits en cause, la jurisprudence retient des solutions particulièrement disparates. Pour caractériser l'abus, elle exige parfois une intention de nuire[33]. Elle peut aussi se contenter du caractère simplement inutile de l'opération[34] ou de la preuve d'une légèreté blâmable[35]. Dans certaines situations, elle refuse d'admettre la possibilité d'un abus. Le droit est alors qualifié de discrétionnaire[36]. Il semble que lorsque la finalité sociale du droit est tournée vers le titulaire, la possibilité d'abus soit limitée, voire inexistante. À l'inverse, si la fonction sociale est extérieure au titulaire, les juges l'accueilleront plus aisément.

---

31. Ripert G., *La règle morale dans les obligations civiles*, 1926, LGDJ, n° 93 et s ; « Abus ou relativité des droits », Rev. crit. 1929, p. 33 et s.
32. Josserand L., *De l'esprit des droits et de leur relativité*, 1929, rééd. Dalloz.
33. Il en est ainsi s'agissant de l'exercice du droit de propriété : Cass. req., 3 août 1915, Clément Bayard c/ Coquerel : *GAJC*, 12e éd., t. 1, n° 67.
34. En matière d'abus du droit d'ester en justice : Cass. 2e civ., 11 sept. 2008, n° 07-18483.
35. Par exemple, en matière de rupture abusive des pourparlers, des fiançailles.
36. Il en est ainsi du droit de révoquer un testament (Cass. 1re civ., 30 nov. 2004, n° 02-20883) ; du droit de levée d'option du bénéficiaire d'une promesse de contrat, du droit de s'opposer à tout empiètement sur sa propriété (Cass. 3e civ., 7 nov. 1990, n° 88-16277).

C - PREUVE

Objet de la preuve. La preuve joue un rôle essentiel car celui qui ne peut démontrer l'existence de son droit est dans la même situation que celui qui en est dépourvu. Prouver un droit c'est prouver la réalité de l'évènement qui l'a fait naître (acte ou fait juridique)[37]. Lorsque cette preuve s'avère particulièrement délicate à rapporter, les présomptions viennent au secours des plaideurs. Les présomptions sont des conséquences que la loi ou le juge tire d'un fait connu à un fait inconnu. Elles ont pour objet de déplacer l'objet de la preuve en substituant à l'objet initial un autre objet plus facile à prouver. On distingue les présomptions légales des présomptions judiciaires. Le législateur pose des présomptions lorsqu'il estime que la preuve d'un évènement est trop difficile à rapporter. Ainsi, la possession fait présumer la propriété. Il suffit d'établir la possession pour prouver indirectement la propriété. Au cas particulier, la présomption étant simple, elle peut être combattue par tous moyens. Parfois, la loi limite les moyens par lesquelles la présomption peut être réfutée, elle est alors qualifiée de mixte[38]. Lorsqu'on ne peut lutter contre, la présomption est dite irréfragable. Dans le silence de la loi, le juge peut admettre des présomptions si elles sont graves, précises et concordantes. Il en est ainsi lorsqu'il se fonde sur un faisceau d'indices. Naturellement, ces présomptions du fait de l'homme sont, en raison de l'incertitude qu'elles supposent, toujours susceptibles d'être combattues.

Charge de la preuve. Le fardeau de la preuve pèse sur les plaideurs. Le système est qualifié d'accusatoire. Depuis quelques années cependant, l'intervention du juge se développe. Au nom d'un droit à la preuve – la procédure civile n'échappe pas au phénomène de subjectivisation – les parties ont obtenu qu'il puisse ordonner d'office certaines mesures d'instruction et tirer toutes les conséquences qui s'imposent si l'une d'elles refuse de s'y soumettre. Le rôle du juge dans l'administration de la preuve s'accroît sans que cela ne remette en cause les principes fondateurs qui placent les parties au cœur du système. Ainsi c'est à celui qui réclame l'exécution d'une obligation qu'il appartient de la prouver et, réciproquement, celui qui se prétend libéré doit justifier le paiement ou le fait qui a produit l'extinction de son obligation. En pratique, aucun des plaideurs ne reste passif en attendant que l'autre ait rapporté la preuve qui lui incombe. Chacun concourt à l'établissement des faits nécessaires à la résolution du litige. Parfois, la charge de la preuve est renversée. Il en est ainsi lorsque le législateur pose des présomptions qui dispensent le demandeur de rapporter la preuve du fait allégué. Par exemple, la bonne foi étant toujours présumée, le plaideur qui s'en prévaut n'a pas à la prouver. Il appartient au défendeur de démontrer la mauvaise foi. La présomption n'opère pas ici déplacement de l'objet, mais renversement de la charge de la preuve.

Diversité des modes de preuve. En matière civile, seules les preuves prévues par la loi sont admises. L'écrit, éventuellement dématérialisé, en constitue la première catégorie. Le Code civil distingue l'acte authentique qui est établi par un officier public (greffiers, huissiers, notaires, officiers d'état civil) et l'acte sous seing privé qui est rédigé et signé par les parties. La force probante du premier est bien supérieure à celle du second. L'acte authentique fait foi jusqu'à inscription de faux tandis que l'acte sous seing privé

37. Il n'appartient pas aux parties de prouver les règles juridiques qu'elles invoquent. Nul n'est censé ignoré la loi !

38. Par exemple, la présomption de responsabilité des parents du fait de leurs enfants ne peut être combattue que par la preuve de la force majeure.

s'impose jusqu'à preuve du contraire. Certains documents, non signés, sont aussi dotés d'une force probante. Les registres et papiers professionnels ont ainsi, contre leur auteur, la même valeur qu'un acte sous seing privé si, toutefois, leurs mentions ne sont pas divisées. Les registres et papiers domestiques ont une force probante à l'encontre de celui qui les a établis. Les copies ont la même valeur que l'original si elles sont fiables. Il appartient au juge d'apprécier ce caractère, étant précisé qu'est présumée fiable toute copie résultant d'une reproduction à l'identique de la forme et du contenu de l'acte et dont l'intégrité est garantie dans le temps. La copie se distingue de l'acte recognitif qui est un document établi pour reconnaître un droit déjà constaté dans un acte primordial antérieur. Il est, en quelque sorte, un nouvel original. L'aveu constitue un deuxième mode de preuve. Il est une déclaration par laquelle une personne reconnaît pour vrai un fait de nature à produire contre elle des conséquences juridiques. S'il est effectué au cours d'une instance, il est qualifié de judiciaire. Il est irrévocable, indivisible et fait foi contre son auteur. Il peut aussi être extrajudiciaire, sa valeur probante est alors déterminée par le juge. L'aveu doit être distingué du serment, qui est l'affirmation solennelle par un plaideur d'un fait qui lui est favorable. Il en existe deux types. Le serment décisoire est celui qu'un plaideur défère à l'autre, au cours du procès. La partie, ne pouvant établir la réalité de son droit, demande à son adversaire de jurer que tel fait est exact ou inexact. Si ce dernier prête serment, il gagne le procès ; s'il refuse, il le perd. Le serment supplétoire est déféré d'office par le juge à l'une des parties lorsque les preuves rapportées sont insuffisantes voire inexistantes. Le juge détermine souverainement sa force probante. Enfin, la preuve peut être rapportée par témoins ou par présomptions du fait de l'homme (cf. *supra*, objet de la preuve). Il appartient alors au juge d'apprécier la valeur des témoignages et indices recueillis.

Recevabilité des modes de preuve. Les actes juridiques se prouvent par écrit. Toutefois, il peut toujours être suppléé à la preuve littérale par l'aveu judiciaire, le serment décisoire ou par tout autre moyen s'il existe un commencement de preuve par écrit. Ce dernier est un acte écrit émanant de la personne contre laquelle la demande est faite et qui rend vraisemblable le fait allégué. L'exigence d'écrit est encore écartée si l'engagement porte sur une somme inférieure à 1 500 euros, en cas d'impossibilité matérielle ou morale de se procurer un écrit, de perte de l'original, d'accord des parties ou s'il était d'usage de ne pas en établir (ex : relation commerciale). À la différence des actes juridiques, la preuve des faits juridiques est libre. Elle peut donc être rapportée par tous moyens. Parfois la qualification d'acte ou de fait semble dictée par des considérations probatoires. Il en est ainsi, par exemple, du paiement qui est analysé, de manière discutable, comme un fait[39].

D - EXTINCTION

Les causes d'extinction communes à tous les droits subjectifs. Le droit subjectif peut lui-même prévoir les modalités de son extinction. Il en est ainsi lorsqu'il est affecté d'un terme extinctif. Celui-ci peut être certain (ex : date de fin d'un contrat, d'une hypothèque, d'un usufruit) ou incertain (ex : rente viagère, usufruit viager). Qu'un terme ait été ou non stipulé, il est toujours possible de renoncer à un droit subjectif de nature patrimoniale.

39. Cass. 1re civ., 6 juill. 2004, n° 01-14618.

Toutefois, tandis que les droits réels peuvent s'éteindre par décision unilatérale de leur titulaire (ex: abandon de la chose: déguerpissement), les droits personnels supposent, quant à eux, un accord entre les parties (ex: remise de dette). À défaut de terme stipulé ou de renonciation, le droit peut encore s'éteindre du fait de l'écoulement du temps. Ainsi, excepté le droit de propriété qui est imprescriptible, les actions réelles immobilières se prescrivent par trente ans et les actions personnelles ou mobilières par cinq ans.

Les causes d'extinction propres aux droits personnels. Le paiement constitue le mode normal d'extinction des obligations. Il se définit comme l'exécution volontaire de la prestation due. Sauf hypothèse de subrogation personnelle, il libère le débiteur. Naturellement, encore faut-il que celui-ci soit en mesure d'honorer son engagement. Si l'exécution est impossible en raison de la disparition de la chose promise ou en raison d'un évènement de force majeure, l'obligation ne saurait subsister. Sans s'identifier au paiement, différents mécanismes entretiennent avec lui des liens étroits et produisent les mêmes effets. Ainsi lorsque deux personnes sont à la fois débitrices et créancières l'une envers l'autre, le mécanisme de la compensation permet d'éteindre leurs obligations réciproques (à concurrence du montant le plus faible). Lorsque les qualités de créancier et de débiteur d'une même obligation sont réunies sur la tête d'une même personne, le droit s'éteint par confusion.

Indications bibliographiques

Sur la notion de droits subjectifs: Coing H., « Signification de la notion de droit subjectif », Arch. phil. dr. Sirey, 1964, p. 11 – Roubier P., « Délimitation et intérêts pratiques de la catégorie des droits subjectifs », Arch. phil. dr. Sirey, 1964, p. 83 – Michaelides-Nouaros G., « L'évolution récente de la notion de droit subjectif », RTD civ., 1966, p. 216. **Sur le phénomène de subjectivisation du droit**: Carbonnier J., *Flexible droit. Pour une sociologie du droit sans rigueur*, 2001, Paris, LGDJ, spéc. p. 105 et s. – Pichard M., *Le droit à...*, Economica, 2006 – R. Lafore, « Le droit aux droits », in *Le droit à... de l'émergence à l'effectivité*, Informations sociales, n° 81, 2000, p. 32 et s. **Pour approfondir la notion de droit extrapatrimonial**: Dupré de Boulois X., « Les droits fondamentaux des personnes morales – 1re partie: pourquoi ? », RDLF 2011, chron. n° 15. **Sur la sanction des atteintes aux droits extrapatrimoniaux**: Jourdain P., « Les droits de la personnalité à la recherche d'un modèle: la responsabilité civile », Gaz. Pal., 18 mai 2007, n° 138, p. 52-54 – Azzi T., « Les relations entre la responsabilité civile délictuelle et les droits subjectifs », RTD civ., 2007, p. 227. **Sur les droits patrimoniaux**: Catala P., « L'immatériel et la propriété », in *Le droit et l'immatériel*, 1999, Arch. phil. dr. Sirey, p. 61 – Gutmann D., « Du matériel et de l'immatériel dans le droit des biens », Arch. phil. dr. Sirey, 1999, p. 79 – Fabre-Magnan M., « Le mythe de l'obligation de donner », RTD civ., 1996, p. 86 et s. – Ginossar S., « Pour une meilleure définition du droit réel et du droit personnel », RTD civ., 1962, p. 573 et s. – Brenner C., « Sources des obligations dans le Code civil rénové: passage à l'acte ou acte manqué ? », JCP G, 2016, p. 524 – Roets D., « Les droits discrétionnaires: une catégorie juridique en voie de disparition ? », D. 1997, chron., p. 92. **Sur la réalisation des droits patrimoniaux**: Verges E., « Droit de la preuve, une réforme en trompe-l'œil », JCP G, 2016, p. 837 – Delpech X., « Réaffirmation de la liberté de la preuve du paiement », D. 2010, p. 2156. **Sur l'extinction de l'obligation**: Andreu L., « L'extinction de l'obligation », in *Le nouveau droit des obligations*, Dr. et patr., 2016, p. 86.

Les libertés

David Soldini
Maitre de conférences à l'École de droit de la Sorbonne (Université Paris 1), Directeur des études de l'Institut d'études judiciaires « Jean Domat »

§ 1 – LA POLYSÉMIE DE LA NOTION DE LIBERTÉ

A - LIBERTÉ NATURELLE ET LIBERTÉ SOCIALE

Hans Kelsen, interprétant la pensée de Jean-Jacques Rousseau, développait, dans son ouvrage sur la démocratie (*La démocratie, sa nature, sa valeur*, 1929), l'idée d'une polysémie du terme liberté. Compris dans un sens « naturel », il désigne la liberté de faire ce que l'on souhaite, indépendamment du contexte. C'est une vision absolue et non limitée de la liberté. Cette première définition s'oppose à la notion de liberté au sens social, qui renvoie au contraire à l'idée d'une liberté encadrée, c'est-à-dire finalement limitée, afin que chacun puisse effectivement en jouir. Cette limitation, consubstantielle à la vie en collectivité mais contraire aux inclinations naturelles des individus, doit être décidée de manière démocratique pour être acceptée. Les citoyens consentent des limites à leur liberté naturelle car ils participent à leur définition et à leur élaboration, notamment à travers le vote ou l'action des représentants élus. Ce principe de soumission volontaire à des règles communes est le fondement de la liberté sociale.

L'article 4 de la Déclaration des droits de l'homme et du citoyen de 1789 offre une parfaite illustration de cette définition : « La liberté consiste à pouvoir faire tout ce qui ne nuit pas à autrui : ainsi, l'exercice des droits naturels de chaque homme n'a de bornes que celles qui assurent aux autres Membres de la Société la jouissance de ces mêmes droits. Ces bornes ne peuvent être déterminées que par la Loi ».

B - LA LIBERTÉ, LES LIBERTÉS

Il est également possible de distinguer l'usage du terme « la liberté » de l'expression « les libertés ». Pris au singulier, le terme désigne une notion très générale aux contours difficilement définissables. Aussi la définition proposée par la Déclaration des droits de l'homme et du citoyen renvoie au législateur le soin de déterminer les contours de la liberté, en fixant notamment ses bornes. Le texte de la déclaration résume le nouveau paradigme politique et idéologique de la philosophie humaniste des Lumières : l'homme est libre par nature, l'État ne peut limiter cette liberté que dans le but de garantir ou d'accroître la liberté de tous. Cet équilibre est déterminé par le législateur, élu démocratiquement. Ainsi, l'État n'est pas à l'origine de la liberté, il en est le simple garant et son action permet le passage de la liberté naturelle, utopique dans une société organisée, à l'établissement de la liberté sociale, qui vise à maximiser la liberté de chaque membre du corps social.

L'utilisation du terme au pluriel – « les libertés » – peut s'interpréter différemment. L'expression ne renvoie plus à une notion générale, mais désigne un ensemble de régimes juridiques qui intègrent, en général, également les limites des libertés proclamées : la liberté d'aller et venir se comprend comme l'ensemble des règles relatives au droit de se déplacer librement, y compris lorsque ces règles sont des restrictions de cette même faculté ; la liberté de la presse renvoie essentiellement à l'encadrement par le législateur de cette activité et la loi du 29 juillet 1881, après avoir posé le principe général selon lequel la presse est libre, contient essentiellement des dispositions qui restreignent et encadrent la liberté des organes de presse. L'expression doit donc être considérée comme le plus souvent synonymes de régime juridique.

C - LES DROITS, LES LIBERTÉS

Il est enfin légitime de s'interroger sur la distinction entre les notions de « droits » et « libertés », notamment lorsqu'elles figurent dans la même expression, comme « droits et libertés fondamentaux ». Les deux notions désignent-elles des mécanismes juridiques différents ou sont-elles utilisées ensemble car elles désignent indistinctement les mêmes phénomènes ? En premier lieu, il convient de remarquer que, dans la Déclaration de 1789, la liberté est assimilée à un droit : « le but de toute association politique est la conservation des droits naturels et imprescriptibles de l'homme. Ces droits sont la liberté, la propriété, la sûreté et la résistance à l'oppression » (art. 2).

Si l'on tente néanmoins d'établir une distinction d'un point de vue juridique, il est possible de se fonder sur le sens usuel des termes :

- la « liberté » supposerait soit une abstention de l'État soit la mise en place d'un système de protection des libertés dirigée contre les tiers qui peuvent potentiellement y porter atteinte, comme c'est le cas pour la liberté d'expression ;
- le « droit » désignerait plutôt les cas où une action positive de l'État permet de protéger ou de garantir un intérêt ou une faculté, comme le droit de vote.

Toutefois ces sens usuels se heurtent à la réalité juridique puisque, par exemple, le terme « droit » est fréquemment utilisé pour désigner une forme d'abstention ou de protection contre les tiers, comme c'est le cas du droit de grève qui se comprend aussi comme la liberté de faire grève. De la même manière, le droit de vote est une des composantes de la liberté politique. Il convient alors de ne pas accorder trop d'importance à cette dernière distinction.

Enfin, les libertés dont il est fait état ici sont souvent désignées par l'expression « libertés publiques », qui vise à insister sur le fait qu'elles n'existent que grâce et par l'État. Il est ainsi fait directement référence à l'idéologie des Lumières et à l'idée selon laquelle la liberté s'acquiert en se soumettant à des lois communes et acceptées. Parfois, l'expression « libertés publiques » est prise au sens strict et ne désigne précisément que les libertés civiles et politiques proclamées par la Déclaration de 1789. La portée juridique de ces distinctions est minime.

§ 2 – HISTORIQUE DES LIBERTÉS

Les libertés se sont affirmées progressivement à partir de la révolution française. Elles se sont développées et diversifiées tout au long du XIXᵉ et du début du XXᵉ siècle. La fin de la Seconde Guerre mondiale a permis de consolider les libertés et la période contemporaine a vu l'essor de nouvelles formes de libertés mais également de leur remise en cause. Si ce mouvement s'inspire de phénomènes plus anciens et de traditions parfois millénaires, l'acte de naissance des libertés dans le droit moderne se situe sans doute durant la période révolutionnaire des XVIIᵉ et XVIIIᵉ siècles.

A - LES PREMIÈRES RÉVOLUTIONS ET LA NAISSANCE DES LIBERTÉS

Les trois grands actes des XVIIᵉ et XVIIIᵉ siècles qui marquent le début de l'histoire des libertés sont posés successivement au Royaume-Uni, aux États-Unis et en France : l'*Habeas corpus* de 1679, renforcé par la Déclaration des droits issue de la grande révolution britannique de 1688, la Déclaration d'indépendance des États-Unis d'Amérique du 4 juillet 1776 et la Déclaration des droits de l'homme et du citoyen issue de la Révolution française de 1789. La révolution britannique proclame le principe de limitation des pouvoirs du souverain et l'*habeas corpus* prescrit que toute personne arrêtée doit être présentée à un juge dans un délai de trois jours. Près de cent ans plus tard, la révolution américaine donne naissance à la première déclaration moderne de droits à caractère universel. La Déclaration d'indépendance du 4 juillet 1776 pose les principes de droits inaliénables qui dérivent de la nature et que le Créateur a reconnu à tous les hommes : « parmi ses droits se trouvent la vie, la liberté et la recherche du bonheur ». La formule est reprise par les révolutionnaires français à l'article 2 de la Déclaration des droits de l'homme et du citoyen de 1789 (précité). L'article 1 proclame par ailleurs l'idée fondatrice du nouvel ordre social : « Les hommes naissent et demeurent libres et égaux en droits. Les distinctions sociales ne peuvent être fondées que sur l'utilité commune ».

La Déclaration de 1789 symbolise le triomphe de l'individualisme, une doctrine qui a des racines anciennes. Elles puisent dans la philosophie antique, en particulier le stoïcisme, et trouvent leur prolongement dans les premières doctrines chrétiennes. Toutefois, si les sources sont anciennes, la philosophie individualiste s'affirme pleinement et définitivement au cours du XVIIIᵉ siècle grâce aux travaux des philosophes des Lumières. Prenant appui sur les théories de l'état de nature et du contrat social, développées dès la fin du XVIIᵉ siècle par des auteurs comme Grotius, Hobbes ou Locke, le courant de pensée des Lumières trouve son apogée avec les œuvres des grands philosophes francophones du XVIIIᵉ siècle : Montesquieu, *De L'esprit des lois* (1748), Rousseau, *Du contrat social* (1762) ou encore Voltaire, *Traité sur la tolérance à l'occasion de la mort de Jean Calas* (1763).

Comme l'affirme le génial Genevois en introduction *Du contrat social* : « L'homme est né libre et partout il est dans les fers ». Le droit s'impose alors rapidement comme le moyen le plus sûr pour sortir l'humanité des fers et établir un régime fondé sur la liberté. En ce sens, les droits sont proclamés universellement, sans distinction de nationalité ou d'appartenance. Par ailleurs, la Déclaration est également clairement libérale et individualiste : nulle mention des droits sociaux, aucune mesure contre l'indigence et la pauvreté, aucun devoir d'assistance, la Déclaration proclame exclusivement des droits de nature civile et politique. Enfin, sont consacrés les libertés politiques et le légicentrisme. La loi, fondée sur la volonté des représentants du peuple, devient l'instrument le plus légitime pour organiser la société et pour organiser le régime des libertés, c'est-à-dire les défendre mais également les restreindre.

La déclaration ne se limite pas à reconnaître le principe général de liberté (« Tout ce qui n'est pas défendu par la Loi ne peut être empêché, et nul ne peut être contraint à faire ce qu'elle n'ordonne pas », art. 5) et à poser les fondements d'un régime politique fondé sur les libertés politiques. Elle proclame également plusieurs libertés fondamentales : la sûreté, la liberté d'aller et venir, la liberté religieuse, les libertés d'opinion et d'expression. Elle a également à plusieurs reprises recours à une technique caractéristique des régimes juridiques relatifs aux libertés : affirmer un principe suppose souvent de limiter sa portée. Enfin, c'est sur cet héritage que se construit l'idéologie du libéralisme économique et que sont progressivement reconnues la liberté d'entreprendre, la liberté du travail ou encore la liberté du commerce.

Il faudra plus d'un siècle pour que l'héritage révolutionnaire soit véritablement consolidé. Le XIXe siècle se caractérise notamment par la recherche d'une certaine stabilité politique, sans laquelle les libertés proclamées en 1789 sont vouées à demeurer des vœux pieux. En parallèle, comme en réaction à la reconnaissance des libertés individuelles et économiques, se développe, au sein de certains milieux intellectuels mais également ouvriers, la prise de conscience de la nécessaire protection de droits et libertés de nature sociale et la promotion de l'égalité comme corollaire de la liberté.

B - LA RÉVOLUTION INDUSTRIELLE ET LA DIVERSIFICATION DES LIBERTÉS

À partir du milieu du XIXe siècle, en réaction au triomphe de l'individualisme libéral, se développent progressivement des doctrines et des idéologies qui contestent cette suprématie et l'idée que l'émancipation humaine suppose uniquement la reconnaissance des libertés individuelles. En effet, lorsque les inégalités économiques, sociales ou culturelles sont importantes, la liberté n'apparaît plus comme un facteur d'émancipation et de progrès, mais au contraire comme un vecteur d'inégalité. La critique du libéralisme, menée notamment par les idéologies socialistes et communistes, est relayée par le monde ouvrier, qui se soulève à plusieurs reprises durant le XIXe siècle (en particulier lors des révolutions de 1848 et 1870). Elle aboutit à la progressive reconnaissance des libertés collectives et à l'instauration des premiers droits sociaux. Ce mouvement s'accentue avec la mise en place définitive de l'État républicain à partir de 1871. Ainsi, après avoir proclamé la liberté de réunion par la loi du 30 juin 1881, la liberté de la presse par la loi du 29 juillet 1881, le législateur abroge, avec la loi du 21 mars 1884 dite Waldeck Rousseau, la loi Le Chapelier du 14 juin 1791 qui interdisait, au sortir de la Révolution, toute forme d'association collective, notamment dans le domaine professionnel. La loi de 1884 relative à la création des syndicats professionnels autorise la formation des organisations professionnelles. Il faut cependant attendre la loi du 25 mars 1919 pour que la négociation collective soit reconnue par les pouvoirs publics. Entre-temps, la liberté d'association est également encadrée, notamment grâce à la loi du 1er juillet 1901.

Parallèlement, les premiers mécanismes d'aide et de protection sociales voient le jour. La loi du 15 juillet 1893 institue l'assistance médicale gratuite, la loi du 27 juin 1904 le service départemental d'aide sociale à l'enfance et la loi du 14 juillet 1905 l'assistance aux vieillards infirmes et incurables. Dans l'entre-deux-guerres, c'est le système d'assurances sociales qui prend son essor, notamment grâce aux lois du 5 avril 1928 et du 30 avril 1930 qui instituent une assurance pour les risques maladie, maternité, invalidité, vieillesse et décès pour les salariés titulaires d'un contrat de travail.

L'État développe également des services publics nouveaux, ouverts à tous et gratuits. Ainsi, par exemple, l'enseignement primaire devient public et gratuit dès 1881, sous l'impulsion de Jules Ferry et de Paul Bert, favorisant l'idée d'une égalité républicaine entendue comme juste conciliation entre la nécessaire reconnaissance de la liberté et la promotion d'une certaine égalité des chances.

L'immédiat après-guerre permet de consolider ces progrès et ouvre la voie à une troisième phase d'affirmation historique des libertés.

C - L'APRÈS-GUERRE ET LA CONSOLIDATION DES LIBERTÉS

Le Préambule de la Constitution de 1946 consolide les acquis de la période avant-guerre. Le texte fait explicitement référence à la Déclaration de 1789 et insiste sur les nouveaux droits sociaux : droit à l'assistance, liberté syndicale, droit au travail, droit à la participation... De la même manière, les caisses de Sécurité sociale modernes sont instituées dans l'immédiat après-guerre, avec les ordonnances du 4 et 19 octobre 1945 et permettent la généralisation des garanties sociales.

Dans le même temps, au niveau international, la naissance de l'Organisation des Nations unies et du Conseil de l'Europe crée les conditions pour l'élaboration de textes à valeur supranationale qui favorisent la reconnaissance internationale de nombreuses libertés. La Déclaration universelle des droits de l'homme est signée le 10 décembre 1948 et la Convention européenne de sauvegarde des droits de l'homme et libertés fondamentales le 4 novembre 1950. En outre, sont instituées des juridictions supranationales, en particulier la Cour européenne des droits de l'homme, afin de garantir le respect par les États signataires des droits et libertés proclamés.

Au niveau national, le Conseil constitutionnel assure également un rôle de plus en plus important, tant pour garantir, définir et parfois légitimer les limitations des libertés. Les étapes de cette évolution sont connues : la décision du 16 juillet 1971, *Liberté d'association*, qui crée le bloc de constitutionnalité ; la révision constitutionnelle de 1974 qui permet à un groupe de 60 députés ou sénateurs de saisir le Conseil ; enfin, l'introduction en 2008 de la question prioritaire de constitutionnalité qui complète l'arsenal des juges constitutionnels.

D - LA PÉRIODE CONTEMPORAINE ET L'INCERTITUDE AUTOUR DES LIBERTÉS

Au-delà des évolutions institutionnelles, la période contemporaine est également marquée par l'apparition de nouveaux droits, liés notamment à l'évolution technologique : la bioéthique, la protection de la vie privée dans la société de l'information ou encore la reconnaissance progressive des libertés sexuelles ou de la liberté de changer de sexe. La science permet également la création de nouvelles libertés, comme la liberté de procréation ou les nouvelles formes de libertés d'information et de création liées au développement d'Internet. Ces nouvelles libertés, en lien avec la société moderne, sont de nature diverse et peuvent faire l'objet de contestations. Elles marquent néanmoins une forme de rupture dans la reconnaissance des libertés. En effet, contrairement à la manière dont se sont développées les autres libertés, du XVIIIe au XXe siècle, il paraît plus difficile d'identifier des liens directs entre le mouvement actuel et une ou plusieurs idéologies politiques dominantes.

Enfin, parallèlement à ce mouvement de reconnaissance de nouvelles libertés, la question sécuritaire et le développement d'un État de plus en plus omnipotent et omniscient posent, avec le développement technologique, de nouveaux défis aux régimes des libertés. Ainsi, la France a proclamé l'état d'urgence depuis le 14 novembre 2015, entraînant la limitation de nombreuses libertés, dont la liberté de réunion, la liberté d'aller et venir ou la liberté d'expression. En France et dans le monde, la menace des attaques terroristes justifie, aux yeux de l'opinion publique et des responsables politiques, des atteintes sans cesse plus importantes aux libertés : se développent les restrictions à la liberté d'aller et venir, à la liberté religieuse, à la liberté d'expression, au droit à la vie privée, etc.

***

L'affirmation historique des libertés en droit accompagne le développement d'idéologies proposant des lectures toujours renouvelées de l'idée de liberté, en accentuant tel aspect au détriment d'un autre. Ainsi, les droits dits de première génération, issus de la révolution de 1789, consacrent l'individualisme politique et économique des Lumières, alors que la proclamation constitutionnelle des nouveaux droits dans l'immédiat après-guerre incarne les idéaux collectivistes et solidaristes des démocraties libérales. Les droits dits de troisième génération et les hésitations actuelles témoignent de l'éclatement idéologique propre aux sociétés contemporaines, tiraillées entre le désir irréfrénable de liberté et la peur grandissante d'un monde qui semble nous échapper.

Indications bibliographiques

De nombreux ouvrages traitent aujourd'hui des droits et libertés fondamentaux et proposent notamment des introductions, historiques ou thématiques. Parmi la pléthore de manuels, il est utile de signaler : HENNETTE-VAUCHEZ S., ROMAN D., *Droit de l'homme et libertés fondamentales*, 2e éd., 2015, Dalloz – WACHSMANN P., *Libertés publiques*, 7e éd., 2013, Dalloz.

La sanction des droits

Yves Strickler
Professeur à l'Université Côte d'Azur, Faculté de droit et science politique de Nice, CERDP

La mobilisation d'un droit substantiel passe par une procédure chaque fois que la voie juridictionnelle est imposée par celui qui, par réticence ou défiance, en empêche la réalisation. Or, si la procédure est une technique, elle est toujours mise au service d'un but. Et si le but d'un procès est à première vue de trancher un litige en disant le droit, il s'agit, de manière plus aboutie, de le faire en considération de certaines valeurs, celles que portent les sociétés démocratiques et que concrétise la Convention de sauvegarde des droits de l'homme et des libertés fondamentales[1]. La procédure s'insère dans une organisation juridictionnelle (§ 1) qui met en lumière les éléments généraux du droit processuel (§ 2).

§ 1 – ORGANISATION JURIDICTIONNELLE

Chaque « affaire » qui émaille l'histoire judiciaire rappelle ce qui est au cœur de tout procès : la vérité – non pas judiciaire mais celle des faits – est délicate à révéler. Car, et il faut l'écrire sous peine d'être malhonnête, quel que soit le système retenu, le risque existe de voir un innocent condamné ou un coupable passer entre les mailles du filet. Il faut donc trouver un système juridique qui permette de laisser passer le moins d'erreurs possible. D'où le principe de la *présomption d'innocence* qui vaut tant en matière pénale (CPP, art. préliminaire) qu'en matière civile (C. civ., art. 9-1). La terminologie retenue n'est pas forcément des plus heureuses, car la personne qui n'est par hypothèse pas encore jugée n'est pas *présumée* innocente... elle l'*est*, précisément aussi longtemps que le contraire n'a pas été démontré et affirmé par un tribunal. Ceci étant, cette ainsi dénommée *présomption* a évidemment une importance fondamentale, en raison du climat défavorable dont l'opinion publique tend à entourer un individu dès le moment où celui-ci se retrouve poursuivi en justice.

L'une des préoccupations constantes de l'organisation judiciaire est le souci d'efficacité. La lutte contre le temps qui passe toujours trop vite en est au cœur. La question n'est pas nouvelle, mais à l'heure où de nombreux Français reprochent à leur justice une

1. Cf. CEDH, 13 févr. 2003, n° 41340/98, 41342/98, 41343/98 et 41344/98, Refah Partisi et autres c/ Turquie.

trop grande lenteur, se développent – peut-être démesurément à certains égards –, les MARD (*modes alternatifs – ou adaptés – de règlement des différends*). Cette façon de faire est sans conteste à approuver dans les conflits qui supposent que les personnes auront des relations dans le futur, ou qui justifient une démarche conciliatoire ; elle est en revanche à réprouver si elles ne sont qu'un prétexte à alléger le rôle des tribunaux et construire de ce fait une forme de déni de justice.

Le temps du procès est souvent perçu comme trop long par le justiciable, mais le temps *pour* le procès est indispensable pour éviter une justice sommaire. L'état doit la justice et tout dépassement d'un délai tenu pour *raisonnable* est excessif (COJ, art. L. 111-3). Le temps est devenu un droit subjectif, sanctionnable par les juridictions. Ceci étant, la procédure ne s'arrête pas avec le prononcé du jugement. La sanction des droits serait illusoire si un état n'intégrait pas dans ses normes un dispositif pour que soit assuré le principe de la prééminence du droit, et par suite l'exécution effective des décisions de justice[2].

L'autorité judiciaire est un service public et parmi les plus importants d'entre eux. L'article L. 111-2 du Code de l'organisation judiciaire en pose à la fois le principe et les contours : « Le service public de la justice concourt à l'accès au droit et assure un égal accès à la justice.

Sa gratuité est assurée selon les modalités fixées par la loi et le règlement. »

L'égalité annoncée se concrétise en ce que les tribunaux sont nécessairement identiques et la procédure la même, pour toute personne attraite devant un juge français[3]. S'il se rencontre des juridictions d'exception, la considération est cependant extérieure à la personne considérée en elle-même ; ainsi, tous les commerçants relèvent du tribunal de commerce.

Quant à la gratuité, s'il est aujourd'hui certain que les justiciables ne rémunèrent pas leurs juges (sauf quand il est question de juges privés, les arbitres) ni ne prennent en charge les frais de chauffage du palais de justice, il demeure certains frais que les parties vont devoir engager. Il s'agit des *dépens* (CPC, art. 695) et des *autres frais* (essentiellement la rémunération des avocats lorsque leur ministère n'est pas obligatoire et les honoraires de consultation). Par principe, les dépens sont à la charge du perdant, alors que les autres frais sont *irrépétibles* et restent à la charge de chacun des plaideurs indépendamment du gain ou non du procès. Cependant, le juge peut procéder à un équilibrage des situations en prenant en compte des motifs tirés de l'équité ou de la situation économique de la partie condamnée (CPC, art. 700).

En outre, pour que le plaideur peu fortuné ne soit pas conduit à renoncer au procès pour des questions financières, a été instaurée une aide juridique, qui se décompose en réalité en deux parts. L'une, financière, avec *l'aide juridictionnelle*, l'autre plus informative et de conseil, avec *l'aide à l'accès au droit*.

La dimension de service public de la justice se révèle aussi au travers de l'exigence de continuité qui est la sienne : « La permanence et la continuité des services demeurent

2. CEDH, 19 mars 1997, n° 18357/91, Hornsby c/ Grèce.
3. *Adde* loi des 16 et 24 août 1790, art. 16 : « Tout privilège en matière de juridiction est aboli : tous les citoyens sans distinction plaideront en la même forme et devant les mêmes juges, dans les mêmes cas ».

toujours assurées » (COJ, art. L. 111-4). Les services visés par le texte résident dans des juridictions dont la composition doit répondre à un impératif absolu : que le juge soit indépendant, mais aussi impartial c'est-à-dire extérieur aux parties comme au litige[4]. Ceci posé, les autres choix qui guident l'organisation juridictionnelle ne sont pas contraints par les exigences de l'état de droit, et il est possible de rencontrer, dans le corps des juges appelés à statuer, magistrats de carrière (formés par l'École nationale de la magistrature), juges élus (comme les juges consulaires), nommés (avec les assesseurs au tribunal pour enfants), voire tirés au sort (jurés d'assises). Et ces juges statuent, là aussi sans conséquence en termes d'état de droit, en collégialité ou à juge unique[5].

Est encore requis que le procès soit, du moins en principe, public. Cette règle protège les justiciables contre le risque d'arbitraire, et préserve la confiance des justiciables dans l'institution[6]. Par dérogation, les débats peuvent se dérouler hors la présence du public, en « chambre du conseil » ou « à huis clos », que ce soit pour des raisons d'ordre public, ou pour protéger la vie privée des parties au procès ou les intérêts des mineurs[7].

La publicité des débats s'étend à la décision rendue (COJ, art. L. 111-13). Ceci étant, par dérogation, la mise à disposition du jugement au greffe vaut lecture publique et toute personne peut en solliciter une copie[8].

L'organisation de la justice arrêtée, l'objet du combat judiciaire qui se dessine en son sein est celui d'obtenir du juge qu'il tranche la contestation au moyen d'un acte solennel, le jugement. Mais, pour parvenir à ce terme attendu, une démarche doit être observée, tant par chaque partie au procès que par les juges appelés à requérir (magistrats du parquet) ou à juger (juges du siège). C'est l'ensemble des actes accomplis par ces acteurs du droit qui forme la *procédure*. Ce mot éveille fréquemment une image négative, car ceux qui en mésusent heurtent la recherche de la vérité judiciaire. Pourtant, un heureux changement s'est opéré dans la perception de la discipline et au mot de *procédurier* est progressivement venu se substituer celui de *processualiste*.

Le formalisme propre à la procédure est certes rigoureux en divers endroits, mais il est surtout indispensable à la conduite d'un procès soucieux des garanties fondamentales. La sanction des droits passe ainsi par la mise en place d'une procédure dont le sens profond est de permettre au juge de rendre une décision de qualité. à cet égard, bien qu'il existe diverses procédures, calquées sur les droits substantiels qu'elles viennent servir, cette pluralité ne masque pas la réalité d'un fonds commun. Les diverses procédures sont en effet dominées par une idée première, qu'exprime la définition de la justice des *Institutes* de Justinien : que soit rendu « à chacun ce qui lui revient ». C'est là le principal objet du droit processuel. Dégager de la diversité un ensemble.

4. Sur l'indépendance et l'impartialité, v. *infra*, B. Les exigences processuelles.
5. BAUDOIN J.-M., « La collégialité est-elle une garantie de la sûreté des jugements ? Réflexions sur un exercice d'école », RTD civ. 1992. 532.
6. CEDH, 8 déc. 1983, n° 8273/78, Axen c/ Allemagne, § 25. *Adde* CE, ass., 4 oct. 1974, n° 88930, Dame David.
7. Sur le pouvoir reconnu aux parties de renoncer à la publicité : CEDH, 23 juin 1981, n° 6878/75 et 7238/75, Le Compte, Van Leuven et De Meyere c/ Belgique. *Adde* CPC, art. 435 et CJA, art. L. 731-1.
8. CPC, art. 450.

§ 2 – ÉLÉMENTS GÉNÉRAUX DE DROIT PROCESSUEL

Le droit processuel est une discipline juridique née dans les années 1965 et qui connaît, depuis, un essor considérable[9]. à l'origine, il n'était question que d'étudier les différentes procédures pour identifier leurs points communs et divergences[10]. Mais d'autres approches se sont déclarées, tantôt pour construire une théorie générale du procès[11], tantôt pour désigner le champ procédural propre à une branche du droit[12]. Dans tous les cas, il est question d'identifier un fonds commun procédural.

Mais ce fonds commun n'est pas exclusivement composé de règles françaises. Il est également *alimenté* par le droit européen des droits de l'homme. Ce faisant, les règles visant à la sanction des droits sont marquées par leur européanisation. Le plus connu des standards procéduraux européens résulte sans conteste de l'article 6 § 1 de la Convention de sauvegarde des droits de l'homme, et de l'activité d'interprétation de ce texte par la Cour de Strasbourg. De sorte que l'organisation juridictionnelle doit non seulement permettre à chaque personne de saisir un juge, mais aussi d'être assurée de la conformité aux exigences processuelles, de l'exercice de sa mission par ce juge.

A - LE DROIT D'ACCÈS AU JUGE

Le droit de saisir un juge, ou *droit d'accès à un tribunal*, n'est pas n'importe quel droit processuel : c'est *le* droit processuel par excellence. En effet, son accomplissement évite la tentation du recours à la vengeance privée, renforçant le sens de l'adage selon lequel « nul ne peut se faire justice soi-même », et assure tant l'état de droit que la paix sociale.

Ce droit est méconnu lorsque, pour une contestation déterminée, aucun recours juridictionnel n'est ouvert. Malgré la forte reconnaissance du droit d'accès à un juge, il subsiste de rares hypothèses de pouvoir discrétionnaire, telle l'autorisation requise des père et mère pour le mariage d'un mineur (C. civ., art. 148) ; il n'est en effet pas prévu de recours juridictionnel au profit du mineur qui souhaiterait contester le refus de ses parents.

Il est à relever qu'il existe aussi des hypothèses dans lesquels le recours à un juge existe... mais est différé dans le temps. Une telle situation n'est pas forcément contraire au droit d'accès et peut même être tenue pour bienvenue, sous réserve que le report dans le temps n'ait pas une finalité dilatoire. Peut ainsi être validée le mécanisme propre à la contestation d'honoraires d'un avocat, où le client mécontent ne peut pas saisir immédiatement un juge mais doit s'adresser, d'abord, au bâtonnier de l'ordre auquel appartient l'avocat en cause. Certes, le bâtonnier ne peut pas être qualifié de « juge » au sens processuel[13], et c'est en cela que l'accès au juge est différé : le justiciable qui n'est pas satisfait par la décision du bâtonnier pourra saisir – en première instance – le

---

9. Baranès W., Frison-Roche M.-A. et Robert J.-H., « Pour le droit processuel », D. 1993, 9.
10. Motulsky H., *Droit processuel*, 1973, Montchrestien, p. 2 : « approfondir et comparer ou approfondir en comparant ».
11. Martin R., *Théorie générale du procès (droit processuel)*, 1984, Éditions judiciaires et techniques. V. depuis, Cadiet L., Normand J. et Amrani-Mekki S., *Théorie générale du procès*, 2e éd., 2013, PUF, Thémis.
12. L. Raschel, *Droit processuel de la responsabilité civile*, préf. L. Cadiet, 2008, IRJS ; Lucas O., *Pour un droit processuel de la consommation*, th. Rennes I, 2000.
13. Cass. avis, 16 nov. 1998, n° 09-80010, Bull. avis, n° 12.

premier président de la cour d'appel. En revanche, si le recours était différé sans que le délai ne soit précisé, cette incertitude équivaudrait à une absence de recours[14].

Il faut encore que la personne qui est appelée à statuer soit dotée de pouvoirs décisionnels et les exerce en conformité avec les principes fondamentaux de la procédure. En d'autres termes, elle doit, d'abord, avoir le pouvoir de dire le droit et de trancher les litiges qui lui sont soumis[15]. Il en résulte que n'est pas *un juge* la personne qui se contente de donner un avis ou dont l'office se limite à rapprocher les parties. La question intéresse notamment les autorités administratives – comme publiques – indépendantes, dont la loi est récemment venue préciser les règles[16]; mais elle vise aussi les magistrats du parquet: s'agit-il là d'un *juge* au sens du droit processuel? Cette question peut sembler incongrue dans la mesure où les membres du siège comme du parquet sont des magistrats. Mais, précisément, la question ne réside pas dans la qualité de magistrat, mais bien dans celle de «juge». Pour la Cour européenne des droits de l'homme, «le procureur de la République n'est pas une autorité judiciaire au sens que la jurisprudence de la Cour donne à cette notion, car il lui manque en particulier l'indépendance à l'égard du pouvoir exécutif»[17]. C'est là un obstacle sérieux à la volonté, qui a parfois pu être affichée, mais qui ne semble plus actuelle, de remplacer le juge d'instruction par les magistrats du parquet.

La question de l'accès au juge se prolonge dans l'exercice des voies de recours. En matière pénale, la valeur processuelle de ce droit a été consacrée par l'article 2-1 du protocole additionnel n° 7 à la Convention européenne des droits de l'homme, et il n'est possible aux autorités nationales de restreindre l'accès au juge de cassation que pour des raisons impérieuses[18]. En revanche, en matière civile et administrative, aucune norme de droit processuel ne consacre expressément le droit à ces recours. En conséquence, un état peut légitimement fermer une telle voie à un justiciable[19]. Mais si l'état met en place des juridictions d'appel ou de cassation, il doit «veiller à ce que les justiciables jouissent auprès d'elles des garanties fondamentales de l'article 6»[20].

En matière civile, l'article 543 du Code de procédure civile indique que «la voie de l'appel est ouverte en toutes matières, même gracieuses, contre les jugements de première instance». Cette voie est néanmoins fragilisée par la possibilité offerte au plaideur d'y renoncer une fois le litige né, par l'instauration d'un recours tantôt filtré[21], tantôt différé[22] et même par des situations où le recours est purement et simplement fermé, notamment en fonction de la valeur en litige: *de minimis non curat praetor* («des affaires minimes,

14. V. la procédure de restitution en cours d'instruction des objets placés sous main de justice: le Conseil constitutionnel a considéré que l'absence de prévision de délai pour que le juge d'instruction statue créait une impossibilité d'exercer tout recours (Cons. const., 16 oct. 2015, n° 2015-494 QPC). La loi n° 2016-731 du 3 juin 2016 a corrigé le texte: le juge d'instruction doit se prononcer dans le mois.
15. CEDH, 22 oct. 1984, n° 8790/79, Sramek c/ Autriche, § 36.
16. Loi n° 2017-55 du 20 janv. 2017 portant statut général des autorités administratives indépendantes et des autorités publiques indépendantes. Il est possible de considérer que si l'autorité envisagée a un rôle limité à la formulation d'un avis ou d'une recommandation, elle ne saurait être qualifiée de *juge*.
17. CEDH, 10 juill. 2008, Medvedyev c/ France et gr. ch., 29 mars 2010. *Adde* Cass. crim., 15 déc. 2010, n° 10-83674, *Bull. crim.*, n° 207.
18. Interprétée restrictivement par la Cour, par ex.: CEDH, 23 nov. 1993, n° 14032/88, *Poitrimol c/ France* – 13 févr. 2001, n° 29731/96, Krombach c/ France.
19. Cass. avis, 25 sept. 2000, n° 02-00011, *Bull. avis* n° 7.
20. CEDH, 17 janv. 1970, Série A n° 11, Delcourt c/ Belgique, § 25.
21. CEDH, 15 juin 2004, n° 1814/02, Stepinska c/ France.
22. Par exemple les ordonnances du juge de la mise en état, CPC, art. 776.

le préteur n'a cure»). à cet égard, le choix de réclamer «un euro symbolique» n'en est pas moins une demande déterminée et inférieure au taux du ressort: la voie de l'appel est alors fermée[23].

Quant au juge constitutionnel, il suffira de dire que depuis l'entrée en vigueur de la loi constitutionnelle n° 2008-724 du 23 juillet 2008, la possibilité de saisir le Conseil constitutionnel et de provoquer ainsi le contrôle de la constitutionnalité d'une loi ordinaire a été accordée aux citoyens, étant rappelé que la saisine du Conseil constitutionnel par un citoyen ne se fait pas par voie d'action mais par voie d'exception: c'est en effet à l'occasion d'un procès devant une juridiction judiciaire ou administrative qu'il est possible aux plaideurs de soulever l'inconstitutionnalité de la loi qui leur est opposée; c'est alors au juge saisi du litige qu'il revient de transmettre la QPC au Conseil d'État ou à la Cour de cassation qui, à leur tour, apprécieront l'exception et décideront de saisir ou non le Conseil constitutionnel. Ce système, avec son double filtre, est de nature à inciter le justiciable à demander au premier juge d'opérer directement un contrôle de conventionnalité de la loi.

Par exception au principe posé, le droit d'accès peut être restreint. Mais la limitation créée ne doit pas porter atteinte à la «substance» du droit d'accès et, donc, ne pas priver le justiciable de son droit. La récente réforme de la procédure prud'homale permet d'illustrer la manière dont s'apprécie la proportionnalité entre les moyens employés et le but poursuivi. Avec la loi n° 2015-990 du 6 août 2015 et le décret n° 2016-660 du 20 mai 2016, la procédure avec représentation obligatoire par un avocat ou un défenseur syndical s'impose pour les procédures d'appel engagées après le 1er août 2016 (C. trav., art. R. 1461-1). Or, l'obligation de se faire représenter est une limitation au libre droit d'accès au juge. Ceci étant, en pratique, les parties avaient bien perçu leur intérêt et le plus souvent étaient assistées ou représentées. En outre, mieux encadrée, la conduite de la procédure par avocat ou défenseur syndical doit permettre une accélération du traitement de celle-ci. Le but poursuivi par la nouvelle norme poursuit ainsi un but légitime, en ce qu'elle permet de répondre tant à des considérations d'intérêt général que d'intérêt privé.

B - LES EXIGENCES PROCESSUELLES

Au regard des exigences processuelles, la personne qui est appelée à statuer doit prioritairement être indépendante et impartiale (étant entendu que si un tribunal impartial est nécessairement indépendant, l'inverse n'est pas forcément vrai). Si le juge subit une pression ou s'il a un intérêt propre à l'affaire, il ne saurait juger! Il est, bien sûr, d'autres qualités attendues du juge, dont celle de l'exigence personnelle. Sachant que «les jugements des hommes sont incertains et chose dangereuse d'y tomber (...) un bon juge (...) aimera la Vérité [et] jugera toujours selon la raison, le droit et l'équité»[24], le juge évitera de faire sien le comportement du juge Dandin:

«Mais où dormirez-vous mon père?

Dandin: à l'audience» (Racine, *Les plaideurs*, acte I, scène 4).

---

23. Cass. 2e civ., 24 janv. 1996, n° 94-14095, Bull. civ. II, n° 8.
24. DE L'HOMMEAU P., *Maximes générales du droit français*, 1614, I, 145.

Les deux qualités précédemment énoncées, l'indépendance et l'impartialité, sont unanimement reconnues. L'indépendance, d'abord, «fait la force principale de la justice»[25]. De sorte que la juridiction saisie ne doit pas abandonner à autrui le pouvoir qui lui a été confié. Le juge indépendant ne peut recevoir d'ordres de personne[26] et ne saurait subir aucune influence, implicite ou explicite. C'est pourquoi il doit être indépendant non seulement à l'égard de l'État qui l'emploie, mais également à l'égard de ses collègues, des parties au litige et des tiers qui peuvent intervenir au procès (par exemple les experts, dont l'avis ne lie jamais le juge)[27]. L'impartialité, ensuite, est la qualité de celui qui juge une personne sans parti pris favorable ou défavorable. Le nécessaire effort de dépersonnalisation de la justice que cela sous-tend est retracé dans sa représentation sous la forme d'une femme aux yeux bandés[28]. Ceci étant, «une subjectivité consciente d'elle-même est moins à craindre qu'une illusion d'objectivité»[29].

Pour les deux exigences, un critère objectif tenant au statut du juge ou aux fonctions qui lui sont confiées permet d'apprécier la réalité de leur respect. Mais l'apparence en la matière n'est pas sans influence, car un juge ne peut être véritablement indépendant et impartial que s'il apparaît comme tel aux yeux du justiciable. Cette exigence est une application expresse d'un *dictum* de Lord Hewart: "Justice should not only be done but should manifestly and undoubtedly be seen to be done" («la justice ne doit pas seulement être rendue, mais il doit être manifestement et indubitablement visible qu'elle a été rendue»)[30]. S'ajoute par conséquent un critère subjectif, même si le critère objectif est dominant[31]. Une sanction des droits qui réponde visiblement aux exigences fondamentales de l'équité est la condition de la confiance des citoyens dans leur justice.

Il faut préciser que l'équité dont il est ici question ne renvoie pas à la notion du «juste», mais à celle d'«équilibre» (du latin *aequitas*, proportion). Un procès équitable vise par conséquent un procès équilibré, qui est celui dans lequel est assurée l'égalité des armes[32]. Même si les notions d'«égalité des armes» et de «principe de la contradiction» sont proches, elles ne sauraient être confondues: ainsi quand aucune partie au litige n'a eu communication du moyen de la Cour de cassation entendait soulever d'office et n'a pu présenter d'observations, c'est la contradiction et non l'égalité des armes qui a été méconnue[33]. Ces principes, plus fonctionnels, participent du droit à un procès équitable[34].

---

25. CORNU G. et FOYER J., *Procédure civile*, PUF, 1960, p. 2.
26. Pas même de la masse: «dans le jugement vous ne vous rendrez point à l'avis du plus grand nombre pour vous détourner de la vérité» (Exode 23, 2).
27. CPC, art. 246, CJA, art. R. 621-1, CPP, art. 156 et s.
28. En 1494, le doyen de la Faculté de droit de Bâle, Sébastien Brant, publie *La nef des Fous*, avec des gravures dont l'une représente la justice, glaive et balance à la main, en compagnie d'un fou qui lui bande les yeux.
29. Atias Ch., *Théorie contre arbitraire, éléments pour une théorie des théories juridiques*, 1987, PUF, p. 21.
30. *R. v Sussex Justices Ex p. McCarthy* [1924] 1 K.B. 256.
31. Les principes se dégageant de la jurisprudence européenne ont été résumés par la Cour dans l'affaire Micallef c. Malte, gr. ch., 15 oct. 2009, n° 17056/06, spéc. § 93 à 99.
32. Chaque partie doit avoir «la possibilité raisonnable d'exposer sa cause au tribunal, y compris ses preuves, dans des conditions qui ne la placent pas dans une situation de net désavantage par rapport à son adversaire» (CEDH, 27 oct. 1993, Série A, n° 274, Dombo-Beheer c/ Pays-Bas).
33. CEDH, 13 oct. 2005, Clinique des Acacias et autres c/ France, *JCP* 2005, I, 109.
34. Sur lequel, v. *infra*, V° *Droit au procès équitable*.

L'avocat garant des droits et libertés

Carbon DE SEZE
Avocat à la Cour

Les textes applicables à la profession d'avocat se révèlent multiples et prouvent sa constante évolution. S'il est inutile de tous les recenser ici, il convient cependant de relever les principaux. Deux réformes successives de la profession en constituent les textes majeurs : le texte de base, la loi du 31 décembre 1971, puis celle la modifiant du 31 décembre 1990. D'autres réformes sont loin d'être mineures, par exemple la loi du 7 avril 1997 sur trois points essentiels :

- le périmètre du droit (consultation et rédaction d'actes) ;
- le secret professionnel ;
- et la confidentialité des correspondances entre confrères.

À l'inverse de ceux qui agissent dans des domaines limités – notaire, huissier ou juriste d'entreprise – l'avocat embrasse tout le droit avec deux grandes fonctions :

- juridictionnelle : il interprète auprès du juge les prétentions du plaideur ;
- et juridique : il consulte et rédige des actes hors contentieux.

Contrepartie obsolète ou non à ce privilège, pour garantir une assistance et une représentation indépendantes, la loi pose des incompatibilités (à distinguer des principes essentiels tels que le conflit d'intérêts), ainsi sont interdites les activités de caractère commercial, l'exercice de toute autre profession libérale et indépendante (vous ne pourrez pas exercer comme chirurgien-dentiste le matin puis avocat l'après-midi et expert-comptable le soir, le législateur prend – notable exception — mieux soin de vous que votre entourage familial ou les fées penchées sur votre berceau). Cependant, l'avocat peut enseigner ou accomplir des mandats électoraux (à condition de ne pas intervenir contre la collectivité au sein de laquelle il délibère), ou encore devenir conseiller prud'homme ou juge de proximité, enfin arbitre, médiateur, conciliateur ou séquestre.

De nombreux champs nouveaux s'ouvrent à la profession : agent d'artiste ou immobilier, correspondant CNIL, etc.

Chaque avocat est inscrit à un barreau (ensemble des avocats inscrits au tableau, c'est-à-dire en activité, ainsi que leurs confrères honoraires) et chaque barreau est administré par un conseil de l'ordre, élu au scrutin secret, majoritaire, à deux tours pour trois ans, et renouvelable par tiers chaque année. Ses fonctions sont de divers ordres... :

- statuer sur l'inscription au tableau ou l'omission ;
- veiller au respect des principes essentiels tels la probité, le désintéressement, la modération et la confraternité ;
- surveiller que l'honneur et l'intérêt des avocats soient respectés ;
- traiter les questions d'exercice ;
- gérer les biens de l'ordre ;
- autoriser le bâtonnier à ester en justice ;
- contrôler la conformité des contrats de collaboration aux principes essentiels ;
- attribuer l'honorariat ;
- et la plus belle : défendre les avocats.

Chaque barreau est doté d'un règlement intérieur qui fixe les règles communes au respect desquelles l'ordre veille.

L'ordre est présidé par le bâtonnier du barreau, avocat élu au suffrage direct (secret et majoritaire à deux tours) par ses confrères pour deux ans. Il représente l'ordre, personne morale, dans les actes de la vie civile. La loi le dote également de pouvoirs propres :

- prévention des conflits entre confrères ;
- instruction des réclamations des justiciables ;
- arbitrage des différends ;
- initiative des poursuites.

La profession, traditionnellement organisée en barreaux autonomes, a, selon les modalités de la loi de 1990, établi un conseil national des barreaux, le CNB. Composé de 80 membres élus pour trois ans et répartis en deux collèges, ordinal et général, il comprend en outre le président de la conférence des bâtonniers et le bâtonnier de Paris. Il est censé représenter la profession auprès des pouvoirs publics selon les textes, mais souffre dans cette fonction de la concurrence des autres institutions professionnelles (souvent au plus grand avantage des gardes des Sceaux successifs), et harmoniser les règles et usages de la profession.

En un temps où la transparence s'érige en culte incantatoire autant qu'impératif, le secret professionnel de l'avocat est combattu par les pouvoirs publics. Les textes l'établissent formellement : l'article 226-13 du Code pénal en termes généraux sanctionne sa violation et l'article 4 du décret du 12 juillet 2005 précise l'exigence de son respect reposant sur les avocats. En effet, contrairement à ce qu'en pensent nombre de partisans comme d'adversaires, le secret professionnel est un devoir qui s'impose aux avocats avant d'être un droit. Les dispositions du règlement intérieur national (RIN) en précisent les contours. Le secret constitue pour les avocats un devoir particulièrement exigeant, qui touche à l'ordre public, car il est une condition d'efficacité de la défense et du conseil comme l'a souligné Maurice Garçon.

Conséquences du secret, le cabinet de l'avocat est inviolable et les perquisitions sont strictement encadrées (CPP, art. 56 et 56-1), de même que sa correspondance avec ses clients ou avec ses confrères.

Pour garantir le respect des principes essentiels et des règles qui s'imposent à eux, les avocats se sont dotés d'une discipline, reposant sur un corpus de textes, et de formations disciplinaires ordinales statuant – en première instance – sur les éventuels manquements. Il ne s'agit pas d'une procédure pénale mais civile, ce qui explique que la preuve de l'élément intentionnel soit indifférente, le cumul des poursuites ou la double peine non contraires à la Convention européenne des droits de l'homme. Les textes sont multiples, la hiérarchie des normes obéit à l'ordre suivant :

- loi,
- décrets,
- RIN.

Quatre sortes de manquements peuvent être recensées :

- à la délicatesse : par exemple les pressions exercées sur une partie pour l'amener à régler certaines sommes ;
- à l'honneur et à la probité : par exemple recueillir des fonds pour corrompre un magistrat ;
- aux obligations professionnelles : par exemple ne pas satisfaire à l'obligation de communiquer contradictoirement ses pièces et conclusions ;
- à l'audience : par exemple abuser de sa liberté d'expression en s'exprimant violemment contre un magistrat.

Les peines sont énumérées à l'article 184 du décret du 27 novembre 1991 : avertissement, blâme, interdiction temporaire, radiation.

Pour donner une idée de l'ensemble des textes qui réglementent l'activité des avocats, il convient de retenir que la profession est soumise à un droit positif déontologique, disciplinaire et légal constitué par :

- le règlement intérieur national et les règles déontologiques connexes de son barreau ;
- les dispositions de son barreau indépendantes du RIN ;
- les annexes au règlement intérieur de son barreau, de première part ;
- deux directives communautaires des 22 mars 1977 et 16 février 1998 ;
- quatre lois, quinze décrets et dix-neuf arrêtés, de deuxième part ;
- les dispositions propres à chaque code, du Code civil au Code pénal en passant par les Codes monétaire et financier ou de la sécurité sociale entre autres, enfin.

Mais d'où viennent les avocats ? Que signifie ce mot avant d'être un titre ? Le Littré éclaire sur son étymologie : avocat vient de *advocatus*, de *ad*, à, et *vocatus*, appelé : celui qui est appelé au secours ; de *vocare*, de *vox* (v° *Voix*). Avocat est un mot fait dans le XIIe siècle sur advocatus, qui avait donné, dans le français primitif, avoué.

Leur histoire se confond avec celle de l'humanité, avant que la règle de droit ne s'impose dans toutes les civilisations, il s'est toujours trouvé des voix pour soutenir des causes. À un point tel que l'intercesseur est le titre même de l'Esprit dans la Bible. Il y est nommé Consolateur ou Avocat. Ainsi relève-ton que le mot grec *paraklétos* signifie à l'origine « celui qu'on appelle à son côté », c'est-à-dire celui qu'on appelle à son secours, et peut être aussi traduit par « intercesseur, consolateur ». Sa définition est : « Celui qui soutient la cause de quelqu'un devant le juge, un avocat ». Le mot est employé dans le Nouveau Testament aussi bien pour le Saint-Esprit que pour le Christ, qui désigne le Saint-Esprit comme l'« autre consolateur » que Dieu le Père donnerait aux disciples[1]. Jusqu'ici Dieu avait pris soin lui-même de ses disciples, mais il s'en « irait », c'est-à-dire monterait au ciel, et il leur enverrait ensuite le Consolateur (Jean *16*, 7) qui leur enseignerait toutes choses et leur rappellerait toutes les choses qu'il leur avait dites[2]. Parmi ses nombreuses fonctions, le Saint-Esprit a aussi celle de conduire les croyants sur leur chemin[3] et d'intercéder pour eux auprès de Dieu lorsque dans leur faiblesse ils ne savent plus ce qu'ils doivent demander[4]. En toutes choses, les fonctions qui lui sont attribuées sont celles d'un avocat.

Le lecteur comprend mieux quelles qualités étaient attendues sinon conférées aux avocats. D'après une opinion théologique minoritaire, Dieu créa les Avocats, qui engendrèrent les autres créatures[5].

Il serait plus aventureux de ne pas se livrer à un exercice prospectif que de le tenter. Cette profession compte aujourd'hui 60 000 membres dont la moitié exerce à Paris. Elle vit depuis un demi-siècle nombre de mutations dont il faut bien avouer que toutes se sont imposées par la loi ou le marché, la loi du marché et – peut-être – le marché de la loi ! Ces changements n'ont épargné aucun aspect : la gouvernance, les structures d'exercice, le périmètre du droit, la collaboration libérale, l'indépendance... tout jusqu'au serment (et, notable exception, grâce à un avocat). Les avocats, par le biais de leurs ordres, ont su gagner en indépendance en créant les CARPA, caisses autonomes par lesquelles doivent transiter tout maniement de fonds, qui génèrent des intérêts finançant diverses missions ordinales. Elles sont l'objet de la convoitise de l'État, pour des raisons financières (son appauvrissement) et juridiques (la dérégulation). Or elles garantissent aux ordres leur indépendance et, à terme, ce sont donc les modes d'organisation professionnelle qui s'avèrent menacés. Beaucoup d'autres points méritent d'être étudiés : l'enjeu numérique, la procédure disciplinaire, la maîtrise du tableau, le statut des collaborateurs, le rapport aux pouvoirs publics, la défense effective du secret, que le format requis de cette notice n'autorise pas à développer plus avant mais ne constituent pas moins des enjeux primordiaux.

Une question suppose en réalité que les avocats sachent entendre les enjeux du monde pour y définir leur place : quels moyens entendent-ils mettre en œuvre pour s'y épanouir ? Une donnée vient jeter une lumière crue sinon cruelle sur leur avenir : la dé-judiciarisation combinée au numérique qui vient bouleverser les activités traditionnelles de conseil

1. Jean *14*, 16.
2. Jean *14*, 26.
3. Rom. *8*, 14 ; Gal. *5*, 18.
4. Rom. *8*, 26, 27.
5. Cf. Revet Th. et Lucas F.-X., « Les droits et nous », in *Mélanges Pompidou*, 10 mai 1981, éditions Filiberti.

et de défense. Ainsi disserte-t-on à l'envi sur le procès sans juge ou sans avocat. Mais la vraie question, à l'heure où les métiers de l'oralité ont avalé ceux de la forme (et où la procédure n'est plus enseignée, pas même aux futurs juges, et où l'on promeut les modes alternatifs de règlement des conflits ou la médiation), réside plutôt dans celle-ci : ne nous dirigeons-nous pas vers le procès sans instance ? Dès lors, quelle sera l'activité des avocats de demain ? À eux de répondre s'ils ne souhaitent pas que leur avenir leur soit dicté.

Et il n'est pas absurde de constater que cette profession a déjà subi de nombreuses agressions dans l'histoire (jusqu'à sa suppression) dont elle s'est toujours relevée. En effet, l'arme principale des avocats réside dans leur créativité et leur esprit, trop humbles pour avoir des serviteurs et trop fiers pour avoir des maîtres, ils ne se veulent rien d'autre que des femmes et des hommes libres.

Cette profession correspond à un état, une disposition d'esprit, parfois décriée ou moquée, souvent combattue ou dénigrée, toujours crainte car elle ne redoute pas d'en appeler à l'intelligence de l'auditoire plus qu'à ses certitudes ou à ses a priori.

Si, dans ses *Grotesques*, Théophile Gautier affirme « l'antipathie que toute âme un peu bien située se sent pour cet odieux métier de l'avocasserie », le chancelier d'Aguesseau en propose dans *Éloges et devoirs de la profession d'avocat* un autre portrait qui offre le mérite d'une langue moins pédante et d'une hauteur de vue qu'il convient de relever :

« Exempte de toute sorte de servitudes, la profession d'avocat arrive à la plus grande élévation sans perdre aucun des droits de sa première liberté, et, dédaignant tous les ornements inutiles à la vertu, elle peut rendre l'homme noble sans naissance, riche sans biens, élevé sans dignités, heureux sans le secours de la fortune. »

En guise de conclusion, relisons seulement leur serment : « je jure comme avocat, d'exercer mes fonctions avec dignité, conscience, indépendance, probité et humanité ».

PARTIE 2

Les libertés et les droits fondamentaux à l'épreuve de la culture juridique

La nationalité

Étienne Pataut
Professeur à l'École de droit de la Sorbonne (Université Paris 1) – IRJS

La nationalité fait l'objet, en France en tout cas, d'un régulier et vif débat public. Celui-ci tient au fait que, concept essentiellement juridique, la nationalité n'en est pas moins au cœur de l'identité des États et des personnes, justifiant que le débat dépasse les habituelles frontières académiques.

Juridiquement, la définition juridique classique de la nationalité est précise, qui voit celle-ci comme le « lien juridique et politique, défini par la loi d'un État, unissant un individu au dit État »[1]. Une telle définition permet d'insister sur deux faits essentiels.

Elle souligne, tout d'abord, le contenu politique de la nationalité. Ce lien de droit est en effet d'une nature toute particulière. Internationalement, il définit la population même d'un État et participe donc des conditions d'existence de cet État. Localement, il définit le lien d'appartenance à un ensemble de personnes et permettra donc de définir une communauté, la « communauté nationale », à laquelle sera accordé un statut particulier.

C'est l'existence même de ce statut particulier, ensuite, qui montre que la nationalité est une composante essentielle de l'identité d'une personne. Elle établit l'intégration d'un individu donné à une communauté et se traduit juridiquement par l'application d'un corps de règles spécifiques à celle-ci. Parler de « national », ou de « Français » renvoie donc aussi à l'ensemble des règles qui régissent tous les nationaux d'un pays donné ou tous les Français.

Cette double composante, étatique et personnelle, de la nationalité, est aujourd'hui en forte tension. Du côté de l'État, tout d'abord, le fait que les frontières de l'État, la communauté nationale et un corps de règles particulières coïncident n'est ni donné ni naturel. Il y a là une forme particulière d'organisation politique, celle de l'État-nation, qui est historiquement située et toujours susceptible d'être remise en cause. Du côté de l'individu, ensuite, l'individualisation des droits et tout particulièrement l'émergence des droits fondamentaux sont des éléments fortement perturbateurs de l'exclusivisme du lien de nationalité. Cette double remise en cause, par l'évolution de l'État, d'un côté, par l'affermissement de la personne, de l'autre, se retrouvent tant sous l'angle de l'accès à la nationalité (§ 1) que sous celui des fonctions de la nationalité (§ 2).

---

1. *Vocabulaire Cornu, V° Nationalité* – dans un sens proche, v. par ex. Lagarde P., *La nationalité française*, 2011, Dalloz, n° 0.02.

§ 1 – L'ACCÈS À LA NATIONALITÉ

La compétence exclusive de chaque État pour déterminer qui sont ses nationaux fait partie des règles les mieux assises de l'ordre international. Chaque État utilise les règles qu'il souhaite pour octroyer sa nationalité. Certains favorisent la naissance sur le territoire, d'autres le lien de filiation, d'autres encore la volonté. La plupart, toutefois, mélangent les différents critères. Telle est bien la situation du droit français, qui, dans le titre I bis du livre I du Code civil, utilise tous les critères possibles, combinés de diverses manières, pour déterminer qui peut être ou devenir Français.

Le droit français, et lui seul, peut dès lors déterminer qui a la qualité de Français. Plus généralement, le « droit à la nationalité » n'existe pas en tant que tel en droit français, malgré sa proclamation dans certains textes internationaux. Il est largement acquis qu'aucun texte international ou européen, aucune coutume, aucune décision d'une juridiction internationale ne peut obliger un État à considérer une personne comme son national sans son consentement. L'éventuel défaut de nationalité se traduit par un statut particulier, l'apatridie, qui n'est certes pas encouragé, mais qui n'est pour autant nullement interdit.

Aussi ferme que soit cette solution, pourtant, celle-ci évolue lentement, du fait des droits fondamentaux, d'une part, de la construction européenne, d'autre part. La Cour européenne des droits de l'homme (A) et la Cour de justice de l'Union européenne (B) semblent en effet déterminées à confronter le pouvoir exclusif de l'État en matière d'octroi de la nationalité aux normes dont elles sont les garantes.

A - L'IMPACT DES DROITS FONDAMENTAUX

L'existence d'une compétence exclusive en matière de nationalité rend le principe même d'un contrôle des droits étatiques de la nationalité par les droits fondamentaux très peu assuré. La nationalité, pourtant, touche incontestablement aux droits fondamentaux de l'individu. En tant qu'elle constitue une composante essentielle de l'identité d'une personne, il ne fait guère de doute qu'elle entre dans le champ d'application de l'article 8 de la Convention européenne des droits de l'homme, garantissant une vie privée et familiale ; en tant qu'elle est la source d'un régime juridique spécifique, elle pourrait être appréciée au regard de l'article 14 posant une exigence de non-discrimination.

Aussi la Cour européenne des droits de l'homme a-t-elle progressivement, et avec beaucoup de prudence, affirmé son contrôle. Dans une affaire importante[2], elle a ainsi accepté de considérer qu'un droit de la nationalité discriminatoire pouvait être jugé contraire aux exigences du droit à la vie privée et familiale.

Le droit maltais, qui était en cause, prévoyait une différence de transmission de la nationalité maltaise aux enfants en fonction de la naissance. Un enfant légitime était maltais si l'un de ses deux parents l'était, un enfant naturel, en revanche, n'était de cette nationalité que si sa mère l'était. Cette solution était évidemment discriminatoire en ce sens qu'elle s'appuyait sur une distinction entre les enfants en fonction de leur naissance, distinction aujourd'hui illégitime. Mais la discrimination portant sur une compétence exclusive de

---

2. CEDH, 11 oct. 2011, n° 53124/09, Genovese c. Malte.

l'État, l'octroi de la nationalité, il pouvait être soutenu que la question ne relevait pas du contrôle de la Cour européenne des droits de l'homme.

C'est précisément sur ce point que la Cour a fait évoluer son contrôle, en considérant qu'un refus arbitraire ou discriminatoire de nationalité pouvait être contrôlé sous l'angle du droit à la vie privée et familiale. La solution n'est nullement bouleversante, et la conscience de la discrimination avait déjà, à l'époque de la décision de la Cour, conduit le législateur maltais à changer sa loi sur le sujet. Ce qu'elle indique, en revanche, c'est que l'octroi de la nationalité n'est plus le résultat d'un pouvoir exclusif de l'État sur un individu, mais doit tenir compte aussi des droits fondamentaux garantis à cet individu.

Cette solution n'a certes pas conduit à des changements majeurs d'un domaine du droit qui reste l'apanage des États. Le principe n'est reste pas moins fermement posé. Dans le domaine sensible de la déchéance de la nationalité, la Cour européenne des droits de l'homme a ainsi très clairement affirmé son pouvoir de contrôle, au regard notamment de l'article 8 de la Convention[3]. Les droits fondamentaux sont bien ici, même si c'est avec prudence, de nature à encadrer le pouvoir des États.

Une évolution parallèle est en cours dans le cadre de l'Union européenne.

B - L'IMPACT DE LA CITOYENNETÉ EUROPÉENNE

Pour des raisons distinctes, l'Union européenne a elle aussi commencé à explorer, avec la même prudence, les possibles interférences entre droit de la nationalité et droit de l'Union. Par principe, à nouveau, l'Union n'a aucune compétence en matière de nationalité. Lorsque la question est incidemment posée à la Cour, celle-ci refuse le plus souvent de trancher, se contentant de renvoyer au droit de chacun des États, même lorsque le droit européen est en jeu. Il en est ainsi, par exemple lorsqu'il s'agit de déterminer si un « citoyen britannique d'outre mer » est ou non un citoyen européen[4].

La question, rappelle inlassablement la Cour, relève du droit national de chaque État, qui doit simplement exercer cette compétence « dans le respect du droit de l'Union »[5]. Cette réserve est classique dans la jurisprudence de la Cour de justice ; elle n'en a pas moins permis quelques changements significatifs.

Tout particulièrement, la question s'était posée dans une affaire *Rottmann* tranchée en 2010, qui concernait un Autrichien ayant acquis la nationalité allemande et avait de ce fait perdu sa nationalité autrichienne en raison de l'opposition du droit autrichien à la double nationalité. Il était ensuite apparu que la naturalisation avait été obtenue par fraude, notamment du fait de la dissimulation par l'intéressé d'un passé délinquant. En réaction, les autorités allemandes ont retiré leur décision de naturalisation. La combinaison des droits allemand et autrichien a donc conduit à ce que l'individu concerné devienne apatride et, de ce fait, perde par voie de conséquence indirecte sa qualité de citoyen de l'Union. C'est de la conformité au droit européen de cette dernière solution qu'a été saisie la Cour de justice de l'Union européenne.

---

3. CEDH, 21 juin 2016, n° 76136/12, Ramadan c. Malte – CEDH, 7 févr. 2017, n° 42387/13, K2 c. Royaume-Uni.
4. CJCE, 20 févr. 2001, aff. C-192/99, Kaur.
5. La formule est utilisée couramment depuis CJCE, 7 juill. 1992, aff. C-369/90, Micheletti e.a.

Dans cette décision la Cour, tout en rappelant sa position classique, a pu affirmer que « le droit de l'Union (...), ne s'oppose pas à ce qu'un État membre retire à un citoyen de l'Union européenne la nationalité de cet État membre acquise par naturalisation lorsque celle-ci a été obtenue de manière frauduleuse *à condition que cette décision de retrait respecte le principe de proportionnalité* » (n° 59).

En pratique, ce contrôle de proportionnalité implique quelques vérifications concrètes, qui ne porteront ni sur le droit allemand ni sur le droit autrichien de la nationalité, mais bien sur les conséquences d'une application brutale de l'un et de l'autre. Si cette combinaison conduit à faire perdre à un individu sa citoyenneté européenne, la Cour vérifiera attentivement que cette grave décision se justifie au regard des principes qui guident le droit de l'Union. C'est bien une brèche, modeste mais certaine, dans le bastion de souveraineté étatique qu'est le droit de la nationalité.

Dès lors, ni les droits fondamentaux ni la citoyenneté européenne n'affectent le droit de la nationalité lui-même et il est plus que probable que ce droit restera encore longtemps un droit étatique. En revanche, ce qui fait désormais l'objet du contrôle des juges, ce sont les *conditions d'application* de ce droit. Certes, la compétence étatique en matière de nationalité est exclusive. Il n'en reste pas moins que celle-ci doit s'exercer dans la double contrainte du respect des droits fondamentaux des individus et des exigences du droit de l'Union européenne. Pour l'instant, les changements qui en découlent ne touchent qu'à la marge le droit de la nationalité lui-même. Ils sont plus radicaux, en revanche, en ce qui concerne les fonctions de la nationalité.

§ 2 – LES FONCTIONS DE LA NATIONALITÉ

La nationalité a pour rôle de distinguer une population, celle d'un État particulier, du reste du monde. Un tel rôle emporte plusieurs conséquences juridiques.

Dans les relations internationales, la nationalité permet de déterminer la population d'un État et participe donc des conditions d'existence de cet État, à côté du territoire et du gouvernement. Dans l'ordre international, chaque État doit à la fois reconnaître la nationalité accordée par les autres et assumer les droits et les devoirs qui résultent de l'octroi de la nationalité.

Dans l'ordre interne, ensuite, la nationalité sert d'une part de critère de conflit de lois, d'autre part de critère de jouissance des droits. Par le premier rôle, il faut comprendre que la nationalité est l'un des critères utilisés pour déterminer la loi applicable à une situation qui comprend plusieurs éléments de rattachement à d'autres États. Par le second rôle, sans doute le plus connu, la nationalité sert comme critère de distinction au sein du droit français pour en déterminer l'application. Certains droits, certains régimes juridiques, sont en effet réservés aux Français, et cette qualité servira dès lors à déterminer dans quel cas sera appliqué ce régime juridique particulier. La nationalité servira par exemple à déterminer qui peut voter à certaines élections ou être assujetti à des obligations militaires. Dans ce cadre, l'application du droit français n'est pas discutée. Il faut simplement savoir quelle règle choisir au sein du droit français. Dès lors, sous cet angle, la nationalité sert essentiellement à réserver un certain nombre de droits ou d'avantages aux Français.

C'est sans aucun doute cette dernière fonction de la nationalité qui est aujourd'hui la plus fortement remise en cause. La conscience, notamment sous l'influence du principe de non-discrimination, que la nationalité n'était pas le seul critère d'accès au droit a conduit à d'importants bouleversements juridiques (A) encore accentués par la considération des droits fondamentaux et de la construction européenne (B).

A - NATIONALITÉ ET JOUISSANCE DES DROITS

Le recours à la nationalité comme critère d'application d'un droit est par essence discriminatoire. Il conduit à distinguer le Français de l'étranger pour appliquer au premier une règle ou un droit qui sont refusés au second. Une telle solution n'est pas critiquable en soi : chaque règle a des conditions de déclenchement qui, si elles sont liées au rapport de droit, peuvent être justifiées.

C'est précisément ce lien entre le critère de la nationalité et le droit qui est aujourd'hui difficile à justifier. L'explication traditionnelle tient au lien entre le droit et la nation. Constitutif de la Nation elle-même, le droit ne devrait être réservé qu'à ceux qui en font incontestablement partie. On réserve donc un droit à ceux qui, par la nationalité, montrent qu'ils font bien partie de la communauté constitutive de l'État. Ainsi justifiera-t-on qu'on réserve, par exemple, le droit de vote à ceux qui sont nationaux du pays de vote. Mais que ce lien entre droit et nation s'affaiblisse et le caractère automatique du lien entre droit et nationalité s'affaiblit à sa suite.

Ainsi en matière de vote. Les élections professionnelles, par exemple, visent à représenter une autre collectivité, celle des travailleurs. Aussi le droit de vote est-il conditionné à cette qualité, et non à la nationalité, et les étrangers peuvent-ils désormais voter et être élus aux élections professionnelles. Ainsi encore des élections européennes : ces élections visent à assurer la représentation du peuple européen dans son entier, aussi le droit de vote en la matière est-il subordonné à la possession de la nationalité d'un État membre, quitte à exercer ce droit dans le pays de résidence et non de la nationalité. Ainsi, enfin, des élections locales, les plus discutées actuellement. L'allégeance nationale entre en concurrence avec une volonté de représenter tous ceux qui sont concernés par les décisions prises à l'échelon local, soit non seulement les Français, mais encore tous les résidents de la circonscription considérée. L'ouverture du droit de vote aux élections locales est aujourd'hui réalisée pour les ressortissants de l'Union européenne, elle est en discussion depuis de nombreuses années pour les ressortissants des États tiers.

Ce dernier débat établit bien l'enjeu de l'utilisation du critère de la nationalité : justifier, au nom de la particularité du lien qui unit la France et chaque Français, que certains droits lui soient réservés.

De ce fait, on assiste aujourd'hui à une contestation forte de l'utilisation de la nationalité lorsque ce critère conditionne le déclenchement de règles de droit dans lesquelles on ne peut guère déceler de nécessité régalienne pour limiter l'accès à un tel droit aux seuls Français.

Cette situation correspond à la quasi-totalité du droit privé. Pendant longtemps, les étrangers ont été privés de l'exercice de certains droits en France, au point que l'on pouvait parler de la « condition civile des étrangers », qui permettait d'établir la liste de tous les droits ouverts ou pas aux étrangers. Mais les justifications de ces règles ont aujourd'hui disparu. Les règles de droit privé sont celles qui régissent les liens entre les personnes privées, par opposition aux personnes publiques que sont les États ou les collectivités locales. Sous cet angle, il n'y a plus aujourd'hui aucune raison de traiter différemment l'étranger et le Français : la différence de traitement est devenue illégitime.

Aussi est-il admis, depuis une célèbre décision de la Cour de cassation de 1948, que l'étranger jouit en France de tous les droits qui ne lui sont pas spécialement refusés par un texte[6]. Cette solution est très utile en ce qu'elle pose comme principe que toute règle de droit, sauf exception, fonctionne de la même façon envers les Français et les étrangers. Il reste toutefois l'hypothèse où un droit particulier est explicitement refusé à un étranger par le législateur. De telles règles existent encore, mais elles sont aujourd'hui de plus en plus mal acceptées car elles heurtent directement les exigences de l'égalité de traitement et de la non-discrimination.

La quasi-disparition de la condition civile des étrangers a eu pour conséquence que l'exclusion des étrangers s'est progressivement limitée aux règles impliquant de façon incontestable le pouvoir régalien de l'État. Au premier rang de ces règles figurent bien évidemment les droits politiques des étrangers ainsi, surtout, que les conditions d'entrée et de séjour sur le territoire français. Pour ce bloc de règles, la légitimité de l'utilisation du critère de la nationalité n'est pas remise en cause. Il s'agit bien, en effet, de questions qui sont au cœur des pouvoirs souverains de l'État et, dès lors, la distinction entre l'étranger et le national garde toute sa pertinence.

La considération des droits fondamentaux et, surtout, la construction européenne, conduisent pourtant à nuancer ce dernier constat.

B - DROITS FONDAMENTAUX, CONSTRUCTION EUROPÉENNE ET NATIONALITÉ

1) Les droits fondamentaux et le contrôle des étrangers

Les droits fondamentaux, et tout particulièrement le droit à la vie privée et familiale, peuvent nuancer le pouvoir régalien de l'État à l'encontre des droits d'entrée et de séjour des étrangers. Un séjour très long en France, la constitution d'une famille sur le territoire français pourront par exemple protéger contre l'éloignement du territoire.

L'exacte mesure des droits que peut invoquer un étranger contre l'État dépend de la qualité et de l'intensité de ses liens avec le territoire. Plus cette intensité est forte, plus les droits de l'individu sont importants ; l'écoulement du temps, qui permet une cristallisation progressive des droits de l'individu est ici un facteur décisif.

Il n'est pas question de faire la liste exhaustive des cas dans lesquels la qualité de l'intégration a pu limiter le droit régalien de l'État de régir la situation des étrangers sur le territoire français. La jurisprudence en la matière est évolutive, parfois difficile à synthétiser et fait, c'est un euphémisme, l'objet d'appréciations contradictoires. Ce qui est en revanche certain, c'est que la prise en compte des droits fondamentaux a affaibli une importante prérogative de l'État et, de ce fait, l'un des intérêts de la nationalité française.

---

6. Cass. 1re civ., 27 juill. 1948, Lefait, Rev. crit. DIP 1949, 75, note H. B.

Aujourd'hui, la distinction simple entre Français et étranger ne suffit plus à expliquer le régime juridique de ces derniers, même au regard de l'entrée et du séjour. La durée du séjour, l'intensité des liens familiaux, le degré d'insertion dans la société française, tous ces éléments seront pris en compte pour bâtir des régimes juridiques évolutifs et non plus binaires. En d'autres termes, le lien d'intégration, aujourd'hui, concurrence fortement le lien de nationalité quant au droit applicable aux étrangers. Même dans ce qui constitue le cœur des compétences souveraines de l'État, la nationalité ne peut plus être considérée comme le seul élément de rattachement pertinent.

2) Construction européenne et lien d'intégration

L'Union s'est construite sur un principe fondamental de non-discrimination par la nationalité. Ce principe, qui existe depuis l'origine, figure aujourd'hui à l'article 18 du traité sur le fonctionnement de l'Union européenne, aux termes duquel : « Dans le domaine d'application des traités, et sans préjudice des dispositions particulières qu'il prévoit, est interdite toute discrimination exercée en raison de la nationalité ».

Le principe de non-discrimination par la nationalité, spécifique aux Européens, a joué un rôle essentiel dans l'évolution du rôle dévolu à la nationalité. En l'écartant progressivement du champ du droit, le droit européen en effet a puissamment contribué à sa marginalisation.

Cette place centrale du principe de non-discrimination par la nationalité dans le droit de l'Union européenne a conduit à considérer avec une extrême suspicion toutes les règles des États membres qui prenaient la nationalité comme critère d'application, en tant qu'elles pouvaient porter atteinte à une exigence du traité et à construire un régime juridique propre à l'ensemble des Européens.

Ainsi en matière de liberté de circulation des personnes. Au fil de textes et d'arrêts décisifs, l'Union européenne a modifié en profondeur les droits nationaux en annihilant petit à petit toute référence à la nationalité et en bâtissant un régime de circulation qui a mis à bas tout le droit étatique des étrangers, désormais réservé aux ressortissants d'États tiers.

Mais, surtout, la Cour a toujours veillé à donner le sens le plus large à cette liberté de circulation en l'associant à la non-discrimination. C'est ainsi par exemple qu'il a été considéré que toute condition de nationalité en matière d'avantages sociaux ou d'accès à certaines professions devait être interdite comme portant atteinte à la libre circulation. La combinaison entre liberté de circulation et non-discrimination s'est avérée être un instrument extrêmement puissant pour étendre les avantages sociaux des États membres aux ressortissants des autres États membres. Au fil d'une jurisprudence de plus en plus extensive (sur le champ d'application du traité et sur les types d'avantages sociaux en cause), la Cour a progressivement évincé presque toutes les règles conditionnant un avantage social particulier à une condition de nationalité. Plus largement, au-delà des seules exigences de la libre circulation des personnes, le principe de non-discrimination s'est étendu à toutes les autres libertés de circulation ainsi que, plus généralement à tous les domaines du traité.

Cette marginalisation de la nationalité a été encore renforcée par l'émergence progressive de la citoyenneté européenne, insérée dans les traités à partir du Traité de Maastricht (1992). Attribuée à « toute personne ayant la nationalité d'un État membre » (TFUE, art. 20), cette citoyenneté a fait l'objet d'une interprétation large par la Cour de justice qui a forgé en 2001 une formule devenue un standard jurisprudentiel essentiel: « Le statut de citoyen de l'Union a vocation à être le statut fondamental des ressortissants des États membres »[7].

De cette formule un peu générale, la Cour a tiré de nombreuses conséquences, en étendant notamment le droit d'entrée et de séjour et l'accès au système social de l'État d'accueil. Avec quelques années de recul, il apparaît que la combinaison entre citoyenneté européenne et non-discrimination a fortement contribué à accentuer la marginalisation de la nationalité.

Bien entendu, il n'est pas question de supprimer toute condition d'accès à une allocation ou un avantage social quelconque, mais, sous les doubles auspices de la non-discrimination et de la proportionnalité, il est désormais nécessaire de scruter plus précisément les conditions requises pour obtenir l'avantage visé, afin de vérifier qu'elles ne privent pas un citoyen européen qui serait effectivement lié d'une façon ou d'une autre à l'État membre considéré. Dès lors la Cour de justice est désormais amenée à contrôler très strictement la qualité de ce lien, appelé lien d'intégration.

À nouveau, les solutions qui en résultent sont souvent complexes et difficiles à systématiser. Au-delà, pourtant, de ces difficultés techniques, une évolution majeure transparaît: celle d'une prise en compte des nombreux liens qui existent entre une personne et une communauté d'appartenance.

De telles évolutions constituent de profonds bouleversements de l'exclusivisme de la nationalité comme vecteur de droit. Elles sont pourtant la traduction juridique directe que les appartenances, comme les identités, sont aujourd'hui multiples.

Dans la détermination de ces identités, la nationalité joue un rôle décisif, mais désormais non exclusif.

7. CJCE, 20 sept. 2001, aff. C-184/99, Grzelczyk.

Les droits politiques

Philippe Blachèr
Professeur à l'Université de Lyon (Jean Moulin),
Directeur de l'équipe de droit public (EA 666)

Les droits politiques ne se réduisent pas au droit de vote et d'éligibilité, même si les droits électoraux ont pendant longtemps éclipsé les autres composantes de la catégorie. L'expression « droits politiques » semble d'ailleurs désuète. Elle n'est pas reconnue par les sources de droit positif. Pourtant, bien avant la consécration du caractère universel du suffrage et du droit de vote (1848), les déclarations et constitutions du XVIIIe siècle rangent sous la rubrique « état politique des citoyens »[1] des droits et libertés qui permettent à certaines personnes (les citoyens) d'exercer une influence sur les affaires publiques : le droit de pétition, la liberté d'expression, le droit de manifester sa pensée et ses opinions, le droit de s'assembler pacifiquement, le droit d'accéder aux emplois publics, la faculté de proposer ou d'élire certains juges et officiers municipaux (Constitution française de 1791). La généalogie des droits politiques rappelle que ces droits de l'homme, qui naissent sous une forme de gouvernement non démocratique, poursuivent, alors, un double objectif : lutter contre le despotisme (« La nécessité d'énoncer ces droits suppose ou la présence ou le souvenir récent du despotisme », proclame la Constitution française du 24 juin 1793) et garantir les droits des citoyens. Dans cette logique, les droits politiques consacrés se présentent à la fois comme des droits individuels et comme des droits subjectifs relationnels. Loin de façonner l'image d'un citoyen isolé, titulaire de droits-libertés (qu'une certaine doctrine oppose aux droits-créances), les droits politiques se présentent comme des droits organisant la vie en « société »[2]. Le droit de vote, par exemple, illustre bien cette « fonction sociale » (Hauriou) inhérente aux droits politiques : les représentants doivent être désignés par le concours des volontés subjectives des citoyens exprimées selon des procédures fixées par le droit constitutionnel (ce droit objectif qui organise le pouvoir étant parfois désigné comme « droit politique », dans la lignée du *Contrat social* de Jean-Jacques Rousseau).

À la différence de la plupart des droits de l'homme qui s'adressent à « tout homme » (Déclaration des droits de l'homme et du citoyen de 1789) ou à « toute personne » (Convention européenne des droits de l'homme de 1950), les droits politiques s'adressent

1. Titre 2 de la Constitution française de 1795.
2. Déclaration des droits de l'homme et du citoyen de 1789, art. 16.

en priorité aux citoyens de l'État. Ce rattachement puise ses origines dans les principes fondateurs posés par les premiers constituants de la fin du XVIIIe siècle. Le droit public de la Révolution française, qui renouvelle le lien politique jusqu'alors établi entre les sujets et le Prince, proclame de nouvelles théories en vue de justifier (principe de légitimité) et d'organiser (principe du constitutionnalisme) les relations de pouvoir. Influencés par les théories du contrat social, les révolutionnaires placent le citoyen au centre de l'ingénierie constitutionnelle moderne. Si l'obéissance est requise pour l'ensemble des membres d'une collectivité organisée au nom de l'ordre, de la justice et de la sécurité de tous (ce que les publicistes appelleront l'« État »), la participation de tous aux affaires publiques doit être rendue possible par les mécanismes constitutionnels. Les théories de la souveraineté nationale et du gouvernement représentatif permettront de mettre en œuvre cette nouvelle conception de la relation entre les gouvernants et les gouvernés. Ces deux théories fondatrices ont pour finalité de rendre présent ce qui est absent (le peuple gouvernant) en posant le principe de l'imputation (« la loi est l'expression de la volonté générale », article 6 de la Déclaration de 1789) et de la substitution de la volonté des citoyens par celle des représentants. La théorie de la représentation permet à la Nation (ou à l'« État ») de disposer d'une volonté (celle des représentants). Dès les premières constitutions françaises, la relation du représentant à celle des représentés se noue par l'élection. Le droit de suffrage va s'imposer comme la modalité principale d'investiture des gouvernants (même si la nomination perdure comme technique de désignation). Lorsque le suffrage devient universel, tous les citoyens sont en droit de désigner les représentants. Mais, une fois élus, ces derniers agissent en toute liberté : le mandat impératif (obligations pour les élus d'appliquer les instructions de ses électeurs ou de son parti) est interdit depuis la Révolution française (« tout mandat impératif est nul », ce principe étant inscrit à l'article 27 de la Constitution de 1958).

L'instauration durable de la souveraineté démocratique va progressivement élargir le périmètre des droits politiques. Sans altérer leur finalité originelle (qui reste la participation au pouvoir politique essentiellement par le droit de vote), ces droits s'adaptent au développement des partis politiques et des groupes de pression (notamment les syndicats) à partir de la fin du XIXe siècle. La diffusion, en Europe occidentale, du modèle de la démocratie parlementaire engendre la revendication et la consécration progressive de nouveaux droits de participation. Pour le citoyen, d'abord, le référendum législatif, défendu en France par Carré de Malberg dès 1920 afin de remédier à la puissance excessive des assemblées parlementaires, apparaît comme la modalité la plus efficace pour associer les électeurs à la formation de la loi. À l'étranger, des formes modernes du droit de pétition se déclinent à travers des techniques comme l'initiative populaire et le veto citoyen (notamment en Suisse, en Allemagne, en Italie). Au-delà des citoyens, les groupements politiques se voient accorder des garanties fondamentales par les sources supérieures du droit. Cette tendance se manifeste en particulier au lendemain de la Seconde Guerre mondiale afin de prévenir le retour du totalitarisme : la liberté d'association, la liberté syndicale, la liberté d'expression et la liberté de manifester se présentent comme les compléments naturels des droits politiques du citoyen. Ces libertés, en lien avec l'expression politique, les manifestations des convictions (liberté d'association, liberté d'expression, liberté de formation des partis politiques) et le pluralisme participent au maintien d'un ordre public démocratique (« l'ordre fondamental libre et démocratique » mentionné par l'article 21 de la Loi fondamentale de 1949 de la République fédérale d'Allemagne). Ce mouvement de défense de la démocratie libérale s'accompagne d'une nouvelle exigence propre aux régimes politiques occidentaux : l'État de droit (qui succède à l'État de police et à l'État légal) qui correspond à la soumission de l'ensemble des organes de l'État (y compris le législateur) à un droit supérieur (le droit constitutionnel, européen et international). La suprématie de la Constitution suppose que les lois fassent l'objet d'un contrôle juridictionnel de constitutionnalité (à l'exception notable du droit constitutionnel britannique qui pratique, néanmoins, le contrôle de conventionnalité des lois) et que les actes étatiques soient soumis au contrôle de la légalité.

Ce mouvement général de liaison entre la démocratie, les droits de l'homme et la prééminence du droit constitue désormais un standard proclamé dans la plupart des sources internationales[3], européennes[4] et constitutionnelles. Les droits politiques garantis dans l'espace politique européen prennent une double dimension : ce sont des droits de participation à la vie politique (§ 1) et des droits de réglementation de l'ordre démocratique libéral (§ 2).

§ 1 – DES DROITS DE PARTICIPATION À LA VIE POLITIQUE

« Les citoyens ont le droit de participer aux affaires publiques directement ou par l'intermédiaire de représentants, librement élus lors d'élections périodiques au suffrage universel » (Constitution du Royaume d'Espagne du 27 décembre 1978, art. 23). Cette disposition constitutionnelle rappelle que les droits électoraux sont des droits fondamentaux (l'article 23 est intégré dans le titre constitutionnel intitulé « Des droits et devoirs fondamentaux »), réservés aux citoyens et qui se présentent comme des facultés (ce sont des droits subjectifs), et non comme des obligations. En tant que droit de participation, les droits politiques permettent aux citoyens de désigner les représentants ou de prendre des décisions « directement » par des mécanismes constitutionnels appropriés.

Le caractère « fondamental » des droits électoraux est proclamé par les cours constitutionnelles en Europe. Le droit de vote (droit de participer au processus de désignation d'un représentant) et le droit d'éligibilité (droit d'exercer une fonction publique élective) sont ainsi qualifiés de « droits politiques fondamentaux » par la Cour constitutionnelle du Royaume de Belgique[5] qui ajoute que ce sont « des droits fondamentaux pour la démocratie et l'État de droit »[6]. Dans le même sens, la Cour constitutionnelle fédérale d'Allemagne évoque « le contenu démocratique fondamental » du droit de vote au moment de l'affaire relative au traité de Maastricht : « Il est garanti aux Allemands titulaires du droit de vote le droit subjectif de participer à l'élection du Bundestag allemand et ainsi de prendre part au niveau fédéral à la légitimation de la puissance étatique par le peuple, ainsi que d'influencer l'exercice de cette dernière »[7]. La qualification de « droit fondamental » implique l'application stricte, dans le domaine des droits électoraux, du principe d'égalité et de non-discrimination. En cas d'atteinte excessive ou injustifiée au droit de vote ou au droit d'éligibilité par les pouvoirs publics, les juridictions peuvent, sur requête individuelle d'un citoyen, intervenir pour protéger l'effectivité du

3. Déclaration universelle des droits de l'homme, art. 21 – Pacte international relatif aux droits civils et politiques, art. 25.
4. Premier protocole additionnel de la Convention EDH, art. 3 – Charte des droits fondamentaux de l'Union européenne, art. 39 et 40.
5. Arrêt n° 26/90 du 14 juill. 1990.
6. Arrêt n° 80/2010 du 1er juill. 2010.
7. Arrêt de la seconde chambre n° 2 BvR 2134, 2159/92 du 12 oct. 1993.

droit fondamental menacé. Dans le cas d'une restriction législative à ces droits, les cours constitutionnelles apprécient le caractère « raisonnable » de la différence de traitement opérée par le législateur en appliquant la technique du contrôle de proportionnalité de la mesure. Le Conseil constitutionnel français a par exemple considéré, dans le cadre d'une question prioritaire de constitutionnalité, que la compétence du législateur en matière électorale ne saurait priver un citoyen du droit d'éligibilité que dans « la mesure nécessaire au respect du principe d'égalité devant le suffrage et à la préservation de la liberté de l'électeur »[8]. Sur ce fondement, la juridiction constitutionnelle a déclaré contraire à la Constitution une disposition du Code électoral qui rendait incompatible le statut de militaire de carrière avec l'exercice d'un mandat municipal[9]. La CEDH reprend le même raisonnement lorsqu'elle est confrontée à l'examen de lois nationales susceptibles de heurter les dispositions de l'article 3 du premier protocole additionnel. Dès le premier litige en lien avec les droits politiques, elle rappelle l'obligation pour les États d'user de moyens proportionnés à la poursuite de buts légitimes et de sauvegarder « l'égalité de traitement de tous les citoyens »[10]. Tout en reconnaissant, dans le domaine des droits électoraux, une large marge nationale d'appréciation aux États, le juge européen entend vérifier que le législateur n'altère ni la substance ni l'effectivité du droit de vote et d'éligibilité. Le juge de Strasbourg contrôle par ailleurs que les dispositions prises « poursuivent un but légitime et que les moyens employés ne se révèlent pas disproportionnés »[11].

En complément des droits électoraux, différentes techniques constitutionnelles sont utilisées comme moyens de participation du peuple à son propre gouvernement. Ces instruments apparaissent, selon les cultures politiques nationales, tantôt comme des correctifs aux insuffisances de la démocratie représentative, tantôt comme des instruments obligatoires en démocratie. En Autriche, Espagne, Irlande et Suisse, toute modification totale de la Constitution doit être obligatoirement soumise à un référendum constituant ouvert à l'ensemble des citoyens. En Allemagne (pour la réorganisation du territoire fédéral), au Danemark (pour modifier l'âge de la majorité électorale), en Italie (pour la fusion ou création des régions), en Suisse (pour l'adhésion à une organisation internationale), certaines réformes législatives supposent l'organisation d'un référendum législatif. La France, le Portugal et la Grèce maintiennent une position de méfiance à l'égard des techniques populaires. Le champ d'application du référendum y est strictement balisé, et il reste une technique facultative.

Enfin, depuis le traité de Maastricht du 7 février 1992, tout national de l'un des États membres possède la citoyenneté de l'Union. « Est citoyen de l'Union toute personne ayant la nationalité d'un État membre. La citoyenneté de l'Union s'ajoute à la citoyenneté nationale et ne la remplace pas » (Traité sur l'UE, art. 9 et Traité sur le fonctionnement de l'UE, art. 20, 1). Citoyenneté de superposition, la citoyenneté de l'Union reste tributaire de la nationalité d'un État membre et sa mise en œuvre suppose (pour les droits de participation aux élections locales) une installation du citoyen dans un État membre autre que le sien. Cette nouvelle citoyenneté, construite par le droit, est originale car elle opère une rupture inédite entre l'électorat et la nationalité et soulève, dès lors, la question

---

8. Cons. const., 5 juill. 2013, n° 2013-326 QPC.
9. Cons. const., 28 sept. 2014, n° 2014-432 QPC.
10. CEDH, 2 mars 1987, Mathieu-Mohin et Clerfayt / Belgique.
11. *Ibid.*

politique de l'extension du droit de vote au niveau local aux étrangers non-ressortissants de l'Union européenne mais résidants dans un État membre. De plus, elle se présente comme une citoyenneté non étatique qui ne saurait être rattachée à un peuple européen souverain. Enfin, cette citoyenneté de l'Union ne découle pas, *primo facie*, d'une Constitution mais de la rencontre du droit de l'Union avec les droits constitutionnels étatiques. Sous ces aspects, les droits attribués par les articles 39 et 40 de la Charte des droits de l'Union constituent l'expression du droit constitutionnel européen (corpus qui renvoie à l'ensemble des règles fondamentales d'organisation de la société politique se situant à la jonction des droits constitutionnels nationaux, du droit de l'Union européenne et du droit de la Convention européenne des droits de l'homme).

§ 2 – DES DROITS DE RÉGLEMENTATION DE L'ORDRE DÉMOCRATIQUE LIBÉRAL

Le droit constitutionnel européen impose certaines garanties procédurales pour la mise en œuvre du droit à des élections libres qui est un « principe caractéristique d'un régime véritablement démocratique »[12]. Concernant le suffrage, les standards démocratiques supposent qu'il soit universel, libre, secret, sincère et périodique. La liberté du scrutin est une exigence destinée à empêcher de faire pression sur les citoyens au moment des opérations électorales. Cette liberté vise à garantir la liberté d'expression et le pluralisme des courants d'opinions. Le Conseil constitutionnel français rappelle cet impératif. Chargé d'examiner la loi prévoyant la répartition des financements publics au profit des partis politiques, le juge indique que les critères retenus par le législateur « ne doivent pas conduire à méconnaître l'exigence du pluralisme des courants d'idées et d'opinion qui constitue le fondement de la démocratie »[13]. Un scrutin libre permet donc à l'électeur de choisir entre des candidats qui soutiennent des idées différentes. La sincérité du vote implique également la lutte contre la fraude électorale. Progressivement, les États européens se sont engagés dans la voie de la juridictionnalisation des opérations de vérifications des pouvoirs des élus. Le contrôle politique (ce sont les parlementaires qui apprécient la régularité des scrutins), appliqué en France jusqu'en 1958, n'est désormais pratiqué qu'en Italie, en Belgique et au Luxembourg. Tous les autres États confient à un juge le soin de régler les éventuels litiges en matière électorale. Le contrôle juridictionnel est confié à toute juridiction en Grande Bretagne (depuis 1868). En France, en Grèce, en Espagne et au Portugal, la Cour constitutionnelle est seule compétente pour le contentieux des scrutins nationaux. L'Allemagne retient un système mixte pour les élections législatives : en premier ressort, le Bundestag examine les requêtes dirigées contre l'élection de ses membres ; en appel, la Cour de Karlsruhe peut être saisie.

Par ailleurs, des droits et libertés fondamentaux connexes à la réalisation des droits électoraux sont protégés par l'ensemble des cours supérieures, constitutionnelles et européennes (ce qui cause parfois la survenance de jugements discordants sur une même question de droit). Sans chercher ici à être exhaustif, on rappellera l'importance particulière des libertés inscrites aux articles 10 (liberté d'expression) et 11 (liberté de réunion et d'association) de la Convention EDH qui font peser, sur les États européens,

12. CEDH, 2 mars 1987, Mathieu-Mohin et Clerfayt / Belgique.
13. Cons. const., 11 janv. 1990, n° 89-271 DC.

des obligations positives au sein de l'espace public et politique. La liberté d'expression vient ainsi compléter les droits classiques de participation en permettant à toutes les opinions, même celles qui « heurtent, choquent ou inquiètent »[14], de faire vivre le débat démocratique. À bien des égards, « la démocratie (...) se nourrit de la liberté d'expression »[15]. S'agissant de la liberté de réunion et d'association, la Cour de Strasbourg en retient une interprétation large afin de protéger la formation et l'activité des partis politiques. Les standards européens favorisent la liberté constitutionnelle des partis tout en reconnaissant l'existence de limites correspondant aux mesures nécessaires à la défense de l'ordre public européen. Le caractère elliptique du statut constitutionnel des partis politiques se retrouve, du reste, au niveau des constitutions nationales. Les démocraties se divisent en deux catégories sur ce sujet : celles qui ignorent totalement les partis politiques (Belgique, Danemark, Finlande, Islande, Irlande, Luxembourg, Pays-Bas, Suisse) et celles qui, pour des raisons historiques, reconnaissent l'existence de ces organisations politiques (Allemagne, Grèce, Espagne, France, Italie, Portugal, Suède). La Constitution du royaume d'Espagne (1978) propose une définition précise des missions des partis : « Les partis politiques expriment le pluralisme politique. Ils concourent à la formation et à la manifestation de la volonté populaire et sont un instrument fondamental de la participation politique (...) » (art. 6). Pour sa part, la Loi fondamentale allemande (1949) fixe des limites à l'activité partisane : « Les partis qui, d'après leurs buts ou d'après le comportement de leurs adhérents, tendent à porter atteinte à l'ordre constitutionnel libéral et démocratique, ou à le renverser, ou à mettre en péril l'existence de la République fédérale d'Allemagne, sont inconstitutionnels. La Cour constitutionnelle fédérale statue sur la question de l'inconstitutionnalité » (art. 21.2). En cas de dissolution par le gouvernement d'un parti politique, la CEDH est en mesure de se prononcer sur « les raisons convaincantes et impératives pouvant justifier des restrictions à leur liberté d'association »[16]. La jurisprudence européenne considère qu'un parti politique est libre de mener campagne en faveur d'un changement de la législation ou des structures légales ou constitutionnelles de l'État à deux conditions : les moyens utilisés à cette fin doivent être légaux et démocratiques ; le changement proposé doit lui-même être compatible avec les principes démocratiques fondamentaux. Il en découle nécessairement qu'un parti politique dont les responsables incitent à recourir à la violence, ou proposent un projet politique qui ne respecte pas une ou plusieurs règles de la démocratie ou qui visent la destruction de celle-ci, ainsi que la méconnaissance des droits et libertés qu'elle reconnaît, ne peut se prévaloir de la protection de la Convention contre les sanctions infligées pour ces motifs[17].

Confrontées au terrorisme, certaines démocraties s'attachent, enfin, à protéger les populations en renforçant les pouvoirs de police des autorités civiles. Mais les réponses juridiques apportées face aux menaces varient selon les États. Si des régimes d'exception sont prévus par certains textes constitutionnels (Allemagne, Espagne, Portugal), les démocraties appliquent le droit commun pour apporter des restrictions limitées aux libertés publiques et, éventuellement, aux droits politiques (limitation de la liberté de réunion, restriction de la liberté de manifestation). La France s'est engagée dans une autre voie avec l'application d'un régime législatif d'exception, l'état d'urgence, décrété

14. CEDH, 7 décembre 1976, Handyside / Royaume Uni.
15. CEDH, 30 janvier 1998, Parti communiste unifié / Turquie.
16. CEDH, 13 février 2003, Refah Partisi / Turquie.
17. CEDH, 25 mai 1998, Parti socialiste et autres / Turquie.

le 14 novembre 2015 puis prorogé plusieurs fois par le Parlement. Les risques que ce régime peut engendrer sur l'effectivité des droits fondamentaux et des libertés publiques sont sérieux. Le contrôle exercé par le Conseil constitutionnel sur les décisions prises par les autorités publiques s'avère rudimentaire. La haute juridiction rappelle systématiquement qu'elle ne possède pas un pouvoir général d'appréciation identique à celui du Parlement et que son rôle consiste, notamment, à vérifier que les pouvoirs publics « opèrent une conciliation qui n'est pas manifestement déséquilibrée entre le droit d'expression collective des idées et des opinions et l'objectif de valeur constitutionnelle de sauvegarde de l'ordre public »[18]. Les mesures prises sous l'état d'urgence restent néanmoins soumises à la vigilance permanente des instances de la société civile. Les citoyens, les ONG, les observatoires, les collectifs d'avocats, les journalistes, les universitaires et les syndicats utilisent des droits politiques dans de nouvelles logiques de « réflexivité » (P. Rosanvallon), de transparence et de « démocratie continue » (D. Rousseau).

18. Cons. const., 19 févr. 2016, n° 2016-535 QPC.

Le droit à la sûreté

Emmanuel Dreyer
Professeur à l'École de droit de la Sorbonne (Université Paris 1)

La sûreté est un sentiment, celui d'être à l'abri, de n'avoir rien à craindre. Le droit à la sûreté est donc le droit de n'être exposé à aucun risque. En ce sens, on parle de sûreté nucléaire. L'objectif est de protéger non seulement l'intégrité physique mais aussi l'intégrité morale de l'individu.

Toutefois, une telle définition paraît bien large. Le droit à la sûreté n'acquiert une véritable dimension juridique qu'à partir du moment où il est ramené à de plus justes proportions. Il est invocable dans les relations qu'entretiennent les particuliers avec l'État. Il leur permet d'échapper à toute mise en cause qui ne serait pas conforme au droit. À ce titre, la sûreté s'oppose à l'arbitraire. Le droit à la sûreté postule que l'action de l'État s'exerce dans un cadre précis. L'État accepte alors de se soumettre à des exigences qui sont autant de limites à sa souveraineté. Le droit à la sûreté est garanti lorsqu'un individu ne peut être arrêté, détenu, fouillé, que dans le respect de dispositions légales elles-mêmes conformes aux principes inhérents à tout État de droit.

Le droit à la sûreté trouve son origine dans la procédure anglaise de l'*Habeas corpus* (*Shaftesbury Act* de 1679) autorisant toute personne arrêtée au nom du roi à saisir une cour supérieure pour qu'elle contrôle la régularité de sa détention. En France, il fut consacré en 1789 par réaction à la pratique des lettres de cachet. Il conserve la plus grande actualité en ce qu'il empêche les autorités de police d'intervenir hors de tout cadre légal. La terreur découlant d'une action imprévisible et sans limite des services de l'État est le propre des systèmes totalitaires. Dans une société démocratique, l'État ne peut se comporter de la sorte.

Tous les instruments de protection des droits de l'homme reconnaissent ce droit à la sûreté (§ 1). Pourtant, il apparaît désormais menacé par la concurrence d'un faux frère : le droit à la sécurité (§ 2). Ces deux droits ne sauraient être confondus.

§ 1 – LA RECONNAISSANCE DU DROIT

À l'article 2 de la Déclaration des droits de l'homme et du citoyen, la sûreté est citée parmi les quatre droits naturels et imprescriptibles de l'homme. Le même texte précise à la suite ses principales manifestations : « Nul homme ne peut être accusé, arrêté ni détenu que dans les cas déterminés par la Loi, et selon les formes qu'elle a prescrites» (art. 7); «nul ne peut être puni qu'en vertu d'une Loi établie et promulguée antérieurement au délit, et légalement appliquée» (art. 8); «tout homme étant présumé innocent jusqu'à ce qu'il ait été déclaré coupable, s'il est jugé indispensable de l'arrêter, toute rigueur qui ne serait pas nécessaire pour s'assurer de sa personne doit être sévèrement réprimée par la loi» (art. 9). La lutte contre l'arbitraire passe par la loi: c'est elle qui définit les conditions auxquelles un individu peut être privé de liberté et la façon dont sa culpabilité doit être établie. Seule la loi peut dire ce qui est interdit et permis sous la menace d'une peine.

Malgré la richesse de ces dispositions, le Conseil constitutionnel s'est montré réservé. Certes, il reconnaît que le monopole de la loi en matière pénale s'impose «pour éviter une rigueur non nécessaire lors de la recherche des auteurs d'infractions»[1]. Mais il retient une conception étroite du droit à la sûreté en s'appuyant sur l'article 66 de la Constitution, lequel dispose que «nul ne peut être arbitrairement détenu» et que «l'autorité judiciaire, gardienne de la liberté individuelle, assure le respect de ce principe dans les conditions prévues par la loi». Seules les atteintes à la liberté d'aller et de venir présentant une certaine intensité sont relevées[2]. Est contrôlée essentiellement la garantie judiciaire alors mise en œuvre. Un magistrat doit intervenir «dans le plus court délai possible»[3]. Ce contrôle doit être effectif[4] et constaté par écrit dans une décision motivée[5]. On regrettera néanmoins que le Conseil qualifie d'autorité judiciaire non seulement les magistrats du siège mais aussi ceux du parquet[6]. On regrettera également que l'autorité judiciaire puisse n'intervenir qu'au stade du contrôle de la mesure: celle-ci peut être décidée initialement par l'administration. C'est notamment le cas en matière d'hospitalisation d'office et de rétention des étrangers. Le Conseil admet que ces décisions puissent être prises par un préfet[7].

Fort heureusement, le droit à la sûreté est encore protégé par d'autres dispositions. Évoqué dans la Déclaration universelle des droits de l'homme (art. 3), il est consacré par la Charte des droits fondamentaux de l'Union européenne (art. 6). Toutefois, c'est sans doute la Convention EDH qui pousse le plus loin sa protection. Son article 5 précise les hypothèses dans lesquelles une personne peut être privée de liberté «selon les voies légales» (§ 1). La juridiction de Strasbourg insiste sur le fait qu'une telle liste est limitative[8]. À la suite, le même texte ajoute que la personne arrêtée doit être informée, dans le plus court délai et dans une langue qu'elle comprend, des raisons de son arrestation et de toute accusation portée contre elle (§ 2); que, si elle est suspectée d'avoir commis une infraction, elle doit être aussitôt traduite devant un juge ou un autre magistrat habilité par la loi à exercer des fonctions judiciaires qui vérifiera les conditions de son arrestation et appréciera l'opportunité de la maintenir en détention (§ 3); que, en toute hypothèse, cette personne a le droit d'introduire un recours devant un tribunal afin qu'il statue à bref délai sur la légalité de sa détention et ordonne éventuellement sa libération (§ 4) et, enfin,

---

1. Cons. const., 17 févr. 2012, n° 2012-223 QPC, Barreau de Bastia, § 4.
2. V., Cons. const., 25 févr. 1992, n° 92-307 DC, Zones de transit, § 15.
3. Cons. const., 9 janv. 1980, n° 79-109 DC, Prévention de l'immigration clandestine, § 4
4. Cons. const., 29 déc. 1983, n° 83-164 DC, Loi de finance, § 30.
5. Cons. const., 2 mars 2004, n° 2004-492 DC, Évolutions de la criminalité, § 26.
6. Cons. const., 11 août 1993, n° 93-326 DC, Réforme CPP, § 5.
7. V., Cons. const., n° 2011-135 QPC du 9 juin 2011, Abdellatif B., § 9.
8. V., CEDH, 5 juill. 2016, n° 23755/07, Buzadji c/ République de Moldova, § 84 et s.

qu'elle peut prétendre à réparation quand ces dispositions ne sont pas respectées (§ 5). La Cour européenne veille au respect de chacune de ces exigences. Elle a notamment mis en cause l'aptitude du procureur de la République français à autoriser la prolongation de gardes à vue alors qu'il n'est pas un magistrat indépendant[9]. Mais on ne saurait réduire à cette disposition conventionnelle le droit à la sûreté. Il joue également un rôle essentiel dans le volet pénal du droit à un procès équitable : il contribue à justifier l'égalité des armes (§ 1), la présomption d'innocence (§ 2) et les garanties minimales (§ 3) énoncées à l'article 6. L'autorité judiciaire amenée à contrôler la privation de liberté doit supplémentairement respecter ces exigences. Le droit à la sûreté conditionne également la façon dont sont appréciées les atteintes portées à la vie privée ou familiale, au secret des correspondances et à l'intégrité du domicile (art. 8 § 2). L'exigence d'une base légale puis d'un rapport de proportionnalité entre le but légitime poursuivi et le caractère intrusif de l'ingérence ne peuvent s'expliquer autrement.

Le juge judiciaire français s'emploie à faire respecter ces dispositions. Il contrôle la légalité des ingérences comme leur proportionnalité[10]. Lorsqu'il en décide lui-même de façon abusive, il s'expose à des sanctions disciplinaires (CPP, art. 136) et pénales (C. pén., art. 432-4). Si une telle protection semble relativement efficace, elle paraît néanmoins menacée. Le droit à la sûreté est parfois compris en un autre sens qui revient à le vider de toute portée.

§ 2 – LE DÉTOURNEMENT DU DROIT

La sûreté, telle qu'exposée ci-dessus, subit la concurrence de la sécurité. D'emblée, un tel rapprochement n'est pas aberrant. Le droit à la sûreté n'est pas sans lien avec la sécurité juridique et la confiance légitime qui, parfois, l'accompagne. Le respect de ces principes est un des moyens de garantir le droit en question : non seulement, l'administration et le juge ne doivent pas intervenir hors de tout cadre légal, mais ce cadre légal, lui-même, ne doit pas être scélérat. C'est l'application non rétroactive d'une loi dont la qualité et l'accès sont garantis qui évite l'arbitraire des agents d'exécution. On passe ainsi du droit subjectif au droit objectif.

Toutefois, ce rapprochement entre sûreté et sécurité reste discutable. Certes, les deux termes sont parfois tenus pour synonymes. Ainsi, l'article 9 du Pacte international relatif aux droits civils et politiques énonce que « tout individu a droit à la liberté et à la sécurité de sa personne » (§ 1), ce qui est générateur de confusion. D'autant qu'historiquement, la sûreté a parfois été consacrée au profit de l'État lui-même. Ainsi, une Cour de sûreté de l'État fut-elle instituée en 1963 afin de punir les atteintes du même nom. Cette juridiction a été supprimée en 1981 et le Code pénal actuel remplace la référence à la sûreté par une référence à la sécurité au titre des atteintes aux intérêts fondamentaux de la nation (art. 410-1). Cependant, certaines infractions ont été conservées dans le chapitre consacré à la défense de cet intérêt. Il existe par ailleurs une promotion de la sécurité dont témoigne l'important Code de la sécurité intérieure doublant le Code pénal. Faut-il en déduire l'existence d'un droit à la sécurité non plus seulement juridique mais aussi

9. CEDH, 23 nov. 2010, n° 37104/06, Moulin c/ France, § 57.
10. V., p. ex., Cass. crim., 23 nov. 2016, n° 15-83649 ; *Gaz. Pal.*, 17 janv. 2017, n° 3, p. 24, note Mésa R. ; *AJ pén.* 2017, p. 76, note Thierry J.-B. ; *Dr. pén.* 2017, comm. 13, obs. Maron A. et Haas M.

matérielle qui, en détournant le sens originel du droit à la sûreté, pourrait prétendre à la même protection que lui ? La perspective serait entièrement renversée : conçu initialement comme une protection de l'individu contre la société, ce droit deviendrait la justification d'une protection de la société contre l'individu.

D'ores et déjà, quelques éléments militent en ce sens. La sûreté est désormais présentée comme l'un des droits accordés à la victime d'une infraction lors de l'exécution de sa peine par le coupable (CPP, art. 707, IV, 4°). Une période de sûreté accompagne certaines peines privatives de liberté avec pour conséquence de retarder toute possibilité d'aménagement. Des mesures de sûreté se multiplient à côté des peines (rétention et surveillance de sûreté). Perçu comme une menace pour la société, l'individu dangereux doit alors être neutralisé. Tout se passe comme si un droit collectif à la sûreté avait remplacé le droit individuel évoqué ci-dessus. Pourtant, ces deux droits sont si différents qu'il est préférable de baptiser le second autrement. Ainsi, le législateur reconnaît-il parfois l'existence d'un droit autonome à la sécurité[11], ce qui évite de le soumettre au même régime. En réalité, ce prétendu droit à la sécurité n'est qu'un slogan facile pour rappeler la vocation de l'État à faire respecter l'ordre public. Il ne s'agit pas là d'un droit fondamental, ni même d'un droit subjectif. Si la défense de la société est la mission régalienne par excellence, l'État ne saurait opposer son droit à la sécurité au droit à la sûreté des individus.

Dans ces conditions, on peut se demander s'il est pertinent d'affirmer qu'« il incombe au législateur d'assurer la conciliation entre, d'une part, la prévention des atteintes à l'ordre public et la recherche des auteurs d'infractions, toutes deux nécessaires à la sauvegarde de droits et de principes de valeur constitutionnelle, et, d'autre part, l'exercice des libertés constitutionnellement garanties »[12]. Car il ne saurait y avoir recherche d'équilibre en la matière : la sauvegarde de l'ordre public et le respect des droits de l'homme ne sont pas du même ordre. Des atteintes aux droits de l'homme ne peuvent être admises sous prétexte qu'elles apparaissent « nécessaires ». En procédant de la sorte, le Conseil constitutionnel oppose les « droits » de l'État à ceux de l'homme. L'ambiguïté de son statut, qui en fait un gardien des institutions autant qu'un défenseur des droits fondamentaux, le conduit à concilier ces derniers avec des intérêts antagonistes. Il finit par légitimer ainsi les atteintes portées aux droits qu'il est censé protéger. Contre toute attente, le droit à la sûreté n'apparaît pas absolu. Dans sa jurisprudence, comme dans beaucoup d'esprits, le droit à la sécurité semble l'avoir d'ores et déjà emporté.

---

11. V., loi n° 95-73 du 21 janv. 1995 d'orientation et de programmation relative à la sécurité, art. 1, al. 1. – loi n° 2001-1062 du 15 nov. 2001 relative à la sécurité quotidienne, art. 1 – loi n° 2003-239, 18 mars 2003 pour la sécurité intérieure, art. 1, al. 2.
12. Cons. const., 11 déc. 2015, déc. 2015-508 QPC, M. Amir F., § 8.

La liberté d'aller et venir

David Soldini
Maître de conférences à l'École de droit de la Sorbonne (Université Paris 1)
Directeur des études de l'Institut d'études judiciaires « Jean Domat »

Dans son ouvrage *Vers la paix perpétuelle* paru en 1795, le philosophe allemand Emmanuel Kant défendait l'idée que, dans un monde pacifié, le droit cosmopolitique, applicable à tous les hommes indépendamment de leur nationalité ou de leur statut, s'incarnait dans le principe d'hospitalité universelle. Ce droit, qui ne consiste pas en la liberté de s'établir librement, mais s'apparente à un droit de visite, est un corollaire naturel de la liberté d'aller et venir au niveau international.

Si nul ne songe aujourd'hui sérieusement à remettre en cause le principe de liberté d'aller et venir à l'intérieur du territoire national, cette faculté a longtemps été niée au plus grand nombre. Le droit contemporain tend à nouveau à restreindre cette liberté pour certains citoyens et, de manière plus évidente encore, pour les étrangers. Au niveau international, l'intensité des débats autour de cette liberté illustre l'absence de consensus. Pourtant, ces dernières décennies, notamment sous l'impulsion de l'Union européenne, des avancées considérables ont été réalisées. Si cette liberté est effectivement reconnue aux niveaux national, européen et international, elle souffre encore de nombreuses limitations. La tendance actuelle privilégie plutôt un encadrement toujours plus strict de cette liberté. L'évolution se constate tant en ce qui concerne la circulation à l'intérieur des frontières nationales (I), que du point de vue européen ou international (II).

I. LA LIBERTÉ D'ALLER ET VENIR AU NIVEAU NATIONAL

A - LA PORTÉE DU PRINCIPE

Conceptuellement, la liberté d'aller et venir se rattache à la liberté individuelle, par opposition aux libertés collectives, et à la liberté physique, par opposition à la liberté intellectuelle.

Elle suppose le droit pour chacun de se déplacer librement, à tout moment, sans motif ou raison particuliers. Si les plus hautes juridictions ont toutes reconnu son caractère fondamental, elle n'a pas de fondement explicite en droit interne. Le Conseil constitutionnel, dans sa décision du 1er juillet 1979 dite *Ponts à péage*, ne la rattache à aucun texte précis. Il faut attendre la décision du 13 mars 2003, *Loi pour la sécurité intérieure*, pour que le juge constitutionnel fonde cette liberté sur les articles 2 et 4 de la Déclaration des droits de l'homme et du citoyen de 1789 (DDHC). De même, la Cour de cassation consacre la liberté fondamentale de quitter le territoire en 1984, sans lui donner de fondement en droit interne et en ne se référant qu'aux textes internationaux[1]. En revanche, le Tribunal des conflits comme le Conseil d'État se sont tous deux référés à la DDHC, le premier dans une décision du 9 juin 1986, *Eucat c/ Trésorier payeur général du Bas-Rhin*, le second dans l'arrêt d'assemblée du 8 avril 1987, *Ministre de l'Intérieur et de la Décentralisation c/ Peltier*.

Dans la décision du 13 août 1993, *Loi relative à la maîtrise de l'immigration et aux conditions d'entrée, d'accueil et de séjour des étrangers en France*, le Conseil constitutionnel précise que la liberté d'aller et venir fait partie des droits et libertés dont bénéficient tous les résidents sur le territoire français, dont les étrangers.

En ce qui concerne le droit international et européen, différents textes reconnaissent le droit de circuler librement à l'intérieur d'un État. C'est le cas de l'article 13 de la Déclaration universelle des droits de l'homme (DUDH), de l'article 12 du Pacte international des droits civils et politiques (PIDCP) ou encore de l'article 2 du protocole n° 4 à la Convention de sauvegarde des droits de l'homme et des libertés fondamentales (Convention EDH) qui affirme que « quiconque se trouve régulièrement sur le territoire d'un État a le droit d'y circuler librement et d'y choisir librement sa résidence ».

Le principe est donc reconnu par les juridictions françaises, même si le fondement juridique de cette liberté en droit interne peut être discuté et a fait l'objet de différentes interprétations. Ce fondement est en revanche parfaitement explicite aux niveaux international et européen.

B - LES LIMITATIONS DU PRINCIPE

La liberté d'aller et venir n'a pas de caractère général et absolu. Bien au contraire, elle souffre de nombreuses limitations qui peuvent être regroupées en deux catégories principales : les limitations liées aux caractéristiques des personnes, les limitations de nature spatiale.

- Certaines catégories de personne ne jouissent pas pleinement de la liberté d'aller et venir. Ainsi, outre les personnes se trouvant sur le territoire national en situation irrégulière et qui peuvent donc faire l'objet de différentes mesures de restriction de leur liberté, les étrangers, même en situation régulière, ne bénéficient pas des mêmes garanties que les nationaux. Ainsi, dans un arrêt du 1er octobre 2014, n° 365054, le Conseil d'État a autorisé l'expulsion, justifiée par le risque de trouble à l'ordre public, d'une citoyenne roumaine, simplement interpellée pour des faits de mendicité et n'ayant jamais fait l'objet de condamnation. Il s'agit là d'une interprétation assez inquiétante de l'article L. 521-1 du Code des étrangers qui autorise l'expulsion lorsqu'un étranger constitue une menace grave pour l'ordre public. L'article L. 521-2 autorise également l'expulsion en raison d'une nécessité impérieuse pour la sûreté de l'État ou la sécurité publique. Ce même code attribue au ministre de l'Intérieur la

1. Cass. 1re civ., 28 nov. 1984, n° 83-16552, n° 83-14046.

compétence pour désigner les départements dans lesquels les étrangers ne peuvent établir leur domicile sans autorisation préalable du préfet.
Les nationaux peuvent également faire l'objet de mesures de restrictions, comme l'assignation à résidence, lorsqu'elles représentent un danger pour l'ordre public. Ces cas se distinguent de la situation des détenus et des personnes condamnées à des peines privatives de liberté. La limitation de leur liberté est une mesure préventive qui ne repose pas sur la constatation d'un crime ou délit. Ainsi, récemment, sous couvert d'état d'urgence, des centaines d'assignations à résidence ont pu être prononcées, notamment afin de prévenir les risques de troubles à l'ordre public durant la COP 21, réunie à Paris au début du mois de décembre 2015. Plus généralement, dans le cadre de la lutte contre le terrorisme, de nombreuses restrictions aux libertés ont été apportées sous le contrôle limité du juge. Ainsi, depuis la loi n° 2016-731 du 3 juin 2016, une personne suspectée d'avoir quitté le territoire français pour rejoindre un théâtre d'opérations terroristes peut faire l'objet d'un contrôle administratif à son retour.
Le droit français s'avère également particulièrement attentatoire à la liberté concernant les gens du voyage et les nomades, comme l'illustre l'arrêt de la Cour européenne des droits de l'homme du 17 octobre 2013, *Winterstein c/ France*, au sujet de l'évacuation de gens du voyage occupant irrégulièrement un terrain communal sans prise en compte de l'ancienneté de leur occupation.
Dans un autre registre, la liberté des personnes hospitalisées d'office pour soins psychiatriques est également limitée. Enfin, de manière plus anecdotique, il est possible de signaler les interdictions de fréquenter les stades prononcées à l'encontre de supporters jugés dangereux, les couvre-feux concernant les mineurs décidés par certains maires et qui font l'objet d'un contrôle strict du juge ou encore les règles particulières relatives au déplacement des sportifs dans le cadre de la lutte anti-dopage.

– La restriction spatiale de la liberté d'aller et venir se fonde sur différents impératifs : protéger la propriété privée, assurer la sécurité dans certains lieux et notamment sur les voies publiques ou garantir la bonne affectation du domaine public. Concernant la propriété privée, qualifiée d'inviolable par l'article 2 de la DDHC et protégée par l'article 226-4 du Code pénal, le principe est celui de l'autorisation expresse du propriétaire ou l'existence d'une servitude administrative. À défaut, il n'existe aucune liberté d'aller et venir sur une propriété privée. En revanche, le principe de liberté est bien respecté sur les voies publiques, mais il est fortement encadré afin de garantir la sécurité de tous. Si les restrictions ont d'abord servi à assurer la circulation automobile, elles tendent aujourd'hui à servir des objectifs variés : la lutte contre la pollution de l'air ou sonore, le développement du commerce de proximité, le stationnement des riverains, l'aménagement des transports en commun, etc. Enfin, une part importante du domaine national, consacré par exemple aux activités militaires ou aux résidences du chef de l'État, est interdite au public en raison de la fonction à laquelle ce domaine est affecté. De la même manière, c'est la fonction des lieux qui justifie également une restriction de la liberté dans les établissements d'enseignement ou de santé, accessibles uniquement à certaines catégories de personnes (les usagers, les parents des usagers, le personnel...).
Aux côtés de la liberté d'aller et venir à l'intérieur du territoire national, des textes nationaux et internationaux garantissent également l'existence de cette liberté, certes encadrée, au niveau international.

II. LA LIBERTÉ DE CIRCULATION EN EUROPE ET DANS LE MONDE

La liberté d'aller et venir au niveau interétatique est généralement rebaptisée liberté de circulation. Malgré ce changement de dénomination, la notion est très proche de la liberté d'aller et venir et mérite d'être mentionnée.

A - LA PORTÉE DU PRINCIPE

Reconnue par de nombreux textes, la liberté de circulation interétatique recouvre une pluralité de phénomène : droit de sortie et d'entrée sur le territoire, droit au passeport, droit d'asile et de refuge, droit au séjour, liberté d'établissement, etc.

Au niveau international, l'article 13 de la DUDH prévoit, outre les droits de circuler librement et de choisir sa résidence à l'intérieur d'un État, le droit de quitter tout pays, y compris le sien, et de revenir dans son pays. Ces droits sont repris par l'article 12 du PIDCP. La convention de Genève sur les réfugiés du 28 juillet 1951 encadre par ailleurs le droit d'asile. Il n'y a pas de reconnaissance véritable de la liberté de circulation interétatique au niveau international.

À l'inverse, à l'échelle européenne, la liberté de circulation bénéficie d'une reconnaissance beaucoup plus évidente. Elle est prévue par l'article 21 du Traité fondamental de l'Union européenne (TFUE) qui garantit le droit pour tout citoyen de l'Union de circuler et de séjourner librement sur le territoire des États membres. La Cour de justice de l'Union européenne considère que la disposition a un effet direct[2]. L'article 45 de la Charte des droits fondamentaux de l'Union européenne propose une formulation identique et ajoute que la liberté de circulation et de séjour peut également être accordée aux ressortissants de pays tiers résidant légalement sur le territoire d'un État membre. Par ailleurs, l'article 45 du TFUE garantit la libre circulation des travailleurs à l'intérieur de l'Union. Il convient également de rappeler que les accords de Schengen organisent, à partir de 1985, la disparition des contrôles aux frontières des États membres. L'espace Schengen regroupe aujourd'hui la quasi-totalité des États membres de l'Union.

B - LES LIMITATIONS DU PRINCIPE

Ces différents textes ne proclament aucun droit général et absolu. Ils renvoient aux États le soin d'organiser la circulation interétatique et autorisent des restrictions. Il convient d'opérer une distinction entre les ressortissants des États membres de l'Union, les ressortissants de pays tiers entrés régulièrement sur le territoire européen et les autres. S'ajoute à ces deux catégories le cas des réfugiés qui bénéficient d'un statut particulier. Les différentes règles applicables sont regroupées dans le Code de l'entrée et du séjour des étrangers et du droit d'asile.

Concernant l'entrée et le séjour sur le territoire, les ressortissants européens et étrangers ne sont pas traités de la même manière. Il s'agit d'un véritable droit pour les ressortissants européens, même si des limitations existent, notamment lorsque le comportement de la

---

2. CJCE, 17 nov. 2002, n° 413-99, Baumbast et R. c/ Secretary of State of home department.

personne représente une menace pour l'ordre et la sécurité publics. Les étrangers en revanche n'ont pas de droit à l'admission et doivent être munis des documents exigés par les différentes conventions internationales. À leur demande, ils peuvent éventuellement bénéficier du droit d'asile et du statut de réfugié s'ils remplissent les différents critères.

L'étranger entré régulièrement sur le territoire d'un État membre bénéficie d'un régime harmonisé concernant sa liberté de circulation à l'intérieur de l'Union. Ainsi, la politique de visa, le regroupement familial ou les règles relatives au franchissement des frontières sont désormais harmonisés.

On retrouve enfin des différences de traitement, concernant la sortie contrainte du territoire, entre le national, le ressortissant européen et l'étranger. Le ressortissant national ne peut être expulsé. En revanche, l'étranger en situation irrégulière ne bénéficie pas du droit au séjour et peut donc faire l'objet de mesures autoritaires. Concernant les ressortissants européens et les étrangers séjournant régulièrement dans l'espace européen, ils peuvent être obligés de quitter le territoire français ou expulsés, notamment s'ils représentent une menace grave pour l'ordre public. Il convient cependant de distinguer les étrangers des ressortissants européens et des Européens protégés (qui résident régulièrement sur le territoire national depuis plus de cinq ans ou dix ans suivant les cas). En fonction des situations, l'intensité du trouble nécessaire pour justifier l'éloignement varie, du plus faible au plus intense. Comme cela a été signalé précédemment, ces distinctions ne sont pas toujours évidentes à saisir dans la pratique.

Le droit à un procès équitable

Jean-François Renucci
Professeur à l'Université Côte d'Azur, Faculté de Droit, CERDP

Tous les justiciables ont droit à une bonne justice et, même si la justice des hommes est par essence relative, tout doit être fait pour que celle-ci soit rendue de la manière la plus satisfaisante possible : cette exigence est l'un des critères essentiels de l'État de droit[1]. Son importance est considérable et il apparaît véritablement comme un modèle. C'est une exigence fondamentale qui implique le respect d'un certain nombre de garanties. Ces garanties sont principalement contenues dans l'article 6 de la Convention européenne des droits de l'homme, objet de notre étude, mais il importe de préciser que d'autres ont été rajoutées dans différents protocoles additionnels à la Convention[2].

Le domaine du droit à un procès équitable, au sens de cet article, est large. Certes, des limites existent puisque seuls sont concernés les litiges qui relèvent, soit d'une « contestation sur les droits et obligations de caractère civil », soit du « bien-fondé d'une accusation en matière pénale ». Mais les juges européens ont donné à ces notions un sens autonome, privilégiant ainsi des interprétations extensives. De plus, les juges européens n'ont cessé d'étendre le champ d'application du droit à un procès équitable, non seulement à la phase d'exécution des décisions de justice[3], mais aussi aux mesures provisoires[4].

Il a été remarqué que le droit à un procès équitable « fonde en grande partie l'œuvre de la Convention européenne des droits de l'homme et sa mise en situation »[5]. C'est dire l'importance de ces garanties qu'il s'agisse des garanties générales qui concernent tous les justiciables (§ 1) ou des garanties spéciales qui intéressent plus particulièrement les accusés (§ 2).

---

1. Renucci J.-F., *Droit européen des droits de l'homme*, 6e éd., 2015, LGDJ, Manuel, n° 345 (7e éd., sous presse).
2. Protocole n° 4, art. 3 et 4 (expulsions) – protocoles n° 6 et n° 13 (abolition de la peine de mort) – protocole n° 7, art. 1 (garanties en cas d'expulsion des étrangers), art. 2 (double degré de juridiction), art. 3 (indemnisation en cas d'erreur judiciaire), art. 4 (*non bis in idem*).
3. CEDH, 19 mars 1997, n° 18357/91, Hornsby c/ Grèce, § 40.
4. CEDH, gr. ch., 15 oct. 2009, n° 17056/06, Micallef c/ Malte, § 75.
5. Strickler Y., « Le droit à un procès équitable », *in* Cabrillac R. (dir.), *Liberté et droits fondamentaux*, 22e éd., 2016, Dalloz, p. 625.

§ 1 – LES GARANTIES GÉNÉRALES

Tous les justiciables doivent pouvoir bénéficier de garanties minimales et les juges européens veillent à l'effectivité des droits garantis par la Convention dont le but est de « protéger des droits, non pas théoriques ou illusoires, mais concrets et effectifs »[6]. Ils n'ont d'ailleurs pas hésité à étendre les garanties explicites (A) tout en consacrant des garanties implicites (B).

A - LES GARANTIES EXPLICITES

Les garanties explicites sont contenues dans le premier alinéa de l'article 6 de la Convention. Leur importance est d'autant plus forte que les juges européens prennent en considération les apparences : "justice must not only be done, it must also be seen to done".

L'article 6 § 1 de la Convention consacre le droit à un tribunal établi par la loi, lequel doit être indépendant et impartial. Cette triple exigence est particulièrement importante, même si le contentieux se concentre principalement sur l'impartialité. La Cour y attache une importance particulière, soit dans le cadre d'une démarche subjective en essayant de déterminer la conviction personnelle et profonde du juge, soit dans celui d'une démarche objective en recherchant l'existence de garanties suffisantes pour exclure à cet égard tout doute légitime[7]. L'impartialité subjective ou personnelle qui signifie l'absence de parti pris ou de préjugé implique la neutralité du juge et se présume jusqu'à preuve contraire[8]. L'impartialité objective ou fonctionnelle consiste à se demander si, nonobstant la conduite personnelle du juge, certains faits vérifiables amènent à suspecter son impartialité[9]. C'est le rôle effectif du juge qui est pris en considération, le simple doute sur l'impartialité ne pouvant suffire à caractériser une violation de l'article 6 : la Cour va rechercher si les appréhensions de la personne en cause sont objectivement justifiées.

L'article 6 § 1 de la Convention consacre plus particulièrement le principe de séparation des fonctions de justice, excluant *a priori* tout cumul. Mais les juges ont finalement opté pour une approche plus pragmatique et libérale. Il faut dès lors rechercher si les craintes de l'intéressé sont objectivement justifiées[10] et tout dépendra du caractère plus ou moins approfondi des investigations menées au préalable par le juge en cause : ce qui compte, ce ne sont pas les inquiétudes subjectives du requérant, mais leur confirmation par des éléments objectifs, le cumul de fonctions ne pouvant à lui seul fonder le grief de partialité[11]. La même règle s'applique au mineur délinquant même si pendant longtemps on a pu penser que la spécificité de la matière pouvait justifier le principe du cumul[12]. Enfin,

---

6. CEDH, 9 oct. 1979, n° 6289/73, Airey c/ Irlande, § 24.
7. CEDH, 1er oct. 1982, n° 8692/79, Piersack c/ Belgique, § 30 – 6 juin 2000, n° 34130/96, Morel c/ France, § 40 – 20 mai 1998, Gautrin c/ France, préc., § 58.
8. CEDH, 26 févr. 1993, n° 13396/87, Padovani c/ Italie, § 26 – 16 janv. 2007, n° 17070/05, Farhi c/ France, § 21.
9. CEDH, 24 mai 1989, n° 10486/83, Hauschildt c/ Danemark, § 48.
10. Aff. Hauschildt, préc., § 50.
11. CEDH, 16 déc. 1992, n° 12981/87, Sainte-Marie c/ France, § 34 – 24 févr. 1993, n° 14396/88, Fey c/ Autriche, § 36 – 26 févr. 1993, n° 13396/87, Padovani c/ Italie, § 28 – 20 déc. 2005, n° 30865/96, Jasinski c/ Pologne, § 56 et s. – 22 avr. 2010, n° 29808/07, Chesne c/ France, § 35.
12. CEDH, 2 mars 2010, n° 54729/00, Adamkiewicz c/ Pologne, § 107.

si les fonctions d'instruction et de jugement peuvent être appréhendées avec souplesse, le principe séparatiste est absolu s'agissant des autorités chargées de la poursuite[13].

Les autres garanties explicites sont tout aussi importantes. C'est ainsi que toute personne a droit à ce que sa cause soit entendue dans un délai raisonnable. Cela impose une appréciation globale de la situation et une approche *in concreto*. Mais cela n'a pas empêché la Cour de fixer des critères d'appréciation plus généraux qui sont la complexité de l'affaire, l'attitude du requérant ainsi des autorités compétentes, ainsi que quelquefois l'enjeu du litige[14].

Le droit à ce que sa cause soit entendue publiquement et équitablement est une exigence forte. La publicité de la procédure – publicité des audiences et publicité du prononcé du jugement – est essentielle, car il est capital de protéger le justiciable contre une justice échappant à tout contrôle public. Malgré son importance, le principe connaît des tempéraments : l'accès de la salle d'audience peut être interdit à la presse ou au public pendant tout ou partie du procès dans l'intérêt de la moralité, de l'ordre public ou de la sécurité nationale dans une société démocratique, lorsque les intérêts des mineurs ou la protection de la vie privée des parties l'exigent, ou dans la mesure jugée strictement nécessaire par le tribunal, lorsque dans des circonstances spéciales la publicité serait de nature à porter atteinte aux intérêts de la justice. Enfin, l'exigence d'équité a donné lieu à la consécration de garanties implicites.

B - LES GARANTIES IMPLICITES

Le droit au juge, qui est expressément consacré dans certains articles de la Convention[15], ne l'est pas par l'article 6. Toutefois, la jurisprudence européenne a interprété cet article comme consacrant implicitement le droit au juge, faute de quoi il serait illusoire de parler de procès équitable puisque par hypothèse il n'y aurait pas de procès du tout. L'arrêt *Golder* a ouvert la voie : « l'article 6 garantit à chacun le droit à ce qu'un tribunal connaisse de toute contestation relative à ses droits »[16]. L'obligation d'assurer un droit d'accès à la justice est une obligation positive de l'État[17].

Toutefois, le droit au juge n'est pas un droit absolu. Des limitations sont possibles, à condition qu'elles ne remettent pas en cause la substance même du droit d'accès et qu'elles poursuivent un but légitime tout en restant proportionnées à celui-ci[18]. Mais cela n'atténue guère la force de cette garantie dont l'effectivité est un élément essentiel[19]. Le recours doit être effectif en pratique comme en droit[20] : il n'implique pas qu'un requérant doit avoir obtenu satisfaction, mais qu'il ait eu la possibilité de faire examiner son grief[21].

---

13. Renucci J.-F., *Droit européen des droits de l'homme, op. cit.*, n° 400 et s., et les réf.
14. CEDH, 8 déc. 1983, n° 7984/77, Pretto c/ Italie, § 31 et s.
15. Cf. Convention EDH, art. 5 § 4 et 13.
16. CEDH, 21 févr. 1975, n° 4451/70, Golder c/ Royaume-Uni, § 36.
17. CEDH, 9 oct. 1979, n° 6289/73, Airey c/ Irlande, § 26. *Adde* CEDH, 4 déc. 1995, n° 23805/94, Bellet c/ France, § 38 – 30 oct. 1998, n° 38212/97, F. E. c/ France, § 46 et s.
18. CEDH, 28 mai 1985, n° 8225/78, Ashingdane c/ Royaume-Uni, § 57.
19. CEDH, 17 oct. 2006, n° 72000/01, Göcmen c/ Turquie, § 61.
20. CEDH, 15 juill. 2002, n° 37370/97, Stratégies et communication et Dumoulin c/ Belgique, § 50.
21. CEDH, 19 déc. 2006, n° 34043/02, Mattei c/ France, § 46 – 28 janv. 2008, n° 7549/03, Milan c/ France, § 69.

Les autres garanties implicites sont tout aussi fortes. Le principe de la loyauté des preuves a finalement été consacré. Après avoir admis une preuve illégale dès lors qu'elle pouvait être par la suite discutée dans le respect du procès équitable[22], la Cour européenne a consacré l'obligation de loyauté dans la réunion policière et judiciaire des preuves[23]. L'arrêt *Teixeira de Castro* a clairement précisé qu'en toute hypothèse les droits de la défense doivent être garantis et c'est pourquoi l'utilisation d'éléments de preuve recueillis à la suite de provocations policières est contraire à la Convention[24]. Une distinction doit être faite entre la provocation à la commission d'une infraction qui est prohibée, car contraire au principe de loyauté, et la provocation à la preuve d'une activité délictueuse qui est admissible dans la lutte contre la criminalité organisée[25].

La motivation des décisions de justice s'est imposée, car il est difficile, dans le cas contraire, de parler d'un procès équitable. Pour les juges européens, même si cela n'est pas dit expressément, l'article 6 § 1 oblige les tribunaux à motiver leurs décisions[26]. L'obligation de motivation a donné lieu à une difficulté particulière pour les arrêts d'assises. Dans une affaire belge, la Cour européenne semblait vouloir exiger une motivation sans nuance[27], ce qui a suscité de fortes réactions : finalement, la Grande Chambre est revenue à une solution plus équilibrée, rappelant que la non-motivation du verdict n'est pas une violation de l'article 6 dès lors que l'accusé a été en mesure de comprendre sa condamnation[28].

L'égalité des armes est un aspect essentiel du droit garanti par l'article 6. Ainsi, toute partie doit avoir une possibilité raisonnable d'exposer sa cause au tribunal dans des conditions qui ne la désavantagent pas d'une manière appréciable par rapport à la partie adverse. Ce principe garantissant l'équilibre entre les parties s'applique aussi bien à la matière civile qu'à la matière pénale, pour les juridictions judiciaires (avec notamment l'avocat général près la Cour de cassation[29]) comme pour les juridictions administratives (avec le commissaire du Gouvernement devenu rapporteur public[30]). Cette garantie générale, comme les autres, est particulièrement importante et la même remarque peut être faite pour les garanties spéciales.

§ 2 – LES GARANTIES SPÉCIALES

Les garanties offertes aux seuls « accusés » au sens de la Convention sont contenues dans les paragraphes 2 et 3 de l'article 6. Si le deuxième paragraphe vise expressément et exclusivement la présomption d'innocence (A), c'est certainement pour lui donner

22. CEDH, 12 juill. 1988, n° 10862/84, Schenk c/ Suisse, § 49.
23. CEDH, 6 déc. 1988, n° 10588/83, Barberà, Massegue et Jabardo c/ Espagne, § 74 et s.
24. CEDH, 9 juin 1998, n° 25829/94, Teixeira de Castro c/ Portugal, § 39 – 23 oct. 2014, n° 54648/09, Furcht c/ Allemagne, § 72.
25. CEDH (déc.), 21 mars 2002, n° 59895/00, Calabro c/ Italie et Allemagne, n° 2 *in fine* – gr. ch., 5 févr. 2008, n° 74420/01, Ramanauskas c/ Lituanie, § 73
26. CEDH, 19 avr. 1994, n° 16034/90, Van de Hurk c/ Pays-Bas, § 61 – 28 avr. 2005, n° 57808/00, Albina c/ Roumanie, § 36.
27. CEDH, 13 janv. 2009, n° 926/05, Taxquet c/ Belgique, § 36 et s.
28. CEDH, gr. ch., 16 nov. 2010, n° 926/05, Taxquet c/ Belgique, § 90. *Adde* : CEDH, 10 janv. 2013, n° 61198/08, Agnelet c/ France, § 62 – 10 janv. 2013, n° 53406/10, Legillon c/ France, § 52 et 53.
29. CEDH, 30 oct. 1991, n° 12005/86, Borgers c/ Belgique, § 28.
30. CEDH, gr. ch., 7 juin 2001, n° 39594/98, Kress c/ France, § 87.

encore plus de force. Le troisième paragraphe quant à lui énumère certaines garanties, sans prétendre à l'exhaustivité : celles-ci consacrent les droits de la défense (B) dont l'importance est tout aussi considérable.

A - LA PRÉSOMPTION D'INNOCENCE

Aux termes du § 2 de l'article 6 de la Convention, toute personne accusée d'une infraction est présumée innocente jusqu'à ce que sa culpabilité ait été légalement établie. Le principe est affirmé avec force. La charge de la preuve incombe à l'accusation[31] et le doute profite à l'accusé qui doit, en toute hypothèse, pouvoir s'expliquer et fournir éventuellement des contre-preuves. Les juges ne doivent pas, *a priori*, avoir la conviction que la personne en cause est coupable et l'accusation doit offrir des preuves suffisantes pour fonder une déclaration de culpabilité. La présomption d'innocence profite à toute personne non condamnée par un jugement définitif contre toute constatation formelle de sa culpabilité sous quelque forme que ce soit[32]. De plus, et bien que prévue dans un article relatif au procès équitable, la présomption d'innocence s'applique à tout membre de l'autorité publique, même non judiciaire[33], et au-delà du procès *stricto sensu*[34]. Le droit à la présomption d'innocence n'est pas une simple garantie procédurale propre au procès pénal *stricto sensu*, car sa portée est plus large[35].

Des exceptions au principe existent. L'existence de présomptions de culpabilité n'est pas nécessairement contraire à la Convention européenne des droits de l'homme, mais encore faut-il qu'elles soient enserrées dans des limites raisonnables afin que la présomption d'innocence ne soit pas vidée de sa substance[36]. De plus, la présomption ne doit pas être irréfragable, car il est capital que la preuve contraire puisse être apportée.

Si la présomption d'innocence est surtout une règle de preuve, elle est aussi une règle de fond puisqu'elle est l'expression d'un véritable droit subjectif pour toute personne[37]. Elle assure l'effectivité des droits garantis, d'autant plus que les droits de la défense sont aussi consacrés avec force.

B - LES DROITS DE LA DÉFENSE

Les droits de la défense, précisés par l'article 6 § 3 de la Convention, occupent une « place primordiale » dans toute société démocratique[38]. Ces dispositions sont d'autant plus importantes qu'aux garanties explicites s'ajoutent des garanties implicites découlant d'une interprétation large du texte.

31. CEDH, 13 janv. 2005, n° 42914/98, Capeau c/ Belgique, § 25.
32. CEDH, 26 mars 1982, n° 8269/78, Adolf c/ Autriche, § 35 et s. – 25 mars 1983, n° 8660/99, Minelli c/ Suisse, § 37 – 25 août 1993, n° 13126/87, Sekanina c/ Autriche, § 23 et s.
33. CEDH, 29 août 1997, n° 22714/93, Worm c/ Autriche, § 50 (journalistes).
34. CEDH, 10 févr. 1995, n° 15175/89, Allenet de Ribemont c/ France, § 32 et s.
35. Renucci J.-F., *Droit européen des droits de l'homme*, *op. cit.*, n° 428 *in fine*, et les réf.
36. CEDH, 7 oct. 1988, n° 10519/83, Salabiaku c/ France, § 28.
37. Guinchard S. *et al.*, *Droit processuel*, 9e éd., 2017, Dalloz, Précis, n° 267 et s.
38. CEDH, 23 nov. 1993, n° 14032/88, Poitrimol c/ France, § 38.

La toute première garantie explicite est le droit d'être informé de la nature et de la cause de l'accusation (art. 6 § 3 *a*). Cette information doit être détaillée[39] et intervenir à la fois dans le plus court délai et dans une langue comprise par l'intéressé[40]. La nature de l'accusation est sa qualification juridique et sa cause les faits matériels reprochés à l'intéressé. La forme de l'information est indifférente, mais ce qui est capital c'est son effectivité. Mais ce droit à l'information n'empêche pas la reconnaissance éventuelle d'un pouvoir de requalification des faits tout au long de la procédure : il est cependant impératif que les droits de la défense soient respectés et que « l'accusé » au sens européen du terme soit en mesure de pouvoir s'expliquer pleinement[41].

L'accusé bénéficie également du droit de disposer du temps et des facilités nécessaires à sa défense (art. 6 § 3 *b*). Le justiciable, seul ou avec l'assistance d'un avocat, doit pouvoir se défendre de manière adéquate et si des restrictions peuvent éventuellement s'imposer, elles ne peuvent être que temporaires et justifiées par la sauvegarde d'un intérêt public important. Les juges européens pourront prendre en considération le comportement du requérant et celui de son avocat[42]. L'accès au dossier est une condition essentielle de l'effectivité de ce droit[43].

Le droit d'assurer librement et effectivement sa défense (art. 6 § 3 *c*) est un droit essentiel. Tout accusé a le droit de se défendre lui-même ou d'avoir l'assistance d'un défenseur de son choix et, s'il n'a pas les moyens de rémunérer un défenseur, pouvoir être assisté gratuitement par un avocat d'office[44]. L'effectivité de la défense est une préoccupation forte des juges européens. Ils ont jugé que l'accès à un avocat doit être consenti dès le premier interrogatoire d'un suspect par la police, à moins qu'il n'existe des raisons impérieuses de restreindre ce droit[45]. Ces principes ont été repris et même amplifiés par la suite : l'équité de la procédure requiert que l'accusé puisse obtenir toute la vaste gamme d'interventions qui sont propres au Conseil, en particulier la discussion de l'affaire, l'organisation de la défense, la recherche des preuves favorables à l'accusé, la préparation des interrogatoires ou encore le soutien de l'accusé et le contrôle des conditions de détention[46].

Outre le droit à un interprète dès lors que l'accusé ne comprend pas ou ne parle pas la langue employée à l'audience (art. 6 § 3 e), le droit aux témoins (art. 6 § 3 d) est l'ultime garantie explicitement garantie par le texte. Tout accusé a droit à interroger ou faire interroger les témoins à charge et obtenir la convocation et l'interrogation des témoins à décharge dans les mêmes conditions que les témoins à charge. La règle est que l'accusé doit toujours avoir une occasion adéquate et suffisante de contester un témoignage à charge et aussi d'être confronté à ses accusateurs à un moment ou à un autre de la procédure[47]. À cet égard, une difficulté a pu apparaître au sujet des témoins anonymes

39. CEDH, 12 avr. 2011, n° 21175/03, Adrian Constantin c/ Roumanie, § 18.
40. CEDH, 12 oct. 1992, n° 14104/88, T. c/ Italie, § 28.
41. CEDH, Gr. Ch., 25 mars 1999, n° 25444/94, Pélissier et Sassi c/ France, § 63.
42. CEDH, 22 juin 1993, n° 12914/87, Melin c/ France, § 25.
43. CEDH, 18 mars 1997, n° 22209/93, Foucher c/ France, § 36 – 10 mai 2007, n° 38208/03, Seris c/ France…, § 61 et s.
44. CEDH, 25 sept. 1992, n° 13191/87, Pham Hoang c/ France, § 41.
45. CEDH, gr. ch., 27 nov. 2008, n° 36391/02, Salduz c/ Turquie, § 55.
46. CEDH, 13 oct. 2009, n° 7377/03, Dayanan c/ Turquie, § 32.
47. CEDH, 13 avr. 2006, n° 75699/01, Vaturi c/ France, § 49 et s.

et des témoins absents. S'agissant en premier lieu des témoignages anonymes, leur admission est soumise à certaines conditions : un tel témoignage ne peut être la preuve principale et déterminante de la culpabilité et, de plus, la défense doit avoir une occasion adéquate et suffisante de contester ledit témoignage[48] ; la procédure, dans son ensemble, doit revêtir un caractère équitable entre l'accusation et la défense ; il faut enfin que l'interrogatoire du témoin soit effectué par un juge qui connaisse l'identité du témoin, qui contrôle les raisons justifiant l'anonymat et qui puisse exprimer son avis quant à la crédibilité du témoin[49]. Ces mêmes difficultés se retrouvent dans une situation similaire – celle des témoins absents –, mais (curieusement) avec des solutions sensiblement différentes : en effet, la Cour a jugé qu'une condamnation reposant uniquement ou dans une mesure déterminante sur la déposition du témoin absent n'emporte pas automatiquement violation de l'article 6 de la Convention[50], mais encore faut-il que l'absence du témoin soit justifiée par un motif sérieux[51]. Il reste que le droit à la confrontation est devenu bien relatif.

Les garanties implicites sont tout aussi importantes. En premier lieu, le droit de se taire et de ne pas contribuer à sa propre incrimination a été consacré grâce à une interprétation extensive de l'article 6 de la Convention[52]. Cette règle découle du caractère équitable du procès : il aurait été inconcevable d'imaginer un recours possible à des pouvoirs coercitifs pour obtenir des éléments de preuve au mépris de la volonté de l'accusé[53]. Ce droit au silence interdit de fonder une condamnation uniquement ou essentiellement sur le silence de la personne poursuivie. Le droit au silence est une exigence forte dont « l'accusé » doit être informé dès le début de son interrogatoire[54]. Mais ce droit au silence n'est pas pour autant absolu, car la décision d'un prévenu de se taire tout au long de la procédure ne peut pas ne pas avoir d'incidences lorsque le juge du fond tentera d'apprécier les éléments à charge[55] : le silence de l'intéressé est pris en compte dans des situations qui appellent une explication de sa part et si ce silence ne peut à lui seul permettre de conclure à sa culpabilité, il peut venir corroborer d'autres éléments à charge.

En second lieu, le droit de participer réellement à son procès a été consacré lui aussi de manière implicite au nom de l'équité qui doit caractériser tout procès. Certes, ce droit n'est pas absolu, mais son importance est considérable. La Cour a opportunément précisé que « la comparution d'un prévenu revêt une importance capitale dans l'intérêt d'un procès pénal équitable et juste, en raison tant de son droit à être entendu que de la nécessité de contrôler l'exactitude de ses affirmations et de les confronter avec les dires de la victime, dont il y a lieu de protéger les intérêts, ainsi que des témoins »[56].

---

48. CEDH, 20 nov. 1989, n° 11454/85, Kostovski c/ Pays-Bas, § 37 et s. – 15 juin 1992, n° 12433/86, Lüdi c/ France, § 42 et s. – 19 déc. 1990, n° 11444/85, Delta c/ France, § 37.
49. Renucci J.-F., *Droit européen des droits de l'homme, op. cit.*, n° 436, et les réf.
50. CEDH, gr. ch., 15 déc. 2011, n° 26766/05, Al-Khawaja et Tahery c/ Royaume-Uni, § 126 et s. – 16 déc. 2014, n° 4184/10, Horncastle c/ Royaume-Uni, § 130 et s.
51. Aff. Al-Khawaja et Tahery, préc., § 120 à 125.
52. CEDH, 25 févr. 1993, n° 10828/84, Funke c/ France, § 44.
53. CEDH, 4 oct. 2005, n° 6563/03, Shannon c/ Royaume-Uni, § 32.
54. CEDH, 14 oct. 2010, n° 1466/07, Brusco c/ France, § 44 et s.
55. CEDH, gr. ch., 8 févr. 1996, n° 18731/91, John Murray c/ Royaume-Uni, § 47.
56. CEDH, 5 oct. 2016, n° 45106/04, Viola c/ Italie, § 50.

Les différentes garanties ainsi consacrées – implicites ou explicites et plus largement générales ou spéciales – participent d'un souci permanent d'effectivité quant aux droits protégés par la Convention. Leur importance, tant qualitative que quantitative, est telle que le droit à un procès équitable ne peut plus désormais se cantonner à un simple droit procédural, devenant à bien des égards un droit substantiel[57].

---

57. GUINCHARD S., « Le procès équitable, garantie formelle ou droit substantiel », *Mélanges Farjat*, 1999, éd. Frison-Roche, p. 139 et s.

La liberté religieuse

Pierre Bonin
Professeur d'histoire du droit à l'École de droit de la Sorbonne (Université Paris 1)

§ 1 – FONDEMENTS HISTORIQUES ET CULTURELS

L'existence même de la liberté religieuse relève en quelque sorte du miracle. Elle a supposé qu'une religion crée les conditions de possibilité de la sécularisation. En cela, le christianisme apparaît comme « la religion de sortie de la religion » (M. Gauchet). Une telle mise en perspective de temps très long appelle plusieurs précisions.

A - UNE LIBERTÉ FONDAMENTALE PEU UNIVERSELLE

D'autres réalités de coexistence religieuse (ou de religions avec l'athéisme) se rencontrent, mais sur d'autres fondements. Ainsi, le polythéisme de la cité antique ne connaît pas la distinction entre Église et État (N. Fustel de Coulanges) et se fait volontiers syncrétique ; et l'islam accorde au dhimmi, non-musulman (principalement s'il est des « gens du Livre », chrétiens et juifs), un statut reconnu et une certaine pratique de sa foi, mais avec une nette infériorité juridique. Dès lors, la sortie occidentale de la religion apparaît anti-naturelle dans d'autres aires de civilisation, alors que la laïcité se pense universelle.

B - L'ACCEPTION PAR L'ÉGLISE CATHOLIQUE DE LA LIBERTÉ RELIGIEUSE

Les bases textuelles de cette liberté religieuse contemporaine sont aisées à saisir : « Rendez donc à César ce qui est à César et à Dieu ce qui est à Dieu » dit le Christ (Mt, 22, 21 ; Mc, 12, 17 ; Lc, 20, 25), fondant à partir du monothéisme juif la distinction entre le temporel et le spirituel, et saint Paul écrit « Il n'y a plus maintenant ni de Juif, ni de gentil, ni d'esclave, ni de libre ; ni d'homme, ni de femme ; mais vous n'êtes tous qu'un en Jésus-Christ » (Ga, 3, 28 ; voir aussi Col 3, 11), révolution anthropologique établissant une égalité ontologique entre les hommes, dès lors que le Dieu chrétien est celui non des peuples, mais de la personne, dotée en cela d'une dignité par nature, préparant l'individualisme et l'humanisme. Mais l'Église catholique ne proclame la liberté religieuse qu'après un long processus et elle a revendiqué l'hégémonie quand elle a été dominante, dès la conversion de l'Empire romain. En témoignent au Moyen Âge des épisodes d'antijudaïsme. Ses divisions se sont donc longtemps traduites par des clivages territoriaux, tel le schisme de 1054 avec l'Orient orthodoxe.

Néanmoins, pour ses théologiens, depuis saint Thomas d'Aquin, le pouvoir laïc doit tolérer l'erreur, en vue du bien commun, afin d'éviter de contraindre quelqu'un à agir contre sa conscience : la vérité révélée exige une libre adhésion (il ne s'agit donc pas de la reconnaissance d'un droit subjectif à l'erreur). La liberté religieuse se fonde sur l'obligation de chercher la vérité, sans contrainte étatique, quand elle est proclamée à l'issue du concile Vatican II (et contre les pères les plus conservateurs craignant l'indifférentisme en matière de foi), par la déclaration *Dignitatis humanae* de 1965.

C - ÉGLISE ET ÉTAT, ÉGLISE OU ÉTAT

Enfin, ces prémisses soulèvent la question théologico-politique. Que la théorie de l'État soit pensée comme le produit de concepts théologiques sécularisés (selon l'approche controversée de C. Schmitt) ou que l'on soutienne la légitimité du projet de rupture des modernes (H. Blumenberg), l'État remplace l'Église comme cadre englobant par un processus de construction en miroir. Alors la liberté de conscience apparaît comme un moyen pour le pouvoir laïc affichant sa neutralité religieuse de revendiquer une exclusivité remplaçant le dualisme des cités de Dieu et des hommes.

§ 2 – DU PLURALISME RELIGIEUX À L'ÉGALITÉ POLITIQUE DES RELIGIONS

A - GUERRES DE RELIGION ET TOLÉRANCE

Le basculement se produit au XVIe siècle, quand le catholicisme échoue à résorber la dissidence protestante et son approche individualiste de la relation à Dieu. Dans l'Europe germanique, avec la Paix d'Augsbourg en 1555 (mais aussi en Grande-Bretagne ou dans les pays latins), le partage demeure classiquement géographique. Le principe *Cujus regio ejus religio* est formulé en 1612 : chaque pays a sa religion, c'est-à-dire que celle du prince s'impose à ses sujets. Par cette liberté religieuse limitée aux souverains, le pluralisme confessionnel s'avère déjà ferment d'absolutisme étatique, les religions, contrairement à l'ambition augustinienne, apparaissant comme des facteurs de désordre plus que de paix (Hobbes).

En France, avec les guerres de religion, le chancelier de l'Hospital exprime l'idée de tolérance dans les années 1560 (la terminologie se fixe plus tard) : la conversion doit s'obtenir par la conviction (« le couteau vaut peu contre l'esprit »). L'édit de Nantes (1598) organise une coexistence, changeant le fondement de la communauté englobante : l'attachement religieux (*religare* signifie relier) le cède au lien à l'État, qui revendique au même moment, par la souveraineté, un monopole d'interprétation voire de production du droit. La révocation de 1685 replace la France dans le droit commun : par exemple, en Grande-Bretagne, la tolérance a été proclamée en 1689 pour les confessions protestantes, mais les mesures anticatholiques ne sont abolies qu'en 1829 (Roman Catholic Relief Act). La tolérance envers les protestants est à nouveau pratiquée à partir des années 1760, puis proclamée par l'édit du même nom en 1787, qui les dote (ainsi que les juifs, avec des restrictions locales) d'un état civil pris en charge par l'administration (en l'occurrence, les juridictions) et non plus clérical, sans proclamation explicite de la liberté de culte.

L'affirmation de l'État rejoint ici l'anticléricalisme d'une partie des Lumières : Voltaire publie le *Traité sur la tolérance* en 1763, à l'occasion de l'affaire Calas, erreur judiciaire dont un protestant est victime à cause du « fanatisme » du parlement de Toulouse. L'argumentation oppose les valeurs prônées par la religion et leur dévoiement par l'institution ecclésiale, qui entretient la superstition. Outre la déchristianisation de certaines élites, y compris religieuses, la période est aussi marquée par un important mouvement de sécularisation (qui vise souvent les biens du clergé), par exemple dans l'Empire Habsbourg (Joséphisme, avec l'Acte de tolérance du 13 octobre 1781).

Dans le même temps, les colonies anglaises en Amérique développent un modèle original. La motivation religieuse des pères fondateurs est essentielle, mais, comme il s'agit de dissidents fuyant les religions officielles, une coexistence pragmatique s'établit rapidement, sur la base de la foi en un même Dieu exprimée par des moyens différents. Le libéralisme américain est le contraire d'un athéisme d'État : les religions y sont libres de l'État, et non l'État hors de toute influence religieuse. L'Indépendance s'accompagne donc d'une affirmation politique de la religion. La Virginie la première proclame la liberté de conscience en 1786 avec le Statut pour la liberté religieuse, rédigé par Jefferson dès 1779. Et en 1791 le Premier Amendement commence par : « Le Congrès ne fera aucune loi qui touche l'établissement ou interdise le libre exercice d'une religion, ni qui restreigne la liberté de la parole ou de la presse ».

B - RÉVOLUTION, DÉCLARATION, PERSÉCUTION, CONCORDAT

Lumières, anticléricalisme, sécularisation des biens de l'Église et proclamation des droits convergent en 1789, avec des énoncés abstraits et absolus, faisant passer des libertés à la Liberté. L'article 10 de la Déclaration adoptée le 26 août dispose que « Nul ne doit être inquiété pour ses opinions, même religieuses, pourvu que leur manifestation ne trouble pas l'ordre public établi par la Loi ». Dans le même temps, la Constitution civile du clergé, dont les biens sont nationalisés, impose une église schismatique nationale contre le catholicisme, point de départ des persécutions de la décennie. Celles contre les prêtres qui refusent de jurer fidélité à la constitution civile commencent par le décret du 29 novembre 1790, auquel Louis XVI oppose son véto. La volonté de déchristianisation (dans l'interdiction des vœux monastiques, la toponymie, l'onomastique, les monuments, le calendrier...) s'accompagne de nouveaux cultes officiels créés *ex nihilo*, puis d'une première séparation de l'Église et de l'État, implicite le 2 sansculotides an II (18 septembre 1794) quand le budget du clergé assermenté est supprimé, explicite le 3 ventôse an III (21 février 1795) par le décret sur la liberté des cultes (qui n'autorise pas leur manifestation extérieure).

Le Concordat avec le Saint-Siège crée en 1801 une situation inédite de liberté religieuse dans le cadre des « religions reconnues » (l'islam, alors inexistant en France, n'en fait pas partie, mais il bénéficie aujourd'hui de certaines dispositions du Concordat là où il demeure en vigueur, ce qui a permis par exemple le financement de la grande mosquée de Strasbourg). « La religion catholique, apostolique et romaine sera librement exercée en France » (art. 1), mais n'est pas religion d'État, simplement celle « de la grande majorité des citoyens français » (Préambule, al. 1). Napoléon ajoute des articles organiques concernant les catholiques, mais aussi les réformés et les luthériens en 1802, et les juifs en 1808. La Charte de 1814 rappelle la liberté religieuse dans son article 5 : « Chacun professe sa religion avec une égale liberté, et obtient pour son culte la même protection », mais précise par l'article 6 : « Cependant la religion catholique, apostolique et romaine est la religion de l'État », et la loi Villèle du 20 avril 1825 pénalise le sacrilège. En 1830, l'article 5 est maintenu, mais l'article 6 est reformulé pour la religion catholique « professée par la majorité des Français ». Cette précision disparaît de la Constitution de 1848, dont l'article 7 énonce : « Chacun professe librement sa religion, et reçoit de l'État, pour l'exercice de son culte, une égale protection ». Les textes constitutionnels de 1852 et 1875 ne reviennent pas sur la question.

§ 3 – LIBERTÉ DE RELIGION ET LIBERTÉ DE L'ENSEIGNEMENT

A - LES DEUX ÉCOLES ET LES DEUX FRANCE

Dans ce XIXe siècle où l'État reconnaît le pluralisme confessionnel et rémunère les ministres des cultes, le principal débat porte sur l'enseignement primaire. Progressivement généralisé et étendu aux filles, ouvert aux pauvres, puis gratuit, et enfin obligatoire, il est explicitement le moyen d'influencer les consciences. Dès lors liberté de l'enseignement et liberté religieuse ont partie liée en France. En proclamant lors des débats de 1850 qu'il veut « l'Église chez elle et l'État chez lui », Victor Hugo pose le problème : « L'instruction primaire obligatoire, c'est le droit de l'enfant (...) plus sacré encore que le droit du père et qui se confond avec le droit de l'État ».

Ainsi, dès la loi Guizot de 1833, contenus et enseignants sont contrôlés par l'État (avec la participation des curés et pasteurs), même pour l'enseignement privé, mais une « instruction morale et religieuse » (au choix du père de famille, art. 2) est prévue. Et, en 1850, le Parti de l'ordre, volontiers qualifié de clérical, dispose dans l'article 70 de la loi Falloux : « les écoles secondaires ecclésiastiques actuellement existantes sont maintenues, sous la seule condition de rester soumises à la surveillance de l'État. Il ne pourra en être établi de nouvelles sans l'autorisation du Gouvernement », alors que l'enseignement public est plus étroitement surveillé. Avec les lois Ferry de 1881-1882 (préparées par la loi Duruy de 1865), et la loi Goblet de 1886, l'instruction religieuse n'est plus assurée (une journée vaquée par semaine la permet hors des édifices scolaires), les représentants des cultes perdent tout contrôle, et seuls des laïques enseignent dans les écoles publiques, pour pallier le « grave inconvénient de conserver des instituteurs qui ont deux supérieurs, dont l'un commande au nom de Dieu, et l'autre au nom de l'État », selon Jean-Baptiste Ferrouillat, rapporteur de la loi Goblet au Sénat.

B - L'EXPULSION DES CONGRÉGATIONS ET LA LIBERTÉ D'ASSOCIATION

Dans le temps où sont mis en place les moyens d'insuffler la mystique républicaine aux jeunes esprits, parmi d'autres mesures de laïcisation comme l'abolition du repos dominical déjà mal respecté par la loi du 12 juillet 1880 (il sera rétabli en 1906), les congrégations sont expulsées, si elles ne se font pas autoriser dans les trois mois (décrets du 29 mars 1880), et au premier chef les jésuites focalisant les méfiances depuis l'Ancien Régime pour leur obéissance au pape. Léon XIII invite les catholiques français à se rallier aux institutions républicaines (Inter sollicitudines, 1892), les divisant politiquement, sans désarmer le réflexe anticlérical qui en fait souvent des citoyens de seconde zone. Ainsi, la loi sur la liberté d'association du 1er juillet 1901 prévoit un régime restrictif dérogatoire pour les congrégations, qui doivent être autorisées par la loi, ne peuvent fonder d'établissement que par décret pris en conseil d'État et ont à produire des comptes financiers, l'état de leurs biens, la liste de leurs membres (art. 13 et 15)...

15. Une nouvelle expulsion de dizaines de milliers de religieux, y compris par la force (Grande Chartreuse), suit le refus des autorisations (sauf pour les missionnaires dans les colonies). Les écoles congrégationistes sont fermées, les congrégations enseignantes supprimées (lois des 4 décembre 1902 et 7 juillet 1904) : « Ceux qui abdiquent leurs droits personnels et s'inféodent à un pouvoir religieux n'ont pas le droit d'enseigner. Qui n'est pas libre ne peut former des citoyens libres. L'État a le droit de préserver la jeunesse de leur influence » écrit Ferdinand Buisson, protestant libéral, ancien directeur de l'enseignement primaire, cofondateur de la Ligue des droits de l'homme, alors député, rapporteur de la loi de 1904, et président de la Ligue de l'enseignement.

§ 4 – LA SÉPARATION DE L'ÉGLISE ET DE L'ÉTAT

A - 1905

La rupture consécutive des relations avec le Vatican provoque la séparation de l'Église et de l'État. Annoncée dès le programme de Belleville du radical Gambetta en 1869 et proclamée par la Commune, préparée par Buisson et le gouvernement Combes (qui tombe après l'affaire des fiches pour avoir bloqué les carrières des militaires catholiques), la loi du 9 décembre 1905 est promulguée par le gouvernement Rouvier, Aristide Briand étant rapporteur avec une optique libérale. Son article 1 dispose : « La République assure la liberté de conscience. Elle garantit le libre exercice des cultes sous les seules restrictions édictées ci-après dans l'intérêt de l'ordre public ». Le député socialiste Viviani la commente à la chambre le 8 novembre 1906 : « se rencontre une fois de plus ce conflit formidable où le pouvoir spirituel et le pouvoir temporel se disputent des prérogatives souveraines, essayant, en s'arrachant les consciences, de garder jusqu'au bout la direction de l'humanité (...). Nous avons éteint dans le ciel des lumières qu'on ne rallumera plus ». Signes et emblèmes religieux sont exclus de l'espace public. Les subventions aux cultes sont supprimées (mais pas les aumôneries), leurs ministres sont inéligibles pour huit ans dans les conseils municipaux, leurs biens demeurent ou deviennent (s'ils ont été acquis après 1801) propriété de l'État et des collectivités locales, mais ceux destinés au service religieux doivent être attribués à des associations, sur un modèle proche de l'organisation protestante.

Alors que juifs et protestants les acceptent, Pie X s'oppose aux associations cultuelles (*Vehementer nos* et *Gravissimo offici*), et les troubles locaux que provoquent les inventaires, et donc la profanation des tabernacles par l'administration des domaines, font chuter le gouvernement Rouvier. Le radical Clémenceau favorise ensuite l'apaisement. La rupture unilatérale du concordat supprime les traitements des ministres du culte (mais aussi le contrôle par l'État de la désignation des évêques) qui compensaient la nationalisation des biens de 1789. Cependant, l'État et les communes ont la charge de l'entretien de ceux-ci, particulièrement des 30 000 bâtiments laissés à disposition des fidèles (lois des 2 janvier 1907 et 13 avril 1908). L'obligation de déclaration préalable des réunions publiques, et donc des cérémonies, est levée (loi du 28 mars 1907), et la jurisprudence se montre accommodante pour les processions et les enterrements.

B - LES BASES NEUVES DE LA LIBERTÉ RELIGIEUSE

Le conflit se calme, avec l'Union sacrée en 1914 (dès le 2 août, les congrégations expulsées sont à nouveau tolérées, et Jeanne d'Arc, paysanne lorraine, est célébrée tant par le régime que les catholiques), le maintien du régime concordataire (y compris pour les cultes protestants et juif) en Alsace et Moselle en 1919 (de même la situation de l'outre-mer, jusqu'à aujourd'hui, est souvent dérogatoire), la reprise des relations avec le Saint-Siège en 1921, les associations diocésaines en 1924, qui donnent à l'Église une organisation administrative respectant sa hiérarchie, la confirmation en 1944 des mesures de Vichy concernant les congrégations et l'enseignement privé, la déclaration par les cardinaux et archevêques de France le 13 novembre 1945 que la laïcité (au sens de « souveraine autorité de l'État dans son domaine de l'ordre temporel ») est conforme à la doctrine de l'Église, ou la loi Debré sur l'enseignement libre du 31 décembre 1959 (où l'État combine aide financière et contrôle pédagogique par des contrats d'association). L'anticléricalisme demeure mobilisateur (ainsi l'*un* des arguments longtemps opposé au vote des femmes est leur plus grande pratique religieuse), mais la baisse de la pratique réduit la force de l'Église, avec une distance croissante entre ses prescriptions et les mœurs, dont témoignent depuis les années 1960 l'évolution du droit de la famille et les réformes « sociétales ». L'enseignement cependant, dont la liberté est reconnue comme un principe fondamental de la République par le Conseil constitutionnel le 23 novembre 1977, demeure sensible pour la liberté religieuse, provoquant des mobilisations de masse tant pour la défense de l'école libre en 1984 que contre l'augmentation du soutien des collectivités locales en 1994 (après même que le Conseil constitutionnel a censuré la disposition incriminée).

Les normes les plus fondatrices, sans en donner de définitions juridiques (ce serait prendre le risque d'en donner une de Dieu) ont également réaffirmé les libertés de religion ou de croyance, de conscience ou de pensée (individuelles et plus larges) et de culte (collective, plus étroite et qui met en jeu l'ordre public) : Préambule de la Constitution de 1946, article 18 de la Déclaration universelle des droits de l'homme de 1948, article 9 de la Convention européenne de sauvegarde des droits de l'homme et des libertés fondamentales de 1950 (et l'arrêt de la CEDH *Kokkinakis c. Grèce* du 25 mai 1993), article 2 (devenu art. 1 en 1995) de la Constitution de 1958, article 18 du Pacte international relatif aux droits civils et politiques de 1966, article 10 de la Charte des droits fondamentaux de l'Union européenne de 2001...

Le temps long de la liberté religieuse lui donne donc la forme paradoxale en droit français de l'imposition contre l'Église catholique de la laïcité (terme intraduisible dans beaucoup de langues) de l'État, indifférent religieusement, et parfois anticlérical, voire spoliateur et persécuteur, alors que les deux institutions se superposent en partie dans leur évolution et leur conception (jusqu'à des décalques comme le baptême civil). En résulte un processus de sécularisation conflictuel, et des sensibilités plus exacerbées que dans d'autres pays occidentaux où la neutralité de l'État s'accompagne d'un soutien matériel aux religions (comme aux sports ou de la culture, qui n'intéressent également que certaines catégories de citoyens). Ainsi l'opposition a été vive en France à l'inscription des « racines chrétiennes » dans le projet inabouti de constitution européenne de 2004, ou à la mention d'un « dialogue » avec les Églises (art. 17.3 du Traité de Lisbonne de 2009).

§ 5 – RELIGIONS NOUVELLES, LIBERTÉS RENOUVELÉES ?

A - LE « RETOUR DU RELIGIEUX DANS LA SPHÈRE PUBLIQUE » (J.P. WILLAIME)

Pour autant, la laïcité à la française reposait sur un implicite, le progressisme d'un évolutionnisme naïf, dont Condorcet ou Auguste Comte offrent le modèle : l'humanité, avançant vers les lumières de la raison, doit se détacher progressivement de la religion, une fois l'Église privée des moyens lui ayant assuré le contrôle des corps et des esprits. Totalitarismes, sectes (dont le droit commun peut souvent suffire à combattre les excès sans avoir à les définir et ainsi porter atteinte à la liberté religieuse, cf. l'arrêt de la CEDH du 30 juin 2011, Les Témoins de Jéhovah de France) ou fondamentalismes ont compliqué le rapport dialectique de l'Église et de l'État, même si d'autres religions se sont approprié des dispositions prévues pour le catholicisme, comme celles sur les congrégations par les protestants ou les bouddhistes. Et le brassage des populations, la confrontation à des identités dont la religion est le principal fondement et qui ne se construisent pas sur la distinction du spirituel et du temporel, en révèlent les limites. Le mariage est emblématique : un ministre du culte ne peut le célébrer qu'après qu'il a été contracté dans la forme civile (C. pén., art. 433-21), entorse à la neutralité de l'État en faveur de l'état civil laïc. Ce dispositif s'avère bien décalé face à la polygamie ou aux religions sans clergé, ou qui n'imposent pas un statut au célébrant.

Ainsi, l'exercice public de la liberté religieuse force aujourd'hui l'État à ne plus s'en tenir à une égalitaire ignorance : carrés confessionnels dans les cimetières, au-delà de la libre décoration des tombes, accès non-mixte aux installations sportives, blasphème (qui n'est pas interdit, même s'il choque les croyants, tant qu'il n'est pas injurieux, diffamatoire, ou qu'il n'incite pas à la haine, mais qui peut provoquer des réactions d'une extrême violence), ou moyens apportés par les pouvoirs publics pour permettre la pratique d'une religion (et ainsi la contrôler et limiter les influences étrangères), par exemple par des édifices, ou en le structurant. Déjà, la loi du 19 août 1920 avait dérogé à la loi de 1905 pour financer la construction de la grande mosquée de Paris, après les sacrifices des troupes coloniales dans les tranchées. Mais, en 2015-2016 par exemple, le financement de l'Institut des cultures d'islam fait polémique, pour sa proximité avec le culte, pourtant dépendant de la même grande mosquée (le centre d'art de la nouvelle cathédrale d'Évry avait provoqué pareille polémique dans les années 1990). Et à l'instar du Consistoire central israélite créé en 1808, au début des années 2000 un Conseil français du culte musulman est mis sur pied (sans que l'acceptation d'un droit à changer de religion, initialement demandée par l'État, ne soit formulée).

B - QUE RÉVÈLE LE VOILE ?

Quelques points focalisent les crispations : l'école, toujours, et le voile islamique. L'économie des droits fondamentaux repose sur des « accommodements raisonnables » selon l'expression canadienne, l'application relative de principes absolus qui se contredisent : en l'occurrence, la liberté religieuse et l'égalité, particulièrement des sexes, mais aussi l'ordre public ou la neutralité des agents de l'État. Un paradoxe comparable était soulevé en 1905 par Aristide Briand à propos de la soutane des prêtres : « ce serait encourir, pour un résultat plus que problématique, le reproche d'intolérance et même d'exposer à un danger plus grave encore, le ridicule, que de vouloir par une loi qui se donne pour but d'instaurer dans ce pays un régime de liberté au point de vue confessionnel, imposer aux ministres des cultes l'obligation de modifier la coupe de leurs vêtements». S'y ajoutent des considérations également contradictoires telles que le souci d'éviter le prosélytisme, ou celui de ne pas stigmatiser les populations qui revendiquent la visibilité de leur identité religieuse.

Depuis les collégiennes de Creil en 1989 jusqu'au burkini à l'été 2016, rapports (Debray, Baroin, Stasi, Debré, Rossinot, Machelon), jurisprudences (l'affaire *Baby-Loup* dure de 2010 à 2014) et lois (du 15 mars 2004 sur les signes religieux ostensibles dans les écoles publiques, du 11 octobre 2010 interdisant la dissimulation du visage dans l'espace public, du 8 août 2016, dite El Khomri, relative au travail par le nouvel art. L. 1321-2-1 du Code du travail...) ont tenté de fixer des limites, mais posent de nouveaux problèmes : la notion d'espace public est inédite et mal définie (les «emplacements publics» ont aussi été cités le 9 décembre 2016 par le Conseil d'État pour y prohiber les crèches de Noël), la neutralité des agents de l'État, qui ont d'ailleurs droit à la liberté de conscience, ne s'impose pas aux élèves, ni aux accompagnateurs de sorties scolaires, ni aux employés d'une entreprise qui peut cependant vouloir contrôler son image, particulièrement chez ses salariés au contact du public, sans parler des entreprises de tendance...

D'anticléricale, la laïcité devient donc anti-communautariste avec l'islam à la fin du XXe siècle. Si la liberté de croyance est affaire intérieure et peut être refoulée dans l'espace intime, lieu de la liberté des modernes (B. Constant), les manifestations de la spiritualité et particulièrement le culte supposent une expression collective et généralement publique, et certaines prescriptions religieuses (alimentaires, vestimentaires, médicales en cas d'urgence pour les transfusions sanguines ou le sexe du praticien, éthiques pour l'objection de conscience face au service militaire ou à l'avortement, calendaires alors que les jours fériés sont un héritage catholique, vétérinaires pour l'abattage des animaux...) ont une incidence sociale. Les interdire contrevient à la liberté au nom d'un ordre qui n'est pas public mais social, discriminant pour l'adhésion à une religion. Les admettre bat en brèche la conception d'un État qui s'est construit contre l'Église comme intégrateur, unitaire et exclusif en particulier dans sa relation aux individus, au profit d'une société de communautés. Dans les deux cas, la laïcité à la française paraît devenue une aporie pour penser la liberté religieuse.

La liberté d'association[1]

Nicolas WAREMBOURG
Professeur agrégé des facultés de droit à l'École de droit de la Sorbonne (Université Paris 1)

Dans sa décision n° 71-44 du 16 juillet 1971, le Conseil constitutionnel a jugé que la loi ordinaire ne pouvait porter atteinte à la liberté d'association ; cette liberté se voyait reconnaître une valeur constitutionnelle. La loi du 1er juillet 1901 a défini l'association comme « la convention par laquelle deux ou plusieurs personnes mettent en commun, d'une façon permanente, leurs connaissances ou leur activité dans un but autre que de partager des bénéfices » (art. 1). Cette définition souligne deux caractères essentiels de l'association : son caractère *non lucratif* et son caractère *conventionnel*. Son caractère *non lucratif*, d'abord. La loi de 1901 règle ainsi la question du critère de distinction entre *association* et *société*. Dans la terminologie romaine, *societas* s'appliquait indifféremment à l'une ou à l'autre (Gaius, D. 3. 4. 1. pr.) et le précédent romain avait influencé la langue juridique jusqu'au XIXe siècle. S'agissant du caractère *conventionnel* de l'association, ensuite, cet élément de définition a été discuté en doctrine. Jean Rivéro († 2001) a défini l'association comme « une institution qui a, à son origine, un accord de volontés ». Cette définition soulève aujourd'hui assez peu d'opposition dans la mesure où la possibilité pour toute association de se voir reconnaître une personnalité et une capacité juridiques a été réglée par le législateur en 1901 après que le problème de l'existence de la personnalité morale des sociétés l'eut été au XIXe siècle. L'articulation des concepts de *convention* et d'*institution* n'est rien moins qu'évident cependant. Marcel Planiol († 1931), comme d'ailleurs la doctrine civiliste majoritaire, défendait une approche constractualiste de l'association, seule capable de sauvegarder l'autonomie de la volonté et les soubassements individualistes du droit civil. Maurice Hauriou († 1929) voyait au contraire dans l'existence d'une association dotée éventuellement d'une personnalité juridique plus ou moins étendue, une illustration de sa *théorie de l'institution*. Pour Hauriou, l'association est la forme juridique d'une réalité organique manifestant un rapport de solidarité étroit existant entre les associés. L'encadrement du maintien de l'ordre public par l'État (§ 1) n'épuise pas tout le problème juridique soulevé par la reconnaissance d'une liberté d'association. La proclamation de l'État-Nation a interrogé la légitimité de l'existence d'associations cristallisant face et contre l'intérêt général

1. La question des libertés syndicale, religieuse et de réunion seront évoquées dans leurs rapports avec la liberté d'association.

l'existence d'intérêts collectifs (§ 2). L'État libéral va concevoir cette liberté collective comme un moyen de réalisation des libertés individuelles (§ 3).

§ 1 – UNE LIBERTÉ COLLECTIVE FACE À LA PRIMAUTÉ DE L'ORDRE PUBLIC

L'essentiel des questions politiques et juridiques touchant à la liberté d'association a été posé dans l'Antiquité. Dans la cité grecque classique (VIe-Ve s. av. J.-C.), se manifeste un souci de transcender les solidarités claniques soudées par la religion afin de faire prévaloir une solidarité politique supérieure. Dans la cité archaïque en effet, les *phratries* étaient des associations à finalité religieuse rassemblant des membres d'une famille élargie. Alors que l'acquisition de la qualité de citoyen par les adolescents passait par l'initiation aux rites de la *phratrie*, les réformes pré-démocratiques de Clisthène (fin VIe s. av. J.-C.) mettent fin à cette médiation religieuse et clanique de l'intégration civique. L'inscription au registre des citoyens du *dême* – une circonscription territoriale – marque désormais l'entrée dans la citoyenneté. De manière générale, les associations particulières comme les *hétairies* deviennent suspectes. Ces groupes aristocratiques célébrant l'amour par la philosophie, la poésie et le chant (v. Platon, *Le Banquet*) ont été rendus responsables de complots contre la chose publique, comme la profanation des Hermès (415 av. J.-C.). Le rétablissement de la démocratie à Thèbes, en 378, illustrera l'influence politique de ces groupes. À Rome, sous la République (509-27 av. J.-C.), les *collèges* sont des associations de bienfaisance à caractère religieux, possédant un règlement intérieur et des institutions propres. Les *collèges* ont participé aux conflits civils de la fin de la République et le régime impérial rompt avec le libéralisme antérieur. Les citoyens ne peuvent s'associer à moins de n'obtenir la permission de l'État ; or, une telle permission est rare (D. 3. 4. 1. pr). La permission concerne les cités ou les syndicats professionnels liés à l'approvisionnement des villes. Ces syndicats deviendront d'ailleurs au Bas-Empire le relais de l'interventionnisme économique. Il s'agit encore des sociétés de publicains auxquelles est affermé l'impôt. Leur fin est nettement lucrative, ce qui illustre des hésitations du vocabulaire. Cette reconnaissance publique permet d'ester en justice, d'être représenté par un syndic et de posséder une espèce de patrimoine propre. Les simples réunions, même si elles ont un motif religieux, peuvent être interdites ou dispersées par les agents impériaux qui peuvent déclarer illicites tous *collèges* nuisibles à l'ordre public. Les contrevenants s'exposent aux peines prévues pour les émeutes à main armée, une forme du crime de *majestas*. Ces textes romains (D. 47. 22) témoignent d'un illibéralisme embarrassant pour les juristes médiévaux qui les redécouvrent à la toute fin du XIe siècle. La vie civique, après l'An Mil, se caractérise par le dynamisme social des corps intermédiaires, des villes libres et des corporations, lesquels jouissent d'une large autonomie sous la protection des princes territoriaux. La scolastique applique volontiers le terme de *collège* à toutes ces formes d'association, famille, paroisse, corporation professionnelle, ville, diocèse, royaume enfin qui est le *collège* des *collèges*... L'acclimatation de la théorie platonicienne de la participation par la scolastique aristotélicienne donne la clef de compréhension de cette société organique. La rigueur des lois des empereurs romains risque donc de consommer un divorce avec le fait social. Aussi voit-on Jean Bassien (XIIe s.) subvertir la doctrine romaine. Pour autant que les *collèges* poursuivent une fin conforme « au droit et à la justice, » ils doivent être considérés comme licites. Cette affirmation est ordinairement admise et la décrétale *Quia in causis* (X. 5. 31. 14) du pape Innocent III († 1216) admet ce principe, étant sauve l'autorité du prince en matière d'ordre public. Ce libéralisme médiéval est peu à peu étouffé à l'époque moderne.

§ 2 – UNE LIBERTÉ COLLECTIVE NIÉE PAR L'ABSOLUTISME ÉTATIQUE

Déjà, les juristes absolutistes défendent une lecture quasi littéraliste des règles du droit public romain. L'État monarchique invoque ainsi ses droits sur les *collèges* pour s'immiscer dans la vie religieuse des congrégations monastiques. On retrouvera la rhétorique développée par la Commission des réguliers (1766-1780) lors du vote de la Constitution civile du clergé (loi des 12 juill.-24 août 1790). Certes, l'ordonnance de Colbert de 1673 généralisait le système corporatif, mais pour le mieux faire servir à l'interventionnisme étatique. Les physiocrates seront très hostiles à ces corps intermédiaires, au nom de l'individualisme et du libéralisme économique. La conduite de la Révolution touchant au droit d'association participe du projet arrêté de donner toute sa mesure à la primauté de la Nation, l'association politique primordiale. Le *décret D'Allarde* (loi des 2-17 mars 1791) anéantit tout le système corporatif de l'Ancienne France. La *loi Le Chapelier* (14-17 nov. 1791) crée un délit de coalition, prévenant toute velléité de reconstitution en fait de l'ancien tissu associatif. Pendant les débats relatifs à la loi des 13-19 février 1790 portant abolition des ordres monastiques, le député Treilhard s'en prend à ces « êtres collectifs » nuisibles à la liberté individuelle et à l'État. Comme l'affirme Le Chapelier, « il n'y a plus que l'intérêt particulier de chaque individu et l'intérêt général. Il n'est permis à personne d'inspirer aux citoyens un intérêt intermédiaire, de les séparer de la chose publique par un intérêt de corporation ». La non-reconnaissance du droit à la liberté d'association par la Déclaration des droits de l'homme et du citoyen du 26 août 1789 n'est pas un oubli involontaire. À l'initiative de Mirabeau, l'amendement tendant à sa reconnaissance est écarté par la Constituante. La loi du 14 décembre 1789 reconnaît aux citoyens la liberté de « se réunir paisiblement et sans arme en assemblées particulières » pour exercer leur droit de pétition. La loi des 13-19 décembre 1790 admet que les citoyens peuvent « former entre eux des sociétés libres à la charge d'observer les lois ». Mais cette liberté s'exerce sous le contrôle de l'administration, par le régime de la déclaration préalable (loi des 13-19 novembre 1790). Le principe de l'existence d'une liberté d'association est soulevé par les hommes de la Révolution. Le Chapelier explique que la tolérance originelle des associations était justifiée par l'existence « d'abus à renverser, de préjugés à combattre ». Dès lors que le régime représentatif est établi, il ne peut plus être question de voir une « démarche collective » entraver la volonté générale. La loi des 30 septembre-9 octobre 1791 disposera que, « sous aucun prétexte », les citoyens « ne peuvent paraître sous un nom collectif » à peine de privation des droits civiques. Les citoyens peuvent s'assembler, ponctuellement, mais ils ne peuvent prétendre juridiquement à s'associer. Les citoyens sont des atomes : ils peuvent se rencontrer, mais non pas s'agréger. Une telle prétention contribuerait au « démembrement » de la société, selon l'expression du député Torné. Pour lui, « l'anéantissement de chaque société particulière » – une association, donc – « est une conquête pour la société générale », c'est-à-dire la Nation. L'hostilité à la liberté d'association révèle le nationalisme intransigeant des hommes de la Révolution autant que l'individualisme foncier qui en est le corrélat. L'ascendant du contractualisme de Rousseau est ici indiscutable. L'auteur du *Contrat social* condamnait l'existence de toute « société particulière », de toute « association partielle » lesquelles ne pouvaient exister qu'« aux dépens de la grande », c'est-à-dire du « corps politique » (livre II, chapitre III, titre 5). Toute association vient en effet affaiblir la seule association qui vaille, cette association de nature politique à la dimension du corps social tout entier constitué par la volonté d'individus nativement autonomes. Les groupes de citoyens agrégés autour d'intérêts particuliers rendent impossible la poursuite d'un intérêt authentiquement général. Tout « intérêt particulier est une diversion à l'intérêt général, » affirmera le député Torné. Les associations rendent pratiquement impossible le despotisme de la loi qui est, pour Rousseau, la condition de nécessaire à la réalisation authentique de la liberté individuelle. Les débats des assemblées révolutionnaires tentaient de résoudre une question déjà posée dans l'Antiquité grecque. Le nationalisme révolutionnaire renouvelle les termes du rapport du citoyen à cette association politique exclusive qu'est la Nation, il interroge la possibilité d'une médiatisation de ce rapport par l'existence de corps intermédiaires. À partir de 1794, au moment de la réaction thermidorienne, plusieurs orateurs mettent en cause les associations politiques comme des résurgences du corporatisme d'Ancien Régime, voire comme des avatars des congrégations monastiques ! Le décret du 25 vendémiaire an III les considère comme « contraires à l'unité de la République » ; elles sont dissoutes. Schématiquement, le droit de réunion paisible de citoyens est admis, dans le respect de la loi et sous le contrôle de l'administration ; la constitution juridique de corps intermédiaires sous la forme d'association est rejetée. Après le coup d'État du 18-Brumaire (1799), le régime des libertés publiques se trouve encadré plus sévèrement encore. L'article 291 du Code pénal de 1810 dispose que « nulle association de plus de vingt personnes, dont le but sera de se réunir tous les jours ou à certains jours marqués pour s'occuper d'objets religieux, littéraires, politiques ou autre, ne pourra se former qu'avec l'agrément du Gouvernement, et sous les conditions qu'il plaira à l'autorité publique d'imposer à la société [= l'association] ». Ce régime de l'autorisation préalable se maintient pendant la majeure partie du XIXe siècle et il confond dans une même interdiction de principe les associations et les réunions.

§ 3 – UNE LIBERTÉ COLLECTIVE CONDITION DE LA RÉALISATION DE L'ÉTAT LIBÉRAL

Malgré la nostalgie romantique pour le corporatisme médiéval, la Monarchie légitime (1814-1830) n'apporte aucune modification au régime antérieur : les condamnations sont rares, cependant. Après la Révolution de Juillet, des hommes aussi divers politiquement que Lamartine, Barrot, Constant, Guizot, Lacordaire ou Montalembert réclament une libéralisation du régime de l'association. À partir de 1830, la connaissance des délits d'association illicite relèvera du jury populaire – ce qui est une garantie procédurale – et l'on assiste à une tolérance administrative qui permet la prospérité de sociétés savantes, littéraires, professionnelles, religieuses, philanthropiques... mais aussi politiques. Le gouvernement *louis-philippard* s'en inquiète et la loi 10 avril 1834 revient sur ces concessions libérales pour aggraver le régime de l'article 291. Rien d'étonnant à voir la Révolution de 1848 affirmer bien haut une liberté brimée par la monarchie de Juillet (Constitution du 4 novembre 1848, art. 8). Blanqui, Barbès ou Raspail fondent immédiatement leurs propres clubs politiques et les bons sentiments de la bourgeoisie libérale se heurtent rapidement au principe de réalité : le risque de voir le mouvement ouvrier faire sombrer la jeune République conduit l'Assemblée nationale à voter plusieurs lois spéciales autorisant le gouvernement à dissoudre discrétionnairement les associations subversives. Après le coup d'État du Deux-Décembre, le décret du 25 mars 1852 vient restaurer dans toute sa rigueur la loi de 1834 et l'article 291. C'est sous l'Empire libéral que l'on assiste aux toutes premières tentatives de libéralisation. Le délit de coalition est supprimé par la loi du 25 mai 1864, ce qui permet aux patrons et aux ouvriers de coordonner la défense de leurs intérêts respectifs. La répression confondant dans un même délit les réunions et les associations non autorisées, c'est d'abord la liberté de réunion qui reconnue par la loi du 2 août 1868, sauf en matières religieuse et politique. Émile Ollivier avait porté ces réformes devant les Assemblées au nom de l'empereur ; il les concevait comme un préalable à une loi sur les associations. Le parti républicain militait en ce sens, comme d'ailleurs les catholiques intransigeants, influencés par Le Play. Gambetta, dans son célèbre discours de Belleville (1879), la met au programme du parti républicain. Mais la crainte de voir la reconnaissance de la liberté d'association profiter à ses propres adversaires politiques retarde tout progrès. Pas moins de trente-trois propositions de loi échouent ! Les conservateurs craignent que le vote d'une loi trop libérale ne permette une nouvelle Commune insurrectionnelle. Comme depuis 1872, Gambetta a également désigné sous le nom de « cléricalisme » quel était l'ennemi à combattre, les républicains craignent qu'une loi libérale ne profite aux congrégations religieuses tenues en bride par le régime concordataire. Entre 1880 et 1886, sont dissoutes et expulsées des congrégations qui, comme les sociétés initiatiques d'ailleurs, s'étaient reformées grâce à la tolérance administrative. Comme il leur est idéologiquement impossible d'accorder la même liberté à tous les citoyens, les élites républicaines de la IIIe République vont accorder des concessions partielles. La loi du 30 juin 1881 disjoint les libertés de réunion et d'association. Le droit de se réunir est reconnu, simplement soumis à déclaration préalable – et cela jusqu'en 1907. La loi de 21 mars 1884 reconnaît la liberté d'association syndicale. Waldeck-Rousseau, qui est à l'origine de ce texte, parvient finalement à imposer son projet de reconnaissance du droit à la liberté d'association. L'article 291 est enfin aboli mais au prix d'une grave infraction aux principes libéraux que la loi du 1er juillet 1901 proclame. Le titre III maintient en effet un régime d'exception pour les congrégations religieuses, soumises à autorisation préalable par le Parlement. Combes s'appuiera sur la loi de 1901 dans sa politique anticléricale et après la Première Guerre mondiale, Herriot tentera de l'employer encore contre les religieux anciens-combattants revenus en France pour répondre à la mobilisation générale ! Malgré les attentats commis par le *régime de Vichy* contre les libertés publiques, la loi du 8 avril 1942 substitue au dispositif originel du titre III, un régime moins contraignant : l'obtention d'une personnalité juridique pleine et entière dépend certes d'une reconnaissance par décret en Conseil d'État, mais la constitution d'une congrégation non reconnue cesse d'être illicite. Le gouvernement provisoire de la République française ne reviendra pas sur la modification du titre III. Si le projet de constitution comportait une proclamation de la liberté d'association, après les événements de 1940-1944, le Préambule de 1946 ne reconnaît formellement que la liberté syndicale. Dès 1950, le Conseil d'État, dans son arrêt *Girard* (*Rec.* 768) qualifiait le droit d'association de « liberté publique fondamentale reconnue par la législation » ; six ans plus tard, dans sa jurisprudence *Amicale des Annamites de Paris* (*Rec.* 317) la Haute Juridiction considérait qu'elle comptait parmi les principes reconnus par les lois de la République. Il reviendrait ultimement au Conseil constitutionnel, dans sa décision de 1971, de constitutionnaliser formellement cette *grande loi de la République*.

Indications bibliographiques

ALLAND D. et RIALS S. (dir.), *Dictionnaire de la culture juridique*, 2003, Paris, Lamy-Presses universitaires de France, Quadrige, 1649 p. – MERLET Jean-François, *Une grande loi de la Troisième République, La loi du 1er juillet 1901*, 2001, Paris, LGDJ, Bibliothèque de droit public, 734 p. – MICHAUD-QUANTIN P., *Universitas, Expression du mouvement communautaire dans le Moyen Âge latin*, 1970, Paris, Joseph Vrin, 360 p. – NOURRISSON P., *Histoire de la liberté d'association en France depuis 1789*, 2 tomes, 1920, Paris, Sirey, 349-386 p.

Le droit de propriété

Jean-Baptiste Seube
Doyen honoraire de la Faculté de droit et d'économie de La Réunion

Souvent rattachée à l'avoir et considérée en cela comme un droit secondaire, la propriété individuelle est essentielle en ce qu'elle permet la réalisation et la satisfaction des besoins individuels, dans le respect des intérêts collectifs justifiés par toute vie en société. Elle cristallise donc à merveille les tensions qui peuvent naître entre l'individu et la société. Sur ce terrain, la question a toujours été âprement discutée, au risque d'être caricaturée : certains considèrent, comme Proudhon, que la propriété est un vol ou une soustraction frauduleuse à la communauté ; d'autres estiment, comme Locke, que la propriété individuelle est justifiée par le travail de l'individu qui a su extraire le bien de son état originaire de communauté. En réalité, la propriété, si elle sert l'épanouissement individuel, ne saurait méconnaître l'intérêt général. C'est bien là l'idée générale que traduit le Pape François en écrivant dans l'encyclique 'Laudato si' que « celui qui s'approprie quelque chose, c'est seulement pour l'administrer pour le bien de tous ».

Si l'on devait brosser à grands traits l'évolution du droit de propriété, il conviendrait sans doute de distinguer plusieurs étapes qui, chacune, éclaire à sa façon le droit contemporain. Dans les compilations de Justinien, la propriété est définie comme conférant à son titulaire un *plena in re potestas*. Ce sont les romanistes qui, plus tard, chercheront à donner corps à ce pouvoir en distinguant en son sein le *jus utendi*, *fruendi* et *abutendi*. Sous l'Ancien droit, les terres sont le support de droits variés et complémentaires les uns des autres : les utilités de la terre sont en effet réparties entre plusieurs personnes ou plusieurs collectivités, de sorte que personne ne puisse dire « ceci est mon champ ». La Révolution française supprimera cette diffraction de la propriété et renouera avec une propriété individuelle exclusive, pleine et entière. Le XXe siècle aura été marqué par un double mouvement : d'une part, un étiolement progressif du droit de propriété, notamment immobilière, du fait des limitations de plus en plus nombreuses des prérogatives du propriétaire sur sa chose ; d'autre part, la « fondamentalisation » du droit de propriété du fait de son insertion dans de nombreuses déclarations nationales ou internationales. Le droit de propriété se trouve de fait proclamé dans la Déclaration des droits de l'homme et du citoyen de 1789, dans la Déclaration universelle des droits de l'homme de l'ONU de 1948, dans le premier protocole additionnel de la Convention européenne de sauvegarde des droits de l'homme… même s'il est absent des deux pactes de l'ONU de 1966.

Issu de cette lente maturation historique et revêtu de cette onction de fondamentalité, le droit de propriété s'illustre dans de nombreux contentieux auxquels l'avocat sera nécessairement confronté dans sa pratique quotidienne : le contentieux des expropriations, de la « propriété commerciale » dans les baux commerciaux, de l'empiètement, des servitudes ou des troubles anormaux de voisinage..., la conciliation de la propriété privée avec le droit de l'urbanisme ou de l'environnement... donnent une idée de l'omniprésence de ce droit dans l'activité du futur avocat. Par-delà l'écume de ces contentieux, le droit de propriété tente de concilier les intérêts individuels du propriétaire et ceux, parfois différents, de la collectivité. Cette conciliation entre l'individuel et le collectif s'exprime tant dans la protection (§ 1) que dans l'exercice (§ 2) du droit de propriété.

§ 1 – LA PROTECTION DU DROIT DE PROPRIÉTÉ

Il serait plus juste d'employer ici le pluriel et d'évoquer « les » protections du droit de propriété. En raison de la nature du contrôle qu'elles opèrent, les différentes juridictions ont en effet développé des représentations voisines, mais non point identiques, du droit de propriété. Si le Conseil constitutionnel semble attaché à la défense du droit de propriété, *per se*, la Cour européenne des droits de l'homme et la Cour de cassation sont, par la nature des contentieux qu'elles sont appelées à trancher, plus sensibles à la défense des droits des propriétaires.

A - LA PROTECTION ABSTRAITE

Consacré par les articles 2 et 17 de la Déclaration des droits de l'homme et du citoyen, le droit de propriété appartient au bloc de constitutionnalité. Le Conseil constitutionnel est donc souvent amené à apprécier la constitutionnalité de certains textes, soit dans le cadre d'un contrôle *a priori* avant l'entrée en vigueur de la loi, soit dans le cadre d'un contrôle *a posteriori* par la voie d'une question prioritaire de constitutionnalité[1]. Il est cependant délicat d'identifier la conception que le Conseil retient du droit de propriété. D'un côté, les fameuses décisions sur les nationalisations ont affirmé avec force la valeur fondamentale du droit de propriété[2] ; mais d'un autre côté, des décisions ultérieures ont montré que le droit de propriété cédait souvent face aux impératifs de la nécessité publique : par exemple, la décision affirmant que le droit au logement décent était un objectif constitutionnel a pu être analysée comme annonçant le décès du droit de propriété[3]. De fait, on a le sentiment que le Conseil constitutionnel protège le droit de propriété dans son principe, sans avoir trop d'égards ou de compassion pour les droits concrets du propriétaire qui sera souvent sacrifié sur l'autel de l'intérêt général. On a ainsi pu écrire que la protection du droit de propriété par le Conseil constitutionnel n'était que théorique et abstraite.

1. Par exemple, Cons. const., 30 sept. 2011, n° 2011-169, QPC : « l'article 544 est conforme à la Constitution » : il s'agissait en l'espèce de savoir les dispositions de l'article 544 du Code civil, telles qu'interprétées par la Cour de cassation (qui considère que l'occupation sans droit ni titre de l'immeuble appartenant à un tiers constitue, en soi, un trouble manifestement illicite permettant au juge des référés d'ordonner l'expulsion des occupants), ne portent pas atteinte à la dignité de la personne, au droit au logement et au respect dû à la vie familiale des occupants.
2. Cons. const., 16 janv. 1982, n° 81-132 DC et 11 févr. 1982, n° 82-139 DC ; Terré F., Simler Ph., Lequette Y., *Les grands arrêts de la jurisprudence civile*, t. I, 13e éd., 2015, Dalloz, p. 12.
3. Cons. const., 19 janvier 1995, n° 94-359 DC ; Pauliat H., « L'objectif constitutionnel de droit à un logement décent : vers le constat de décès du droit de propriété », D. 1995, chron., p. 283.

Malgré ce, la protection constitutionnelle du droit de propriété est loin d'être inutile. De manière théorique, elle montre que le droit de propriété est un principe fondateur de notre ordre juridique qui doit, en tant que tel, faire l'objet d'une garantie. De manière plus pratique, elle confère au droit de propriété une autorité dont l'importance est parfois soulignée dans les contentieux purement civils. La Cour de cassation fait ainsi fréquemment référence, pour fonder ses solutions, au fait que le droit de propriété est un droit constitutionnellement protégé[4].

B - LA PROTECTION CONCRÈTE

Tant la CEDH que la Cour de cassation sont appelées à se prononcer sur des atteintes que les propriétaires prétendent subir quant à l'existence ou à l'exercice de leur droit de propriété. Leur jurisprudence est donc beaucoup plus concrète que celle opérée par le Conseil, même si elles ne sont pas parfaitement identiques.

1) La protection européenne

Absent de la Convention européenne de sauvegarde des droits de l'homme et des libertés fondamentales, le droit de propriété n'a été consacré que par le premier protocole additionnel, selon lequel « toute personne physique ou morale a droit au respect de ses biens » et « nul ne peut être privé de sa propriété que pour cause d'utilité publique et dans les conditions prévues par la loi et les principes généraux du droit international ». Si la CEDH a souligné l'importance du droit de propriété dans les arrêts *Marckx/Belgique*[5] et *Sporrong et Lönnroth/Suède*[6], elle a surtout développé une jurisprudence très pragmatique afin de protéger le droit de propriété des atteintes qui pourraient lui être portées. Deux éléments sont particulièrement marquants. Le premier est celui de l'élargissement constant de la notion de « biens » dont la propriété assure le respect. Ont ainsi été considérés comme des biens, des créances, des clientèles, des prestations sociales, des habitations de fortune au sein d'un bidonville... et plus largement, toutes les « espérances légitimes » que pouvaient nourrir les justiciables. Le second est le mode de raisonnement suivi pour savoir une atteinte portée aux biens est ou non compatible avec la Convention : la Cour se demande si la restriction portée à l'usage d'un bien est justifiée par un but d'utilité publique et, pour peu que cela soit le cas, si la gravité de la restriction est proportionnée au but poursuivi. Au terme de ce contrôle, ont été jugées contraires à la Convention des législations nationales prévoyant la réquisition d'un immeuble pendant soixante-cinq ans et contre un loyer modique au profit d'une administration, ou encore le plafonnement des loyers à un montant inférieur aux frais d'entretien que devaient supporter les propriétaires. En revanche, ont été jugées compatibles à la Convention des législations nationales qui permettaient de dénier la propriété commerciale à des locataires en raison du défaut d'immatriculation de l'un d'eux au Registre du commerce et des sociétés, ou encore de limiter les droits à construction d'un propriétaire afin de protéger l'environnement.

---

4. Cass. 1re civ., 13 déc. 2005, n° 04-13772 : la clause d'un prêt immobilier qui interdit à l'emprunteur, sous peine de déchéance du terme, de vendre son immeuble porte atteinte au droit constitutionnellement reconnu de disposer de son bien.
5. CEDH, 13 juin 1979, série A, n° 31.
6. CEDH, 23 sept. 1982, série A, n° 52.

Le mode de raisonnement prôné par la CEDH est parfois adopté par la Cour de cassation dans des contentieux où la Convention EDH n'est pourtant pas mobilisée. Ainsi, appelée à se prononcer sur la validité de la clause par laquelle une commune, venderesse, se réservait un droit de préférence pendant vingt ans et au même prix que le prix d'acquisition, si l'acquéreur entendait revendre son bien, la Cour a jugé : « ayant relevé que la stipulation avait été librement convenue, qu'elle avait pour but, en fixant d'ores et déjà un prix, institué pour une durée de vingt ans, d'empêcher la spéculation sur le bien dans un contexte marqué par la rareté de l'offre et le "décrochage" des possibilités financières de la plupart des ménages par rapport à l'envolée des prix de l'immobilier, et que M. X... et Mme Y... avaient bénéficié en contrepartie de son acceptation de la possibilité d'accéder à un marché protégé de la spéculation immobilière, la cour d'appel, qui a retenu à bon droit que les modalités stipulées, notamment quant à la durée de validité de la clause, n'étaient pas, au regard de la nature et de l'objet de l'opération réalisée, constitutives d'une atteinte au droit de propriété, en a exactement déduit que la demande en nullité devait être rejetée »[7]. Même si l'atteinte à la propriété est ici admise, on mesure que la Cour de cassation, comme la CEDH, adopte un mode de protection indirect du droit de propriété, en s'interrogeant sur la légitimité et la proportionnalité des atteintes qui y sont portées.

2) La protection civiliste

En posant que la propriété est le droit de jouir et de disposer des choses de la façon la plus absolue, l'article 544 du Code civil a donné lieu à différentes interprétations. Certains auteurs se sont en effet inspirés des romanistes pour réduire le droit de propriété à l'addition des trois prérogatives que sont l'*usus* (le droit d'utiliser la chose), le *fructus* (le droit de bénéficier des fruits qu'elle produit) et l'*abusus* (le droit de céder ou de détruire la chose). Mais cette fameuse trilogie a été critiquée. D'autres auteurs considèrent en effet que le droit de propriété est plus que l'addition des trois prérogatives : il est la relation même d'appartenance qui permet au propriétaire de tirer, seul, profit des utilités de la chose (user de la chose) et d'en modifier la structure juridique (transfert de propriété, remise temporaire de la chose à des tiers, concession de certaines utilités de la chose à des tiers par la constitution de droits réels, renonciation à la propriété...). Sans se cantonner à l'addition de trois prérogatives au contenu par ailleurs incertain, le droit de propriété se caractérise ainsi par la pleine souveraineté du maître sur sa chose et par l'exclusion des tiers, sous réserve évidemment du respect des lois et de l'ordre public. Témoignant du pouvoir de la volonté du propriétaire, la Cour de cassation a récemment rappelé qu'il pouvait librement consentir un droit réel de jouissance spéciale sur son bien, sans être tenu par les différents droits réels déjà consacrés par le Code civil[8]. Plus qu'une addition de prérogatives, le droit de propriété est une liberté.

Au-delà de ces interprétations doctrinales, la jurisprudence civile se montre nuancée lorsqu'elle cherche à concilier la protection du propriétaire avec les intérêts d'autrui

7. Cass. 3e civ., 23 sept. 2009, n° 08-18187, Bull. civ. III, n° 203.

8. Cass. 3e civ., 31 oct. 2012, n° 11-16304, Bull. civ. III, n° 159 ; Cass. 3e civ., 8 sept. 2016, n° 14-26953. Si la possibilité de démembrer à l'envi le droit de propriété est bienvenue, le fait d'admettre que le droit réel constitué puisse avoir une durée aussi floue et lointaine que la durée de vie d'une fondation confine à la création d'un droit réel perpétuel et, de ce fait, à l'amoindrissement de la propriété.

ou de la collectivité. Certaines décisions témoignent ainsi d'une grande déférence à l'égard du droit de propriété : la Cour de cassation juge par exemple qu'une construction débordant de quelques centimètres sur le fonds voisin devra être détruite, sans qu'il y ait lieu de tenir compte des conséquences économiques de cette destruction[9]. Comme elle le retient parfois, la défense du droit de propriété contre un empiètement ne saurait dégénérer en abus. Mais d'autres contentieux révèlent que le propriétaire doit souvent user sa chose sans nuire aux autres : l'admission des troubles anormaux du voisinage, dont la conventionnalité a été reconnue[10], montre ainsi que les pouvoirs du propriétaire ne sont pas absolus.

§ 2 – L'EXERCICE DU DROIT DE PROPRIÉTÉ

L'exercice du droit de propriété montre également comment les aspirations individuelles du propriétaire doivent se concilier avec l'intérêt général et avec l'intérêt des tiers. Ce délicat équilibre se manifeste tant à travers les restrictions apportées aux droits des propriétaires qu'à travers le champ d'application de la propriété. Il est alors paradoxal de constater que la multiplication des restrictions, qui portent peut-être en germe la négation du droit de propriété (A), s'accompagne d'une extension du domaine de la propriété, qui porte peut-être en germe sa dilution (B).

A - LA MULTIPLICATION DES RESTRICTIONS AU DROIT DE PROPRIÉTÉ : NÉGATION DE LA PROPRIÉTÉ ?

L'article 544 du Code civil rappelle que le pouvoir du propriétaire s'exerce dans le respect des lois et des règlements. Or, la législation contemporaine, notamment en matière immobilière, a multiplié les textes venant limiter les pouvoirs du propriétaire sur son bien : interdiction de construire ou d'affecter à un usage particulier, plafonnement des loyers, obligation d'exploiter, de ravaler, de respecter des quotas... De nombreux auteurs ont alors dénoncé un « étiolement » ou un « lent déclin » de la propriété. On peut cependant penser que cet étiolement progressif des prérogatives du propriétaire n'altère en rien le droit de propriété lui-même. Comme rappelé plus haut, le droit de propriété ne réside pas dans le cumul de trois prérogatives mais dans la vocation du propriétaire à disposer de toutes les utilités disponibles de la chose. Si l'évolution législative réduit ces utilités, elle n'altère cependant en rien la relation exclusive qui existe entre le propriétaire et sa chose : sa vocation à bénéficier seul des utilités de la chose reste intacte. La multiplication des restrictions montre seulement que le droit de propriété n'est pas abandonné à la satisfaction égoïste des intérêts du seul propriétaire mais que, revêtant une fonction sociale, il ne peut s'exercer que dans le respect de l'intérêt de la collectivité : en témoignent les innombrables servitudes d'utilité publique (notamment en matière de voirie et d'urbanisme) qui ordonnent l'exercice du droit de propriété privé au bénéfice d'une meilleure gestion de l'espace public.

9. Cass. 3e civ., 20 mars 2002, Bull. civ. III, n° 71 ; Cass. 3e civ., 10 nov. 2016, n° 15-19561.
10. Cass. 2e civ., 23 oct. 2003, Bull. civ. II, n° 318.

Cette analyse rassurante peut cependant être discutée à partir de deux exemples. Le premier est celui du développement de propriétés simultanées portant sur le même bien. La fiducie, qui permet au constituant de transférer un ensemble de bien à un fiduciaire afin qu'il les gère dans un but déterminé, en est l'illustration la plus manifeste. Certains auteurs estiment que la propriété est alors écartelée entre le constituant et le fiduciaire, perdant alors ce qui fait son sel, l'exclusivité. Le second exemple est emprunté à certaines analyses développées par les spécialistes du droit de l'environnement. Ils considèrent en effet que certains biens environnementaux sont des biens communs : de fait, leur propriétaire en serait seulement le dépositaire et serait tenu de les conserver et de les restituer après usage à la collectivité ; les tiers auraient donc une sorte de « droit de regard » et seraient même intéressés à la correcte gestion du bien environnemental. La propriété ne serait plus le droit d'exclure les autres, elle supposerait au contraire un droit d'inclusion des autres. Devenue partagée, la propriété ne serait plus exclusive. Ce serait là une sorte, selon le mot de François Ost, de « transpropriation ».

B - L'EXTENSION DU DOMAINE DU DROIT DE PROPRIÉTÉ : DILUTION DE LA PROPRIÉTÉ ?

Le domaine du droit de propriété ne cesse de s'étendre. Deux exemples illustrent cette extension. Le premier est celui des biens incorporels. De nombreuses législations portent sur les modes de réservation, de protection et de transmission de différents biens incorporels : les droits d'auteur, les droits de marque... Certains auteurs considèrent ces protections sont si originales qu'elles sont irréductibles au droit de propriété. Il semble pourtant que la propriété doive ici servir de modèle, sans s'exposer à une quelconque dilution de la notion : en dépit d'un régime juridique propre lié à l'incorporalité de ces biens, c'est bien d'un droit de propriété conférant une véritable jouissance et un vrai pouvoir de disposition qu'il s'agit ici. Le second exemple est celui du corps humain. En posant le droit de chacun au respect de son corps, l'article 16-1 alinéa 1 du Code civil consacre expressément l'existence d'un droit subjectif sur le corps. Certains auteurs estiment alors que, indépendamment des limites posées par le législateur (anonymat, interdiction de l'onérosité...), ce droit subjectif est un droit de propriété en ce qu'il confère à chacun le pouvoir de disposer matériellement et juridiquement de son corps.

À côté de ce mouvement d'extension, s'illustrent également des contractions du domaine du droit de propriété. Même si la loi du 16 février 2015 a soumis les animaux au régime des biens (C. civ., art. 515-14), sous-entendant ainsi qu'ils n'en soient peut-être pas, de nombreux auteurs souhaiteraient aller plus loin et faire de l'animal une catégorie intermédiaire entre les biens et les hommes. Il en résulterait une extraction de l'animal de la sphère des biens et, de fait, une impossibilité d'établir sur lui tout lien d'appropriation. Une telle approche est cependant très idéologique : elle repose sur le postulat faussé que, laissé du côté des biens, l'animal serait comparable à une table ou à une chaise. Chacun sait pourtant que la qualification juridique de bien n'exclut nullement l'encadrement de l'emprise que le propriétaire peut avoir sur lui (cf. *supra*). Quoiqu'infondés, ces courants témoignent, en creux, d'une vision caricaturale du propriétaire. Loin d'asservir sa chose à la satisfaction égoïste de ses intérêts individuels, la propriété permet la juste satisfaction des besoins individuels dans le respect des attentes de la collectivité. Tel était bien le sens de la formule de Saint Thomas d'Aquin selon laquelle l'appropriation des biens selon le droit humain ne supprime pas la nécessité pour les hommes d'user de ces biens en vue des besoins de tous.

Indications bibliographiques

CARBONNIER J., *Le droit de propriété depuis 1914*, Flexible droit, 10e éd., 2001, LGDJ, p. 352 – CHAZAL J.-P., « La propriété : dogme ou instrument de politique ? », RTD civ. 2014, p. 763 – DROSS W., « Que l'article 544 nous dit-il à propos de la propriété ? », RTD civ. 2015, p. 27 – DROSS W., « Une approche structurale de la propriété », RTD civ. 2012, p. 419 – GRIMONPREZ B., « La fonction environnementale de la propriété », RTD civ. 2015, p. 539 – LARDEUX G., « Qu'est-ce que la propriété ? », RTD civ. 2013, p. 741 – LIBCHABER R., *La propriété, droit fondamental, Libertés et droits fondamentaux*, dir. R. Cabrillac, 22e éd., 2016, Dalloz, p. 821 et s. – LIBCHABER R., La *recodification du droit des biens, Le Code civil 1804-2004*, 2004, Dalloz-Litec, p. 297 et s. – DE MONTGOLFIER J.-F., « Le Conseil constitutionnel et la propriété privée des personnes privées », Cah. Conseil const. 2011, p. 35 – MOUSSERON J.-M., RAYNARD J., REVET Th., « De la propriété comme modèle », in *Mélanges A. Colomer*, 1993, Litec, p. 281 et s. – REVET Th., « Le Code civil et le régime des biens, questions pour un bicentenaire », Dr. et patr., mars 2004, p. 20 – ROCHFELD J., « Penser autrement la propriété : la propriété s'oppose-t-elle aux "communs" », RIDE, 2014/3, p. 140 – SUDRE F., « La protection de la propriété privée par la Cour européenne des droits de l'homme », D. 1988, chron., p. 71 – TERRÉ F., « L'évolution du droit de propriété depuis le Code civil », Droits, n° 1, 1985, p. 33. – TRÉBULLE F.-G., « La propriété à l'égard du patrimoine commun : le renouveau du domaine universel », in *Études Ph. Malinvaud*, Litec, 2007, p. 619 – ZÉNATI-CASTAING F., « Pour une rénovation de la théorie de la propriété », RTD civ. 1993, p. 305 – ZÉNATI-CASTAING F., « Le crépuscule de la propriété moderne, Essai d'une synthèse des modèles propriétaires », in *Les modèles propriétaires au XXIe siècle*, LGDJ, 2012, p. 225.

La liberté contractuelle

Denis Mazeaud
Professeur à l'Université Panthéon-Assas (Paris II)

La liberté contractuelle est le premier pilier du temple contractuel français, la matière première du modèle contractuel français, à tel point qu'on pourrait, dans un premier mouvement au moins, succomber à la tentation de l'ériger au rang de principe de portée absolue, ne supportant aucune atteinte, ni limite, en invoquant le droit naturel, dont elle constituerait l'expression.

Mais une telle analyse n'est plus de saison, même dans la pensée libérale, laquelle ne rejette nullement l'idée de l'existence de limitations à la liberté contractuelle. En droit positif français, la liberté contractuelle ne se déploie qu'à travers les règles qui la charpentent et en définissent la portée, et non à l'état pur comme l'expression pure et simple d'une loi naturelle. La liberté contractuelle est sous la dépendance de la loi qui l'organise, l'encadre et la canalise, ainsi que l'affirment certains textes fondamentaux du Code civil. D'abord, l'article 6 du Code civil, aux termes duquel « on ne peut déroger, par des conventions particulières, aux lois qui intéressent l'ordre public et les bonnes mœurs », est l'illustration parfaite de ce rapport de soumission : l'ordre public et les bonnes mœurs sont des remparts contre une liberté contractuelle débridée et excessive. De même, l'article 1102, qui dans son alinéa 1 érige la liberté contractuelle au rang de principe directeur du droit des contrats, précise dans son alinéa 2 que « la liberté contractuelle ne permet pas de déroger aux règles qui intéressent l'ordre public ». Quant à l'article 1104, en vertu duquel « les contrats légalement formés tiennent lieu de loi à ceux qui les ont faits », il révèle lui aussi cette dépendance de la liberté contractuelle à l'égard de la loi : seuls les contrats conclus dans le respect des règles légales qui président à sa formation sont susceptibles de produire des effets entre les parties et d'être dotés, entre elles, de force obligatoire.

S'interroger sur la liberté contractuelle au XXIe siècle conduit nécessairement aussi, si on veut en apprécier précisément le statut et la portée, à évoquer à très grands traits les profondes mutations qui ont affecté notre droit des contrats depuis 1804. Dans le Code civil, tel que conçu par Portalis, Tronchet, Maleville et Bigot de Préameneu et tel qu'interprété et pensé par la doctrine classique, le contrat est le fruit de la liberté et de l'égalité. Et puisque la liberté et l'égalité en sont, lors de sa création, le ferment, le contrat incarne nécessairement la justice. Aussi, puisque l'égalité et la liberté sont censées présider à la création du lien contractuel, les contractants, réputés être les meilleurs juges de leurs intérêts, doivent logiquement assumer la responsabilité du déséquilibre contractuel éventuel. « La valeur de l'engagement libre doit l'emporter même sur le déséquilibre du contrat »[1]. Le déséquilibre est la rançon de la liberté et de l'égalité.

Cette vision traditionnelle du lien contractuel, qui a régné pendant plusieurs décennies, n'est plus seule de saison aujourd'hui ; elle cohabite, depuis plus d'un demi-siècle désormais, avec une autre. L'observation du phénomène contractuel conduit, en effet, à constater que, parfois, au stade de la conclusion du contrat, un des contractants se trouve en situation d'infériorité économique, intellectuelle, psychologique, technique, par rapport à son partenaire. Et le contrat est alors rédigé par la partie dominante, il est composé par celle-ci et imposé à son cocontractant. Ainsi conçue, la loi contractuelle est parfois le reflet de cette inégalité et la source d'une injustice qui se traduit par des abus et des excès. Et les exemples ne manquent pas, tant en législation qu'en jurisprudence, de règles qui accordent au juge le pouvoir d'annuler le contrat ou une de ses clauses ou d'exercer un pouvoir de révision, quand celui-ci peut caractériser un déséquilibre contractuel excessif qui est le produit d'un rapport de forces existant au stade de la formation du contrat.

Finalement, aujourd'hui, coexistent dans notre univers contractuel, deux planètes de nature sensiblement distincte. La première incarnée par la figure contractuelle classique du contrat de gré à gré, définie par l'article 1110, alinéa 1 du Code civil, comme « celui dont les stipulations sont librement négociées par les parties ». Planète dont le centre de gravité constitue la liberté contractuelle, comme le texte le révèle. La seconde planète contractuelle est irriguée par la figure du contrat d'adhésion que l'alinéa 2 de l'article susvisé définit comme celui « dont les conditions générales, soustraites à la libre négociation, sont déterminées à l'avance par l'une des parties ». De façon moins édulcorée et éthérée, on peut opter pour une conception plus dynamique de cette figure contractuelle et l'entendre comme un « contrat structurellement déséquilibré »[2], un contrat dont la conclusion n'a pas été placée sous les auspices de la liberté. Au fond, dans cette vision, le contrat d'adhésion se caractérise par l'absence de liberté contractuelle lors de sa formation, laquelle emporte des risques d'abus et d'excès de la part du contractant qui compose le contrat unilatéralement.

La profonde différence de nature entre ces deux figures contractuelles, que sont le contrat de gré à gré et le contrat d'adhésion, emporte nécessairement une distinction sensible de régimes. On aura fatalement plus de révérence à l'égard de la liberté contractuelle en présence d'un contrat de gré à gré que lorsque le contrat litigieux sera d'adhésion, dans lequel cette liberté est souvent un simple leurre, un trompe-l'œil.

Cette dualité conceptuelle dans notre droit contemporain des contrats explique de nombreuses interventions du législateur et du juge en matière contractuelle. Le contrat d'adhésion est, en effet, la cible privilégiée des règles légales et des décisions jurisprudentielles qui accordent au juge le pouvoir d'annuler ou de réviser un contrat, ou de réputer non écrites ou de réviser ses clauses. Que l'on songe, par exemple, au Code de la consommation dont les règles sont conçues en fonction d'un contrat, produit d'un

---

1. Savatier R., *Les métamorphoses économiques du droit civil d'aujourd'hui*, 2e série, 1950, Dalloz, spéc. n° 12.
2. En ce sens, Revet Th., « Le projet de réforme et les contrats structurellement déséquilibrés », *in La réforme du droit des contrats : du projet à l'Ordonnance*, 2016, Dalloz, p. 67 et s.

rapport de forces et facteur de risques de déséquilibres ! Que l'on songe aussi au droit des pratiques restrictives de concurrence qui protège les contractants professionnels contre des engagements contractuels disproportionnés ou des clauses abusives, qui sont le fruit d'un rapport de soumission ! Qu'on songe, enfin, à l'ordonnance du 10 février 2016 qui a réformé le droit des contrats, et introduit dans le Code civil le contrat d'adhésion, dont certaines règles sont la déclinaison et dont l'application est exclue lorsque le contrat est de gré à gré ! Et dans toutes ces dispositions qui relèvent du droit spécial et, désormais, du droit commun du contrat, on comprend bien que l'objectif du législateur consiste à restaurer la liberté contractuelle, au mieux simplement virtuelle dans les contrats d'adhésion, et à libérer les contractants engagés dans un lien trop contraignant, parce qu'excessivement déséquilibré, lorsque la dite liberté a été bafouée.

C'est, au fond, en s'inspirant de cette irréductible dualité conceptuelle, qui caractérise notre droit contemporain des contrats, que nous appréhenderons la liberté contractuelle.

En premier lieu, sur fond de contrat de gré à gré, la liberté contractuelle sera envisagée comme la matière première du modèle contractuel français et on en exposera le statut.

En second lieu, sur fond de contrat d'adhésion, on constatera comment, quand la liberté contractuelle n'est qu'un trompe l'œil, le législateur et la jurisprudence réagissent contre ce fantôme de la liberté.

§ 1 – LE STATUT DE LA LIBERTÉ

Seront successivement envisagés le statut institutionnel et le statut positif de la liberté contractuelle.

A - STATUT INSTITUTIONNEL

Pour traiter du statut institutionnel de la liberté contractuelle, on se demandera, dans un premier temps, s'il s'agit d'un principe constitutionnel, puis, dans un second temps, si elle constitue un principe directeur du droit des contrats.

1) Un principe constitutionnel ?

L'intérêt de doter la liberté contractuelle d'une valeur constitutionnelle réside, *a priori*, dans le pouvoir du législateur d'y porter atteinte par une loi ordinaire.

Sur ce point, le Conseil constitutionnel a évolué. Dans un premier temps, dans des décisions du 3 août 1994, il avait décidé qu'aucune norme de valeur constitutionnelle ne garantit le principe de la liberté contractuelle. La raison de cette décision résidait dans le fait d'une part qu'il n'était pas concevable d'ériger, au rang de norme à valeur constitutionnelle, donc intangible, un principe assorti de très nombreux tempéraments et exceptions, d'autre part, que la liberté contractuelle favorise souvent le contractant fort, alors que l'intervention du législateur, tendant à la canaliser, assure la protection du contractant, dépendant et dominé. D'où la nécessité de ne pas priver le législateur d'un instrument de politique qui permet de garantir la protection du contractant faible, laquelle fait partie de notre ADN contractuel.

Dans un deuxième temps, le Conseil constitutionnel a, sans lui accorder le label de règle constitutionnelle, doté la liberté contractuelle d'un statut plus énergique. Dans une décision du 20 mars 1997, il a en effet affirmé que si « le principe de liberté contractuelle n'a pas en lui-même valeur constitutionnelle », sa violation peut cependant être invoquée devant lui lorsqu'elle « conduirait à porter atteinte à des droits et des libertés fondamentaux ». Aussi, si la méconnaissance du principe de liberté contractuelle se traduit par une atteinte à un principe doté d'une valeur constitutionnelle, le Conseil constitutionnel exerce sa censure.

Dans un troisième temps, enfin, le 19 décembre 2000, « le Conseil constitutionnel a franchi le pas en conférant directement à la liberté contractuelle une valeur constitutionnelle »[3], sur le fondement de l'article 4 de la Déclaration des droits de l'homme et du citoyen, aux termes duquel « La liberté consiste à pouvoir faire tout ce qui ne nuit pas à autrui (...) ».

Désormais, la liberté contractuelle est donc un principe à valeur constitutionnelle et le législateur ne peut donc y porter atteinte que si un motif d'intérêt général suffisant le justifie, étant entendu que l'atteinte doit alors être proportionnée à l'objectif poursuivi.

2) Un principe directeur ?

L'article 1102, qui énonce, dans son alinéa 1, que « chacun est libre de contracter ou de ne pas contracter, de choisir son contractant et déterminer le contenu et la forme du contrat dans les limites fixées par la loi », est placé en tête des dispositions du nouveau *corpus* contractuel issu de l'ordonnance du 10 février 2016. Peut-on déduire de cet « emplacement » symbolique que la liberté contractuelle constitue, au même titre que la sécurité et que la loyauté contractuelle édictées par les articles 1103 et 1104, un principe directeur du droit des contrats.

En doctrine, la question est débattue pour des raisons de politique juridique. Certains redoutant qu'un tel label n'accorde un trop grand pouvoir au juge sur le contrat, lequel serait ainsi placé entre ses mains, ce qui emporterait une insécurité contractuelle fatale.

Si l'argument peut se comprendre pour le devoir de loyauté, il n'en va pas de même pour la liberté contractuelle, pas plus que pour la sécurité contractuelle d'ailleurs. Il semble indiscutable, en effet, même si le législateur n'a pas utilisé le terme de « principe directeur » que la liberté contractuelle constitue bien un principe directeur et qu'elle l'a toujours été.

Comme la sécurité et la loyauté contractuelle, objet des articles 1103 et 1104, la liberté contractuelle constitue un principe directeur qui exprime le socle philosophique, idéologique et politique sur lequel repose notre modèle contractuel, dont ils constituent les ferments et les emblèmes.

À ce titre, ils constituent la boussole qui devra guider la formation et l'exécution des contrats, ainsi que les comportements des contractants. Mieux, ces principes directeurs, et la liberté contractuelle en particulier, constituent un guide indispensable pour les praticiens et les juges du contrat : ils leur permettront de préciser la mise en œuvre des règles spéciales, de les appliquer, de les interpréter, de combler leurs lacunes, de pallier leur absence, etc.

---

3. Fabre-Magnan M., *Droit des obligations, I – Contrat et engagement unilatéral*, 2016, PUF, spéc. n° 72.

B - STATUT POSITIF

On envisagera, tour à tour, les principales manifestations de la liberté contractuelle en droit positif et les exceptions qui lui sont apportées.

1) Manifestations

En raison de la place relativement réduite de l'ordre public dans le nouveau droit des contrats, la liberté contractuelle irradie toutes les phases du processus contractuel.

Au stade de la formation du contrat, elle pèse de tout son poids sur le régime de la négociation du contrat, de l'offre, de l'acceptation, de la date de formation du contrat et des contrats préparatoires.

La liberté d'ouvrir, de mener et de rompre une négociation contractuelle sans que la responsabilité des négociateurs ne puisse, en principe, être engagée est affirmée par l'article 1112. Autre hommage à la liberté contractuelle, à la liberté de ne pas contracter précisément, la rupture déloyale des pourparlers et la rétractation abusive d'une offre ne sont pas sanctionnées par la formation forcée du contrat. Et le négociateur victime d'une rupture déloyale ou le destinataire de l'offre abusivement rétractée devront se contenter de dommages et intérêts qui compenseront exclusivement les pertes qu'ils ont éprouvées à l'occasion de la négociation et des pertes éprouvées par la victime, mais pas les gains et les avantages qu'il attendait de la conclusion du contrat. La liberté de ne pas contracter justifie une telle règle car, s'il en était autrement, la réparation du préjudice, consistant dans la perte de l'intérêt positif, conduirait à une exécution indirecte du contrat sous la forme de dommages-intérêts.

La liberté de ne pas contracter irrigue aussi la règle selon laquelle le silence, c'est-à-dire la passivité du destinataire de l'offre, ne vaut pas acceptation. S'il en allait autrement un grand nombre de contrats seraient conclus à l'insu des destinataires d'offres diverses et variées...

Autre signe de l'impact du principe de la liberté contractuelle au stade de la formation du contrat, le pouvoir accordé, implicitement, aux contractants de déroger aux règles légales.

À rebours de la jurisprudence de la Cour de cassation, inaugurée par un arrêt rendu en 1993[4], qui ne sanctionnait que par des dommages-intérêts la révocation fautive du promettant de l'engagement qu'il avait souscrit dans une promesse unilatérale de contrat, l'article 1124, alinéa 2, dispose désormais que « la révocation de la promesse pendant le délai laissé au bénéficiaire pour opter n'empêche pas la formation du contrat promis ». Ainsi, la sanction de l'exécution forcée en nature est opportunément substituée à celle de l'exécution par équivalent. Pour autant, et même si elle constitue une déclinaison du principe fondamental du respect de la parole donnée, la règle légale n'est pas d'ordre public. Par conséquent, les contractants pourraient tout à fait aménager la sanction de la révocation du promettant pendant le délai d'option, en stipulant une clause qui exclurait l'exécution forcée dans un tel cas de figure au profit d'une exécution par équivalent.

---

4. Cass. 3e civ., 15 déc. 1993, D. 1994, somm. comm., 507, obs. Tournafond O. – D. 1995, somm. comm., 230, obs. Aynès L. ; Defrénois, 1994, 795, obs. Delebecque Ph. – *JCP* 1995, II, 22366, obs. Mazeaud D. – *RTD civ.* 1994, 588, obs. Mestre J. – Cass. 3e civ., 26 juin 1996, D. 1997, somm. comm., 169, obs. Mazeaud D.

Dans le même ordre d'idées, les contractants peuvent très bien écarter la règle, énoncée par l'article 1121, alinéa 1, selon laquelle « le contrat est conclu dès que l'acceptation parvient à l'offrant », et stipuler qu'il sera réputé conclu dès l'émission de l'acceptation par le destinataire de l'offre.

Au stade de la validité du contrat, la liberté contractuelle trouve son prolongement naturel dans le principe du consensualisme, en clair la liberté de la forme affirmée nettement par l'article 1172, avec ses tempéraments et exceptions classiques.

Autre expression de la liberté contractuelle à ce stade, la règle séculaire en vertu de laquelle un contrat lésionnaire est valable, efficace et intangible (art. 1168). C'est parce que les contractants sont libres de déterminer l'équilibre de leurs relations contractuelles, spécialement l'équilibre de leurs prestations réciproques, que, en dépit du déséquilibre économique qui l'affecte, le contrat est valable, efficace et intangible. La lésion ne permet pas de remettre en cause, soit en l'anéantissant, soit en le révisant, le contrat économiquement déséquilibré. Le déséquilibre est la rançon de la liberté et de l'égalité. Si le contrat est finalement déséquilibré au détriment d'un contractant, « tant pis pour lui. Il aura au moins eu la satisfaction d'être l'artisan de son malheur, d'avoir déterminé lui-même ses engagements. La liberté est en soi une jouissance qui vaut bien quelques risques »[5].

Le régime des effets du contrat est, lui aussi, très sensiblement influencé par la liberté contractuelle.

D'abord, la liberté de ne plus contracter sous-tend les règles légales relatives à la durée du contrat. Ainsi explique-t-elle la portée du droit de résiliation unilatérale qui s'applique en matière de contrats à durée indéterminée, d'engagements perpétuels et de contrats renouvelés ou tacitement reconduits. De plus, c'est cette même facette de la liberté qui justifie que nul ne puisse exiger le renouvellement le renouvellement d'un contrat à durée déterminée dont le terme extinctif est échu.

Ensuite, la liberté contractuelle constitue le centre de gravité du régime de l'imprévision. On se souvient qu'avant la loi nouvelle, la Cour de cassation s'opposait, coûte que coûte, à la révision judiciaire pour imprévision. La justification de cette solution rigoureuse reposait, entre autres, sur la liberté contractuelle : réputés les meilleurs juges de leurs propres intérêts et dotés de rationalité, les contractants pouvaient écarter la règle jurisprudentielle en stipulant des clauses de renégociation, d'adaptation, de révision, en cas de changement de circonstances imprévisible lors de la conclusion du contrat et affectant profondément, au cours de son exécution, son économie générale. Désormais, l'article 1195 dispose que lorsqu'un changement de circonstances imprévisible lors de la conclusion du contrat rend l'exécution de celui-ci excessivement onéreuse, le contractant qui pâtit de cette situation peut, faute de renégociation du contrat et d'accord entre les parties pour y mettre fin ou l'adapter, demander au juge d'y mettre fin ou de le réviser. Le Code civil admet donc la révision judiciaire pour imprévision, à ceci près que l'article 1195 précise lui-même que peut être stipulée dans le contrat une clause d'acceptation du risque d'imprévision, en vertu de laquelle un contractant accepte donc d'assumer le risque en question et s'interdit, si ce risque se réalise, de mettre en jeu le processus légal, notamment de saisir le juge pour que celui-ci révise le contrat. On

5. Waline M., *L'individualisme et le droit*, 1945, Paris, spéc. p. 177.

comprend alors que la liberté contractuelle demeure le centre de gravité de la question de l'imprévision. Alors qu'hier encore elle était un remède contre l'impossibilité pour le juge de réviser le contrat pour imprévision, elle constitue aujourd'hui un rempart contre le pouvoir de révision du juge.

Enfin, le principe de l'effet relatif du contrat est, lui aussi, une déclinaison du principe de liberté contractuelle, précisément de la liberté de ne pas contracter, laquelle serait bafouée si une personne pouvait devenir débiteur contractuel à son insu et devoir exécuter des obligations créées par un contrat en vue de la conclusion duquel il n'avait pas manifesté sa volonté de se lier.

Quant aux sanctions de l'inexécution du contrat, qui sont, désormais, l'objet d'une subdivision spécifique dans le Code civil, la liberté contractuelle a vocation à se déployer dans une très large mesure. Les contractants peuvent, en effet, neutraliser l'exécution forcée au profit de l'exécution par équivalent, stipuler que l'exécution par un tiers d'une obligation de faire impliquera l'autorisation du juge, évincer la réduction judiciaire ou unilatérale du prix en cas d'exécution imparfaite du contrat, renoncer à la résolution judiciaire et unilatérale, ainsi qu'à la suspension du contrat.

Finalement, la liberté contractuelle ne bute ici que sur l'impossibilité d'écarter toutes les sanctions légales en cas d'inexécution et sur le pouvoir du juge de réviser une clause d'indemnisation forfaitaire manifestement excessive ou dérisoire.

2) Exceptions

Bien qu'elle ait un très important rayonnement, la liberté contractuelle n'en reste pas moins canalisée par des notions cadres tels l'ordre public et les bonnes mœurs, et par le respect des droits fondamentaux.

Quant à l'ordre public, on rappellera qu'il convient de distinguer l'ordre public textuel de l'ordre public virtuel.

Quant à la première catégorie, on relèvera que les dispositions du nouveau Code civil, qui présentent cette nature, ne sont pas légion. Peuvent être intégrées dans cette première variété, les dispositions relatives au devoir de bonne foi, au devoir précontractuel d'information et au pouvoir du juge de réviser les clauses d'indemnisation forfaitaire manifestement excessives ou dérisoires. Quant à l'ordre public virtuel, il est probable que méritent ce label, toutes les règles qui constituent des déclinaisons du contrat d'adhésion (clauses abusives, interprétation) et quelques autres encore (l'article 1170, par exemple).

Au regard de la lettre de l'ordonnance de 2016, qui n'en fait pas mention dans l'article 1102, les bonnes mœurs ne constituent plus un obstacle à la liberté contractuelle. À vrai dire, depuis quelque temps déjà, la Cour de cassation avait pris quelques distances avec cette notion, notamment avec l'arrêt dans lequel elle a affirmé que « n'est pas nulle comme contraire aux bonnes mœurs la libéralité consentie à l'occasion d'une relation adultère »[6]. Reste qu'avec l'article 6 du Code civil, les bonnes mœurs restent tapies dans l'ombre du contrat et que le juge pourrait donc les réactiver s'il le jugeait opportun.

---

6. Cass. ass. plén., 29 oct. 2004, Capitant H., Terré F. et Lequette Y., *GAJC*, 2015, Dalloz, n° 29-30.

S'il est excessif d'affirmer que les droits et libertés fondamentaux ont aujourd'hui envahi la sphère contractuelle, on est bien obligé de constater que les cas dans lesquels la Convention européenne de droits de l'homme est invoquée pour neutraliser une clause contractuelle, voire pour remettre en cause un contrat, ne sont pas rares.

Sans souci d'exhaustivité, on retiendra que les dispositions de la convention précitée ont été exploitées pour remettre en cause une clause de mobilité stipulée dans un contrat de travail, une clause d'habitation personnelle insérée dans un contrat de bail d'habitation, une clause contraignant le preneur à adhérer à une association stipulée dans un bail commercial, etc.

Il convient aussi de prendre en compte les textes d'origine interne qui limitent, non plus la liberté de déterminer le contenu du contrat, mais celle de choisir son contractant. Ainsi, aux termes de l'article 1, alinéa 3, de la loi du 6 juillet 1989, « aucune personne ne peut se voir refuser la location d'un logement pour un motif discriminatoire défini à l'article 225-1 du Code pénal ».

§ 2 – LE FANTÔME DE LA LIBERTÉ

Quand il s'avère qu'au stade de la conclusion du contrat la liberté contractuelle n'est qu'une apparence, qu'un leurre, et qu'en réalité le contrat est le fruit d'un rapport de forces, d'une inégalité contractuelle, à tel point qu'il a été composé par un seul des contractants et imposé à l'autre, notre droit réagit pour combattre ce fantôme de liberté. Ce phénomène se constate tant en droit commun (A) qu'en droit spécial (B) des contrats.

A - DROIT COMMUN DES CONTRATS

Le droit commun des contrats soumet, parfois, la liberté contractuelle au respect d'une exigence de loyauté (1), de proportionnalité (2), de cohérence (3) ou de solidarité (4).

1) Loyauté

C'est, en premier lieu, le devoir de loyauté qui est exploité pour tempérer la liberté contractuelle.

D'une part, au stade de la négociation du contrat, si la liberté prime lors de son ouverture, de son déroulement et de sa rupture, le devoir de bonne foi s'impose aux négociateurs et peut conduire, s'il est violé, à la mise en jeu de la responsabilité extracontractuelle du négociateur de mauvaise foi.

D'autre part, le devoir de bonne foi est le ferment des sanctions qui s'appliquent en cas de réticence dolosive. La liberté contractuelle ne peut justifier le silence intentionnel d'un contractant qui provoque une erreur déterminante du consentement de son cocontractant, quelle que soit son objet (substance, personne du cocontractant, motifs, valeur).

2) Proportionnalité

En deuxième lieu, le droit positif fait apparaître une exigence relative de proportionnalité qui tempère la portée de la liberté contractuelle et qui illustre le propos de Saleilles, selon lequel « le droit tend de plus en plus à faire reposer le contrat sur la justice et non la justice sur le contrat »[7]. En somme, le législateur et la jurisprudence exploitent cette exigence comme un remède à l'inégalité qui existe entre les cocontractants, lors de la conclusion du contrat, et l'utilisent, non pour assurer une équivalence objective des prestations et un équilibre parfait des stipulations contractuelles, mais uniquement pour éviter les déséquilibres excessifs et significatifs des obligations et des pouvoirs contractuels, quand ils procèdent d'un rapport de forces. Lorsqu'une partie s'engage sous l'empire d'un état de nécessité ou de dépendance et que l'autre partie exploite abusivement cette situation de faiblesse en en retirant un avantage manifestement excessif, le juge réduit cet avantage à sa juste mesure et à défaut de pouvoir procéder à cette réduction, prononce la nullité du contrat ou de la clause.

Au titre des applications de cette exigence, on s'arrêtera d'abord sur l'article 1143 du Code civil aux termes duquel « il y a également violence lorsqu'une partie, abusant de l'état de dépendance dans lequel se trouve son cocontractant, obtient de lui un engagement qu'il n'aurait pas souscrit en l'absence d'une telle contrainte et en tire un avantage manifestement excessif »[8]. La mise en jeu de la règle nouvelle suppose que deux conditions soient remplies. D'une part, une situation de dépendance, sans distinguer la nature de celle-ci. D'autre part, il faut que le contractant de la victime du vice en ait tiré un avantage manifestement excessif, étant entendu que le simple constat de l'avantage manifestement excessif tiré de ce contrat par le cocontractant du contractant dépendant constituera probablement une présomption d'abus.

On retiendra que la loi accorde désormais au juge, de la façon la plus nette qui soit, le pouvoir d'annuler des contrats dont les prestations sont excessivement déséquilibrées et apporte une exception absolument remarquable au principe fondamental de notre droit des contrats, en vertu duquel les contrats, quoique lésionnaires, sont valables, efficaces et intangibles.

Autre illustration, ensuite, de l'influence de l'exigence de proportionnalité sur le principe de liberté contractuelle, l'article 1171 du Code civil, qui dispose, dans son alinéa 1, que « dans un contrat d'adhésion, toute clause qui crée un déséquilibre significatif entre les droits et les obligations des parties au contrat est réputée non écrite »[9]. Règle qui permet donc au juge de supprimer les clauses abusives stipulées dans certains contrats qui entrent dans le champ d'application du Code civil. Certes, l'office du juge est strictement cantonné, puisque circonscrit aux seules clauses abusives stipulées dans un contrat d'adhésion et il est désactivé si la clause litigieuse porte sur l'objet principal du contrat ou sur l'adéquation du prix à la prestation (art. 1171, al. 2). Certes..., mais la liberté contractuelle ne peut plus désormais se déployer sous la forme de clauses qui emportent une disproportion contractuelle, quand le contrat a été composé par un seul des contractants et que son contenu, ainsi unilatéralement déterminé, a été imposé à l'autre contractant.

---

7. *Déclaration de volonté*, 1901, p. 351.
8. Sur l'abus de dépendance, v., entre autres, BARBIER H., « La violence par abus de dépendance », *JCP* 2106, p. 722 et s.
9. Sur cette innovation, v., entre autres, BEHAR-TOUCHAIS M., « Le déséquilibre significatif dans le Code civil », JCP, 2016, p. 662 et s. – FENOUILLET D., « Le juge et les clauses abusives », RDC, 2016, p. 358 et s. – GRIMALDI C., « Les limites à la détermination du contenu du contrat dans le nouveau droit des contrats », LPA, 2016 – LAGARDE X., « Questions autour de l'article 1171 du Code civil », D. 2016, p. 2174 et s.

Enfin, pour mémoire, on rappellera qu'en vertu de l'article 1231-5, alinéa 2, le juge peut réviser les clauses d'indemnisation forfaitaire que le débiteur doit payer, en cas d'inexécution de son obligation contractuelle, lorsque l'indemnité contractuelle est disproportionnée par rapport au préjudice subi par le créancier.

3) Cohérence

Une exigence de cohérence tempère, en troisième lieu, la liberté contractuelle.

Au stade de la détermination du contenu du contrat, d'une part, l'article 1170 du Code civil dispose que « toute clause qui prive de sa substance l'obligation essentielle du débiteur est réputée non écrite ». La règle légale évoque la règle jurisprudentielle énoncée dans les arrêts *Chronopost*[10] et *Faurecia II*[11], qui accordait au juge le pouvoir de réputer non écrite des clauses de responsabilité qui contredisaient la portée de l'obligation essentielle souscrite par le débiteur. La règle légale qui a vocation, lorsque ses conditions d'application sont réunies, à neutraliser la liberté contractuelle non seulement dans les contrats d'adhésion mais aussi dans les contrats de gré à gré, a un champ d'application *clausulae materiae*, plus vaste que celui que la règle que la Cour de cassation avait créée, naguère. Elle neutralisera toutes les clauses qui emportent une incohérence flagrante dans le contrat, parce qu'elles permettent à un contractant de souscrire une obligation apparemment essentielle mais en réalité illusoire, parce que son inexécution ne sera pas sanctionnée ou qu'il sera extrêmement difficile d'exiger son exécution, ou encore parce qu'elle permet au débiteur d'échapper purement et simplement à son engagement.

La liberté de ne plus contracter est, d'autre part, infléchie par cette exigence relative de cohérence. Ainsi en est-il, en matière de contrats de distribution notamment, lorsque, lors de l'exécution du contrat, le comportement d'un concessionnaire ou d'un franchisé a fait naître dans l'esprit de leurs partenaires une confiance légitime dans une certaine stabilité du contrat ou dans le maintien du lien contractuel. Tel est le cas lorsque le concédant subordonne explicitement ou implicitement l'accès ou le maintien du distributeur dans son réseau de distribution à la réalisation d'importants investissements à la charge de celui-ci[12]. Si, après que le concessionnaire a effectué ces lourds investissements financiers, le concédant résilie unilatéralement ou refuse de renouveler le contrat de distribution, il engage sa responsabilité pour rupture déloyale, plus précisément en raison de l'abus qu'il a commis dans l'exercice de son droit de résiliation unilatérale ou de non-renouvellement du contrat.

10. Cass. com., 22 oct. 1996, Contrats, conc. consomm., 1997, comm. n° 24, obs. Leveneur L. – D. 1997, p. 121, note Sériaux A., et p. 175, obs. Delebecque P. – Defrénois, 1997, 333, obs. Mazeaud D. – *JCP* 1997, I, 4002, obs. Fabre-Magnan M. et 4025, obs. Viney G. et II, 22881, obs. Cohen D. – *RTD civ.* 1997, p. 418, obs. Mestre J.

11. Cass. com., 29 juin 2010, Contrats, conc. consomm., 2010, comm. n° 220, obs. Leveneur L. – D. 2010, 1832, note Mazeaud D. – JCP E, 2010, 1790, obs. Stoffel-Munck Ph. – RDC, 2010, 1254, obs. Deshayes O. – RTD civ., 2010, 555, obs. Fages B.

12. En ce sens, v., Cass. com., 5 avr. 1994, Contrats, conc. consomm., 1994, comm. n° 159, obs. Leveneur L. – D. 1995, somm. comm., 90, obs. Mazeaud D. – RTD civ. 1994, 603, obs. Mestre J. – Cass. com., 20 janv. 1998, Contrats, conc. consomm., 1998, comm. n° 56, obs. Leveneur L. – D. 1998,413, note Jamin Ch. – D. 1999, somm. comm., 114, obs. Mazeaud D. – JCP, 1999, II, 10085, obs. Chazal J.-P. – RTD civ. 1998, 675, obs. Mestre J. – Cass. com., 9 avr. 2002, RTD civ. 2002, 811, obs. Mestre J. et Fages B.

4) Solidarité

En quatrième lieu, le droit commun des contrats fait plier la liberté contractuelle au nom d'une exigence de solidarité. Tel est le cas au stade la rupture du contrat. Le droit de résiliation unilatérale est ainsi canalisé par le respect d'un délai de préavis imposé à l'auteur de la rupture. Si ce délai n'est pas respecté, la traditionnelle réserve d'abus est alors mise en œuvre pour mettre en jeu la responsabilité civile du contractant qui a exercé abusivement sa liberté de ne plus contracter.

B - LE DROIT SPÉCIAL DES CONTRATS

Les atteintes à la liberté contractuelle se traduisent, en droit spécial des contrats, par des règles qui tendent à assurer la prévention des risques contractuels (1) et à sanctionner les abus (2).

1) La prévention des risques contractuels

En vue de garantir l'existence d'une véritable liberté contractuelle, en dépit de l'inégalité qui préside lors de la conclusion du contrat, les droits de la consommation et de la distribution imposent toute une série de règles de fond et de forme, qui se traduisent par un encadrement rigoureux de la procédure du consentement.

Certains d'entre elles tendent à instaurer une liberté de se lier au profit du contractant faible, dominé ou dépendant.

Au titre des règles de fond, d'une part, le Code de la consommation impose, d'abord, au contractant professionnel des obligations précontractuelles d'information diverses et variées au profit du consommateur. De même, en matière de droit de la distribution, l'article 1 de la loi Doubin[13] impose à toute personne, qui propose de mettre à la disposition d'une autre un nom commercial, une marque ou une enseigne, en exigeant d'elle un engagement d'exclusivité, de remettre à celle-ci un document lui donnant des informations sincères, qui lui permette de conclure le contrat projeté en parfaite connaissance de cause. Ensuite, le professionnel est parfois obligé de maintenir l'offre qu'il a adressée au consommateur pendant un délai fixé par la loi[14], et ce dernier est parfois tenu de réfléchir à l'offre qu'il a reçue avant de pouvoir l'accepter et de conclure ainsi valablement le contrat[15].

Par ailleurs, le contractant professionnel est astreint à des règles de forme. Son offre doit être écrite et comporter, à peine de déchéance du droit aux intérêts notamment, des mentions manuscrites obligatoires destinées à informer le consommateur sur les protections spécifiques que la loi lui accorde, le coût d'exécution du contrat, les sanctions de son inexécution, etc.[16] Ensuite, la technique du formalisme informatif a notamment été exploitée par le législateur consumériste en matière de crédit à la consommation et de crédit immobilier. En outre, le formalisme *ad validitatem* est utilisé par le législateur

13. L. n° 89-1008 du 31 déc. 1989.
14. V. entre autres, C. consom., art. L. 312-18, al. 2.
15. V. entre autres, C. consom., art. L. 313-34, al. 2.
16. V. entre autres, C. consom., art. L. 312-12 et R. 312-2 et s., L. 313-7 et R. 313-4 et s.

consumériste pour assurer la protection des consommateurs qui souscrivent un engagement, à titre de caution, dans le champ d'application des textes qui régissent le crédit à la consommation et le crédit immobilier, formalisme qui a désormais été transposé en droit commun du cautionnement. Pour protéger le consommateur, le législateur consumériste a donc substitué, non seulement, la durée à l'instantanéité dans la formation du contrat, mais encore la liberté par la forme à la liberté de la forme, c'est-à-dire le formalisme *ad validitem* ou informatif au consensualisme.

D'autres règles du droit spécial tendent à assurer la protection du contractant faible en lui assurant une liberté de se délier : est ainsi, parfois, accordée au consommateur une faculté de dédit qui lui confère, pendant un certain délai, le pouvoir d'anéantir unilatéralement et gratuitement un contrat pourtant d'ores et déjà valablement formé[17]. Ce droit légal de repentir, qui constitue un important tempérament à la règle de l'irrévocabilité unilatérale du contrat, permet au consommateur de révoquer son engagement contractuel sans avoir à motiver sa décision, ni à indemniser son cocontractant.

2) La sanction des abus contractuels

Depuis plusieurs décennies, désormais, notre droit spécial des contrats a progressivement mis en œuvre une protection contre les clauses abusives, à savoir les clauses qui créent un déséquilibre contractuel significatif.

En droit de la consommation, c'est une loi du 10 janvier 1978 qui a inauguré la protection des consommateurs contre les clauses abusives. Puis, une loi du 4 août 2008 de modernisation de l'économie, outre qu'elle a modifié sensiblement le système de protection des consommateurs, a étendu une telle protection aux professionnels.

D'une façon générale, cette protection des consommateurs et des professionnels contre les clauses abusives traduit une tendance lourde du droit contemporain des contrats : au principe traditionnel selon lequel le déséquilibre est la rançon de la liberté, s'en est ajouté désormais un autre en vertu duquel lorsque le contrat est le produit d'un rapport de forces inégalitaire et le ferment d'un déséquilibre excessif, le juge doit alors réagir en neutralisant le déséquilibre en question. Si on protège un contractant contre une clause abusive, c'est parce qu'il n'a pas pu, en raison de sa situation de faiblesse au jour de la conclusion du contrat, librement négocier le contenu de celui-ci, et qu'il apparaît alors légitime qu'il ne supporte pas les déséquilibres excessifs qui ne sont pas le fruit de la liberté contractuelle, mais le produit de la liberté unilatérale de son cocontractant.

La protection des consommateurs est régie aujourd'hui par la loi du 4 août 2008 et par le décret du 18 mars 2009, dont l'apport essentiel réside dans la création de listes de clauses abusives. Une liste noire, d'abord, dans laquelle sont visées des clauses qui sont réputées abusives en toutes circonstances et que le juge doit, donc, toujours réputer non écrites. Une liste grise, ensuite, dans laquelle sont visées des clauses qui sont présumées abusives et que le juge devra donc réputer non écrites, sauf si le professionnel apporte la preuve que la clause litigieuse, quoique visée dans la liste, n'est pas abusive. Ce nouveau système accroît sensiblement la protection des consommateurs en allégeant très sensiblement la charge de la preuve de l'abus qui devrait, en principe, peser sur eux,

17. V. entre autres, C. consom., art. L. 221-18, L. 312-19.

et préserve les intérêts des professionnels qui peuvent gérer le risque de clause abusive en parfaite connaissance de cause.

Quant aux professionnels, c'est l'article L. 442-6, I, 2°, du Code de commerce qui constitue le siège de leur protection contre les clauses abusives: il énonce qu'engage sa responsabilité civile celui qui soumet ou tente de soumettre un partenaire commercial à des obligations créant un déséquilibre significatif dans les droits et obligations des parties.

Il existe une distinction majeure entre les deux régimes de protection. En effet, contrairement au droit de la consommation, l'article L. 442-6, I, 2° n'établit aucune distinction entre les déséquilibres contractuels significatifs contre lesquels les contractants professionnels, qui entrent dans son champ d'application, sont protégés. Le juge peut donc contrôler les clauses de prix pour détecter des déséquilibres purement économiques et retenir la responsabilité civile du contractant quand le contrat est lésionnaire. La Cour de cassation[18] l'a récemment affirmé avec netteté: « l'article L. 442-6, I, 2° qui figure dans le Livre quatrième du Code de commerce relatif à la liberté des prix et de la concurrence, et au chapitre II du Titre IV, dédié aux pratiques restrictives de concurrence, n'exclut pas, contrairement à l'article L. 212-1 du Code de la consommation, que le déséquilibre puisse résulter d'une inadéquation du prix au bien vendu ». Autrement dit, la liberté dans la négociation des prix est canalisée par la réserve d'abus et je juge peut donc exercer un contrôle du prix.

La liberté contractuelle quant à la détermination du contenu du contrat est aussi bridée, dans les relations entre professionnels, par l'article L. 442-6, I, 1°, aux termes duquel, engage sa responsabilité civile le professionnel qui obtient ou tente d'obtenir d'un partenaire commercial un avantage quelconque ne correspondant à aucun service commercial effectivement rendu ou manifestement disproportionné au regard de la valeur du service rendu. L'exigence de proportionnalité tempère donc ici aussi la liberté contractuelle et la lésion est ici clairement sanctionnée.

Enfin, c'est la liberté de ne plus contracter qui est canalisée par le droit des pratiques restrictives de concurrence, précisément par l'article L. 442-6, I, 5° du Code de commerce qui assure la protection d'un professionnel contre la rupture brutale d'une relation commerciale établie, en imposant le respect d'un délai de préavis à l'auteur de la rupture. Exigence qui ne conduit pas à neutraliser la liberté contractuelle, mais à l'encadrer afin de préserver les intérêts légitimes de la « victime de la rupture », en lui laissant le temps de réorganiser et de redéployer son activité pendant le délai de préavis.

18. Cass. com. 25 janv. 1997, n° 15-23 547.

Le droit au respect de la vie privée

Jean-Christophe SAINT-PAU
Professeur à l'Université de Bordeaux, Doyen de la faculté de droit et science politique

Sources. Nature. – D'abord envisagé comme un intérêt moral dont l'atteinte pouvait être sanctionnée par la responsabilité civile de l'auteur d'une faute, le droit au respect de la vie privée a ensuite été consacré par la loi du 17 juillet 1970 à l'article 9 du Code civil comme un droit subjectif de la personnalité dont la violation ouvre droit à cessation de l'illicite et à réparation de l'atteinte[1]. Cette protection civile, qui est autonome de la théorie de la responsabilité civile[2], est complétée par une protection pénale de l'image et des paroles intimes, du domicile (C. pén, art. 226-4) et des correspondances (C. pén., art. 226-15), ainsi que par une protection administrative des données personnelles, principalement dans la loi informatique et libertés du 6 janvier 1978. Droit de la personnalité, le droit au respect de la vie privée est également un droit fondamental consacré par le Conseil constitutionnel[3] et dans différents instruments internationaux et européens, notamment dans l'article 8 de la Convention EDH, dont l'interprétation par la Cour européenne des droits l'homme influence celle des juges judiciaires et administratifs français.

Définition et régime. – La compréhension juridique d'un droit de la personnalité suppose de distinguer deux étapes, abstraite et concrète. La première consiste à appréhender le droit en tant que concept pour en proposer une définition permanente, à travers ses sujets et son objet; la seconde vise la mise en œuvre du droit, qui devient variable en fonction de la volonté du titulaire, de l'ordre public et des droits des tiers. L'office du juge est d'abord de définir une prérogative, puis de pondérer les intérêts en présence, pour faire prévaloir, selon les circonstances, l'intérêt le plus légitime.

§ 1 – DÉFINITION DU DROIT AU RESPECT DE LA VIE PRIVÉE

Sujet et objet. – Le concept de droit subjectif renvoie à des éléments subjectifs et objectifs. Il suppose d'abord à une relation juridique entre des personnes juridiques qui sont

1. SAINT-PAU J.-Ch. (dir.), *Traité des droits de la personnalité*, 2013, LexisNexis.
2. Cass. 1re civ., 5 nov. 1996, n° 94-14798.
3. Cons. const., 18 janv. 1995, n° 94-352 DC.

des sujets du droit (A). Il vise ensuite un intérêt qui est juridiquement protégé par une prérogative : c'est l'objet du droit (B).

A - SUJETS DU DROIT AU RESPECT DE LA VIE PRIVÉE

1) Titulaires du droit

a. Personnes physiques

Égalité. – Selon une jurisprudence constante judiciaire et européenne, toute personne quel que soit son rang, sa naissance, sa fortune, ses fonctions présentes ou à venir, a droit au respect de sa vie privée : chacun « doit pouvoir bénéficier d'une espérance légitime de protection »[4]. Cette solution est impliquée par le principe d'égalité et d'universalité dans la jouissance des droits attachés à la personnalité juridique ; le principe de la protection ne dépend pas de la qualité des personnes, en sorte que le droit au respect de la vie privée est invocable par les personnes publiques ou anonymes.

Personnes décédées. – Consubstantiel à la personnalité, le droit au respect de la vie privée s'éteint au décès de la personne concernée, seule titulaire de ce droit[5]. En tant que droit extrapatrimonial, il n'appartient qu'aux vivants ; il est intransmissible. Mais cette règle n'exclut pas une protection *post mortem* indirecte de la personnalité par l'action des ayants droit, impliqué par le principe de dignité humaine[6]. Civilement, les proches d'une personne peuvent s'opposer à la publication de l'image d'un défunt à la condition d'en éprouver un préjudice personnel déduit le cas échéant d'une atteinte à la mémoire ou au respect dû aux morts[7]. Pénalement, la fixation de l'image d'une personne vivante ou morte est prohibée par l'article 226-1 du Code pénal[8].

b. Personnes morales

Distinction des droits. – Dotées de la personnalité juridique, les personnes morales bénéficient de tous les attributs extrapatrimoniaux qui ne sont pas exclusivement attachés à l'humain. Elles peuvent ainsi invoquer le respect de leur honneur et considération, de leur domicile, de leur nom, mais la Cour de cassation estime que seule les personnes physiques peuvent se prévaloir d'une atteinte à la vie privée au sens de l'article 9 du Code civil[9].

Confidentialité. – Sans doute faut-il comprendre que la vie d'une personne morale n'est pas une vie personnelle, mais une vie institutionnelle et économique dont la confidentialité doit être assurée par d'autres voies telles que le secret des affaires, le secret professionnel, le secret des correspondances ou encore l'inviolabilité du domicile. Les personnes morales n'ont peut-être pas droit au respect de la vie privée, mais elles disposent d'un droit à la confidentialité des informations institutionnelles et économiques.

4. CEDH, 24 juin 2004, n° 59320/00, Von Hannover c/ Allemagne.
5. Cass. 1re civ., 14 déc. 1999, n° 97-15756.
6. Gogorza A., in *Traité des droits de la personnalité*, 2013, LexisNexis.
7. Cass. 1re civ., 22 oct. 2009, n° 08-10557.
8. Cass. crim., 20 oct. 1998, n° 97-84621 (aff. Mitterrand), JCP G 1999, II, 10044, obs. Loiseau.
9. Cass. 1re civ., 17 mars 2016, n° 15-14072.

2) Auteurs de l'atteinte

a. Personnes privées

Universalité. – Le devoir de respecter la vie d'autrui est universel, en sorte que la protection civile et pénale ne dépend pas de la qualité ou de l'autorité de l'auteur de l'atteinte. Le droit au respect de la vie privée est ainsi invocable dans toutes les relations sociales : familiales, contractuelles, institutionnelles, processuelles... Un salarié peut ainsi invoquer le respect de ses correspondances par son employeur[10].

b. Personnes publiques

Obligations négatives. – En tant que droit fondamental, le droit au respect de la vie privée peut être invoqué contre les personnes publiques, et spécialement l'État. Le citoyen peut d'abord se plaindre d'une immixtion dans sa vie privée à raison de la loi ; il s'agit alors de vérifier la conformité de la norme interne à ce droit fondamental dans le cadre d'un contrôle de constitutionnalité ou de conventionalité. Le citoyen peut ensuite contester des actes, décisions ou actions administratifs attentatoires à la vie privée ; le juge administratif est ainsi compétent pour indemniser l'atteinte au droit à l'image perpétrée par une personne publique[11].

Obligations positives. – La sanction de l'obligation négative de respecter la vie privée d'autrui se double de l'obligation positive d'en assurer la jouissance effective. L'État doit par exemple assurer la jouissance effective de leur domicile aux citoyens, ce qui implique de prendre des mesures pour garantir un environnement sain[12].

B - OBJET DU DROIT AU RESPECT DE LA VIE PRIVÉE

1) Pouvoir d'exiger le respect

Liberté et inviolabilité. – L'article 9 du Code civil exprime une prérogative défensive : le respect de la vie privé, c'est-à-dire son inviolabilité. Mais ce pouvoir d'opposition n'est que la conséquence naturelle d'un pouvoir d'action : la liberté de la vie privée. Le juge européen exprime ainsi que l'article 8 de la Convention EDH est le droit à l'autodétermination, le droit au développement personnel et le droit d'établir des rapports avec d'autres êtres humains et le monde extérieur, ce qui se traduit concrètement par la liberté sexuelle ou la liberté familiale.

Droit de contrôle. – Sur le plan civil et pénal, le droit au respect de la vie privée vise plutôt un droit de contrôle des informations personnelles. Le titulaire dispose d'abord du pouvoir de s'opposer à des investigations, et notamment des actes d'espionnages, fussent-ils commandités par un employeur ou un assureur. Cette protection contre l'indiscrétion se double ensuite d'un pouvoir de s'opposer à une divulgation privée ou publique. L'atteinte publique à la vie privée ne relève pas de la loi du 29 juillet 1881 qui ne sanctionne que

10. Cass. soc., 2 oct. 2001, n° 99-42942, Sté Nikon France, Bull. civ. V, n° 291.
11. CE, 27 avril 2011, n° 314577.
12. CEDH, 9 déc. 1994, Lopez Ostra c/ Espagne – 27 janv. 2009, n° 67021/01, Tatar c. Roumanie.

les atteintes publiques à l'honneur et à la considération, à l'authenticité, à la vérité, et certaines provocations.

Prérogative extrapatrimoniale. – Le droit de contrôle des informations personnelles peut parfois être comparé à un droit de propriété, qualification pourtant incompatible avec son inaliénabilité. Un droit de la personnalité est un droit extrapatrimonial qui ouvre des prérogatives auxquelles son titulaire ne peut renoncer à titre définitif.

Contrat. – Cette règle est cependant nuancée par la contractualisation des attributs de la personnalité. Sous réserve de l'ordre public, une personne peut accepter des investigations et des divulgations de sa vie privée, et ainsi renoncer à titre temporaire et limité à l'exercice de ses pouvoirs, éventuellement en contrepartie d'une rémunération. Il est ainsi jugé que « les dispositions de l'article 9 du Code civil, seules applicables en matière de cession de droit à l'image (...) relèvent de la liberté contractuelle »[13].

Responsabilité. Biens. – Cette patrimonialisation de la vie privée impliquée par le droit des contrats s'observe également sous l'angle du droit de la responsabilité et des biens lorsque quelques décisions de juges du fond admettent explicitement un monopole d'exploitation de la personnalité envisagé comme un droit patrimonial, que certains auteurs fondent sur la notoriété de la personne[14]. Il y a ainsi atteinte au droit à l'image par la reproduction non autorisée d'une photographie d'un artiste sur la jaquette d'une compilation, cet acte d'exploitation commerciale ne relevant pas de la liberté d'expression[15].

2) Intérêt juridiquement protégé

Matrice. – L'article 9 du Code civil, ainsi que l'article 8 de la Convention EDH constituent des « matrices » des droits de la personnalité[16]. Ils fondent la protection de la vie privée et de ses dérivés et vecteurs que sont le domicile, les correspondances, l'image et la voix.

a. Objet du droit matriciel

Action et information personnelle. – Corrélativement aux prérogatives qu'il contient – liberté et inviolabilité, l'objet du droit au respect de la vie privée est un ensemble d'actions et d'informations personnelles relatives à l'identité et l'intimité. Chacun dispose ainsi d'un droit d'agir dans sa sphère personnelle et d'un droit de contrôle des informations individuelles.

Identité. – C'est d'abord l'identité des personnes qui est objet de vie privée, ce qui participe à la fois d'un droit à l'identité et à l'anonymat. De là, le nom, l'adresse, la localisation, les numéros d'identification sont des composantes de la vie privée[17]. S'agissant des informations patrimoniales, la jurisprudence subtile admet que le salaire d'un anonyme

---

13. Cass. 1re civ., 11 déc. 2008, n° 07-19494.
14. Bruguière J.-M., « Droits patrimoniaux de la personnalité », RTD civ., 2016, p. 1.
15. Cass. 1re civ., 24 sept. 2009, n° 08-11112.
16. Saint-Pau J.-Ch., « L'article 9 C. civ., Matrice des droits de la personnalité », D. 1999, p. 41 – Loiseau G., JCP G, 1998, II, 10082.
17. CEDH, 24 juin 2004, n° 59320/00, Von Hannover c/ Allemagne.

est objet de vie privée, réservant la liberté d'expression et de communication sur les informations patrimoniales des personnes notoires[18].

Intimité. – Le concept de vie privée renvoie ensuite à l'intimité physique, morale et familiale. Chacun a ainsi droit au secret des informations médicales, de ses mœurs et sentiments, et de ses convictions religieuses, politiques et philosophiques. Mais il est jugé que l'exercice d'une responsabilité au titre d'une appartenance politique, religieuse ou philosophique n'est pas une information privée, de même que l'appartenance à la franc-maçonnerie[19]. Quant aux informations familiales (maternité, naissance, mariage, divorce...), elles sont en principe privées, sous réserve d'une révélation anodine d'un fait intéressant l'actualité[20].

b. Objet des droits dérivés

Domicile, correspondances, image, voix. – Différents droits de la personnalité dérivent de la matrice vie privée, et peuvent ainsi se rattacher aux articles 9 du Code civil et 8 de la Convention EDH. Mais cette filiation n'exclut pas leur autonomie. Leur protection se fonde parfois sur d'autres sources, l'inviolabilité du domicile et des correspondances étant ainsi garantie par des incriminations spécifiques (C. pén., art. 226-4, 226-15). Surtout, l'intérêt protégé peut viser, au-delà de la vie privée, d'autres aspects de la personnalité. La Cour de cassation juge ainsi que les atteintes à l'image et la vie privée constituent des sources de préjudices distinctes, ouvrant droit à des réparations distinctes, pourtant l'une et l'autre fondées sur l'article 9 du Code civil[21].

§ 2 – RÉGIME DU DROIT AU RESPECT DE LA VIE PRIVÉE

Conditions et action. – Disposant du droit d'exiger de l'État et des particuliers le respect de sa liberté d'action individuelle et du secret de ses informations personnelles, le titulaire de ces prérogatives ne peut exercer son droit qu'à certaines conditions, et à travers certaines actions en justice.

A - CONDITIONS D'EXERCICE DU DROIT

1) Absence de consentement

a. Autorisation

Autorisation personnelle. – Lorsque le titulaire d'un droit de la personnalité accepte une atteinte, il exerce le droit subjectif et renonce à titre temporaire à la protection juridique. Pour être valable, cette autorisation doit d'abord être personnelle, car le droit est exclusivement attaché à la personne. Il en résulte que le consentement des majeurs

18. Cass. 1re civ., 15 mai 2007, n° 06-18448 (huit arrêts) – CEDH, 23 juill. 2009, n° 12268/03, Hachette Filipacchi Associés c/ France.
19. Cass. 1re civ., 12 juill. 2005, n° 04-11732 – 24 oct. 2006, n° 04-16706.
20. Cass. 2e civ., 19 févr. 2004, n° 02-11122.
21. Cass. 1re civ., 12 déc. 2000, n° 98-21161.

protégés et des mineurs doit être sollicité dès lors qu'ils sont capables de discernement, l'autorisation des représentants légaux étant au surplus nécessaire[22].

Autorisation expresse ou tacite. – La jurisprudence admet ensuite que l'autorisation peut être expresse ou tacite dès lors qu'elle est certaine[23]. Il en est ainsi lorsque l'atteinte est apparente, la passivité du titulaire permettant d'en déduire son acceptation (comp. C. pén., art. 226-1).

Autorisation spéciale. – Le consentement est enfin spécial, ce qui impose aux juges une interprétation stricte. Constitue ainsi une atteinte à la vie privée une publication d'une image qui ne respecte la finalité prévue dans l'autorisation. La simple tolérance et même l'acceptation expresse d'une publication antérieure ne légitiment pas une nouvelle publication[24]. Cette jurisprudence classique est cependant atténuée par le juge européen par faveur pour la liberté d'expression : « des informations, une fois portées à la connaissance du public par l'intéressé lui-même, cessent d'être secrètes et deviennent librement disponibles »[25].

b. Contrat

Liberté contractuelle. – Si les droits de la personnalité sont inaliénables, leur titulaire peut librement conférer, à titre temporaire, gratuit ou onéreux, un droit d'utilisation d'un élément de la personnalité. La liberté contractuelle justifie par exemple la cession du droit à l'image[26], qui se traduit par une renonciation de l'intéressé à la protection.

Révocation. – Valablement formé s'il est conforme à l'ordre public et aux bonnes mœurs, le contrat peut cependant être révoqué unilatéralement en raison du caractère personnel de l'objet du contrat. Cette révocation unilatérale sans motifs constitue un droit de repentir comparable à la prérogative dont dispose l'auteur d'une œuvre littéraire et artistique (CPI, art. L. 121-4) ; le préjudice causé par la rétraction ouvre droit à indemnisation, la convention comportant à raison de son objet une faculté de dédit.

2) Droits et intérêts concurrents

Balance des intérêts. – L'exercice du droit au respect de la vie privée peut se heurter à des droits et libertés d'identiques valeurs normatives. Le juge opère alors une balance des intérêts antinomiques en appréciant la nécessité et la proportionnalité de l'atteinte à la vie privée.

Liberté d'expression. – L'atteinte à la vie privée est ainsi nécessaire à l'exercice de la liberté d'expression lorsque l'information vise l'actualité ou un débat d'intérêt général. Elle devient cependant disproportionnée si elle contrevient au principe de dignité humaine, ce qui est le cas de la publication d'une photographie d'une personne publique assassinée[27], ou si elle n'est pas limitée dans le temps (droit à l'oubli).

---

22. Cass. 1re civ., 18 mai 1972, JCP G, 1972, II, 17209.
23. Cass. 1re civ., 13 nov. 2008, n° 06-16278.
24. Cass. 2e civ., 6 janv. 1971, D. 1971, 263.
25. CEDH, 23 juill. 2009, *op. cit.*
26. Cass. 1re civ., 11 déc. 2008, n° 07-19494.
27. Cass. 1re civ., 20 déc. 2000, n° 98-13875.

Droit à la preuve. – Les droits de la défense, qui impliquent un droit à la preuve, peuvent également justifier une atteinte proportionnée à la vie privée[28]. Pour être nécessaire, la pièce doit être utile à la preuve du fait allégué et être le seul moyen d'apporter la preuve recherchée. Sa proportionnalité dépend ensuite de l'ampleur et de la durée de l'atteinte. Des enquêtes et filatures d'un assuré diligentées par son assureur, et se déroulant sur plusieurs années à proximité du domicile, portent ainsi une atteinte disproportionnée à la vie privée[29].

B - ACTIONS EN JUSTICE

Cessation et réparation. – Si on exclut l'action publique qui peut être déclenchée, consécutivement à la commission d'infractions relatives à la vie privée, le titulaire du droit peut exercer deux actions civiles, l'une tendant à la prévention, la limitation ou la cessation de l'atteinte, l'autre à sa réparation.

1) Action en cessation de l'illicite

Référé. – L'article 9 du Code civil, combiné avec l'article 809 du Code de procédure civile, permet de saisir le juge des référés en cas d'atteinte à l'intimité, et plus généralement à la personnalité, l'urgence étant présumée, quelle que soit la gravité de l'atteinte[30]. Le juge est alors libre de prescrire la mesure la plus adéquate, par exemple une saisie ou un séquestre, opérant un contrôle de proportionnalité fondé sur la gravité, l'urgence, le périmètre géographique et l'efficacité de la mesure. Afin d'en assurer l'exécution, le juge peut condamner l'auteur à une astreinte. Ces pouvoirs sont importants dans une société démocratique en ce qu'ils permettent aux juges de contrôler, voire de censurer, la liberté d'expression afin de préserver les droits des personnes.

2) Action en réparation des préjudices

Préjudices moraux. – « La seule constatation d'une atteinte à la vie privée ouvre droit à réparation »[31]. La victime peut d'abord obtenir indemnisation d'un préjudice moral qui peut se démultiplier en fonction des différents intérêts moraux lésés : le préjudice résultant d'une atteinte à l'image se distingue ainsi de celui résultant d'une atteinte à la vie privée[32].

Préjudice patrimonial. – Certains juges du fond admettent parfois la réparation de préjudices patrimoniaux résultant d'une exploitation commerciale non autorisée d'un attribut de la personnalité[33]. Est ainsi indemnisée une privation de rémunération, ce qui manifeste un droit patrimonial de la personnalité fondée sur la notoriété.

---

28. Cass. 1re civ., 5 avr. 2012, n° 11-14177 – Bergeaud A., *Le droit à la preuve*, 2010, LGDJ.
29. Cass. 1re civ., 25 févr. 2016, D. 2016, 884, note Saint-Pau.
30. Cass. 1re civ., 12 déc. 2000, D. 2001, 2434.
31. Cass. 1re civ., 5 nov. 1996, *op. cit.*
32. Cass. 1re civ., 12 déc. 2000, D. 2000, p. 2424.
33. CA Versailles, 30 juin 1994, D. 1995, 645.

Modalités. – La réparation peut prendre la forme de dommages et intérêts compensatoires, le principe de réparation intégrale semblant interdire de sanctionner la faute lucrative, et ainsi de tenir compte du profit. La réparation est également en nature lorsque le juge ordonne la publication d'un communiqué faisant état de la condamnation judiciaire[34], mesure restrictive de la liberté d'expression dont la prévisibilité, la nécessité et la proportionnalité doivent être motivées.

---

34. Cass. 1re civ. 30 mai 2000, n° 98-20633.

La liberté d'entreprendre

Philippe Dupichot
Professeur à l'École de droit de la Sorbonne (Université Paris 1)

Le libéralisme commande que les règles de droit garantissent à toute personne la possibilité d'entreprendre sans entrave. Dans une formule diffusée par les physiocrates et passée à la postérité, Vincent de Gournay priait ainsi au milieu du XVIIIe siècle le législateur de « Laissez faire, laissez-passer ». Qu'en est-il aujourd'hui ? La France entretient avec un libéralisme économique – volontiers présenté comme le pourfendeur d'un modèle social et continental – des relations passionnelles, entre fascination et répulsion. Oui l'État doit permettre de faire des affaires, non l'État ne peut pas rester indifférent à certains enjeux relevant de l'intérêt général... Ces tiraillements se ressentent à l'étude de la liberté d'entreprendre. Car plus que toute autre liberté publique, celle-ci constitue la clé de voûte d'un modèle économique et, partant, un vecteur privilégié de mesure du libéralisme d'un système juridique donné. C'est en ce sens que Pierre Delvolvé l'analysait il y a déjà une vingtaine d'années comme « la plus large et la plus haute de toutes les libertés économiques »[1].

On tentera dans un premier temps d'identifier *l'essence* de la liberté d'entreprendre (§ 1) avant de s'interroger dans un second temps sur sa *résilience* face aux atteintes qui lui sont régulièrement portées (§ 2).

§ 1 – L'ESSENCE DE LA LIBERTÉ D'ENTREPRENDRE

Il convient d'en dégager la *teneur* (A) puis la *valeur* (B).

A - TENEUR

Qu'est-ce qu'*entreprendre* ?

Guide sûr, Émile Littré[2] en donne la définition suivante : entreprendre c'est « se mettre à faire une chose ». Vaste programme ! La liberté d'entreprendre serait donc, dans une

1. Delvolvé P., *Droit public de l'économie*, 1998, Dalloz, n° 86, p. 108.
2. *Dictionnaire de la langue française*, édition 1873-1874.

première approche, celle qui consiste, pour une personne physique ou une personne morale, *à pouvoir se mettre à faire une chose*, c'est-à-dire au cas présent à embrasser cette chose particulière qu'est une activité d'ordre économique.

Ainsi largement entendue, la liberté d'entreprendre recouvre de nos jours une double dimension, finement dégagée par le Conseil constitutionnel dans une décision du 30 novembre 2012 : « la liberté d'entreprendre comprend non seulement la liberté d'accéder à une profession ou à une activité économique mais également la liberté dans l'exercice de cette profession ou de cette activité »[3].

1) Liberté d'accéder à une profession ou une activité économique

La liberté est d'abord celle d'accéder sans entrave à une *profession* ou à une *activité* économique. C'est donc la liberté de se lancer dans le grand bain du marché, de choisir un secteur d'activité, d'embrasser un métier.

Et l'on pressent d'emblée qu'il serait vain de vouloir distinguer la liberté d'entreprendre de celle du *commerce et de l'industrie*. Sans doute la question est-elle discutée compte tenu de la valeur normative exceptionnelle de la libre entreprise. Il reste que la liberté de se lancer dans l'activité économique de son choix est l'héritière de l'une comme de l'autre : elle prend pareillement racine dans l'abolition des corporations, jurandes ou maîtrises. Proche des physiocrates, Turgot tenta le premier d'abolir les communautés de métiers. L'exposé du préambule de son décret de 1776 est éclairant sur les tares d'un système corporatif vieux de sept siècles : « dans presque toutes les villes de notre royaume, l'exercice des différents arts et métiers est concentré dans les mains d'un petit nombre de maîtres réunis en communauté, qui peuvent seuls, à l'exclusion de tous les autres citoyens, fabriquer ou vendre les objets de commerce particulier dont ils ont le privilège exclusif ; en sorte que ceux de nos sujets qui, par goût ou nécessité, se destinent à l'exercice des arts et métiers, ne peuvent y parvenir qu'en acquérant la maîtrise, à laquelle ils ne sont reçus qu'après des épreuves aussi longues et aussi nuisibles que superflues, et après avoir satisfait à des droits ou à des exactions multipliées, par les lesquelles une partie des fonds dont ils auraient eu besoin pour monter leur commerce ou leur atelier, ou même pour subsister, se trouve consommée en pure perte ». Mais sous la pression des métiers, l'édit fut aussitôt rapporté et Turgot remplacé… Il faudra attendre la Constituante et la loi des 2 et 17 mars 1791, plus connue sous le nom de décret d'Allarde[4], pour qu'il soit dorénavant « libre à toute personne de faire tel négoce ou d'exercer telle profession, art ou métier qu'elle trouvera bon ». La loi Le Chapelier des 14 et 17 juin 1791 parachèvera cette œuvre libératrice en interdisant la reconstitution de toute organisation professionnelle, guilde ou corporation.

Toujours en vigueur, la loi n° 73-1193 du 27 décembre 1973 d'orientation du commerce et de l'artisanat, dite « loi Royer », consacre aujourd'hui cette liberté conquise depuis le droit intermédiaire : son article 1 énonce avec panache que « la liberté et la volonté d'entreprendre sont les fondements des activités commerciales et artisanales ».

Plus, les libertés d'établissement (TFUE, art. 49 et s.) et de prestations de services (TFUE, art. 56 et s.) garanties par l'Union européenne étendent sur le territoire de l'Union l'empire

3. Cons. const., 30 nov. 2012, n° 2012-285 QPC, cons. 7 – Cons. const., 12 mai 2010, n° 2010-605 DC, cons. 25.
4. Du nom du Baron Pierre d'Allarde, rapporteur du texte.

d'un « libre exercice des activités économiques » constitutif, de longue date, d'un principe général du droit communautaire suivant la Cour de justice[5].

Les possibilités offertes par cette liberté d'entreprendre sont innombrables[6]. Tout personne physique ou morale peut aujourd'hui créer librement son entreprise, dans le domaine de son choix (éprouvé ou « disruptif »), et s'établir sans restriction. Il n'y a plus ni brasseur, ni tanneur, ni cordonnier, ni maître, ni compagnon, ni rentier, ni héritier... Il n'y a plus qu'un ou des « entrepreneurs », réputés égaux à de nombreux égards, terme dont le rayonnement important conduira à son adoption rapide en anglais, langue des affaires par excellence.

Nul n'a en principe d'études à effectuer, de diplôme à présenter, d'autorisation à demander ni de droit d'entrée à acquitter afin de lancer sa start-up, de créer son entreprise. Et le législateur est intervenu à de multiples reprises pour encourager l'initiative individuelle et lever certains freins, en admettant par exemple depuis 2010 qu'un mineur émancipé puisse devenir commerçant (C. com., art. L. 121-2).

L'entrepreneur cherchera souvent des partenaires : l'union faisant la force, il s'associera avec d'autres pour mettre en commun des biens ou une industrie en vue de partager un profit ou réaliser une économie (C. civ., art. 1832) : telle est la figure essentielle de la société *pluripersonnelle* dont la création est elle-même libre. Libre, la constitution de la « grande » société anonyme depuis que la loi du 24 juillet 1867 a abandonné le principe d'une autorisation administrative. Libre, la constitution de la « petite » SARL, structure hybride entre sociétés de personnes et de capitaux, dispensée même de tout capital social minimum depuis 2003. Libre également celle des SAS conçue en 1994 comme un espace de liberté statutaire. Mais cette liberté économique étant individuelle, nul n'est tenu de s'associer pour se lancer dans la vie des affaires. L'EURL avec la loi du 11 juillet 1985 et la SASU avec celle du 12 juillet 1999 sont *unipersonnelles* : l'entrepreneur en société n'est plus nécessairement un compagnon (de « *socius* », l'associé en latin), il peut être « associé unique ». Libre et seul, l'entrepreneur le sera également s'il préfère adopter l'étrange régime de l'entrepreneur à responsabilité limitée (EIRL, loi du 15 juin 2010) et se trouver ainsi à la tête d'une pluralité de patrimoines ou celui, simplifié, du micro-entrepreneur.

2) Liberté de gérer et de concurrencer

La seconde dimension de la liberté d'entreprise est le libre exercice de l'activité ou de la profession choisie. Elle intervient *subséquemment* à la liberté d'accès qu'elle dote d'une certaine pérennité.

On la désigne volontiers sous le nom de liberté *d'exploiter* ou de *gérer* son entreprise : l'entrepreneur est en principe seul maître de la conduite de ses affaires, de sa croissance externe, de son organisation, de ses modes de financement.

Pour cette raison, il devra en répondre suivant les modalités du livre VI du Code de commerce en cas de difficultés financières...

---

5. V. par ex. CJCE, 21 févr. 1991, aff. jtes C-143/88 et C-92/89, Zuckerfabrik Süderdithmarschen et Zuckerfabrik Soest, Rec. CJCE 1991, I, p. 415, par. 72 à 77.
6. *Infra*, II, A.

Mais il jouira de puissantes libertés, auxiliaires de la liberté d'entreprendre : la *liberté de contracter* que proclame le Code civil rénové (art. 1102), d'une part, et la *liberté de concurrencer* autrui, d'autre part. Il pourra à ce double titre choisir ses fournisseurs, instituer un éventuel réseau de distribution, imaginer de nouveaux types contractuels, fixer librement ses prix[7], etc., le tout afin de séduire ou retenir par tous moyens légaux une clientèle, sans concurrence déloyale ni parasitisme. C'est en ce sens que la loi Royer énonce que la liberté et la volonté d'entreprendre « s'exercent dans le cadre d'une concurrence claire et loyale » (art. 1, al. 1, précité).

B - VALEUR

Elle est la plus noble de nos libertés économiques ce qu'atteste sa valeur de liberté constitutionnelle et fondamentale.

1) Une liberté constitutionnelle

La liberté d'entreprendre n'est pas formellement consacrée par la Constitution de la Ve République du 4 octobre 1958. On pensait depuis longtemps qu'elle devait être garantie au titre des *principes fondamentaux reconnus par les lois de la République* visés par le Préambule de la Constitution de 1946. Mais, dans sa célébrissime décision du 16 janvier 1982 relative aux nationalisations de l'ère Mauroy/Mitterand, le Conseil constitutionnel l'a directement fondée sur l'article 4 de la Déclaration des droits de l'homme et du citoyen du 26 août 1789, lequel dispose que « la liberté consiste à pouvoir faire tout ce qui ne nuit pas à autrui ».

Partant, la liberté d'entreprendre se trouve dûment constitutionnalisée puisque « la liberté qui aux termes de l'article 4 de la déclaration consiste à pouvoir faire tout ce qui ne nuit pas à autrui ne saurait elle-même être préservée si des restrictions arbitraires ou abusives étaient apportées à la liberté d'entreprendre »[8].

Et c'est à ce titre que certaines législations trop « sociales » ont pu être déclarées inconstitutionnelles. Ainsi, le conseil a censuré le 12 janvier 2002 des dispositions de la loi de modernisation sociale[9] prétendant restreindre les modalités de licenciement économique au motif qu'elles interdisaient « à l'entreprise d'anticiper des difficultés économiques à venir en prenant des mesures de nature à éviter des licenciements ultérieurs plus importants » de sorte que « le cumul des contraintes » pesant ainsi sur la liberté de gestion des entreprises était disproportionné. Et, le 22 mai 2015[10], à la demande d'Uber France, le conseil a déclaré inconstitutionnel dans le cadre d'une QPC l'article L. 3122-2 du Code des transports qui interdisait aux VTC de pratiquer la tarification horokilométrique utilisée par les taxis.

---

7. C. com., art. L. 410-2, al. 1 : « Sauf dans les cas où la loi en dispose autrement, les prix des biens, produits et services relevant antérieurement au 1er janvier 1987 de l'ordonnance n° 45-1483 du 30 juin 1945 sont librement déterminés par le jeu de la concurrence ».
8. Cons. const., 16 janv. 1982, n° 81-132 DC, cons. 16.
9. Cons. const., 12 janv. 2002, n° 2001-455 DC, cons. 45 et s.
10. Cons. const., 22 mai 2015, n° 2015-468/469/472 QPC, Sté Uber France SAS.

2) Une liberté publique fondamentale

La liberté d'entreprendre constitue une liberté *publique* s'imposant à l'administration.

Pratiquement, le pouvoir réglementaire ne peut ni soumettre l'exercice d'une profession à un régime d'autorisation préalable, en dehors des cas prévus par la loi, ni instituer un monopole.

Et elle est une liberté *fondamentale* au sens de la loi n° 2000-597 du 30 juin 2000 relative au référé devant les juridictions administratives. Partant, en cas d'urgence, le juge des *référés* pourra ordonner en vertu de l'article L. 521-2 du Code de justice administrative toutes mesures nécessaires à la *sauvegarde de la liberté d'entreprendre* si d'aventure une personne morale de droit public ou un organisme de droit privé chargé de la gestion d'un service public devait lui porter une atteinte grave et manifestement illégale[11].

La liberté d'entreprise est pareillement consacrée en droit *européen* par la Charte des droits fondamentaux de l'Union européenne adoptée le 7 décembre 2000 par l'Union européenne, laquelle énonce expressément en son article 16 que « la liberté d'entreprise est reconnue conformément au droit de l'Union et aux législations et pratiques nationales ».

§ 2 – LA RÉSILIENCE DE LA LIBERTÉ D'ENTREPRENDRE

La portée d'une liberté se mesure aussi à l'aune de sa résilience, c'est-à-dire de son aptitude à résister aux atteintes légales (A) ou conventionnelles (B) qui lui sont portées.

A - ATTEINTES LÉGALES

Les restrictions sont non seulement possibles mais innombrables.

1) De possibles restrictions

Il résulte de la jurisprudence même du conseil que « la liberté d'entreprendre, qui n'est ni générale ni absolue, s'exerce dans le cadre d'une réglementation instituée par la loi »[12] de sorte qu'« il est loisible au législateur d'apporter à la liberté d'entreprendre qui découle de l'article 4 de la Déclaration de 1789, les limitations justifiées par l'intérêt général ou liées à des exigences constitutionnelles, à la condition que lesdites limitations n'aient pas pour conséquence d'en dénaturer la portée »[13].

Le conseil exerce classiquement son contrôle de proportionnalité sur les restrictions apportées, au nom de la conciliation avec d'autres libertés fondamentales ou objectifs à valeur constitutionnelles : en effet, « il appartient au législateur d'opérer la conciliation nécessaire entre le respect des libertés et la sauvegarde de l'ordre public sans lequel l'exercice des libertés ne saurait être assuré »[14].

11. CE, réf., 25 avr. 2002, n° 245414, Société Saria Industries.
12. Cons. const., 27 juill. 1982, n° 82-141 DC, Loi sur la communication audiovisuelle, cons. 13 – Cons. const., 16 janv. 1986, n° 85-200 DC, Loi relative à la limitation des possibilités de cumul entre pensions de retraite et revenus, cons. 4.
13. Cons. const., 10 juin 1998, n° 98-401 DC, Loi d'orientation et d'incitation relative à la réduction du temps de travail, cons. 26.
14. Cons. const., 25 janv. 1985, n° 85-187 DC, Loi relative à l'état d'urgence en Nouvelle-Calédonie et dépendances.

Quant au Conseil d'État, il retient de façon voisine que la liberté d'entreprendre « s'entend de celle d'exercer une activité économique dans le respect de la législation et de la réglementation en vigueur et conformément aux prescriptions qui lui sont légalement imposées »[15].

Ce faisant, la liberté d'entreprendre tolère un niveau de contrainte difficile à établir avec précision avant dénaturation.

2) D'innombrables illustrations

Les illustrations sont légion et portent sur les deux dimensions de la liberté d'entreprendre.

Premièrement, il est fréquent que le législateur subordonne l'accès à une profession ou à une activité économique particulière à certaines formalités (déclaration ou autorisation préalables) ou exigences de compétence, d'expérience voire de solvabilité.

Aussi, le *respect des droits de la défense* justifie-t-il que la loi du 31 décembre 1971 confère à la profession d'avocat, sauf exceptions, le monopole de l'assistance et de la représentation en justice et que l'accès à celle-ci par la voie classique ou dérogatoire[16] soit subordonné à la vérification d'une solide connaissance du droit français. Pour des raisons prudentielles et de protection de l'investissement, les entreprises d'assurances, les établissements de crédit comme les prestataires de services d'investissement doivent recevoir un *agrément* préalable délivré par l'Autorité de contrôle prudentiel et de résolution (ACPR). Parce qu'ils géreront un patrimoine affecté dans un but déterminé, seuls certaines personnes pourront ainsi prétendre accéder à la qualité de fiduciaire (C. civ., art. 2015). Et c'est pour protéger les « petits commerces » que tout projet de création ou d'extension d'un commerce de plus de 1 000 m^2 est soumis à une autorisation d'exploitation commerciale, délivrée par la commission départementale d'aménagement commerciale (CDAC).

Deuxièmement, il n'est pas rare que le législateur édicte des contraintes pesant sur la liberté de gestion. Ainsi, la protection de la *santé publique* permet par exemple limiter la publicité en faveur des produits du tabac ou des boissons alcoolisées[17]. Des considérations de *sécurité* publique imposeront des normes à l'adresse des établissements recevant du public (ERP) ou quant à la qualité de nombreux produits et services destinés aux consommateurs. De plus en plus fréquemment et sans exhaustive aucune, la préservation de *l'environnement* ou encore la protection de *l'épargne* publique appelleront des restrictions à la liberté d'exploiter. *La préservation du caractère pluraliste des courants d'expression socioculturels* peut commander de prévenir le contrôle par un seul actionnaire de plus de 49 % d'une société éditant un service de télévision numérique à vocation nationale[18].

---

15. CE, ord., 25 avr. 2002, Sté Saria industries, préc.
16. Cons. const., 6 juill. 2016, n° 2016-551 QPC.
17. Cons. const., 8 janv. 1991, n° 90-283 DC, Loi relative à la lutte contre le tabagisme et l'alcoolisme, cons. 15.
18. Cons. const., 27 juill. 2000, n° 2000-433 DC, Loi modifiant la loi n° 86-1067 du 30 septembre 1986 relative à la liberté de communication, cons. 43 et 44.

B - ATTEINTES VOLONTAIRES

Elles peuvent résulter de clauses ayant ou non un objet spécifiquement non concurrentiel.

1) Les clauses de non-concurrence

Par une clause de non-concurrence, un contractant s'oblige envers un autre à ne pas exercer une activité économique susceptible de le concurrencer. D'emblée ces clauses ont posé la question de leur licéité au regard de la liberté d'entreprendre et de l'article L. 420-1 du Code de commerce, lequel prohibe notamment les conventions ayant pour objet ou pour effet d'empêcher, de restreindre ou de fausser le jeu de la concurrence sur un marché.

Ces clauses sont du reste parfois expressément interdites : le contrat de collaboration ou le contrat de travail d'un avocat ne saurait comporter de stipulation limitant sa liberté d'établissement ultérieure[19] ; un preneur commercial ne pourrait non plus se voir interdire toute déspécialisation de son activité[20].

Toutefois, *l'utilité* de ces clauses en cas notamment de vente d'un fonds ou de rupture d'une relation de travail a déterminé leur *licéité* lorsque ces obligations de non-concurrence répondent à certaines exigences dessinant le seuil de résilience de la liberté exercice d'une activité professionnelle.

Accessoire d'un contrat de travail, la « clause de non-concurrence n'est licite que si elle est indispensable à la protection des intérêts légitimes de l'entreprise, limitée dans le temps et dans l'espace, qu'elle tient compte des spécificités de l'emploi du salarié et comporte l'obligation pour l'employeur de verser au salarié une contrepartie financière, ces conditions étant cumulatives » ainsi qu'il résulte d'une décision de la chambre sociale du 10 juillet 2002 rendue au visa du « principe fondamental de libre exercice d'une activité professionnelle »[21]. La clause doit donc être pratiquement limitée spatialement et temporellement, rémunérée, justifiée et proportionnée : partant, elle ne saurait interdire *in concreto* au débiteur toute activité professionnelle dans son domaine de compétence, c'est-à-dire conforme à sa formation et à son expérience professionnelles. La liberté d'entreprendre est aussi liberté de rebondir.

2) Les autres clauses

D'autres clauses peuvent également tester la liberté d'entreprendre. On songera notamment ici à deux catégories de stipulation.

D'une part, aux clauses *d'approvisionnement exclusif*. Par une exclusivité d'achat, un distributeur s'oblige à ne s'approvisionner qu'auprès d'un fabricant donné. Or, depuis une loi du 14 octobre 1943 dont la teneur est passée à l'article L. 330-1 du Code de commerce, une telle exclusivité ne saurait être stipulée que pour une durée de *dix années* au plus, sans quoi l'atteinte à la liberté d'entreprendre ne serait plus tolérable.

---

19. Loi n° 71-1130 du 31 déc. 1971, art. 7.
20. C. com., art. L. 145-15 et 145-47 et s.
21. Cass. soc., 10 juill. 2002, n° 00-45135, Bull. civ. I, n° 239.

D'autre part, aux sûretés négatives ou *negative pledge* qui, fruit de l'imagination de la pratique, privent un emprunteur du droit de souscrire de nouveau passif et/ou à d'aliéner des éléments d'actif sans l'accord préalable de son prêteur. Licites en principe pourvu qu'elles répondent à un intérêt sérieux et légitime, elles ne sauraient justifier une immixtion excessive du banquier dans la conduite des affaires de son débiteur.

La liberté du travail

Jean-Emmanuel Ray
Professeur à l'École de droit de la Sorbonne (Université Paris 1)

« Chaque individu, talentueux ou non, doit pouvoir avoir la possibilité d'effectuer quelque travail qu'il souhaite, ou même d'en effectuer plusieurs. Cette liberté de travailler pour tous implique la volonté d'abolir les privilèges, les statuts, et surtout les institutions arbitraires qui ne permettent pas aux nécessiteux de vivre de leur travail, et qui semblent condamner la liberté de travail pour tous ».

Les présidents d'Uber-France ou de Deliveroo doivent aujourd'hui apprécier l'édit de Turgot du 8 février 1776, qui allait provoquer sa disgrâce le 12 mai suite aux graves troubles sociaux ainsi provoqués.

Le Contrôleur général des finances de Louis XVI avait ainsi posé les bases du décret d'Allarde des 2-17 mars 1791 (« Il sera libre à toute personne de faire tel négoce ou d'exercer telle profession, art ou métier qu'elle trouve bon »), aujourd'hui encore cité dans les visas de la Cour de cassation[1].

Soucieux – déjà – d'une meilleure fluidité du marché du travail, tous deux voulaient lutter contre les corporations et autres jurandes datant du Moyen Âge qui, selon Turgot, privaient les Français « des avantages que leur donnerait la concurrence pour le bas prix et la perfection du travail ».

La période 1789-1791 fut une révolution politique, pas sociale. « Il n'y a plus de corporation dans l'État ; il n'y a plus que l'intérêt particulier de chaque individu et l'intérêt général ». Mélangeant ce que l'on appelle aujourd'hui liberté syndicale et droit à l'action collective, la loi Le Chapelier des 14-17 juin 1791 interdit toute reconstitution des corporations : « L'anéantissement de toutes espèces de corporations des citoyens du même état ou profession étant une des bases fondamentales de la constitution française, il est défendu de les rétablir de fait, sous quelque prétexte et quelque forme que ce soit » (art. 1). Elle crée ensuite le délit de coalition pour ceux « qui, sur leurs prétendus intérêts communs (...), prendraient des délibérations ou feraient entre eux des conventions tendant à refuser de concert ou à n'accorder qu'à un prix déterminé le secours de leur industrie ou de leurs travaux ».

---

1. Voir *infra* Cass. soc., 19 nov. 1996, n° 94-19404 P+B : « Vu l'article 7 de la loi des 2-17 mars 1791 et le principe constitutionnel de la liberté du travail ».

Mais le salariat n'existant guère à l'époque en dehors des saisonniers et des gens de maison, il ne s'agit pas de la liberté du travail salarié comme on l'entend aujourd'hui, mais de la liberté du commerce et de l'industrie.

Plus généralement, c'est déjà le droit *au* travail[2] ou à l'aide sociale pour les plus démunis qui apparaît, comme le confirme l'article 21 de la Déclaration des droits de l'homme et du citoyen de 1793 : « La société doit la subsistance aux citoyens malheureux, soit en leur procurant du travail, soit en assurant les moyens d'exister à ceux qui sont hors d'état de travailler ».

Aujourd'hui, la liberté du travail apparaît comme la déclinaison salariée de la liberté d'entreprendre[3] créée par le Conseil constitutionnel le 16 janvier 1982[4] : « La liberté qui, aux termes de l'article 4 de la Déclaration, consiste à pouvoir faire tout ce qui ne nuit pas à autrui, ne saurait elle-même être préservée si des restrictions arbitraires et abusives étaient apportées à la liberté d'entreprendre ». Au nom de cette liberté, « l'employeur, responsable de l'entreprise, doit pouvoir choisir ses collaborateurs »[5] a précisé le Conseil le 20 juillet 1988. Recruter, c'est choisir, et la liberté du travail du demandeur d'un emploi salarié est donc subordonnée à des offres d'emploi, puis à celle de l'éventuel l'employeur de « choisir ses collaborateurs ».

Mais la liberté du travail n'est pas invoquée par le seul salarié : elle l'est aussi parfois par le chef d'entreprise voulant lutter contre un collectif parfois jugé envahissant : ainsi l'atteinte à la liberté du travail des non-grévistes lui permet de licencier un gréviste pour faute lourde, voire d'obtenir une ordonnance d'expulsion des occupants (v. *infra*).

Ainsi va la « liberté du travail », mot-valise polysémique entre droit et économie, entre l'individuel et le collectif, entre autonomie de la volonté et ordre public de protection.

§ 1 – LA LIBERTÉ DU RENARD LIBRE DANS LE POULAILLER LIBRE ?

La liberté du travail, telle qu'imaginée par les révolutionnaires, libéraux sur le plan économique, a été depuis très largement encadrée par la croissance du droit légal mais aussi conventionnel du travail, force d'interposition entre le salarié et la rude loi du marché placée sous le signe de l'ordre public de protection.

Car qui dit contractuel ne dit pas forcément juste. Ainsi de la première loi sociale, celle du 22 mars 1841, interdisant tout travail aux enfants de moins de huit ans, après le rapport du docteur Louis-René Villermé.

Et aujourd'hui ? Liberté de travailler la nuit[6] ? Le dimanche ? Plus de 60 heures par semaine comme un chauffeur de VTC voulant parvenir au niveau du SMIC, mais « partenaire » et non pas salarié de la plateforme ? La liberté du travail est aujourd'hui

2. Cf. l'article 23 de la Déclaration universelle des droits de l'homme de 1948 : « Toute personne a droit au travail, au libre choix de son travail, à des conditions équitables et satisfaisantes de travail et à la protection contre le chômage ».
3. Voir CE, 12 nov. 2001, n° 239840, Commune de Montreuil-Bellay, où la liberté du commerce et de l'industrie est présentée comme une composante de la liberté d'entreprendre, « celle d'exercer une activité économique dans le respect de la législation et de la réglementation en vigueur », liberté fondamentale au sens de l'article L. 521-2 du Code de la justice administrative.
4. Cons. const., 16 janv. 1982, n° 81-132 DC, D. 1983.169, note HAMON.
5. Cons. const., 20 juill. 1988, n° 88-244 DC, D. 1989.269, note LUCHAIRE.
6. Cf. Cons. const., 4 avr. 2014, n° 2014-373 QPC, Société Sephora.

souvent invoquée par des « plateformes » se qualifiant de « collaboratives ». Parfois, en réalité, des entreprises prédatrices récusant tout salariat (application du droit du travail + protection sociale du régime général[7]) et réinventant le *sweating system* des débuts de la Révolution industrielle. Mais avec de larges circonstances atténuantes : notre droit du travail construit au début du xxe siècle sur le tout collectif (temps, lieu, action) et sur le modèle de la manufacture fordiste n'est guère adapté au monde d'aujourd'hui et aux nouvelles technologies. Et surtout nombre de jeunes collaborateurs ne voient plus dans le contrat de travail subordonné le Graal d'une vie : « la subordination à vie n'étant pas un idéal insurpassable » (Alain Supiot), ils veulent expérimenter au quotidien une vraie « liberté dans le travail » (lieux, horaires...).

« La liberté du travail n'est plus conçue aujourd'hui comme s'opposant à une réglementation du travail salarié. Au contraire, en privant l'employeur de la possibilité d'abuser de sa supériorité économique dans la détermination des conditions de travail, les pouvoirs publics accroissent la liberté concrète du travailleur de gagner sa vie par un travail librement choisi et accepté. C'est donc l'ensemble du droit du travail qui est au service de la liberté du travail ainsi conçue » écrivait Jean Savatier en 1990[8].

Au-delà des règles d'ordre public absolu visant les étrangers sans titre de séjour et/ou de travail[9], c'est aujourd'hui l'interdiction du travail des jeunes de moins de 16 ans, les durées maximum du travail journalières et hebdomadaires, les limitations du travail de nuit ou dominical, etc. Idée de légitime repos, mais aussi règles collectives impératives pour une concurrence loyale.

§ 2 – LIBERTÉ DU TRAVAIL ET TRAVAIL LIBREMENT CONSENTI

« Tout homme peut engager ses services, son temps, mais il ne peut se vendre lui-même. Sa personne n'est pas une propriété aliénable » (Déclaration des droits du 29 mai 1793, art. 19). Contrairement à un robot, le travailleur n'est plus une chose : c'est le sens qu'il faut aussi donner au terme « Homme » dans la Déclaration des droits de 1789, évoquant « les droits naturels, inaliénables et sacrés de l'Homme ».

La liberté du travail s'oppose donc à l'esclavage[10], définitivement aboli en France le 27 avril 1848 : « L'esclavage ne peut exister sur aucune terre française ».

7. Mais qui n'échappera pas à une requalification en contrat de travail si un lien de subordination juridique permanente est constaté, avec le délit de travail dissimulé : « En faisant appel volontairement à trois personnes déclarées sous le statut d'auto-entrepreneur, la société a cherché à s'exonérer de toutes les obligations liées au contrat de travail, mais aussi du paiement des charges sociales », Cass. crim., 10 janv. 2017, n° 15-86580 FD.
8. SAVATIER J., « La liberté dans le travail », Dr. social 1990, p. 49.
9. Cass. soc., 15 mars 2017, n° 15-27928 PBRI : la protection de la femme enceinte cède devant l'interdiction d'ordre public d'employer un travailleur étranger dans une telle situation.
10. CEDH, 26 juill. 2005, n° 73316/01, Siliadin c. France : « L'esclavage est l'état ou condition d'un individu sur lequel s'exercent les attributs du droit de propriété ou certains d'entre eux ».

Mais s'oppose aussi à la servitude[11], *et au travail forcé*[12] *ou obligatoire*, loin d'avoir disparus de la planète[13]. « 1. Nul ne peut être tenu en esclavage ni en servitude. 2. Nul ne peut être astreint à accomplir un travail forcé ou obligatoire » énonce l'article 4 de la Convention de sauvegarde des droits de l'homme et des libertés fondamentales.

Au-delà du Service du travail obligatoire (entre décembre 1942 et juillet 1944, 600 000 travailleurs français furent envoyés travailler en Allemagne), le travail obligatoire dans les prisons au titre de la sanction pénale a disparu (ordonnance du 4 juin 1960) ; et les travaux d'intérêt général ne peuvent être imposés au condamné par le juge pénal.

Mais, au nom de l'intérêt général, certains salariés peuvent légitimement être contraints de travailler, alors qu'ils voulaient justement cesser le travail. Ainsi en est-il des grévistes du service public tenus à un service minimum : navigation aérienne[14] ou audiovisuel public ; mais aussi de salariés du secteur privé. Au-delà de l'application de l'article 16 de la Constitution par le président de la République au niveau national, plus jamais utilisé depuis le refus des mineurs grévistes de déférer à un ordre de réquisition signé par le général de Gaulle en mars 1963, le préfet dispose depuis la loi du 18 mars 2003 sur la sécurité intérieure d'un pouvoir de réquisition de salariés du secteur privé (ex : infirmières en grève dans une clinique privée) : « En cas d'urgence, lorsque l'atteinte constatée ou prévisible au bon ordre, à la salubrité, à la tranquillité et à la sécurité publiques l'exige, le préfet peut (...) requérir toute personne nécessaire au fonctionnement de ce service ou à l'usage de ce bien et prescrire toute mesure utile jusqu'à ce que l'atteinte à l'ordre public ait pris fin ou que les conditions de son maintien soient assurées ».

Mais l'employeur ne peut lui-même requérir des salariés grévistes.

§ 3 – LA LIBERTÉ DU TRAVAIL, LIBERTÉ DE QUITTER SON EMPLOI

La liberté du travail est le droit pour le salarié de quitter à tout moment son emploi (subordonné), du moins pour les contrats à durée indéterminée. Comme l'exprime bien le salarié qui démissionne, il « retrouve sa liberté »... y compris pour aller s'engager chez un autre employeur.

Ainsi en est-il de l'interdiction des engagements à vie du Code civil ancien et nouveau[15] ; mais aussi de l'abrogation en 1890 du livret ouvrier créé le 12 avril 1803, qui permettait

---

11. Pour la CEDH, la « servitude » est l'obligation de prêter ses services sous l'empire de la contrainte recouvrant une « forme de négation de la liberté particulièrement grave (...). En plus de l'obligation de fournir à autrui certains services (...), celle pour le "serf" de vivre sur la propriété d'autrui et l'impossibilité de changer sa condition » (arrêt Siliadin préc., § 123).
Cf. C. pén. français, art. 225-14-2 : « La réduction en servitude est le fait de faire subir, de manière habituelle, l'infraction prévue à l'article 225-14-1 à une personne dont la vulnérabilité ou l'état de dépendance sont apparents ou connus de l'auteur. Elle est punie de dix ans d'emprisonnement et de 300 000 € d'amende ».
12. Convention EDH, art. 4 : « Nul ne peut être astreint à accomplir un travail forcé ou obligatoire ». Les conventions OIT n° 29 de 1930 et n° 105 de 1957 interdisent le travail forcé, tout comme notre Code pénal à l'article 225-14-1 : « Le travail forcé est le fait, par la violence ou la menace, de contraindre une personne à effectuer un travail sans rétribution ou en échange d'une rétribution manifestement sans rapport avec l'importance du travail accompli. Il est puni de sept ans d'emprisonnement et de 200 000 € d'amende ».
13. Selon l'OIT, 21 millions de personnes sont aujourd'hui victimes de travail forcé ; v. MOREAU M. A., « L'évolution du combat contre le travail forcé et l'esclavage moderne », *Dr. social*, mars 2017, p. 205.
14. Loi n° 84-1286 du 31 déc. 1984, *JO* du 1er janv. 1985.
15. C. civ., art. 1210 : « Les engagements perpétuels sont prohibés ».

à un employeur d'empêcher le travailleur de quitter son emploi tant qu'il ne lui avait pas remboursé les avances faites, y compris à l'économat.

Même si, côté employeur, une démission pour passer à la concurrence (marché naturel de l'emploi pour le collaborateur) est souvent vécue comme une trahison, la chambre sociale mais aussi commerciale (saisie sous la base d'une concurrence déloyale[16]) rappellent régulièrement qu'au nom de la liberté du travail, un salarié peut, pour trouver son prochain emploi, prendre des contacts avec la concurrence sans manquer à son obligation de loyauté[17].

Une démission pour exercer immédiatement une activité concurrente ne constitue pas en soi un abus du droit[18]. Enfin, le débauchage de salariés du concurrent n'est pas toujours fautif : l'article L. 1137-3 du Code du travail exige en effet que le collaborateur ait rompu son contrat de travail de façon abusive[19].

Passant du salarié-citoyen au citoyen-salarié[20], s'agissant des nombreuses stipulations contractuelles mais aussi conventionnelles limitant directement ou indirectement la liberté du travail[21], la Cour de cassation poursuit depuis vingt ans le mouvement initié par le doyen Philippe Waquet au début des années 1990 : le cantonnement de l'article 1103 (ex-alinéa 1 de l'article 1134 du Code civil) au profit de l'article L. 1121-1 du Code du travail et de son contrôle de proportionnalité : « Nul ne peut apporter aux droits des personnes et aux libertés individuelles et collectives de restrictions qui ne seraient pas justifiées par la nature de la tâche à accomplir ni proportionnées au but recherché ».

Le terme « nul » visait le recruteur puis l'employeur. Mais la chambre sociale a donné un effet maximum à ce contrôle, en l'appliquant aux stipulations contractuelles, et même conventionnelles[22]. Très soucieuse de la liberté du travail, elle surveille donc de très près toutes les clauses lui portant atteinte, les encadrant strictement par une jurisprudence prétorienne.

La clause de dédit-formation veut dissuader le salarié de démissionner pendant un ou deux ans : « l'engagement du salarié de suivre une formation à l'initiative de son employeur, et en cas de démission, d'indemniser celui-ci des frais qu'il a assumés, doit, pour être valable, faire l'objet d'une convention particulière conclue avant le début de

---

16. Cass. com., 20 sept. 2011, n° 10-19443, F-P+B.
17. VIGNEAU Ch., « L'impératif de bonne foi dans l'exécution du contrat de travail », *Dr. social* 2004, 706.
18. Cass. soc., 18 janv. 1995, n° 91-42613, Bull. civ. V, n° 29.
19. C. trav., art. L. 1237-3 : « Lorsqu'un salarié ayant rompu abusivement un contrat de travail conclut un nouveau contrat de travail, le nouvel employeur est solidairement responsable du dommage causé à l'employeur précédent dans les cas suivants : 1° S'il est démontré que le nouvel employeur est intervenu dans la rupture ; 2° Si le nouvel employeur a engagé un salarié qu'il savait déjà lié par un contrat de travail ; 3° Si le nouvel employeur a continué d'employer le salarié après avoir appris que ce dernier était encore lié à un autre employeur par un contrat de travail ».
20. Cf. WAQUET Ph., STRUILLOU Y., PÉCAUT-RIVOLIER L., *Pouvoirs du chef d'entreprise et libertés du salarié : du salarié-citoyen au citoyen salarié : du salarié-citoyen au citoyen salarié*, 3e éd., 2014, éd. WK-RH.
21. C'est du moins la version officielle : mais qu'il s'agisse de clause de non-concurrence ou de dédit-formation, leur but réel est d'abord de fidéliser le collaborateur en le dissuadant de partir.
22. Cass. soc., 4 juin 2008, n° 04-40609, Bull. civ. V, n° 123 : est illicite la clause de non-concurrence privant le salarié de la contrepartie financière en cas de faute grave,
Voir également Cass. soc., 14 avr. 2016, n° 14-29679, F-P+B : doit être réputée non écrite la disposition de l'article 32 de la Convention de l'industrie textile qui prévoit une minoration de la contrepartie financière de l'obligation de non-concurrence en cas de rupture de ce contrat par le salarié, contraire au principe de libre exercice d'une activité professionnelle et à l'article L. 1121-1 du Code du travail.

la formation et qui précise la date, la nature, la durée de la formation et son coût réel pour l'employeur, ainsi que le montant et les modalités du remboursement à la charge du salarié[23] » L'omission d'une seule de ces six conditions conduit à la nullité relative de la clause[24].

La clause de non-concurrence – rendue parfois illégale à l'étranger car pouvant provoquer le chômage de son titulaire mais perturbant aussi la fluidité du marché du travail – a vu son régime bouleversé par les trois arrêts du 10 juillet 2002, au visa du « principe fondamental de libre exercice d'une activité professionnelle » et de l'article L. 1121-1 (ex art. L. 120-2) du Code du travail[25].

Là encore, la force obligatoire du contrat recule au profit d'un régime de défiance (la clause « n'est licite que si »), fondé en 2002 sur « la liberté du travail garantie par la Constitution[26] » (ce que n'a jamais énoncé le Conseil constitutionnel) puis, plus raisonnablement depuis 2006, sur « la liberté fondamentale du salarié d'exercer une activité professionnelle »[27], qu'elle soit salariée, ou non (ex : micro-entreprise).

Dans ces véritables arrêts de règlement, la chambre sociale énonce cinq conditions, expressément cumulatives : « Une clause de non-concurrence n'est licite que si elle est indispensable à la protection des intérêts légitimes de l'entreprise, limitée dans le temps et dans l'espace, qu'elle tient compte des spécificités de l'emploi du salarié et comporte l'obligation pour l'employeur de verser au salarié une contrepartie financière, ces conditions étant cumulatives ».

À des employeurs s'étonnant de se voir appliquer rétroactivement ce spectaculaire revirement de jurisprudence, le chambre sociale a répliqué le 17 décembre 2004 que « l'exigence d'une contrepartie financière répond à l'impérieuse nécessité d'assurer la sauvegarde et l'effectivité de la liberté fondamentale d'exercer une activité professionnelle ».

Cette exigence d'une contrepartie financière peut sembler singulière : un droit fondamental est-il dans le commerce ? L'article L. 1121-1 ne l'évoque nulle part. Mais comme (discrètement) souhaité par la Cour de cassation, cette nouveauté a eu un effet considérable sur le nombre de clauses signées : auparavant gratuites côté entreprise, elles étaient donc très largement utilisées, et d'abord pour dissuader le salarié de partir.

Dans son arrêt du 15 mars 2011, la chambre commerciale a repris mot à mot cette jurisprudence[28], « lorsque la clause a pour effet d'entraver la liberté de se rétablir d'un salarié actionnaire ou associé de la société qui l'emploie ».

La clause de non-sollicitation semble fort différente, puisqu'elle ne crée d'obligation qu'entre l'employeur actuel et ses entreprises clientes, éventuel futur employeur de l'ex-salarié.

23. Cass. soc., 4 févr. 2004, n° 01-43651, RJS 4/04, n° 438.
24. CANUT F., « Les clauses de dédit-formation : de la nullité des clauses illicites à la nullité des clauses excessives », *Jurisprudence Sociale Lamy*, 26 janv. 2005, n° 160, p. 4.
25. Cass. soc., 10 juill. 2002, n° 00-45135, n° 00-45387, n° 99-43334.
26. Cass. soc., 19 nov. 1996, n° 94-19404 : « Ayant pour effet d'apporter une restriction au principe de la liberté du commerce et de l'industrie, posé par l'article 7 de la loi des 2-17 mars 1791, et à la liberté du travail garantie par la Constitution, la clause de non-concurrence insérée dans un contrat de travail n'est licite que dans la mesure où la restriction de liberté qu'elle entraîne est indispensable à la protection des intérêts légitimes de l'entreprise ».
27. Cass. soc., 9 mai 2006, n° 04-46271.
28. Cass. com., 15 mars 2011, n° 10-13824, P+B.

C'est ce que plaidait l'employeur dans son pourvoi le 2 mars 2011 : « Ne constitue pas une clause de non-concurrence la clause dite de non-sollicitation conclue entre deux employeurs, par laquelle chacun contracte vis-à-vis de l'autre l'obligation de ne pas embaucher certains salariés faisant partie de l'effectif de son cocontractant ».

Certes, répond la chambre sociale ; mais, « en exécution de la clause de non-sollicitation, le salarié n'avait pas pu être engagé jusqu'en février 2008 (...). Cette clause ayant porté atteinte à sa liberté de travailler, son employeur devait l'indemniser du préjudice qu'il lui avait ainsi causé ».

Pas d'assimilation à la clause de non-concurrence, et donc absence de « contrepartie financière » *stricto sensu* : à l'instar de la chambre commerciale ayant jugé le 11 juillet 2006[29] qu'une clause de non-sollicitation « ne constitue ni une variante, ni une précision de la clause de non-concurrence ».

Mais si « l'employeur doit indemniser le salarié du préjudice qu'il lui avait ainsi causé », le résultat final n'est guère différent et reste toujours dissuasif pour lui.

La clause d'exclusivité, simple exécution de l'*obligation de loyauté* inhérente à tout contrat, ne doit pas non plus être confondue avec la *clause* de non-concurrence. Proche de *l'obligation* de non-concurrence interdisant – bien naturellement – à un salarié d'être à la fois collaborateur et concurrent, elle interdit au collaborateur de travailler pour quiconque *pendant l'exécution* du contrat, alors que la clause de non-concurrence n'a d'effet qu'à l'issue de celui-ci.

Au visa du Préambule constitutionnel (sans plus de précision) et de l'article L. 120-2 (aujourd'hui L. 1121-1) du Code du travail, la Cour de cassation a par trois arrêts du 11 juillet 2000[30] abandonné sa jurisprudence du 27 mai 1992 admettant la faute grave en cas de violation de cette stipulation et poursuivi son mouvement de cantonnement de l'ex-article 1134 du Code civil au profit de l'article L. 1121-1 du Code du travail et de son contrôle de proportionnalité :

« Vu le préambule de la Constitution du 27 octobre 1946, les articles L. 120-2, L. 212-4-2 et L. 751-1 du Code du travail ;

Attendu que la clause par laquelle un salarié s'engage à consacrer l'exclusivité de son activité à un employeur porte atteinte à la liberté du travail ; qu'elle n'est valable que si elle est indispensable à la protection des intérêts légitimes de l'entreprise et si elle est justifiée par la nature de la tâche à accomplir et proportionnée au but recherché ; qu'il en résulte que la clause d'un contrat de travail par laquelle un salarié s'engage à travailler pour un employeur à titre exclusif et à temps partiel ne peut lui être opposée et lui interdire de se consacrer à temps complet à son activité professionnelle ».

Si ces arrêts visaient des VRP à temps partiel, et donc à salaire réduit où une telle interdiction est naturellement illicite, leur formulation montre que la Cour pose un principe général[31].

---

29. Cass. com., 11 juill. 2006, *Dr. soc.* 2006, p. 1188, note Mouly J.
30. Cass. soc., 11 juill. 2000, n° 98-43240 P, n° 98-43945, n° 98-40143.
31. Dans le respect de l'article L. 8261-1 : aucun salarié « ne peut accomplir des travaux rémunérés au-delà de la durée maximale du travail, telle qu'elle ressort des dispositions légales de sa profession ».

Position confirmée par l'arrêt du 22 septembre 2016[32], l'atteinte à la liberté du travail étant là aussi remplacée par « l'atteinte au principe fondamental du libre exercice d'une activité professionnelle » : cette atteinte justifie que ce soit à l'employeur de démontrer son caractère justifié et proportionné.

La liberté du travail, c'est enfin le droit de ne pas travailler du tout, en récusant « l'étrange folie qui frappe la classe ouvrière : la passion furibarde du travail » évoquée par le gendre de Marx, Paul Lafargue, dans son petit ouvrage *Le droit à la paresse* paru en 1880.

Le revenu universel lors de l'élection présidentielle de mai 2017 a relancé le débat. Si l'on s'en tient au travail au sens habituel « d'avoir un travail » ; car la liberté du travail, c'est aussi le droit de ne pas avoir d'activité professionnelle rémunérée[33], pour faire des choix personnels différents : bénévolat, s'occuper de ses enfants et désormais de ses parents dépendants (4 millions d'aidants en France). Mais à la charge de la collectivité ? Sans contrepartie ? Est-ce un futur désirable pour une société ?

§ 4 – LIBERTÉ DU TRAVAIL ET DROIT D'OBTENIR L'EMPLOI

Que signifie « liberté du travail » si le chômeur ne peut accéder à un emploi ? Le libéralisme révolutionnaire est bien loin.

« Chacun a le devoir de travailler et le droit d'obtenir un emploi » (Préambule constitutionnel de 1946, al. 5).

Ce « devoir de travailler » correspondait aux mentalités de l'époque et à l'impérieux besoin de reconstruire la France dévastée par la guerre ; et le « droit d'obtenir un emploi », version astucieuse du droit *au* travail défendu par le PCF soucieux de nationalisations, un droit programmatique sans débiteur identifié.

Mais, en se fondant sur l'article 34 de la Constitution rappelant la compétence exclusive du législateur pour la détermination « des principes fondamentaux du droit du travail », le Conseil constitutionnel a, sur une suggestion du conseiller Vedel, jugé en 1983 que l'alinéa 5 donnait mission à l'État de mener des politiques actives de l'emploi[34]. Et aujourd'hui de plus en plus actives, incitant les demandeurs d'emploi à accepter un travail[35] « sauf motif légitime » : de la fracture sociale à la facture sociale.

Dans cette décision n° 83-156 DC du 28 mai 1983 à propos du cumul emploi-retraite, mais sans citer l'alinéa 5, le Conseil constitutionnel répond aux auteurs de la saisine soutenant que « ces dispositions violent le principe de la liberté professionnelle en limitant les possibilités d'exercer un emploi ».

---

32. Cass. soc., 22 sept. 2016, n° 15-16724, F-D : « Vu l'article L. 1121-1 du code du travail Attendu que la clause par laquelle l'employeur soumet l'exercice, par le salarié engagé à temps partiel, d'une autre activité professionnelle, à une autorisation préalable porte atteinte au principe fondamental du libre exercice d'une activité professionnelle et n'est valable que si elle est indispensable à la protection des intérêts légitimes de l'entreprise et si elle est justifiée par la nature de la tâche à accomplir et proportionnée au but recherché ; sans constater que l'employeur établissait que la clause, dont le salarié contestait la validité, était indispensable à la protection des intérêts légitimes de l'entreprise et qu'elle était justifiée par la nature de la tâche à accomplir et proportionnée au but recherché, la cour d'appel a violé le texte susvisé ».
33. Salais R., « Liberté du travail et capacités : une perspective pour la construction européenne », *Dr. social* 1999, p. 467, à propos du rapport d'Alain Supiot et sa proposition des droits de tirage sociaux.
34. Sur l'ensemble de la question, voir la belle thèse de Gaudu F., *L'emploi dans l'entreprise privée*, 1986, Paris I. Borgetto M., *Le préambule de la Constitution de 1946, alinéa 5*, 2001, Dalloz, coll. Thèmes et commentaires.
35. Rousseau Y. et Wallon B., « Du droit pour un chômeur de refuser un emploi », Dr. social, janv. 1990.

« Considérant qu'en vertu de l'article 34 de la Constitution la loi fixe les règles concernant les garanties fondamentales[36] accordées aux citoyens pour l'exercice des libertés publiques et détermine les principes fondamentaux du droit du travail ; qu'à ce titre, il lui appartient de poser les règles propres à assurer au mieux le droit pour chacun d'obtenir un emploi en vue de permettre l'exercice de ce droit au plus grand nombre possible d'intéressés.

Qu'ainsi, sans violer aucun principe ou règle de valeur constitutionnelle, la loi soumise à l'examen du Conseil a pu, dans son article 8, poser des règles interdisant le cumul de pensions de retraite et de certaines activités et prévoir que le cumul d'une pension et d'une activité salariée, dans les cas où il est autorisé, donne lieu à une contribution de solidarité assise sur les salaires ».

Cette interprétation a d'abord été reprise le 27 mars 2014 à propos de la « loi Florange »[37] sur la recherche d'un repreneur, en s'appuyant cette fois expressément sur l'alinéa 5, puis le 13 octobre 2016[38] : « En visant à dissuader les employeurs de procéder à des licenciements sans cause réelle et sérieuse, les dispositions contestées mettent en œuvre le droit de chacun d'obtenir un emploi découlant du cinquième alinéa du Préambule de la Constitution de 1946. En prévoyant une indemnité minimale égale à six mois de salaire, ces dispositions ne portent pas une atteinte disproportionnée à la liberté d'entreprendre ».

Mais il est difficile d'exercer cette liberté de travailler en l'absence de proposition d'embauche. On pense par exemple à certains chauffeurs Uber, n'ayant trouvé aucun travail salarié en raison des discriminations dont ils ont fait l'objet[39], expliquant qu'il leur est « plus facile de trouver des clients qu'un employeur ».

Une politique active de non-discrimination (y compris sur l'âge[40]) donne donc une réalité à la liberté du travail pour des personnes souvent discriminées. La France a même accepté le principe d'une discrimination positive s'agissant de l'emploi des 2,4 millions de personnes reconnues handicapées, avec une obligation d'emploi d'au moins 6 % dans les entreprises de plus de 20 salariés.

§ 5 – LA LIBERTÉ INDIVIDUELLE DU TRAVAIL CONTRE LES EXCÈS DU COLLECTIF

Surprise ? Les deux seuls textes faisant expressément référence à la liberté du travail (les articles L. 2421-1 du Code du travail et 431-1 du Code pénal) visent la défense de l'individu contre les excès du collectif.

---

36. Cf. CE, ass., 22 juin 1963, Dr. soc. 1965, 288 : « Au nombre des libertés publiques, dont les garanties fondamentales relèvent du domaine de la loi, figure le libre accès à l'exercice par les citoyens à toute activité professionnelle n'ayant fait l'objet d'aucune limitation légale ».
37. « 8. Considérant que, par les dispositions contestées, le législateur a entendu maintenir l'activité et préserver l'emploi en favorisant la reprise des établissements dont la fermeture est envisagée lorsqu'elle aurait pour conséquence un projet de licenciement collectif ; qu'il a ainsi poursuivi un objectif qui tend à mettre en oeuvre l'exigence résultant de la première phrase du cinquième alinéa du Préambule de la Constitution de 1946. »
38. Cons. const., 13 oct. 2016, n° 2016-582 QPC.
39. SUPIOT A., « La liberté du travail, bien commun », revue Quart Monde, n° 166 : « Contre la violence de l'inactivité forcée ».
40. Cf. les évolutions de la CJUE puis de la chambre sociale à propos de la discrimination par l'âge (v. HUGLO J.-G., « Le rôle de la Cour de cassation dans l'articulation des normes en droit du travail », Dr. social, mai 2017 p. 404).

Historiquement, c'est la fin des corporations et autres jurandes que visaient le décret d'Allarde et la loi Le Chapelier voulant déjà libérer le marché du travail. Le citoyen se libérait du collectif, comme le confirmera la loi du 25 mai 1864 portée par Emile Ollivier abolissant le délit de coalition, mais créant le même jour, et au même article 414, le délit d'entrave à la liberté du travail[41], afin de protéger les non grévistes « des tendances tumultueuses des grèves » (M. Planiol).

Depuis 1968, la « liberté individuelle du travail » est protégée contre le collectif et en particulier les errements des syndicats par l'article L. 2141-4 issu de la loi du 27 décembre 1968, votée par la très large majorité UDR issue des législatives du 30 juin 1968 : « L'exercice du droit syndical est reconnu dans toutes les entreprises, dans le respect des droits et libertés garantis par la Constitution de la République, en particulier de la liberté individuelle du travail ». Ainsi en est-il de l'interdiction en France du *closed-shop*[42], classique en droit américain.

Créé par la loi de 1864 en lieu et place du défunt délit de coalition, le délit d'entrave à la liberté du travail a depuis été dissous dans la longue liste de l'article 431-1 : « Le fait d'entraver, d'une manière concertée et à l'aide de menaces, l'exercice de la liberté d'expression, du travail, d'association, de réunion ou de manifestation ou d'entraver le déroulement des débats d'une assemblée parlementaire ou d'un organe délibérant d'une collectivité territoriale est puni d'un an d'emprisonnement et de 15 000 euros d'amende (...).

Le fait d'entraver, d'une manière concertée et à l'aide de coups, violences, voies de fait, destructions ou dégradations au sens du présent code, l'exercice d'une des libertés visées aux alinéas précédents est puni de trois ans d'emprisonnement et de 45 000 euros d'amende ».

Mais cet article « n'a pas pour objet la protection du travail ou de l'activité de l'entreprise elle-même »[43], mais celle des non grévistes ayant la liberté de continuer à travailler[44].

N'éprouvant qu'un préjudice indirect résultant de l'inexécution de leurs obligations contractuelles, l'employeur ne peut lui-même se porter partie civile en cas *d'entrave* à la liberté du travail, les victimes directes étant exclusivement les non grévistes empêchés de travailler[45].

Mais ces derniers peuvent aussi agir en responsabilité à l'encontre des grévistes fautifs devant le conseil des prud'hommes[46], s'agissant « d'un différend né entre salariés à

41. Loi du 25 mai 1864, art. 414. « Sera puni d'emprisonnement de six jours à trois ans et d'une amende de 16 francs à 3 000 francs, quiconque, à l'aide de violences, de voies de fait, manœuvres frauduleuses, aura amené ou maintenu, tenté d'amener ou de maintenir une cessation concertée du travail, dans le but de forcer la hausse ou la baisse des salaires ou de porter atteinte au libre exercice de l'industrie ou du travail ».
42. « Clauses conventionnelles de sécurité syndicale », *i.e.* l'interdiction d'embauche de salariés non syndiqués : cf. loi du 27 avril 1956 visant le monopole de la CGT du livre dans les imprimeries de presse. Aujourd'hui, C. trav., art. L. 2134-2 : « Tout accord ou disposition tendant à obliger l'employeur à n'embaucher ou à ne conserver à son service que les adhérents du syndicat propriétaire de la marque ou du label est nul ». V., pour le licenciement d'un *non*-gréviste exclu du syndicat, exigé et obtenu par le Syndicat du livre CGT : CA Paris, 11 janv. 1965, *Roger/Le Monde*.
43. Cass. crim., 3 juin 2008, n° 07-80079 : « le simple trouble apporté à l'activité professionnelle n'entre pas dans les prévisions de l'article 431-1 du Code pénal ». Cf. OLSZAK N., RDT 2008, p. 603.
44. Cass. crim., 23 avr. 2003, n° 02-84375 F-P+F.
45. Cass. crim., 27 nov. 1979, Bull. crim., n° 339.
46. Cass. soc., 3 mars 1983, n° 81-15453, Bull. civ. V, p. 90.

l'occasion du travail (...), peu important que l'exécution du contrat de travail eût été suspendue entre les salariés grévistes et leur employeur».

L'*atteinte* à la liberté du travail de non grévistes peut être cependant invoquée par l'employeur devant le tribunal de grande instance pour démontrer le trouble manifestement illicite que constitue l'occupation non paisible de l'entreprise et obtenir une ordonnance d'expulsion. Au-delà de la liberté d'entreprendre ou de l'atteinte au droit de propriété, c'est même l'argument le plus opérant.

Il en est ainsi pour obtenir une ordonnance sur requête, comme l'a autorisé le célèbre arrêt *Ferodo*[47] – «il était urgent de mettre fin à une voie de fait manifeste entravant la liberté du travail des autres salariés» –, confirmé par l'arrêt *France-Printemps*[48] précisant «peu importe que les éléments constitutifs du délit de l'article 414 du Code pénal fussent ou non réunis. L'action incriminée portait atteinte à la liberté du travail et constituait une voie de fait».

L'entrave à la liberté des non-grévistes constitue une faute lourde de grève autorisant le licenciement d'un salarié gréviste, du moins si «sa participation personnelle et effective aux faits d'entrave reprochés est établie»[49].

Indications bibliographiques

Antonmattéi P.-H., «Les clauses du contrat de travail», 2e éd., 2009, éd. Liaisons – Le Crom J.-P., «La liberté du travail en droit français. Essai sur l'évolution d'une notion à usages multiples»; Diritto romano attuale, 2006, 15, p. 139-162 – Savatier J., «Liberté du travail», Répertoire travail Dalloz, janvier 2005 – Revet Th., *La force de travail, étude juridique*, 1992, Litec; «La liberté du travail», *in* Cabrillac R., Frison Roche M.-A., Revet Th. (dir.), *Libertés et droits fondamentaux*, 12e éd., 2006, Dalloz, p. 729 – Salais R., «Liberté du travail et capacités: une perspective pour la construction européenne», Dr. social 1999, p. 467 – Supiot A., «Le travail, liberté partagée», Dr. social, n° 9/10, sept.-oct. 1993, p. 721; *Au-delà de l'emploi. Transformations du travail et devenir du droit du travail en Europe*, 1999, Flammarion; «La liberté du travail, bien commun: contre la violence de l'inactivité forcée», revue Quart Monde, 1998, n° 166 – Waquet Ph., Struillou Y., Pécaut-Rivolier L., *Pouvoirs du chef d'entreprise et libertés du salarié: du salarié-citoyen au citoyen salarié*, 3e éd., 2014, éd. WK-RH, coll. Droit du travail, droit vivant.

47. Cass. soc., 17 mai 1977, *Dr. social* 1978, 119, obs. Savatier J.
48. Cass. soc., 21 févr. 1978, Bull. civ. V, n° 127.
49. Cass. soc., 18 janv. 2017, n° 15-19309, non publié.

Les droits économiques et sociaux, vrais ou faux droits et libertés fondamentaux (controverse)?

Section 1
LES DROITS ÉCONOMIQUES ET SOCIAUX, FAUX DROITS ET LIBERTÉS FONDAMENTAUX

Anne-Marie Le Pourhiet
Professeur de droit public à l'Université Rennes 1

Le terme «droits fondamentaux» n'a pas reçu de consécration en droit positif français. Cette expression, empruntée par une partie de la doctrine française au droit constitutionnel allemand (qui a lui-même imprégné le droit européen) a, en effet, été rejetée par le constituant français. Lors de la révision constitutionnelle du 23 juin 2008, la terminologie classique de «droits et libertés» ou «droits» tout court, pour fixer les conditions de recevabilité de la QPC (question prioritaire de constitutionnalité) et l'appellation du Défenseur des droits, a été préférée au vocable germanique. L'expression «droits fondamentaux» n'est officiellement utilisée que par la Charte de l'Union européenne. On s'interrogera donc simplement sur le point de savoir si les droits dits «économiques et sociaux» sont de vrais droits ou encore de vrais «droits de l'homme» pour reprendre la terminologie française traditionnelle.

Les droits économiques et sociaux correspondent à ce qu'il est généralement convenu d'appeler la deuxième génération des droits de l'homme, s'ajoutant ou/et s'opposant à la première, consacrée par les textes révolutionnaires du XVIIIe siècle. Il convient donc de rappeler cette genèse (§ 1) avant de s'interroger sur la «vérité» des droits économiques et sociaux (§ 2).

§ 1 – LA GENÈSE DES DROITS

La Déclaration française de 1789 a consacré des droits-libertés (droits *de*) essentiellement de nature civile et politique considérés comme «naturels» (art. 1 : «Les hommes naissent et demeurent libres et égaux en droits ») que l'État se doit de respecter par un comportement essentiellement négatif, un laisser-faire, une abstention. Ce sont donc des droits libéraux qui ne font appel qu'à la fonction régalienne de l'État destinée à assurer que l'exercice de la liberté de chacun ne nuise pas à l'égale liberté des autres. Il convient également d'observer que les libertés ainsi consacrées en 1789 sont essentiellement individuelles. La Révolution française, ne voulant rien voir entre l'individu libre et la Nation souveraine, abolit les corporations et les groupes, refuse les appartenances catégorielles et ignore donc les libertés collectives. Seule la liberté de « s'assembler paisiblement » fait une timide apparition dans la Constitution de 1791.

Mais ces droits libéraux ont justement fait l'objet de deux critiques virulentes. La pensée réactionnaire, tout d'abord, attachée à l'héritage, aux coutumes et aux appartenances traditionnelles et religieuses, lui a reproché son individualisme et son abstraction. Cette dénonciation « culturelle » se retrouve de nos jours dans la critique multiculturaliste du républicanisme français et notamment de la laïcité. Le marxisme, ensuite, a reproché à la Déclaration de 1789 de ne consacrer que des droits formels, réservés aux bourgeois, que la majorité des prolétaires se trouveraient dans l'impossibilité concrète d'exercer, faute de moyens matériels. C'est cette critique socialiste qui va déboucher, au XIXe siècle, sur la seconde génération des droits.

Les droits économiques et sociaux sont en réalité de deux sortes. Soit il s'agit de libertés collectives à caractère économique ou social (liberté syndicale, droit de grève, participation des salariés à la gestion de l'entreprise, etc.), soit il s'agit de droits-créances (droits *à*) permettant à l'individu d'obtenir une prestation, une allocation ou un service quelconque de l'État. Ces droits-créances s'opposent donc aux droits-libertés en ce sens qu'ils mettent à la charge de l'État non plus une obligation passive d'abstention mais, au contraire, une obligation positive d'intervention. Ce n'est plus l'État-gendarme, c'est l'État-providence.

On en trouvait en réalité déjà quelques traces dès la Révolution. La Constitution de 1791 indique que « sera créé un établissement général de secours publics » au profit des enfants abandonnés, des pauvres infirmes ou valides sans travail, ainsi qu'une « instruction publique commune à tous les citoyens et gratuite pour les parties d'enseignement indispensables pour tous les hommes ». Celle de 1793 réaffirme aussi le secours et l'instruction, essentiellement posés comme des devoirs de la société plutôt que comme des droits des individus. Mais ce sont surtout les textes les plus imprégnés des idées socialistes qui vont mettre plus tard l'accent sur les aspects économiques et sociaux.

La Constitution de 1848, outre qu'elle ajoute la « fraternité » à la devise de la France et remet la famille sur le podium constitutionnel, met l'accent sur la solidarité en insistant sur la réciprocité des droits et devoirs : « Des devoirs réciproques obligent les citoyens envers la République, et la République envers les citoyens. Les citoyens (...) doivent s'assurer, par le travail, des moyens d'existence, et, par la prévoyance, des ressources pour l'avenir ; ils doivent concourir au bien-être commun en s'entraidant fraternellement les uns les autres (...). La République doit protéger le citoyen dans sa personne, sa famille, sa religion, sa propriété, son travail, et mettre à la portée de chacun l'instruction indispensable à tous les hommes ; elle doit, par une assistance fraternelle, assurer l'existence des citoyens nécessiteux, soit en leur procurant du travail dans les limites de ses ressources, soit en donnant, à défaut de la famille, des secours à ceux qui sont hors d'état de travailler ».

Le Préambule social de la Constitution de 1946, adoptée par une majorité démocrate-chrétienne et socialo-communiste (Conseil national de la résistance), a été intégré au Préambule de celle de 1958 aux côtés de la Déclaration libérale de 1789. L'article 1 du texte de 1958 réaffirme en outre que « la France est une République sociale », tandis que son article 34 confie au législateur la détermination des principes fondamentaux du droit du travail, du droit syndical et de la sécurité sociale. En reconnaissant, dans sa décision de 1971, une valeur juridique à l'ensemble du Préambule de la Constitution, le Conseil constitutionnel a donc intégré les deux types de droits dans ses normes de référence, ce qui le contraint évidemment à opérer des « conciliations » souvent délicates.

Il convient cependant d'introduire quelques nuances dans la distinction des deux « générations » de droits constitutionnels, rendues d'autant plus nécessaires que la jurisprudence a dû interpréter rétroactivement des textes qui n'étaient initialement pas destinés à acquérir une portée normative.

Si les droits de 1789 sont traditionnellement présentés comme des droits civils et politiques, il ne faut toutefois pas négliger la portée économique capitale de certains d'entre eux. Le droit de propriété, tout d'abord, est, avec la liberté, la sûreté et la résistance à l'oppression, présenté par l'article 2 comme un droit « naturel et imprescriptible » dont la conservation est « le but de toute association politique ». L'article 17 le proclame en outre « inviolable et sacré » ajoutant que nul ne peut en être privé que lorsque la nécessité publique l'exige et moyennant une juste et préalable indemnité.

La liberté, ensuite, se décline non seulement sur le plan civil et politique mais aussi, bien évidemment, sur le plan économique. C'est ainsi que le Conseil constitutionnel rattache constamment la liberté d'entreprendre à l'article 4 de la Déclaration de 1789 qui la définit comme « consistant à pouvoir faire ce qui ne nuit pas à autrui ».

Mais il convient encore de relever les « droits-participation » consacrés en 1789 et notamment le consentement à l'impôt, proclamé à l'article 14, qui est consubstantiel à la démocratie et conditionne largement l'intervention économique et sociale de l'État : « Tous les citoyens ont le droit de constater, par eux-mêmes ou par leurs représentants, la nécessité de la contribution publique, de la consentir librement, d'en suivre l'emploi, et d'en déterminer la quotité, l'assiette, le recouvrement et la durée ». Le Conseil constitutionnel considère en outre que l'article 13 de cette même Déclaration, selon lequel « pour l'entretien de la force publique, et pour les dépenses d'administration, une contribution commune est indispensable : elle doit être également répartie entre tous les citoyens, en raison de leurs facultés », ne serait pas respecté « si l'impôt revêtait un caractère confiscatoire ou faisait peser sur une catégorie de contribuables une charge excessive au regard de leurs facultés contributives »[1].

Enfin, le principe qui domine la Déclaration de 1789 et tous les textes constitutionnels qui lui succèdent est celui de l'égalité des droits et non pas celui de l'égalité de fait et cette conception issue de la Révolution française ne va évidemment pas sans conséquences de nature économique et sociale.

On trouve donc ainsi des droits économiques essentiels dans la première génération tandis que se rencontrent des droits-libertés collectifs (syndicats, grève...) dans

1. Par ex : Cons. const., 22 déc. 2016, n° 2016-742 DC, Loi de financement de la sécurité sociale pour 2017, cons. 22.

la seconde et que le principe d'égalité, constamment réaffirmé, ne concerne que les droits. La distinction générationnelle n'est donc pas si nette. Au niveau international et européen, on observe une consécration simultanée des deux types de droits, mais dans des instruments différents selon leur nature. Il existe ainsi une Convention européenne de sauvegarde des droits de l'homme et des libertés fondamentales (1950) et une Charte sociale européenne (1961), tandis que l'ONU a rédigé en 1966 un Pacte sur les droits civils et politiques et un autre sur les droits économiques, sociaux et culturels. Reste à savoir alors si, parmi tous ces droits, les uns seraient plus « vrais » que d'autres.

§ 2 – LA « VÉRITÉ » DES DROITS ÉCONOMIQUES ET SOCIAUX

Il convient d'abord d'observer que le Préambule de 1946, s'il « réaffirme » solennellement les « droits et libertés » de 1789, « proclame » en outre, comme « particulièrement nécessaires à notre temps », les « principes politiques, économiques et sociaux » qu'il énumère. Ce sont donc des principes et non des droits qui sont d'abord annoncés.

Néanmoins, le terme « droits » apparaît dans la suite du texte, qu'il s'agisse du droit d'asile, de la défense des droits des travailleurs par l'action syndicale, du droit de grève ou de garantir à la femme des « droits égaux » à ceux de l'homme. Le devoir de la Nation d'assurer et de garantir la protection de la santé, la sécurité matérielle, le repos, les loisirs et l'instruction est préféré au « droit » strict, mais l'alinéa 11 indique néanmoins que « tout être humain qui, en raison de son âge, de son état physique ou mental, de la situation économique, se trouve dans l'incapacité de travailler a le droit d'obtenir de la collectivité des moyens convenables d'existence ». La terminologie employée oscille donc entre principes, devoirs de la Nation ou droits de l'individu, mais l'ensemble revient bien à une série d'obligations mises à la charge de l'État, y compris celle de nationaliser « tout bien, toute entreprise, dont l'exploitation a ou acquiert les caractères d'un service public national ou d'un monopole de fait ».

Sur le plan philosophique, tout d'abord, il ne faut pas se cacher que les droits économiques et sociaux de type créances, s'ils se proposent de « compléter » les droits-libertés, ont forcément également pour effet de les limiter. Il existe entre la philosophie libérale et la philosophie socialiste une certaine contradiction bien établie par la critique marxiste et mise en lumière par Michel Villey qui y voyait une « quadrature du cercle »[2]. Les libertés supposent un État abstentionniste, tandis que les créances exigent un État interventionniste et, en tout état de cause, la redistribution exigée par le second passe toujours par des prélèvements fiscaux et sociaux autoritaires limitant les libertés et le droit de propriété. Les prélèvements « obligatoires » ne sont par définition pas libéraux. En outre, du point de vue sociologique, l'accoutumance à l'assistance crée aussi chez ses bénéficiaires une « mentalité de créanciers » constitutive d'une perte d'autonomie et d'une dépendance au guichet. Tocqueville a décrit l'effet liberticide de l'État-providence en des termes célèbres : « Au-dessus de ceux-là s'élève un pouvoir immense et tutélaire qui se charge seul d'assurer leur jouissance et de veiller sur leur sort. Il ressemblerait à la puissance paternelle si, comme elle, il avait pour objet de préparer les hommes à l'âge viril ; mais il ne cherche, au contraire, qu'à les fixer irrévocablement dans l'enfance (...).

2. Villey M., *Le droit et les droits de l'homme*, 2e éd., 1990, PUF, p. 13.

C'est ainsi que tous les jours il rend moins utile et plus rare l'emploi du libre arbitre (...) »[3]. Quant aux régimes où la doctrine marxiste a été appliquée à la lettre, les libertés politiques comme économiques y ont tôt fait de sombrer dans le totalitarisme d'une dictature prolétarienne dite « provisoire » mais en réalité promise à l'éternité.

On aura beau dire que les deux catégories de droits se complètent dans une République « à la fois » libérale et sociale, il n'en demeure pas moins que des arbitrages déchirants doivent souvent être rendus entre les deux tendances. Il en va d'ailleurs de même avec la troisième génération de droits consacrée par la Charte constitutionnelle de l'environnement introduite en 2005 dont le caractère problématique au regard des libertés d'innover et d'entreprendre est fréquemment dénoncé.

Les dissertations des juristes sur la justiciabilité, la fondamentalité ou l'effectivité des droits sociaux sont le plus souvent imprégnées de leurs préférences idéologiques pour le libéralisme ou le socialisme voire le quart-mondisme[4]. Certains libertariens isolés n'hésitent pas à affirmer que seuls seraient « vrais » les droits de 1789 alors que ceux de 1946 seraient « faux » et même « inventés de toutes pièces »[5]. D'autres juristes, engagés à gauche, plaident au contraire avec force pour l'unité, l'indivisibilité et l'équivalence absolues de tous les droits et ne trouveraient pas anormal que le juge national ou européen, ou même un comité onusien, sacrifie le caractère démocratique et libéral de la République française à l'imposition forcée d'un assistanat universel proche du collectivisme sans frontières[6]. On constate d'ailleurs que ce courant doctrinal volontiers liberticide et peu démocrate se retrouve aussi s'agissant des nouveaux droits « sociétaux » et notamment ceux des femmes, souvent conçus comme nécessitant la mise en place de mesures de contrôle social au caractère coercitif ou répressif très marqué[7]. Entre les deux conceptions extrêmes, la réalité du droit positif est assurément plus nuancée et raisonnable et tient compte des contraintes politiques, économiques mais aussi supranationales qu'aucun juge ne peut ignorer.

Il est d'abord indéniable que le terme « droits de l'homme » n'apparaît constitutionnellement que pour désigner ceux du XVIIIe siècle. Il est ensuite tout aussi évident que ceux-ci, notamment la liberté et la propriété, sont conçus comme des droits naturels avec lesquels les hommes « naissent » et dont ils n'ont donc pas à réclamer la fourniture au guichet, ce qui leur donne assurément une préséance protocolaire et chronologique sur les autres. Il est enfin vraisemblable que, dans un régime qui s'affirme comme une « démocratie libérale », elle-même immergée dans une union d'États interdépendants fondée sur les mêmes principes d'économie libérale et d'acceptation démocratique, donc majoritaire, du montant des prélèvements, il ne soit tout simplement pas possible de satisfaire à la lettre toutes les revendications et utopies sociales érigées en « droits » dans des textes lyriques trop complaisants et démagogiques.

---

3. *De la démocratie en Amérique*, vol. II, 4e partie, chap. VI, 1840.
4. Et aujourd'hui, en ce qui concerne la nouvelle génération des droits, par leurs préférences environnementales et/ou sociétales
5. FELDMAN J.-Ph., « Le comité de réflexion sur le Préambule de la Constitution et la philosophie des droits de l'homme », D. 2009, p. 1036 et s.
6. V. notamment ROMAN D. (dir.), « Droits des pauvres, pauvres droits ? », nov. 2010, www.gip-recherche-justice/publications et VERDUSSEN M. (dir.), *Les droits culturels et sociaux des plus défavorisés*, 2009, Bruylant.
7. LE POURHIET A.-M., « Genre et liberté », *in* HAUTEBERT J. (dir.), *Le droit à l'épreuve du genre*, 2016, Cahiers internationaux d'antrhropologie juridique, Pulim.

Sur le plan juridique, on ne peut contester que le Conseil constitutionnel a reconnu, dans sa décision n° 71-44 DC du 16 juillet de 1971, une valeur normative pleine et entière à l'intégralité du Préambule de la Constitution, et donc au Préambule de 1946 dont il a précisément fait usage dans cette décision pour censurer une loi relative à la liberté d'association. Tous les alinéas du Préambule de la Constitution de 1946 ont été fréquemment mentionnés par le Conseil constitutionnel qui n'a jamais hésité soit à invalider un texte, soit à fournir de copieuses réserves d'interprétation, sur le fondement de leurs dispositions. Aucun alinéa du Préambule de 1946 ne peut donc se voir privé d'invocation ni de prise en compte par le juge constitutionnel qui, de fait, n'a jamais laissé de côté aucune de ses dispositions.

Il n'en demeure pas moins que le Conseil est souvent condamné à concilier des principes contradictoires le conduisant à sacrifier l'une ou l'autre des philosophies. C'est particulièrement évident dans ses décisions sur les nationalisations et les privatisations quand il doit « concilier » les articles 2 et 17 de la Déclaration de 1789, reconnaissant au droit de propriété un caractère naturel, inviolable et sacré et l'alinéa 9 du Préambule de 1946 qui impose les nationalisations d'entreprises de service public.

Il n'a échappé à personne que la décision du 16 janvier 1982, tout en validant *in fine* les nationalisations inscrites au programme de la majorité socialo-communiste nouvellement élue, appuyait clairement, dans ses motifs, sur le versant libéral du Préambule plutôt que sur son versant socialiste. Le Conseil constitutionnel est même allé jusqu'à invoquer le référendum constituant négatif de mai 1946 pour rappeler l'attachement historique du peuple français au droit de propriété. Il a cependant admis par la suite que celui-ci devait s'apprécier aux regards des limites qui lui avaient été constamment apportés par le législateur.

Quant à la liberté d'entreprendre, les formules utilisées par le Conseil varient. Il affirme ainsi que « la liberté qui, aux termes de l'article 4 de la Déclaration, consiste à pouvoir faire tout ce qui ne nuit pas à autrui, ne saurait elle-même être préservée si des restrictions arbitraires ou abusives étaient apportées à la liberté d'entreprendre »[8] ou encore qu'« il est loisible au législateur d'apporter à la liberté d'entreprendre qui découle de l'article 4 de la Déclaration des droits de l'homme et du citoyen de 1789, des limitations liées à des exigences constitutionnelles ou justifiées par l'intérêt général, à la condition qu'il n'en résulte pas d'atteintes disproportionnées au regard de l'objectif poursuivi »[9].

La protection de la santé, dont la garantie est affirmée à l'article 11 du Préambule de 1946, ainsi que la sécurité sociale, ont été fréquemment invoquées par le Conseil constitutionnel, d'autant que celui-ci examine régulièrement, depuis 1996, les lois de financement de la sécurité sociale, explicitement mentionnées à l'article 34 de la Constitution. Le Conseil a érigé tout à la fois l'accès aux soins et la maîtrise des dépenses de santé en objectifs à atteindre, et donc à concilier[10], et sa jurisprudence sur le sujet est extrêmement nourrie et technique.

Si la valeur juridique des droits économiques et sociaux est donc *a priori* la même que celle des droits civils et politiques qui ne sauraient donc être qualifiés de « faux droits »,

8. Cons. const., 16 janv. 1982, n° 81-132 DC, Nationalisations.
9. Cons. const., 17 janv. 2017, n° 2016-605 QPC, Confédération française du commerce de gros.
10. Cons. const., 16 janv. 1991, n° 90-287 DC, Santé publique et assurances sociales.

il est néanmoins évident que les droits sociaux de type créances ne peuvent pas faire l'objet d'un traitement jurisprudentiel identique à celui des droits-libertés.

D'une part, leur énoncé textuel est toujours plus flou et moins contraignant que celui des libertés. Les obligations du législateur s'agissant des droits constitutionnels, ou les engagements des États s'agissant des droits conventionnels, ne sont pas du tout de la même nature ni intensité. Ainsi, par exemple, tandis que chaque État partie aux pactes de l'ONU « s'engage à respecter et garantir » les droits civils et politiques, il se borne seulement à « reconnaître » les droits sociaux en s'engageant à « agir, tant par son effort propre que par l'assistance et la coopération internationale, au maximum de ses ressources disponibles, en vue d'assurer progressivement le plein exercice » de ces droits.

D'autre part, le degré d'opposabilité des droits-créances est évidemment fonction des capacités et de la volonté contributives de la population nationale à laquelle la démocratie interdit d'imposer judiciairement un montant de prélèvements auquel elle n'aurait pas électoralement consenti. Les juges sont donc doublement contraints à la retenue lorsqu'ils ont à appliquer les textes proclamatoires de droits-créances. Leur rédaction floue et faiblement contraignante ne permet pas au juge de forcer la main au législateur national et, en tout état de cause, le principe majoritaire inhérent à la démocratie n'autorise pas non plus une aristocratie judiciaire à imposer au corps électoral un niveau de contribution qu'il n'a pas délibéré et accepté.

Il convient d'ajouter que les révisions constitutionnelles inhérentes à la construction européenne et les contraintes budgétaires et financières austères qui en résultent restreignent encore la capacité des juges à aggraver des charges publiques par une interprétation trop laxiste et généreuse du « droit aux droits ».

Mais une fois que le législateur a effectué lui-même ses choix et arbitrages et a donné un contenu concret et détaillé aux droits économiques et sociaux en les explicitant dans ses différents codes (travail, sécurité sociale, éducation, santé publique, etc.), ces normes s'appliquent évidemment au même titre que les autres et les droits ainsi « légiférés » s'appliquent normalement.

Section 2

LES DROITS ÉCONOMIQUES ET SOCIAUX : VRAIS DROITS ET LIBERTÉS FONDAMENTAUX

Marc Pichard
Professeur à l'Université Paris-Nanterre

Le statut des droits économiques et sociaux au sein du système juridique suscite la controverse, et il n'est pas rare que la qualification de droits fondamentaux leur soit déniée[11]. Mais avant d'entrer plus avant dans le débat, les termes de celui-ci doivent être précisés.

---

11. Pour une présentation des termes de la controverse, v. Favoreu L. *et al.*, *Droit des libertés fondamentales*, 7e éd., 2015, Dalloz, coll. Précis, n° 130 et s., p. 109 et s. ; Herrera C. M., *Les droits sociaux*, 2009, PUF, coll. Que sais-je ?, p. 11 et s.

Qu'entend-on par droits économiques et sociaux? Déjà, leur dénomination elle-même est loin d'être constante: droits économiques, sociaux et culturels[12], droits sociaux, droits-créances, droits de la deuxième génération, *droits à*,... Or, loin de n'être que des étiquettes distinctes apposées sur des phénomènes identiques, les appellations en cause ne renvoient pas nécessairement au même *corpus*. Ainsi peut-on admettre que le droit de grève est un droit social – en ce qu'il est un «instrument (...) de transformation sociale, par les correctifs qu'il (...) apporte (...) au libéralisme»[13]; de même, ne fait-il guère de doute que le droit au logement soit un droit social. Or, à la différence du second, le premier ne peut certainement pas être qualifié de droit-créance ou de *droit à* dès lors que, au premier abord, sa mise en œuvre n'exige aucune prestation d'autrui. Partant, pour les besoins de l'étude, on s'attachera à deux critères d'identification: un critère téléologique – la lutte contre les inégalités sociales – et un critère structurel – la mise en évidence formelle d'une créance – dont la combinaison permet d'isoler les droits dont le statut est le plus discuté.

Qu'entend-on par droits fondamentaux? faut-il s'en tenir à un critère formel (la valeur supra-législative)? à un critère matériel (l'importance de la valeur protégée)? En fonction des auteurs mais aussi des sources positives et des contextes, l'approche varie. En particulier, le Conseil d'État a pu considérer comme des «libertés fondamentales» au sens de l'article L. 521-2 du Code de justice administrative régissant le «référé-liberté» plusieurs droits dont la source, législative, devrait, au regard d'un critère formel, les exclure de la catégorie. Parce qu'il ne s'agit pas de prendre position au sein de cette autre controverse, retenir une définition stipulative s'impose, en l'occurrence une définition formelle et restrictive des droits fondamentaux comme droits reconnus par une source à valeur supralégislative.

Au premier abord, une telle définition du *corpus* devrait faire perdre toute pertinence à l'interrogation. Dès lors qu'un droit économique et social serait consacré dans un énoncé contenu dans un instrument d'un type tel que sa valeur serait supérieure à la loi, il devrait pouvoir être qualifié de fondamental. Ainsi en irait-il, par exemple, du droit d'obtenir un emploi ou du droit d'obtenir de la collectivité des moyens convenables d'existence qui, parce qu'ils sont consacrés dans le Préambule de la Constitution de 1946[14] intégré au bloc de constitutionnalité par la décision *Liberté d'association*[15], devraient nécessairement être reconnus comme des droits fondamentaux. Pourtant, on constate que la source d'un droit économique et social ne suffit pas nécessairement à y voir un droit fondamental. Comment l'expliquer?

Le cœur de la controverse est, en réalité, le sens de la reconnaissance d'un «droit» dans le système juridique. Quelles que soient leurs sources, les droits économiques et sociaux, entendus comme des droits-créances, ne pourraient pas, par un étrange paradoxe du langage du droit, être qualifiés de «droits», mais tout au plus de «principes» ou

---

12. Pacte international relatif aux droits économiques, sociaux et culturels, Assemblée générale des Nations unies, résolution 2200 A (XXI) du 16 décembre 1966, entré en vigueur le 3 janvier 1976.
13. V. Roman D., «La justiciabilité des droits sociaux ou les enjeux de l'édification d'un État de droit social», *La Revue des droits de l'homme [En ligne]*, 1/2012, https://revdh.revues.org/635.
14. V. les alinéas 5 («Chacun a le devoir de travailler et le droit d'obtenir un emploi») et 11 («Tout être humain qui, en raison de son âge, de son état physique ou mental, de la situation économique, se trouve dans l'incapacité de travailler a le droit d'obtenir de la collectivité des moyens convenables d'existence») du Préambule de la Constitution du 27 octobre 1946.
15. Cons. const., 16 juillet 1971, n° 71-44 DC, *Liberté d'association*.

d'« objectifs ». Les manifestations de cette opinion sont nombreuses. Ainsi, des auteurs peuvent-ils, après avoir mis au jour la faiblesse des arguments traditionnellement opposés à la qualification de droits fondamentaux des droits sociaux, conclure : « Un ouvrage consacré aux DF [droits fondamentaux] (...) peut difficilement se dispenser de présenter (...) les textes qui en adoptent la forme mais n'ont que le contenu d'objectifs constitutionnels ou conventionnels ou même de simples déclarations d'intention sans véritable portée normative juridique »[16]. Cette approche se retrouve dans la jurisprudence, de la Cour de justice de l'Union européenne ou du Conseil d'État en particulier. Ainsi la première a-t-elle pu exclure que l'article 27 de la Charte des droits fondamentaux de l'Union européenne, pourtant intitulé « Droit à l'information et à la consultation des travailleurs au sein de l'entreprise », puisse être directement invoqué par un requérant dans la mesure où « cet article ne se suffit pas à lui-même, pour conférer aux particuliers un droit invocable en tant que tel » – il ne s'agirait donc que d'un principe au sens de l'article 52 de la Charte[17]. Quant au second, il a pu estimer que « si en raison du renvoi fait par le Préambule de la Constitution de 1958 au Préambule de la Constitution de 1946, la protection de la santé publique constitue un principe de valeur constitutionnelle, il n'en résulte pas, contrairement à ce qu'a affirmé le premier juge, que "le droit à la santé" soit au nombre des libertés fondamentales auxquelles s'applique l'article L. 521-2 du Code de justice administrative »[18].

Cette disqualification des droits économiques et sociaux s'imposerait au regard de deux critères principaux : la structure de ces droits, marquée par une très forte imprécision, ne serait pas compatible avec la qualification de « droit » (§ 1) ; parce que la réalisation de ces droits serait raisonnablement impossible, parce qu'ils ne sauraient donc être exigibles, les droits sociaux ne pourraient être des droits (§ 2).

§ 1 – QUESTION DE STRUCTURE : L'OBSTACLE DE L'IMPRÉCISION

S'agissant de « droits-créances », la structure des droits économiques et sociaux devrait conduire à identifier un créancier, un débiteur et un objet. La question de la détermination du créancier, en principe, ne se pose guère : les droits de l'homme sont également attribués à tous les sujets de droit. De même, l'indétermination de l'objet des « droits » sociaux (logement, santé, emploi, etc.), parfois mise en avant par certains auteurs pour stigmatiser leur « caractère virtuel »[19], n'est souvent que très relative, et partant, assez commune : au vrai, l'objet des droits fondamentaux est bien souvent peu précis, sans pour autant qu'il y ait là une source de disqualification[20]. En revanche, l'indétermination de leur débiteur et, plus globalement, de leur mode de réalisation semble pouvoir être invoquée avec plus de raison pour disqualifier les « droits » sociaux. La dimension technique de l'obstacle (A) est souvent mise en avant ; elle ne saurait occulter sa dimension politique (B).

---

16. FAVOREU L. *et al.*, *op. cit.*, n° 138, p. 113.
17. CJUE, 15 janv. 2014, aff. C-176/12, *Association de médiation sociale c. Union locale des syndicats CGT.*
18. CE, 8 sept. 2005, n° 284803, publié au Lebon.
19. RIVERO J. et MOUTOUH H., *Libertés publiques*, t. 1, 9e ed., 2003, PUF, n° 135, p. 90.
20. FAVOREU L. *et al.*, *op. cit.*, n° 94, p. 80.

A - DIMENSION TECHNIQUE

Dans la plupart des cas, les consécrations de droits sociaux ne permettent pas de savoir, non seulement par quelle voie il sera possible d'obtenir le bienfait promis, mais encore à qui peut s'adresser le titulaire du droit pour réclamer son dû. Cette imprécision peut être mobilisée pour soutenir que les droits sociaux ne sont pas des droits, voire ne sont pas du droit.

L'indétermination des modes de réalisation des droits sociaux interdirait-elle d'y voir des droits ? La doctrine privatiste classique peut certainement être sollicitée au soutien de cette analyse[21] : « Définir, c'est finir ; une délimitation, telle est la forme extérieure sous laquelle se révèle à nous, dans la pensée, la notion de droit »[22], écrit ainsi Roger Nerson. Pourtant, il y a plus de cinquante ans déjà, Jean Dabin avait écarté l'argument : « cette "préconstitution", destinée à satisfaire au besoin de sécurité du titulaire du droit, peut bien être souhaitable et être réalisée en fait pour maints droits subjectifs ; elle ne constitue pas pour autant le trait typique, *a fortiori* le trait unique de la notion. Il y a droit subjectif en effet lorsqu'une chose quelconque est reconnue appartenir ou revenir à une personne. Là est l'essentiel du droit subjectif. Quant au caractère préconstitué, prédéterminé du droit subjectif, cet élément est secondaire. À côté de droits certains, comme le droit de propriété ou le droit d'auteur (...), il en est d'autres aux limites plus imprécises parce que leur matière est à la fois plus fluide, plus complexe et plus riche »[23].

L'indétermination des modes de réalisation des droits sociaux interdirait-elle d'y voir du droit ? On reconnaît ici l'argument désormais classique, en particulier dans la jurisprudence du Conseil constitutionnel, de disqualification de textes en raison de leur prétendu défaut de portée normative, nonobstant leur source. Mais l'argument, en matière de droits sociaux, ne convainc guère, dès lors que l'on admet qu'une norme est un modèle, et « pour les objets les plus divers »[24]. Certes, pour remplir son office et permettre de porter un jugement sur une situation, le modèle ne doit pas être imprécis. Mais il ne saurait y avoir de réponse générale à la question du degré de précision nécessaire pour qu'il y ait norme : la valeur juridique d'une norme dépend de l'adéquation de sa précision à sa fonction. Or les droits sociaux, comme tous les énoncés attributifs ou récognitifs de droits, n'ont pas nécessairement à être précis pour constituer un modèle utilisable : le rattachement d'un bienfait à un titulaire constitue un modèle qui permet de porter un jugement sur une situation. « Chacun a (...) le droit d'obtenir un emploi » est bien un énoncé portant un modèle. On peut, sur ce fondement, c'est-à-dire en référence à cet énoncé, porter un jugement sur une situation : il y a ceux qui ont un emploi et ceux qui n'en ont pas, en violation de leur droit.

---

21. V. en part. CARBONNIER J., *Droit et passion du droit sous la Ve République*, 1996, Flammarion, coll. Forum, p. 125 ; CORNU G., *Droit civil. Introduction au droit*, 2007, Montchrestien, coll. Domat, 13e éd., n° 9, p. 16, note 1.
22. NERSON R., *Les droits extrapatrimoniaux*, 1939, LGDJ, n° 162, p. 337.
23. DABIN J., *Droit subjectif et prérogatives juridiques, Examen des thèses de M. Paul Roubier*, 1960, Académie Royale de Belgique, p. 22-23.
24. JEAMMAUD A., « La règle de droit comme modèle », D. 1990, chron. XXXIV, p. 199 et s., n° 4, p. 200.

B - DIMENSION POLITIQUE

La dimension politique de la question de l'imprécision des droits sociaux est primordiale. Considérer les droits sociaux comme de véritables droits, c'est-à-dire comme des droits justiciables, impliquerait de pouvoir saisir un juge pour obtenir la sanction de la violation de son droit. Ce serait admettre qu'il soit possible au juge de sanctionner les omissions des pouvoirs publics, voire de leur enjoindre d'agir, ou de porter une appréciation sur les arbitrages budgétaires opérés – sinon de décider directement des voies par lesquelles le droit social se réaliserait. C'est la séparation des pouvoirs qui serait en cause et le *self restraint* de certains juges en présence de droits sociaux aurait précisément pour objet de la protéger. Une décision emblématique du Conseil constitutionnel illustre l'enjeu de pouvoirs : invité par les requérants à contrôler une loi par référence à un droit au logement qui découlerait, en particulier, du Préambule de la Constitution de 1946, le Conseil constitutionnel a préféré formuler un « objectif de valeur constitutionnel de possibilité pour toute personne de disposer d'un logement »[25] ; cette décision ne s'imposant absolument pas sur le plan technique, on peut y voir la manifestation du choix politique de ne pas voir émerger de « véritable » droit en la matière, afin d'empêcher sa mobilisation au soutien de prétentions diverses, devant les juges « ordinaires », et désormais dans le cadre d'une question prioritaire de constitutionnalité[26]. On peut toutefois se demander en quoi la question de l'encadrement des pouvoirs du juge se poserait en des termes à ce point originaux en présence de droits économiques et sociaux.

Car bien des droits fondamentaux suscitent les mêmes inquiétudes en termes d'équilibre des pouvoirs : que l'on sache, les débats qui divisent actuellement les privatistes sur le rôle du juge, et en particulier de la Cour de cassation et de la Cour européenne des droits de l'homme, lorsque l'invocation d'un droit fondamental provoque la mise en place d'un contrôle de proportionnalité « privatisé », ne se nourrissent pas de la mise en œuvre des droits économiques et sociaux mais, tout particulièrement, de l'article 8 de la Convention EDH, relatif au respect de la vie privée.

Et, fondamentalement, l'argument prouve trop qui conduit en réalité à remettre en cause la légitimité du contrôle des lois sur le fondement des droits fondamentaux, quels qu'ils soient. « Il est incontestable que l'obligation constitutionnelle ou conventionnelle d'une prestation dont le juge contrôle la réalisation correcte déplace des compétences du législateur vers le juge, mais cela est vrai de toute norme formellement constitutionnelle dont le contrôle est attribué à un organe juridictionnel »[27]. Le procès fait aux droits sociaux pourrait être adressé aux droits fondamentaux en général ; s'il connaît une résonance particulière s'agissant des premiers, c'est en raison, non de leur structure, mais de leur finalité – qui en ferait des droits à la réalisation impossible.

25. Cons. const., 19 janv. 1995, n° 94-359 DC, *Loi relative à la diversité de l'habitat.*
26. Sur la prise en compte de cet enjeu dans le cadre de la mise en œuvre de l'article L. 521-2 du Code de justice administrative, v. WACHSMANN P., « L'atteinte grave à une liberté fondamentale », RFDA 2007.58, spéc. n° 2.
27. FAVOREU L. *et al.*, *op. cit.*, n° 134, p. 111.

§ 2 – QUESTION DE RÉALISATION : L'EXIGIBILITÉ IMPOSSIBLE

À l'impossible, nul n'est tenu ! Un droit se présentant comme une créance devrait nécessairement donner droit à son objet : partant, s'il existe un droit à l'emploi, les individus devraient pouvoir exiger en justice l'obtention d'un emploi. Or, puisque tel ne serait pas et ne pourrait pas être le cas, on ne saurait soutenir l'existence d'un (véritable) droit à l'emploi[28]. Parce que la satisfaction de l'objet du droit serait hors de portée du système juridique et probablement de la société en général, le droit en cause ne saurait exister. L'argumentation repose sur des prémisses politiques (A) et techniques (B) qu'il convient de révéler pour les discuter.

A - PRÉMISSES POLITIQUES

Les arguments relatifs aux conditions de réalisation des droits économiques et sociaux peuvent être sollicités pour discuter le potentiel universel des reconnaissances de droits en question[29]. Indiscutablement, « la satisfaction des pouvoirs d'exiger suppose, en fait, un certain niveau de développement. Beaucoup plus que la mise en œuvre des libertés, elle est étroitement dépendante des ressources dont l'État peut disposer »[30]. Simplement, le constat est sans portée dès lors que l'on s'intéresse à la reconnaissance d'un droit social dans un système juridique donné, de sorte que l'on ne saisit pas comment en déduire « le caractère virtuel (…) de ces droits »[31].

Surtout, là encore, l'argument prouve (beaucoup) trop – qui révèle une vision abstraite des droits civils et politiques, totalement détachée des conditions matérielles de leur exercice. Or on relève avec raison que la liberté de la presse serait, en France, dans une situation particulièrement fragile si les organes de presse n'étaient pas largement soutenus par le budget de l'État[32]. De même, l'organisation d'un système juridictionnel est particulièrement coûteuse, de sorte que l'article 6 de la Convention EDH, en ce qu'il garantit l'accès au juge, devrait succomber au même reproche de « relativité ». En réalité, la distinction entre les différentes catégories de droits s'avère beaucoup moins marquée que ce que l'on admet généralement. Certains auteurs le soulignent qui, dans le sillage des organes d'application des traités onusiens, mettent en évidence que tout droit fondamental impose aux États trois obligations : « respecter » (en s'abstenant de porter atteinte mais aussi de discriminer), « protéger » (par exemple en posant des interdits – comme l'interdiction de fumer dans certaines enceintes pour protéger le droit à la santé) et « réaliser » (ce qui concerne certes les droits économiques et sociaux mais aussi les droits civils et politiques : l'organisation d'élections, par exemple, a un coût)[33]. Quoique dans des proportions différentes, les trois obligations se manifesteraient en présence

---

28. Sur cet argument, v. Favoreu L. *et al.*, *op. cit.*, n° 136, p. 112.
29. Sur cet argument, v. Herrera C. M., *op. cit.*, p. 19 et s.
30. Rivero J. et Moutouh H., *op. cit.*, n° 135, p. 90.
31. *Ibid.*
32. Rivero J. et Moutouh H., *op. cit.*, n° 132, p. 88.
33. V. Roman D., « L'opposabilité des droits sociaux », Informations sociales 2013/4 (n° 178), p. 33-42, p. 35 et s. – « La justiciabilité des droits sociaux ou les enjeux de l'édification d'un État de droit social », préc., n° 41 et s. – Hennette-Vauchez S. et Roman D., *Droits de l'homme et libertés fondamentales*, 2e éd., 2015, Dalloz, coll. Hypercours, n° 940, p. 728 – Herrera C. M., *op. cit.*, p. 30-31.

de tout droit : les différences entre les droits fondamentaux ne s'exprimeraient qu'en termes de degré, pas de nature.

Partant, pourquoi cette différence de degré devrait-elle prendre une importance centrale dans le débat ? C'est la question de la légitimité des fins poursuivies qui est ici centrale. Chacun peut évidemment trouver préférable de construire des tribunaux et des prisons pour protéger la propriété, droit naturel et imprescriptible aux termes de l'article 2 de la Déclaration des droits de l'homme et du citoyen, plutôt que des hôpitaux pour rendre effectif l'alinéa 11 du Préambule de la Constitution du 27 octobre 1946 selon lequel la Nation « garantit à tous, notamment à l'enfant, à la mère et aux vieux travailleurs, la protection de la santé ». Mais on ne peut que constater que les deux finalités sont posées comme légitimes et pareillement légitimes dans les textes à valeur constitutionnelle. Hiérarchiser ces finalités en lieu et à place du constituant procède d'un jugement de valeur essentiellement politique.

B - PRÉMISSES TECHNIQUES

Il ne s'agit pas de le nier : la reconnaissance d'un droit au logement ou au travail ne permettrait probablement pas de satisfaire toutes les demandes de logement ou de travail adressées au juge. Mais cette impossibilité de satisfaire, relative, peut-elle conduire à considérer les droits sociaux comme de « faux » droits ? Il en irait ainsi si, et seulement si, tout droit de créance impliquait nécessairement une exécution forcée en nature et si tout droit fondamental conduisait systématiquement à l'obtention du bienfait promis.

Or, tout droit ne donne pas nécessairement droit en nature à son objet. La satisfaction en nature du titulaire d'un droit est le principe[34], elle répond *a priori* au mieux à ses attentes, et *a fortiori* s'agissant des droits sociaux ; mais il existe des droits non contestés dont la violation n'ouvre droit qu'à l'allocation de dommages-intérêts. L'indemnisation obtenue sur le fondement de l'existence d'un droit économique et social ne serait pas rien et ne serait pas moins que ce que l'on peut obtenir sur le fondement d'autres droits. En somme, constater que la réalisation en nature du bienfait promis par un droit ne pourra pas être garantie en toute hypothèse ne saurait, en soi-même, emporter disqualification du droit en autre chose.

S'agissant plus particulièrement des droits fondamentaux, c'est un lieu commun que de constater qu'ils se concurrencent, et que, tout particulièrement s'agissant des droits sociaux, d'autres droits fondamentaux peuvent être opposés à la demande fondée sur eux, de sorte que, *in fine*, le bienfait promis pourrait ne pas être obtenu – tout comme la personne dont la vie privée est révélée par un cliché n'est pas toujours certaine d'obtenir gain de cause...

En somme, bien des obstacles opposés à la qualification de droits fondamentaux des droit-créances ne convainquent pas dès lors que d'autres prérogatives reconnues comme des droits fondamentaux présentent des traits identiques aux droits économiques et sociaux. Ce que révèle la controverse autour de la nature de ces derniers est la difficulté à penser l'évolution des catégories juridiques fondamentales, au premier rang desquelles

34. C. civ., art. 1221 nouveau.

celle de droit (subjectif), pour rendre fidèlement compte de l'état du droit (objectif) et la tendance à faire prévaloir, dans l'incertitude engendrée par l'évolution du droit, des concepts doctrinaux historiquement datés sur les données positives du droit.

Indications bibliographiques

La Revue des droits de l'homme [En ligne], 7/2015, dossier thématique : *Précision et droits de l'homme* et spéc. ROULHAC C., « Introduction », https://revdh.revues.org/1312 – MILLARD E., « Précision et effectivité des droits de l'homme », http://revdh.revues.org/1215 – BARGUES C., « Les acteurs juridiques et les normes constitutionnelles reconnaissant les droits de l'homme en France », https://revdh.revues.org/1358 – PICHARD M., « Les juges ordinaires et les lois reconnaissant les droits de l'homme », http://revdh.revues.org/1236 – BOUCOBZA I., « La justiciabilité des droits sociaux dans la doctrine constitutionnaliste. Attention constructions fragiles ! », http://www.raison-publique.fr/article498.html – USUNIER L., « Fondamentaux, mais ineffectifs : les droits sociaux fondamentaux vus par la Cour de justice de l'Union européenne », *RTD civ.* 2014.843.

» TABLE DES MATIÈRES

Composition : Soft Office

Imprimé en France - JOUVE, 1, rue du Docteur Sauvé, 53100 MAYENNE
N° 2566760T - Dépôt légal : juin 2017